国家社科基金
后期资助项目
GUOJIA SHEKE JIJIN HOUQI ZIZHU XIANGMU

俄国铁路发展史

（1836—1917）

逯红梅　著

社会科学文献出版社
SOCIAL SCIENCES ACADEMIC PRESS (CHINA)

图书在版编目（CIP）数据

俄国铁路发展史：1836—1917 / 逯红梅著 .
北京：社会科学文献出版社，2024.12. -- ISBN 978-7-
5228-4808-2

Ⅰ . F515.129

中国国家版本馆 CIP 数据核字第 2024EW6477 号

国家社科基金后期资助项目

俄国铁路发展史（1836—1917）

著　　者／逯红梅

出　版　人／冀祥德
责任编辑／高　雁
文稿编辑／贾全胜
责任印制／王京美

出　　　版／社会科学文献出版社·经济与管理分社（010）59367226
　　　　　　地址：北京市北三环中路甲 29 号院华龙大厦　邮编：100029
　　　　　　网址：www.ssap.com.cn
发　　　行／社会科学文献出版社（010）59367028
印　　　装／三河市龙林印务有限公司

规　　　格／开　本：787mm×1092mm　1/16
　　　　　　印　张：23　字　数：365 千字
版　　　次／2024 年 12 月第 1 版　2024 年 12 月第 1 次印刷
书　　　号／ISBN 978-7-5228-4808-2
定　　　价／158.00 元

国家社科基金后期资助项目
出版说明

　　后期资助项目是国家社科基金设立的一类重要项目，旨在鼓励广大社科研究者潜心治学，支持基础研究多出优秀成果。它是经过严格评审，从接近完成的科研成果中遴选立项的。为扩大后期资助项目的影响，更好地推动学术发展，促进成果转化，全国哲学社会科学工作办公室按照"统一设计、统一标识、统一版式、形成系列"的总体要求，组织出版国家社科基金后期资助项目成果。

　　　　　　　　　　　　　　　　　全国哲学社会科学工作办公室

目　　录

绪　论

一　选题意义

交通运输是国民经济结构中的先行和基础产业，具有重要的政治、经济和国防意义，可促进国家经济合理布局、协调发展。铁路是 18 世纪末至 19 世纪初英国工业革命的产物。1825 年，世界上第一条铁路在英国开通。铁路问世后其速度快、运输量大、成本低、适应性强等特征迅速凸显，较传统水路和陆路运输，具有极大的优势。因此，欧洲和美国立刻掀起交通革命浪潮，铁路建设规模迅速扩大，铁路成为资本主义世界主要的交通运输形式之一，它联结国民经济的各个部门、衔接生产和消费领域，极大地加快了经济发展速度，改变了传统社会结构和生活方式，成为各国交通运输的最重要力量。因此，可以把 19—20 世纪称为铁路时代。从 20 世纪 50 年代开始，公路和航空运输快速发展，铁路在速度上居于劣势，但进入 70 年代以后，受能源危机、环境恶化、交通安全等问题困扰，人们重新认识到铁路的价值，特别是高速铁路的出现，改变了传统运输结构和经济地理形态，对于社会经济发展具有深远的战略意义。

受世界交通革命影响，俄国也在 19 世纪下半叶进入铁路时代。俄国的公共铁路建设始于 1836 年，以彼得堡—皇村铁路开建为标志。1861 年农奴制改革后俄国铁路建设全面迅速展开，历经 19 世纪 60 年代中期至 70 年代中期和 90 年代两次大的建设热潮，到 20 世纪初铁路网遍布全国。铁路对俄国的商品流通、商品性农业、冶金、机器制造、燃料等重工业集约发展影响重大，是俄国资本主义发展的巨大推动力量。一定程度上而言，铁路改变了俄国的社会政治和文化生活。

俄国的铁路发展并非一帆风顺。引进铁路的出发点是战略需要，在引进之初就遇到保守势力的阻挠，也因为技术落后、资金匮乏、缺少自由劳动力而发展缓慢。克里米亚战争后，尤其是农奴制改革后，因国库空虚，政府倾向于利用私人资本修建铁路。国家为吸引铁路投资，在财政上给予大力支持，在国内外大量发行国债，为私营铁路公司的股票、债券收益进行担保，允许私营铁路公司无关税进口铁路轨道、机车车辆等铁路设施，并设立预算外铁路基金，为铁路及其相关企业提供贷款等。国家的一系列鼓励政策和优惠措施促使国内外投资者纷至沓来，积极投身铁路业。因而，19世纪60年代中期至70年代中期大量私营铁路公司涌现，俄国出现了第一波铁路投资建设热潮。由于铁路热时期国家对私营铁路公司无条件支持，缺乏监督，政府当权者和私营铁路经营者相互勾结，营私舞弊现象严重，这一时期的铁路建设成本高、质量差、运输能力低，铁路承租人靠掠夺、剥削积累了巨额财富，而国库蒙受了巨大损失。

私营铁路投资人靠政府担保收益和提高预算就能获得巨额利润，因此无心经营和管理，私营铁路公司普遍亏损，欠国家的债务持续快速增长。为改变铁路连年亏损状况，政府出台铁路改革政策，专门立法，规范铁路运输管理；对私营铁路公司实行财政监督；统一运价，收购亏损私营铁路并大规模修建国营战略、经济铁路。铁路改革一方面提高了国家在铁路业的领导地位，降低了运价，提高了铁路企业收入，促进了铁路业的发展；另一方面国家也为此付出高昂代价，背上了沉重的债务负担。尤其在收购私营铁路的过程中，政府被迫接受私营公司的不合理条件，以高价收购私营铁路公司的股票和债券，取消私营公司所欠国家债务。尽管如此，俄国铁路里程还在快速增加，在19世纪90年代经济上升期，铁路建设迎来第二次热潮。至1914年，俄国铁路的总里程达6万余俄里（1俄里≈1.07公里），形成遍布欧俄中心、北方、西伯利亚、远东和中亚地区的铁路网。铁路网的建立为俄国商品流通、商品性农业和工业尤其是重工业的发展提供了广泛基础，引起工业生产结构和工人阶级结构的深刻变化，19世纪末经济上升时俄国终于从落后农业国跻身中等发达资本主义国家行列。

铁路是一个国家重要的基础设施，是国家经济的大动脉。对俄国铁路发展历程及其经济社会影响、战略作用进行研究可了解俄国19世纪下半叶至20世纪初资本主义发展的轨迹，有助于我们全面了解俄国历史和现代化进程，探析铁路在一国市场、工农业发展中的重要作用。

二 国内外研究综述

1. 国内研究

我国学界对帝俄时期铁路问题缺乏系统性研究，在一些通史类著作中论及俄国工业发展时对俄国铁路建设略有叙述。[1] 一些外国经济史著作在论述俄国资本主义经济发展状况时提到铁路建设对俄国工业发展的促进作用。[2] 一些论述现代化的著作谈到了俄国的铁路建设情况。[3] 这些著作，对笔者熟悉和了解十月革命前俄国工业发展状况和铁路影响具有重要参考价值。一些国内出版的有关俄国历史的译著，对俄国工业发展、垄断和外资情况有所涉略[4]，这些都有助于笔者全面了解俄国的经济社会发展面貌，尤其是俄国铁路发展的历史背景。

本书涉及俄国铁路建设整体情况、政策措施、资金、工业化、现代化等方面，因此笔者也就相关内容对国内学界的研究情况进行梳理。

第一，俄国铁路建设情况。一些文章对俄国铁路的发展原因、历经阶

---

[1] 孙成木、刘祖熙、李建主编《俄国通史简编》，人民出版社，1986；张建华：《俄国史》，人民出版社，2004；张建华：《激荡百年的俄罗斯——20世纪俄国史读本》，人民出版社，2010。

[2] 樊亢、宋则行主编《外国经济史（近代 现代）》，人民出版社，1980。

[3] 刘祖熙：《改革和革命——俄国现代化研究（1861—1917）》，北京大学出版社，2001；钱乘旦、杨豫、陈晓律：《世界现代化进程》，南京大学出版社，1997；王云龙、刘长江等：《世界现代化历程·俄罗斯东欧卷》，江苏人民出版社，2015。

[4] 〔苏〕B. T. 琼图洛夫等编《苏联经济史》，郑彪等译，吉林大学出版社，1988；苏联科学院经济研究所编《苏联社会主义经济史》第1卷，复旦大学经济系和外文系俄语教研组部分教员译，生活·读书·新知三联书店，1979；〔苏〕波克罗夫斯基：《俄国历史概要》，贝璋衡、叶林、葆煦译，生活·读书·新知三联书店，1978；〔苏〕安·米·潘克拉托娃主编《苏联通史》，山东大学翻译组译，生活·读书·新知三联书店，1980；〔苏〕诺索夫主编《苏联简史》第1卷，武汉大学外文系译，生活·读书·新知三联书店，1977；〔美〕尼古拉·梁赞诺夫斯基、马克·斯坦伯格：《俄罗斯史》，杨烨、卿文辉主译，上海人民出版社，2007；〔美〕沃尔特·G. 莫斯：《俄国史（1855—1996）》，张冰译，海南出版社，2008。

段、铁路建设对俄国经济的影响以及个别铁路建设总体情况和一些具体问题进行了阐述。李宝仁的《从近代俄国铁路史看铁路建设在国家工业化进程中的地位和作用》一文阐述和分析了19世纪下半叶至20世纪初俄国铁路网高速发展的原因，认为社会改革推动了经济发展，为工业化和大规模铁路建设创造了条件；政府积极大力扶持甚至直接参与铁路网建设是直接原因；外国技术和资金引进是铁路发展的必要条件。在论及铁路在国家工业化进程中的作用时，作者认为铁路促进了工业体系的建立，刺激了经济和工业生产，推动了农业经济的商品化转变，促进了城市化进程和边远地区的经济发展，推动了对外贸易、科技进步和教育普及。白述礼在《试论近代俄国铁路网的发展》中简要介绍了俄国铁路建设的几个阶段，归纳了俄国铁路网快速发展的原因，认为1861年改革、政府铁路政策、引进外资促使俄国铁路业迅速发展，沙皇政府军事扩张也刺激了铁路网迅速扩展。作者还分析了铁路对工业发展、农业商品化、国内外贸易、城市发展、边远地区经济发展的积极促进作用。陈秋杰详细论述了西伯利亚大铁路修建方案的出台、西伯利亚大铁路修建的具体问题以及铁路修建对俄国东部地区开发产生的深远影响，认为铁路修建为东部移民创造了条件，引发了两次移民潮；铁路修建为资本主义开辟了全新市场，使东部地区经济迅速发展，逐渐被纳入全俄统一发展进程中，同时，铁路修建又加深了作为原料供应地的西伯利亚和远东地区对欧俄的依赖，使这里成为倾销欧俄工业品的市场。①

　　第二，铁路政策、措施。张广翔在《19世纪俄国政府工商业政策基本趋势》中提出研究俄国工商业政策的方法论问题，指出经济政策这一概念的内容和社会实质，国家机关和政策的制定，工商业政策目的、动

---

① 李宝仁：《从近代俄国铁路史看铁路建设在国家工业化进程中的地位和作用》，《铁道经济研究》2008年第2期；白述礼：《试论近代俄国铁路网的发展》，《世界历史》1993年第1期，第62—70、108页；陈秋杰：《西伯利亚大铁路修建及其影响研究（1917年前），博士学位论文，东北师范大学，2011；陈秋杰：《西伯利亚大铁路对俄国东部地区开发的意义》，《西伯利亚研究》2011年第2期，第69—75页；陈秋杰：《西伯利亚大铁路修建中的外国因素》，《西伯利亚研究》2011年第6期，第53—58页；陈秋杰：《西伯利亚大铁路修建中机车供应状况述评》，《西伯利亚研究》2013年第5期，第58—62页。

力、性质，同时论述了 19 世纪俄国三大工商业政策：保护关税、引进外资和兴修铁路。作者重点论述铁路政策，指出 19 世纪 60 年代下半期亚历山大二世及其政府认识到铁路建设的迫切性，及时利用世界货币市场的有利行情，大力引进外资。为吸引外资投资铁路建设，政府逐步为固定铁路资本制定了一套保证保险体系，包括成立独立于国家预算之外的铁路信贷基金，与私人铁路公司签订租让合同，铁路收归国营，等等。黄亚丽在《维特经济政策研究》这篇博士学位论文中阐述和分析维特之前的几位财政大臣的财政政策和思想时都提到他们对铁路建设的态度；在论述维特国债政策时提到引进的外资主要集中于铁路、采矿、冶金、金属加工、矿产品加工等工业部门。裴然在博士学位论文《1881—1917 年俄国财政研究》中谈到俄国铁路的国有化问题，指出铁路经济的不合理性、铁路运力低下、铁路运价的无序性、私人铁路公司日益严峻的财政状况以及所欠国库债务的日益增长，都迫使沙皇政府采取大量措施以整顿国内的铁路经济，其中一项重要举措就是国有化。作者还谈到 20 世纪初俄国的铁路建设和运营情况。①

　　第三，铁路资金来源和外资作用。张广翔在论文《外国资本与俄国工业化》中通过对俄国引进外资缘起、外资在俄国的具体活动和俄国资本主义发展水平等问题的阐述和分析，回答了俄国在 19 世纪末至 20 世纪初对外资的依赖程度以及外资对生产力发展的作用问题。作者在谈到外资投资方向时提到投资重点是铁路和股份企业，19 世纪下半叶大部分投资投向铁路，1900—1914 年铁路建设压缩，但外资仍占 50%；在谈及外资和俄国资本在生产性投资所占份额时指出，1861—1914 年俄国铁路建设投资额为 48.16 亿卢布，外资和俄国资本所占份额分别是 74.5% 和 25.5%。刘玮在博士学位论文《1860—1917 年的俄国金融业与国家经济发展》中提到银行与铁路建设，指出俄国政府为加快铁路建设采取了一系列措施，主要是于 1865 年设立专门委员会制定铁路建设计划和铁路政策；于 1867 年设立政府专项铁路基金，以确保私营铁路建设有固定的资

---

　　①　张广翔：《19 世纪俄国政府工商业政策基本趋势》，《西伯利亚研究》2000 年第 4 期，第 41—46、50 页；黄亚丽：《维特经济政策研究》，博士学位论文，吉林大学，2008；裴然：《1881—1917 年俄国财政研究》，博士学位论文，吉林大学，2010。

金来源；积极利用外国借贷资本大力投资铁路建设事业。作者还谈到股份商业和银行与铁路债券的关系，指出俄国的铁路债券主要有两种，即国债和私人铁路公司债券。①

第四，俄国工业发展状况。在这类论述中②张广翔教授的论述最为全面。③ 他在《19世纪俄国工业革命的特点——俄国工业化道路研究之三》中谈到铁路建设的影响，指出19世纪60年代俄国社会各阶层意识到铁路建设的必要性，强烈呼吁政府加快铁路建设。在此背景下，俄国政府为加快铁路建设采取了一些新举措，包括1865年设立专门委员会研究制定铁路计划和铁路政策，保障私人铁路建设固定拨款来源，积极利用外国资本等，结果在20年后形成以莫斯科为中心的欧俄第一个铁路网。他还分析了铁路建设对俄国工业化道路的影响，认为改革后俄国铁路运输使分散的生产力集中起来，极大地推动了资本主义市场的发展，成为工业革命的推进器。国内还有一些学者的文章涉及该问题，但因本问题不是笔者重点研究的对象，在此不再一一陈述。

第五，俄国现代化。刘祖熙在《改革和革命——俄国现代化研究（1861—1917）》④ 一书中，在论及俄国工业革命时，提到铁路运输和轮船运输是国内资本主义市场的杠杆，也是破坏旧的生产形式和发展现代机器工业的强大推动力。改革后迅猛发展的铁路建设，对于正在发展的俄国资本主义经济具有革命化的意义。他在书中叙述了第一次铁路建设热潮后形成的以莫斯科为中心的欧俄铁路枢纽情况。钱乘旦等⑤在《世界现代化

---

① 张广翔：《外国资本与俄国工业化》，《历史研究》1995年第6期，第144—157页；刘玮：《1860—1917年的俄国金融业与国家经济发展》，博士学位论文，吉林大学，2011。

② 赵士国、曹英：《商品经济与俄国工业革命的兴起》，《湖南师范大学社会科学学报》1996年第6期；陶惠芬：《俄国工业革命中的对外经济关系》，《世界历史》1994年第3期；孙成木：《试探十九世纪中叶后俄国资本主义迅速发展的原因》，《世界历史》1987年第1期，第35—43页。

③ 张广翔：《19世纪俄国工业革命的影响》，《吉林大学社会科学学报》1993年第4期，第64—69页；张广翔：《19世纪俄国工业革命的前提——俄国工业化道路研究之一》，《吉林大学社会科学学报》1994年第3期，第66—72页；张广翔：《19世纪俄国工业革命的发端——俄国工业化道路研究之二》，《吉林大学社会科学学报》1995年第2期，第21—27页；张广翔：《19世纪俄国工业革命的特点——俄国工业化道路研究之三》，《吉林大学社会科学学报》1996年第2期，第9—15页。

④ 刘祖熙：《改革和革命——俄国现代化研究（1861—1917）》，北京大学出版社，2001。

⑤ 钱乘旦、杨豫、陈晓律：《世界现代化进程》，南京大学出版社，1997。

进程》中提到，农奴制改革后，俄国资本主义经济得到迅速发展。铁路长度从 1861 年的 1500 多公里（1400 多俄里）增为 1900 年的 5 万余俄里。王云龙、刘长江等①在《世界现代化历程·俄罗斯东欧卷》中论述了俄国国家资本主义的经济发展情况，指出铁路建设成为带动俄罗斯经济走出困境的"火车头"。铁路网打破了封建自然经济的孤立状态，用铁轨编织出全俄统一市场，为资本主义市场经济取代封建主义宗法制经济的社会转型提供了物质前提。

2. 国外研究

十月革命前，有关俄国铁路的著述和资料颇丰。这一时期的著作大致分为三类：第一类是铁路事务的参与者，包括财政部和交通部官员著述；第二类为保守派学者的著作；第三类为政府的一些报告和统计数据。

在第一类中，包括 И. С. 布里欧赫、В. М. 维尔霍夫斯基、А. 拉德齐格、И. 李赫乔尔②的著述，内容涉及俄国铁路发展概述、铁路对经济的影响、铁路人员的组成等。А. А. 布勃利科夫、П. И. 格奥尔基耶夫斯基、П. Е. 格隆斯基、С. Н. 古里任斯基、В. Г. 米哈伊洛夫斯基、Н. 彼得罗夫、А. Н. 索伯列夫、В. 菲德洛夫、Н. 沙洛夫③等人的著作对铁路业的不同层面进行了深入的分析，涉及问题包括如下内容：铁路财政状

---

① 王云龙、刘长江等：《世界现代化历程·俄罗斯东欧卷》，江苏人民出版社，2015。

② Верховский В. М. , Исторический очерк развития железных дорог России с их начала по 1897 г. Включительно , СПб. , 1897－1899. Вып. 1－2; Блиох И. С. , Влияние железных дорог на экономическое состояние России, СПб. , 1878. Т. 1－5; Радциг А. , Влияние железных дорог на сельское хозяйство, промышленность и торговлю, СПб. , 1896; Рихтер И. Личный состав русских железных дорог, СПб. , 1900.

③ Бубликов А. А. , Современное положение России и железнодорожный вопрос. СПб. , 1906; Георгиевский П. И. , Финансовые отношения государства и частных железнодорожных обществ в России и западноевропейских государствах. СПб. , 1887; Гронский П. Е. , Единственный выгодный способ развития сети русских железных дорог. М. , 1889; Кульжинский С. Н. , О развитии русской железнодорожнй сети. СПб. , 1910; Михайловский В. Г. , Развитие русской железнодорожной сети. СПб. , 1898; Петров Н. , Финансовое положение русской железнодорожной сети. СПб. , 1904; Соболев А. Н. , Железные дороги в России и участие земств в их постройке. СПб. , 1868; Федоров В. , Письмо к другу (о железнодорожном вопросе). СПб. , 1884; Шаров Н. , О безотлагательной необходимсти постройки железнодорожных линий в интересах самостоятельного развития России. СПб. , 1870.

况、债券作用、铁路交通财务检查、地方自治机关和国家对铁路建设的参与等。Л. Ф. 舒赫坦、С. Ю. 维特、В. В. 萨洛夫、М. 克罗尔等人对政府铁路政策涉猎较多，研究考察铁路政策、铁路运营的财政成果、铁路与水路运输情况以及铁路货运的运价问题。[①] А. И. 丘普罗夫虽然不是政府官员，却是著名经济学家和统计学家，他参与制定了《俄国铁路总章程》，所以笔者把他的著作[②]归到此类。А. И. 丘普罗夫是俄国铁路经济学说创始人，他在读书期间就对铁路问题产生浓厚的兴趣，因此，他的硕、博士学位论文就以此为题。后来，这两篇论文成就了他的两卷本著作《铁路经济》。[③] 作者对铁路经济的特点、铁路经济与国家利益的关系进行了阐述。А. И. 丘普罗夫的铁路经济观点引起了卡尔·马克思的注意，他做了《铁路经济》一书的读书笔记，在《资本论》第二卷中引用了 А. И. 丘普罗夫提出的"铁路是国民经济重要部门"的观点。[④] 他赞成国家按铁路建设成本将私营铁路收归国有。由于上述作者是俄国政府官员或是与政府关系极为密切的人，所以其观点是支持政府的铁路政策。

第二类著作以 П. П. 米古林的一系列著作为代表，[⑤] 包括《1893—1902 年我国最新铁路政策和铁路债券》、《私营铁路建设问题》、三卷本的《俄国国债（1769—1899 年）》等。П. П. 米古林是著名的保守派学者。他的研究方向以财政政策为主。他对沙皇政府的财政政策持批评态度，主

---

① Шухтан Л. Ф.，Наша железнодорожная политика，СПб.，1914；Салов В. В.，Некоторые данные к вопросу о финансовых результатах эксплуатации железных дорог в России，СПб.，1908；Кроль М.，Роль железнодорожных и водных путей сообщения в грузовом транспорте волжского края.，СПб.，1902；Витте С. Ю.，Принципы железнодорожных тарифов по перевозке грузов，СПб.，1910.

② Чупров А. И.，Железнодорожное хозяйство. Т. 1 и 2. М.，1910；Он же.，Из прошлого русских железных дорог：статьи 1874-1895. М.，1909；Упорядочение железных тарифов по перевозке хлебных грузов. М.，1890.

③ А. И. 丘普罗夫的硕士学位论文题目为《铁路经济》，后成为《铁路经济》一书的第一卷；他的博士学位论文题目为《确定铁路运营的条件，铁路运费，总收入及其因素，货运的数量》，后成为《铁路经济》一书的第二卷。

④ Мясоедов Б. А.，Александр Чупров.，Многогранность характера и офимигранность ума.//Экономическое наследие. 2004. № 2. С. 83.

⑤ Мигулин П. П.，Наша новейшая железнодорожная политика и железнодорожные займы. 1893-1902. Харьков，1903；К вопросу о частном железнодорожном строительстве，СПб.，1910；Русский государственный кредит（1769-1899）. Т. Ⅱ. Харьков，1900.

张国家财政和贷款应全面支持地主经济，反对国家发展工业和建设铁路。

第三类包括政府相关部门的年度报告、阶段性报告、统计报告等。在这里要重点提及 H. A. 基斯林斯基的《从大臣委员会档案文件看我国的铁路政策》和俄国财政部编写的《1802—1902 年的财政部》①。H. A. 基斯林斯基在《从大臣委员会档案文件看我国的铁路政策》中，详细地记述了在政府修建铁路时各方的意见、实施中的具体问题、相关部门的政策和措施以及铁路建设资金的筹措使用情况。由俄国财政部编写的《1802—1902 年的财政部》以各位沙皇在位时期的财政政策为主线，详细地记述了财政部在国债、资金流通、税收、工商业、铁路建设、预算等方面的政策和活动。其中与铁路建设有关的内容占较大的篇幅，详细地记述了俄国铁路网建立过程中财政部的相关政策和资金使用情况。这两个材料对笔者研究俄国铁路政策和资金使用情况具有重要的借鉴作用。此外，财政部还编写了国民经济年度报告和铁路网发展概述阶段性报告，如《国民经济（1913 年）》和《1904—1913 年我国铁路网发展概述》②，这对笔者了解 20 世纪初至第一次世界大战俄国铁路网发展情况，尤其是铁路运营情况有重要参考价值。总体而言，十月革命前有关铁路的著述涉及面广，但缺乏系统性、连贯性。

苏联时期的史学家，从马列主义历史观出发，对俄国铁路建设进行了系统研究，其中不乏对前人观点的批判，主要涉及沙皇、沙皇政府对引进铁路的态度、铁路活动家的作用以及政府铁路政策的作用等问题。这一时期的研究，对政府引入私人资本其中包括外资对铁路发展的建设性作用阐述不够。苏联解体后，有关铁路的研究成果也不断涌现，但有分量和有影响力的著作不多。从 20 世纪 20 年代至今，学者把研究视角主要集中在以下几个方面。

第一，概括性、综述性著作。代表作有 A. M. 索洛维耶娃的专著《十九世纪下半叶俄国的铁路运输》、Г. M. 法捷耶夫主编的《俄国铁路运输史（1836—1917 年）》和 B. C. 维尔金斯基的《截至 19 世纪 40 年代

---

① Кислинский Н. А., Наша железнодорожная политика по документам архива Кабинета министров. СПб., 1902; Министерство финансов 1802-1902. Ч. 1 и Ч. 2. СПб., 1902.

② Краткий очерк развития нашей железнодорожной сети. За дестилетие 1904-1913. СПб., 1914.

初俄国铁路的发展》① 等。

Ａ．Ｍ．索洛维耶娃在 1975 年出版的《十九世纪下半叶俄国的铁路运输》是俄国铁路史研究领域的重要成果之一。在这部著作中作者以时间为主线，从封建农奴制危机时期开始在俄国修建铁路、俄国私营铁路建设的开端、俄国农奴制改革后第一个铁路网的建立、19 世纪 80 年代至 90 年代初俄国铁路运输、19 世纪 90 年代经济上升期铁路运输等几个方面，对俄国引进铁路建设技术与设备、经过两次集中建设形成全国统一的铁路网进行了较为全面的阐述，认为铁路建设促进了俄国资本主义经济的发展，但铁路建设成本过高，外资对国家非常不利，减缓了国内资本积累的速度。作者在文中使用了大量国家统计资料和档案材料。作者对某些具体铁路的建设着墨不少，但对铁路资金来源阐述不够。总体上，作者对俄国政府扶持私营资本开展铁路建设持批评态度。

Ｇ．Ｍ．法捷耶夫主编的《俄国铁路运输史（1836—1917 年）》是苏联解体后俄罗斯学者在铁路史方面一部比较重要的著作。著作中包含俄国铁路建设、运营和铁路运输技术发展的珍贵资料，展示了铁路在新区建设和自然资源开发方面的作用，也对俄国几代学者、工程师和铁路建设组织者的工作经验进行了概括。在这部著作中，作者对铁路技术操作部分着墨较多，铁路经济方面的内容较少。

Ｂ．Ｃ．维尔金斯基在《截至 19 世纪 40 年代初俄国铁路的发展》一书中描述了俄国第一条铁路干线彼得堡—莫斯科铁路修建前俄国的运输状况以及彼得堡—莫斯科铁路修建前的各种交通运输计划。

第二，铁路政策。这方面的主要成果有 Ａ．Π．伯格列宾斯基的《农奴制改革后俄国的铁路建设和财政政策（19 世纪 60—90 年代）》、Ａ．Ａ．戈尔布诺夫的《19 世纪末—20 世纪初俄国发展铁路运输的政策：本国经验的比较分析》、Ａ．Ｂ．克列伊宁的《俄国铁路货物运费体系的发展及其调整（1837—2007 年）》和 Ｂ．Л．斯捷潘诺夫的《俄国私营铁路的财政

---

① Соловьева А. М. , Железнодорожный транспорт России во второй половине XIX в. М. , Наука. 1975; Фадеев Г. М. , История железнодорожного транспорта России. Т. 1. 1836 - 1917. СПб. - М. , 1994; Виргинский В. С. , Возникновение железных дорог в России до начала 40-х годов XIX века. М. , 1949.

监督措施（19 世纪末—20 世纪初）》等。①

А. П. 伯格列宾斯基的《农奴制改革后俄国的铁路建设和财政政策（19世纪60—90 年代》一文重点分析在私营铁路建设初期，私营公司所欠国家债务不断增加的原因，指出在俄国只有向私营公司提供绝对的优惠条件和高额的利润担保才能吸引企业家投资铁路建设；沙皇政府支持私营铁路建设的一个原因是竭力抵消收支不平衡，防止金融体系彻底崩溃；当权官僚和宫廷奸党对私营公司的兴趣也是政府对私营公司慷慨投入的一个原因。作者还分析了铁路建设对俄国资本主义工业、农业和贸易的影响以及铁路运营中的主要问题。

А. А. 戈尔布诺夫的《19 世纪末—20 世纪初俄国发展铁路运输的政策：本国经验的比较分析》是 2012 年出版的最新专著。作者对铁路在俄国诞生、19 世纪铁路在俄国社会经济和政治发展中的作用以及 20 世纪初俄国铁路运输状况进行了阐述，对俄国铁路发展中的租让政策和维特工业发展计划有所归纳。书中还使用了一些俄国铁路网发展数据以及同时期世界主要资本主义国家铁路网建设的数据。

А. В. 克列伊宁在《俄国铁路货物运费体系的发展及其调整（1837—2007 年）》一书前两章"俄国铁路发展的第一阶段运费的调整（1837—1888 年）""运费管理的集中及运费全体会议联合会的建立（1889—1917年）"对这一时期俄国各铁路公司的运价状况以及国家在调整运价方面所做的各种尝试（从在承租合同中规定最高限价到由财政部统一实施管理）进行了阐述，同时对俄国铁路代表大会以及后来运费全体会议联合会在运价调整方面所开展的活动进行了描述。

В. Л. 斯捷潘诺夫的《俄国私营铁路的财政监督措施（19 世纪末—20世纪初）》一文对 19 世纪末 20 世纪初沙皇政府对私营铁路的经营管理

---

① Погребинский А. П., Строительство железных дорог в пореформенной России и финансовая политика царизма（60‐90‐е годы XIX в.）.//Исторические записки. Под ред. А. Л. Сидрова. М., изд‐во. АН СССР, 1954（47）；Горбунов А. А., Политика развития железнодорожного транспорта в XIX‐начале XX вв.: компаративно‐ретроспективный анализ отечественного опыта, М., 2012；Крейнин А. В., Развитие системы железнодорожных грузовых тарифов и их регулирование в России（1837‐2007）. М., 2010；Степанов В. Л., Контрольно‐финансовые мероприятия на частных железных дорогах России（конец XIX‐начало XX в.）.//Экономическая история. Ежегодник 2004. М., РОССПЭП, 2004.

和铁路建设监督措施以及财政部的政策进行了描述，指出政府的财政监督
措施是 19 世纪最后几十年俄国政府铁路政策的重要组成部分，也是铁路
改革的有机组成部分，交通部、财政部和监察部都从各自对铁路改革的理
解出发，竭力将自己的监督职能发挥到极致，在部门间尖锐斗争的条件
下，交通部在这场斗争中遭受失败；监督职能分离有其积极的一面，在某
种程度上减少了国家财政支出，提高了私营铁路效益。

第三，具体铁路线建设。这类著作很多，比如 C. A. 乌罗德戈夫的
《1842—1851 年彼得堡—莫斯科铁路建设史》，Д. B. 扎鲁日娜娅的《西伯
利亚大铁路今昔》、O. B. 古德格娃的《1858—1917 年北方铁路的建设以
及它在北方地区发展中的作用》、B. B. 安德烈耶夫的《19—20 世纪之交
的莫斯科—喀山铁路》① 等。

C. A. 乌罗德戈夫在《1842—1851 年彼得堡—莫斯科铁路建设史》中
详细地阐述了彼得堡—莫斯科铁路的建设起因、建设方案制定、建设中的
具体问题以及铁路资金来源。这部著作还对铁路工人力量的形成和建设时
的劳动条件及工人暴动进行了描述，而且占据了很大篇幅。其中，关于铁
路资金来源的内容对本书有很大的借鉴意义。

Д. B. 扎鲁日娜娅在《西伯利亚大铁路今昔》中论述了西伯利亚大铁路
修建的起因、过程，还涉及十月革命前俄国铁路交通发展的整体问题，文
中使用了大量数据，具有较高的学术价值。B. B. 安德烈耶夫在《19—20 世
纪之交的莫斯科—喀山铁路》中重点分析了 19 世纪末 20 世纪初莫斯科—
喀山铁路对所经过地区的影响，通过货物运输种类和数量变化，来证明从
19 世纪 90 年代后半期开始，莫斯科—喀山铁路成为已经进入经济和社会现
代化时期的伏尔加河中游地区社会经济发展最重要的动因之一。O. B. 古德
格娃的《1858—1917 年北方铁路的建设以及它在北方地区发展中的作用》
一书详细地阐述了北方铁路网（莫斯科—雅罗斯拉夫尔—沃洛格达—阿尔

---

① Уродков С. А., Петербурго - Московская железная дорога. История строительства
（1842-1851）. Л., 1951; Залужная Д. В., Транссибирская магистраль:（её прошлое
и настоящее）. ИС. Очерк. М.， Мысль. 1980; Гудкова О. В., Строительство северной
железной дороги и её роль в развитии северного региона（1858 - 1917）. Вологда.,
Древности Севера, 2002; Андреев В. В., Московско - Казанская железная дорога на
рубеже XIX - XX веков. М.， 2010.

汉格尔斯克）建设的起因和必要性、方案的确定、建设过程、公司经营活动以及北方铁路网对北方地区发展的经济战略作用。作者有关莫斯科—雅罗斯拉夫尔—阿尔汉格尔斯克铁路股份公司章程、资金来源、利润分配和经营情况等方面的内容和具体数据，对于笔者了解俄国国家对私营铁路公司的优惠政策、国家和私营铁路公司之间的关系具有重要的参考价值。

第四，资本主义发展、工业革命。在这类研究中首推 A. M. 索洛维耶娃在 1990 年出版的《19 世纪俄国工业革命》[①]，作者以马克思关于铁路运输在资本主义发展中的重要性观点为依据，论述大规模铁路建设是影响俄国工业革命发展的一个特别重要因素，对俄国工业发展和铁路建设进行类比。2000 年，俄罗斯科学院历史研究所出版了以 B. И. 鲍维金为首的著名史学家集体创作的《俄国企业史》第二卷，该书记述了 18 世纪下半叶至 20 世纪初俄国农奴制改革后各类企业在经营活动中遇到的法律基础、组织形式、国际因素的影响等问题。其中一个章节叙述了铁路运输企业在 19 世纪的活动。作者 И. Н. 斯列普聂夫论述了第一次铁路热时期铁路大王的发家史、政府私营铁路政策以及各铁路公司之间的竞争和合作关系。[②] Л. Б. 卡芬加乌兹在《俄国工业生产的演变（19 世纪最后三分之一至 20 世纪 30 年代）》[③] 中使用了大量统计资料，分析了 19 世纪 90 年代经济上升期、1901—1908 年危机和萧条时期、1909—1914 年战前上升期和 1914—1917 年一战时期俄国工业的发展变化情况。

第五，铁路资本、外资、债券。А. Г. 顿加洛夫在 1990 年出版的《俄国和苏联时期的外国资本》一书中简要介绍了外资进入俄国铁路业的情况，认为外资在俄国铁路建设中的作用犹如魔术棒一样神奇，国外债券提高了俄国政府的购买力，不仅促使铁路建设快速发展，还为相关工业发展创造了必要的环境，从而加速了资本流通。[④] Н. П. 尤尼切夫在 2002 年出

① Соловьева А. М., Промышленная революция в России в XIX в. М., Наука. 1990.
② Бовыкин В. И., Гавлин М. Л., Епифанова Л. М., Калмыков С. В., Куприянова Л. В., Петров Ю. А., Поткина И. В., Слепнев И. Н., Ульянова Г. Н., Шацилло М. К., История предпринимательства в России. Книга вторая. М., 2000.
③ Кафенгауз Л. Б., Эволюция промышленного производства России（последняя треть XIX - 30-е. XX века）. М., 1994.
④ Донгаров А. Г., Иностранный капитал в России и СССР. М., 1990.

版了《18—20世纪初俄国经济中的外资》一书，① 以纪念俄国财政部成立200周年。在这部专著中，作者按时间顺序对外资参与俄国铁路建设情况、不同国家资本对铁路业的影响进行了阐述，肯定两次铁路热时期外资的贡献，认为外资是俄国资本主义经济增长的重要因素。П. В. 奥里在《第一次世界大战前俄国国民经济中的外国资本》② 一书中以十月革命前的大量文献资料和国内外统计数据为基础对俄国的外资状况进行分析，不但对各国外资投入比例进行阐述，还对各国投入的主要工业部门进行论证，从而指出不同国家资本对俄国重工业发展的影响程度。A. E. 杰尼索夫的《俄国国债（1798—1917年）》③ 第一次系统全面地梳理了俄国这一时期的重要债券信息，包括俄国的国外债券、国内债券、国家贵族土地银行、农民土地银行的利息券、国家债务消除委员会票证、国库券、国家银行券等。这些信息对于笔者研究铁路资金的来源、外资在铁路业中的作用具有重要价值。

В. И. 鲍维金是研究俄国经济中外资的大家，其著作《俄国的外国企业家及其在俄投资活动》④《19世纪末至1908年俄国金融资本的形成》⑤《俄国向市场经济转型过程中资本主义企业的发展和经济演变》《俄国境内的外国企业家——第一次世界大战前夕俄国的金融资本》《金融资本在俄国的诞生》《19世纪末—20世纪初俄国的法国银行》⑥ 等都对俄国工业

① Ионичев Н. П. , Иностранный капитал в экономике России (ⅩⅧ-начало ⅩⅩ в.). М. , 2002.
② Оль П. В. , Иностранные капиталы в народном хозяйстве Довоенной России. Л. , Изд-во академии СССР. 1925.
③ Денисов А. Е. , Государственные займы Российской империи 1798-1917 годов. М. , 2005.
④ Бовыкин В. И. , Иностранное предпринимательство и заграничные инвестиции в России. М. , РОССПЭН, 1997.
⑤ Бовыкин В. И. , Формирование финансового капитала в России конец ⅩⅨ в. -1908 г. М. , Наука, 1984.
⑥ Бовыкин В. И. , Сорокин А. К. , Петров Ю. А. , Журавлев В. В. , Эволюция хозяйства и развитие капиталистического предпринимательства на путях перехода России к рыночной экономике// Предпринимательство и предприниматели России от истоков до начала ⅩⅩ века. М. , РОССПЭН, 1997; Бовыкин В. И. , Иностранное предпринимательство в России//История предпринимательства в России. М. , РОССПЭН, 2002; Бовыкин В. И. , Финансовый капитал в России накануне первой мировой войны. М. , РОССПЭН, 2001; Бовыкин В. И. , Зарождение финансового капитала в России. М. , Изд-во МГУ, 1967; Бовыкин В. И. , Французкие банки в России: конец ⅩⅨ-начало ⅩⅩ в. М. , РОССПЭН. 1999.

中的外资状况进行了阐述，除详细分析俄国工业中的外资比例以及外资对俄国工业的垄断程度外，还对各个国家的外资比例进行详细计算，利用数学分析方法，在原始档案文献和数据资料的基础上详细研究俄国的外资问题，参考价值很高。

第六，铁路的战略作用。这里要提到 K. 乌沙阔夫和 A. Л. 希德洛夫两位学者。① K. 乌沙阔夫的《俄国军事交通运输对世界大战的准备》主要分析了一些铁路公司的活动以及政府的战时铁路运输计划和实现计划的政策。A. Л. 希德洛夫在《第一次世界大战时俄国的铁路运输以及国内经济危机的尖锐化》中就第一次世界大战前夕俄国铁路状况、铁路运输战时动员、战时铁路运输重建、西部前线的铁路作用、后方铁路运输量、铁路危机尖锐化以及战时运输的调度与协调等进行了阐述，认为沙皇俄国是在铁路网欠发达和机车车辆严重不足的情况下卷入第一次世界大战的。国家经济落后、日俄战争后政府交通运输拨款少以及铁路公司严苛的"节约制度"导致铁路建设迟滞和机车车辆产能下降，交通运输成为政府财政预算中赤字的主要来源。

第七，与俄国铁路建设关系密切的重要人物的传记和回忆录。M. И. 沃罗宁和 M. M. 沃罗宁娜合著的《巴维尔·彼得洛维奇·梅利尼科夫（1804—1880 年）》② 记述了俄国交通运输科学奠基人 П. П. 梅利尼科夫的生平和他作为彼得堡交通工程兵团学院（1864 年更名为彼得堡交通工程师学院）教授、道路工程师、彼得堡—莫斯科铁路建设者、交通大臣的职业活动及成就。这对于笔者了解梅利尼科夫的国营铁路建设思想和俄国早期的铁路计划具有重要的参考价值。B. Л. 斯捷潘诺夫所著的《H. X. 本格传：改革者的命运》③ 记述了 H. X. 本格作为著名经济学者、亚历山大二世改革参与者、自由主义财政大臣以及大臣委员会主席的思想及活动。书

① Ушаков К., Подготовка военных сообщений России к мировой войне. М. -Л., 1928; Сидров А. Л., Железнодорожный транспорт России в 1-й мировой войне и обострение экономического кризиса в стране. //Исторические записки. Под ред. Грекова Б. А. М., Изда-во Академии СССР. 1948（26）.

② Воронин М. И., Воронина М. М., Павел Петрович Мельников 1804-1880. Ленинград, Наука. 1977.

③ Степанов В. Л., Бунге Н. Х.: Судьба реформатора. М., 1998.

中论述了本格从把铁路建设列入改革计划，支持政府利用私人资本修建铁路，到倾向国家出资建设铁路，有条件地支持私营铁路，最后主张国营体系替代私营体系，对铁路采取调整和监督措施的一系列发展铁路思想的变化。同时，书中对本格财政思想和政策的论述有助于笔者了解 19 世纪 80 年代俄国铁路发展的总体经济环境，以及相关政策实施的背景。С. Ю. 维特在俄国铁路发展，尤其是 19 世纪 90 年代第二次铁路建设热时期的作用不容忽视。С. Д. 马尔蒂诺夫著的《国家与经济：维特体系》① 一书分析了国家在经济中的作用，翔实记述了维特在担任财政大臣期间力主推行的保护关税、吸引外资、财政预算、金融信贷政策以及在此期间政府对私营企业的支持和国营企业的发展情况，研究确保大规模铁路建设成功的因素等。书中对维特之前几位重要的财政大臣，如 М. Х. 赖藤、Н. Х. 本格、И. А. 维什涅格拉德斯基的财政思想都有阐述，这对笔者研究 19 世纪 90 年代俄国铁路建设、资金来源和影响都有重要的参考价值。此外，П. П. 梅利尼科夫、С. Ю. 维特、А. И. 杰尔维科、П. А. 瓦鲁耶夫等人的回忆录、著作选集、日记等②均有助于笔者了解不同时期俄国铁路建设的背景。

　　近年来，一些高校的史学博士学位论文③和学术研讨会论文集④也涉

---

① Мартынов С. Д.，Государство и экономика. Система Витте. СПб.，2002.

② Мельников П. П.，Сведения о русских железных дорогах. //Красный архив. 1940. № 2（99）；Витте С. Ю.，Избранные воспоминания. М.，Мысль，1991；Дельвиг А. И.，Полвека русской жизни. Воспоминания А. И. 1820－1870. Т. 2. М. －Л.，1930；Валуев П. Н.，Дневник министра внутренних дел. М.，1961.

③ Целиков С. А.，Строительство и эксплуатация Самаро－Златоустовской железной дороги и ее влияние на развитие экономики Самарской，Оренбургской，Уфимской губерний（вторая половина XIX－1917 г.）. Диссертация на соискание ученой степени кандитата исторических наук. Самара.，2006；Хобта А. В.，История строительства кругобайкальской железной дороги 1887－1915. Диссертация на соискание ученой степени кандитата исторических наук. Иркутск.，2005；Мухина Н. Е.，История создания Юго－восточной железной дороги и ее роль в экономическом развитии цетрального черноземья（1865－1913）. Диссертация на соискание ученой степени кандитата исторических наук. Воронеж.，2007；Горюнов Ю. А.，Воздействие ташкентской железной дороги на экономическую жизнь оренбуржья первой трети XX века. Диссертация на соискание ученой степени кандитата исторических наук. Оренбург.，2010.

④ Железные дороги и процесс социальной модернизации России в XIX－первой половине XX в. Сборник материалов международной конференции. Под ред. Пушкаревой И. М. Тамбов.，2012.

及俄国铁路建设及其相关问题。这些论文对不同线路，从不同角度对俄国铁路的修建及其影响进行了研究，其对于笔者的专题研究同样具有参考价值。

三　主要研究内容

本书包括绪论、正文和结语三部分。

绪论部分主要明确选题的意义，梳理国内外关于俄国铁路史研究的现状，同时阐述本书的研究内容。

正文共分六章。第一章从分析俄国铁路出现前的经济社会背景入手，把所研究时期俄国铁路发展历程分为建设开端（1836 年至农奴制改革前后）、第一次铁路建设热潮（19 世纪 60 年代中期至 70 年代中期）、第二次铁路建设热潮（19 世纪 90 年代）、20 世纪初至十月革命铁路建设小热潮四个阶段，通过分析具有代表性的铁路的建设情况，阐述俄国铁路建设规模和全国铁路网的形成及其辐射作用。第二章阐述政府各界围绕铁路修建模式问题所引发的争论，探究俄国铁路政策的演变。俄国政府采取何种形式修建铁路，主要取决于国家的经济形势和财政状况。笔者从"承租体系"、公私混合和国营三种铁路建设模式，阐释不同阶段俄国铁路修建政策的变化。第三章主要阐述俄国铁路建设资金的来源。在俄国铁路建设资金中，外资发挥了重要作用。俄国铁路建设中的外资，主要是政府为筹措铁路建设和经营资金，在国外发行的国债、铁路债券以及政府提供担保、铁路公司在国外发行的公司债券。国内资金，主要来源于国家预算内资金（铁路基金）和在国内发行的债券。几条有代表性铁路的资金筹措情况进一步证实，在俄国铁路建设中，真正发挥作用的是俄国政府。第四章重点阐述俄国铁路发展过程中的技术、设施和人力保障问题。通过一些铁路技术参数的制定、铁路轨道、机车车辆等设施的供应情况，阐述俄国铁路修建技术和铁路设备生产能力的进步。人力资源是铁路发展不可或缺的要素。重点阐述俄国铁路工程技术人员的培养、工人队伍的形成和军队在俄国铁路发展中的作用。第五章主要阐述俄国铁路运输的组织和经营管理。无论是运输的组织还是经营，政府都发挥着重要作用。政府从技术层面，通过制定列车运行表维护铁路的运行秩序，通过信号、集中联锁和通信设施强化运输的安全性。而在经营方面，则通过联运、立法、运价改革和私营铁路国有化等措施，强化国家在铁路建设和运营中的主导作用。第六章主要论述铁路对俄国的经济社会影响和战略意义。铁路不仅推动了商品流通、人口流动、城市化进程，促进了农业商品化和全国统一市场的形成，还为冶金、交通机器制造、燃料等重工业的发展提供了动力，并成为这些行业的最大消费者，加速了俄国工业化进程。同时，笔者还将对铁路的战略作用，尤其是在第一次世界大战中的作用加以论述。

结语部分主要是对研究观点的提炼。铁路是俄国工业化的大动脉，是俄国政府号令全国的现代化工具，同时，铁路也是俄国进行殖民扩张的工具。

第一章　俄国铁路发展的四个阶段

铁路是第一次工业革命的产物。18 世纪后半叶，英国国内由于资本主义市场迅速扩大，国内大机械生产迅速发展。工业革命最初波及了轻工业部门，19 世纪初涵盖了重工业，它给国家的工业经济和社会结构带来根本性变化。棉花生产是英国工业最早开始革命的部门之一。18 世纪末的纺织工业革命，对大规模运输商品、原材料、燃料的需求飞速增长，提出了彻底改造陆路交通的问题。棉花从美国运到英国，穿过大西洋走海路，其运输速度要比从利物浦到英国棉纺工业中心曼彻斯特 50 多公里的路程快一倍，而运费仅为其 1/2。①

从工场手工业时期形成的交通运输方式，很快就变成了大工业发展的桎梏。工农业生产方式的革命驱动运输方式发生变革。铁路的出现，客观上符合刚刚成长起来的资本主义社会发展中经济技术基础的需要。

1825 年 9 月 27 日，英国第一条公用铁路开始运行，它从斯托克顿到达灵顿，全长 56 公里，世界上铁路交通的历史由此展开。此后，交通革命的浪潮席卷欧美主要资本主义国家。法国第一条铁路建于 1832 年，从里昂到圣艾蒂安，长 58 公里。德国的第一条铁路于 1835 年开通运行，从纽伦堡到弗斯。美国的第一条铁路是巴尔的摩—俄亥俄铁路，全长 97 公里，它从 1831 年初开始不间断运行。②

19 世纪 40 年代，铁路成为资本主义世界主要的交通运输方式。它的出现极大地加快了经济发展速度，改变了传统社会结构和人们的生活方式。铁路投入使用所带来的经济效果首先是运输的提速。货运周期的缩短解放了在运输过程中被占用的大量商品形式的资本，加快

---

①　Соловьева А. М.，Железнодорожный транспорт России во второй половине XIX в. С. 16.

②　Там же. С. 18.

了资金周转。西欧国家最早的铁路使棉花运输的速度平均提高了 4 倍，运输成本仅为原来的 1/7，运输的安全性提高了 7—9 倍。[1] 运输速度的提高和成本的降低为生产的进一步集约化提供了强大动力，保证了社会劳动生产率的增长和生产力的发展。铁路交通在世界经济中的作用愈发显著。

在世界交通革命的大潮中，俄国铁路业也蹒跚起步。1836 年，俄国第一条公共铁路——皇村铁路开始修建。相较于欧洲主要国家和美国，俄国的铁路业起步晚，农奴制严重制约了俄国工业化和现代化进程。

第一节　俄国铁路发展的历史背景

农奴制是俄国社会的主要特征。在俄国早期统一和领土扩张时期，农奴制曾保障俄国集全国的人力、物力和财力发展经济，保障军队的征召和集结。彼得一世时期，开始了西欧化改革，但也从彼得时期起，历代沙皇不断强化沙皇专制主义制度。农奴制是俄国专制主义经济的基础。俄国的农奴制对俄国农村地主经济产生了深远影响。"贵族在摆脱义务服役以后，本应成为农业主宰者阶级和俄国国民经济的领导者；但由于农奴制度的关系，它既没有成为前者也没有成为后者。在乡村，贵族本应从事的主要不是农业生产活动，而是指挥管理农民的工作。关心农业栽培、农艺学，采用新耕作法和新式农具的事，逐渐退居第二位，取而代之的是关心剥削农奴劳动和建立管理农奴的制度。这样，地主便以土地占有者逐渐转变为农奴占有者，变为对农民的警察管理者。"[2] 地主每一项新的经济需求，都靠新增农民税收来满足，白白得来的农奴劳动成果，消除了贵族积累流动资金的兴趣。[3] 农奴制度，对整个国民经济都产生危害。它阻碍了

---

[1]　Соловьева А. М.，Железнодорожный транспорт России во второй половине XIX в. C. 18-19.

[2]　〔俄〕瓦·奥·克柳切夫斯基：《俄国史教程》第 5 卷，刘祖熙等译，商务印书馆，2013，第 148 页。

[3]　〔俄〕瓦·奥·克柳切夫斯基：《俄国史教程》第 5 卷，刘祖熙等译，商务印书馆，2013，第 149 页。

城市的发展，阻碍了城市手工业和工业的进步。城市人口增长缓慢。农奴制庭院手工业成了城市手工业者和工业家的危险竞争者。地主力求用家庭设施满足其迫切的欲望，便从外国商店购置更精致的用品。这样，本国城市手工业者和商人就失掉了地主这类收入最多的消费者和订货主。另外，地主日益加强对农奴财产权的控制，使农奴支配自己薪水的机会越来越少；进城购货和订货的农民越来越少。这就使城市的劳动成果丧失了既廉价又人数众多的订货人和消费者。①

无论是彼得一世的改革，还是叶卡捷琳娜二世的开明专制，都是建立在农奴制基础上的。

彼得一世改革的方向主要是军队、财政和国家管理。他优先发展重工业和军事工业，在乌拉尔地区发展冶金工业，铸造大炮，加强俄国的军事实力。彼得时代手工工场大量使用廉价的农奴劳动力。其工业化成果是用落后的农奴制生产关系来推动的。彼得一世发展手工工场是靠国家订单尤其是军事订单实现的，这就使这些手工工场免于竞争，也使它们失去了自由经济的活力和创造力。彼得一世的另一个举措是提高关税和赋税。彼得一世的财政改革，主要是为了保障连年战争的军费支出。在北方战争的前10年，俄国的军费支出增长了好几倍，国库全部收入几乎都被战争耗费，为保障日益增加的巨额军费，政府开始不断征收新的特别税和附加税。为了增加税收来源，可以说彼得一世无所不用其极。首先开始征收名目繁杂的军需特别税，按户征收。主要资金由商人和拥有100户以上农民的地主来承担。国家将这些人组成所谓的"造舰合作社"，每8000—10000户要建一艘大船。小地主，准确地说是他们的农民也要缴纳专门的造船税，数额为每户50戈比。1700年，政府取缔造舰合作社，转为每年征收专门的造船税，税费为教会土地上的农民每户12.5戈比，其他土地上的农民每户10戈比。② 在此期间，俄国还不断征收一些特加税。为新建10个龙骑

---

① 〔俄〕瓦·奥·克柳切夫斯基：《俄国史教程》第5卷，刘祖熙等译，商务印书馆，2013，第151页。

② 〔俄〕扎哈洛夫·维克多·尼古拉耶维奇、彼得罗夫·尤里·亚历山德罗维奇、萨茨洛·米哈伊尔·卡尔内里耶维奇：《俄国税收史（9—20世纪初）》，张广翔、梁红刚译，社会科学文献出版社，2021，第67页。

兵团，对商人阶层征收什一税，教会农民为每户 25 戈比，其他农民每户 20 戈比。还把这种特别税转成固定税，每年收取，直到实行人头税后才废除。① 除了特别税转为固定税外，每年都应各种需求出台附加税。除简单粗暴地增加直接税外，他还想方设法增加间接税。彼得一世身边一些善于筹划新收入的官员，被称为"聚敛官"。税赋名目繁多：印花税、盐税、度量衡税、客店税、渡口税、船税、过桥税、磨坊税、澡堂税、服装税、毛皮税、婚礼税以及对旧教徒征宗教税，对留胡须者征胡须税。② 他实行关税壁垒政策，鼓励出口，抑制进口。甚至对进口产品课以高关税。"如果国内某种商品的生产超过了该种商品的输入额，则对这种输入品应按其输入价格的百分之七十五课税；如果国内某种商品的生产达到了输入额的百分之二十五，则对这种商品按百分之二十五课进口税等等。"③ 为增加新税源，1718 年 11 月 26 日，俄国政府出台了人口调查法令，规定所有村庄的地主要在规定的期限内提交男性农奴的花名册。收到这些材料后，政府将确定多少农民能够供养一名士兵，进而在各省派驻军团。法令第二条规定，人头税将取代以往所有的直接税。1719 年 1 月 22 日的法令更加详细地规定了人口调查制度，规定俄国农民阶层都要缴纳人头税。此外，伊斯兰教教徒和伏尔加河流域缴纳亚萨克税的居民也要缴纳人头税。接下来，政府将人头税征收的对象扩大到独户农。④ 1723 年，政府又规定家用奴仆同农奴一样，也必须缴纳人头税。按规定，地主农民每人课税 40 戈比，国家农民为 1 卢布 14 戈比，城郊居民为 1 卢布 20 戈比。⑤ 此外，缴纳人头税的还有工商区居民。1722 年 4 月 27 日，政府

---

① 〔俄〕扎哈洛夫·维克多·尼古拉耶维奇、彼得罗夫·尤里·亚历山德罗维奇、萨茨洛·米哈伊尔·卡尔内里耶维奇：《俄国税收史（9—20 世纪初）》，张广翔、梁红刚译，社会科学文献出版社，2021，第 67 页。

② 曹维安：《俄国史新论——影响俄国历史发展的基本问题》，中国社会科学出版社，2002，第 90 页。

③ 〔苏〕梁士琴科：《苏联国民经济史》第 1 卷，中国人民大学编译室译，人民出版社，1959，第 394—395 页。

④ 〔俄〕扎哈洛夫·维克多·尼古拉耶维奇、彼得罗夫·尤里·亚历山德罗维奇、萨茨洛·米哈伊尔·卡尔内里耶维奇：《俄国税收史（9—20 世纪初）》，张广翔、梁红刚译，社会科学文献出版社，2021，第 77—78 页。

⑤ 王云龙、刘长江等：《世界现代化历程·俄罗斯东欧卷》，江苏人民出版社，2015，第 65 页。

颁布法令，规定城市工商区居民每人支付 1 卢布 20 戈比的人头税。[①] 缴纳人头税的还有驿站马车夫、官吏、教会低级教士、平民知识分子以及在贵族、教会主教家从事商业和手工业经营的所有人员。1724 年，仅人头税一项就占国家收入的一半以上。从结果来看，彼得一世的改革使俄国强盛了，人民贫穷了。实行人头税后，贵族和高级神职人员成为免税阶层。实行人头税和进行丁籍调查都更牢固地将纳税居民固定在登记地区，丁籍调查花名册成为农奴依附于地主的证明文件，按人头征税的原则限制了国家农民的自由流动。人头税使俄国农奴制得到了强化。

叶卡捷琳娜二世实行所谓的"自由经济"政策。她的开明专制经济政策，最受益的是权贵利益集团。这一时期，俄国的社会结构中贵族的政治和经济势力都首屈一指。1785 年颁布的《贵族宪章》，使贵族不仅可以在自己的领地上支配作坊与工场，还可以在自己的领地上建立交易中心，有权在城市拥有、建筑、购置住房与工场，销售符合法律规定的任何货物，免除人头税。[②] 贵族由此控制了大量土地和农奴。"中等贵族拥有 1 万英亩土地和 1000 名农奴，下中等贵族拥有 100 名农奴。成千上万的下等贵族其财富为不超过 100 人的农奴。"[③] 叶卡捷琳娜二世给予贵族工商自由。1775 年颁布的《贵族自由书》，允许"一切人创办各种作坊并生产各种各样的手工业品"。[④] 但这种自由，实际上不是普惠的，只有贵族和新生资产阶级才享有这种优惠，而农奴和下层市民不仅没有享受到自由经济的优惠，还要承受农奴制压迫和新兴资产阶级的剥削。

在开明专制经济政策下，俄国经济中的资本主义成分逐渐扩张。手工工场的数量和雇佣工人的比例都显著增加。1762 年，手工工场为 663 家，

① 〔俄〕扎哈洛夫·维克多·尼古拉耶维奇、彼得罗夫·尤里·亚历山德罗维奇、萨茨洛·米哈伊尔·卡尔内里耶维奇：《俄国税收史（9—20 世纪初）》，张广翔、梁红刚译，社会科学文献出版社，2021，第 81 页。

② Vernadsky, *A Source Book for Russian History*, Vol. 2, Yale, 1972, p. 414.

③ Dmytryshyn, *A History of Russia*, Prentice-Hall, 1977, p. 309.

④ 〔苏〕梁士琴科：《苏联国民经济史》第 1 卷，中国人民大学编译室译，人民出版社，1959，第 452 页。

1799 年增加到 1200 家。① 在叶卡捷琳娜二世执政的最初几年，仅 1767 年手工工场就有 45500 名工人，其中农奴、编入的农民和买来的农民共占工人总数的 60.7%，雇佣工人约占 39%。② 冶金工业是俄国的基础工业，1790 年，俄国的生铁产量达到 795 万普特（1 普特 = 16.38 千克），同年，英国的生铁产量为 480 万普特。在整个 18 世纪下半叶，俄国的冶金业一直居于世界第一位。③ 但是，与英国不同，俄国没有在这一时期发生工业革命。在英国所有工业部门都从手工工场向工厂过渡时，俄国工业仍停留在手工工场阶段。俄国的农奴制经济在 18 世纪达到顶峰，到 18 世纪末开始进入瓦解和衰落期。农奴制经济的消极作用开始充分暴露出来。

一　铁路出现前后俄国的经济和交通状况

19 世纪 30 年代是铁路诞生时期，此后铁路迅速在西欧和北美普及，但俄国因农奴制制约和经济落后，铁路建设严重滞后。经济状况是制约俄国铁路发展的主要因素，因此在介绍俄国铁路建设前有必要对该时期的俄国经济状况进行阐述。

19 世纪 30 年代，俄国是世界大国之一。1826 年俄国人口为 5300 万，占欧洲人口的 1/5。国土面积近 1650 万平方俄里，④ 俄国 3/4 的人口集中在占国家领土面积 20% 的中部和西部地区。在南部和东部边疆，包括乌克兰草原、伏尔加河下游地区、乌拉尔、西伯利亚、欧洲北部，人烟稀少，人口数量仅为全国人口总数的 1/5。这些地区经济落后，与国内主要生产中心严重隔绝。原始的家庭手工业和落后的宗主制农业占主导地位。19 世纪 30 年代中期，欧俄城市人口仅占国家居民总数的 9%。⑤

---

① 〔苏〕B. T. 琼图洛夫等编《苏联经济史》，郑彪等译，吉林大学出版社，1988，第 39 页。
② 〔苏〕梁士琴科：《苏联国民经济史》第 1 卷，中国人民大学编译室译，人民出版社，1959，第 478 页。
③ 〔苏〕梁士琴科：《苏联国民经济史》第 1 卷，中国人民大学编译室译，人民出版社，1959，第 287 页。
④ Соловьева А. М., Железнодорожный транспорт России во второй половине XIX в. С. 21-22.
⑤ Там же. С. 22.

18 世纪中叶，俄国农业和工业已初具规模。18 世纪末，农奴制经济开始进入瓦解和衰落期。资本主义因素出现并逐渐发展起来，在国家社会和经济生活中的比重逐步提高。19 世纪的俄国，劳动社会分工、地区专业化和内部市场显著发展，货币商品关系进一步突显。工业城市和工业村数量增加，非农业人口流动性加强，随之而来的是农村经济明显进步。农业生产与国内外市场关联性越来越强，具有鲜明的商品化特征。这一时期对外贸易尤其是国内贸易流通量显著增加。国内粮食销售量是国外贸易的 9 倍。19 世纪 30—60 年代，俄国粮食年出口量增加 275%，是西欧重要的粮食供应地。[①] 俄国工商业也发展迅速，以下诺夫哥罗德展销会为例，1824 年、1829 年、1834 年和 1839 年其交易额分别为 2220 万、2820 万、3920 万和 4620 万银卢布。[②] 其他地区展销会的交易额也显著上升。1818 年前交易市场的交易额为 9 亿卢布纸币（2.73 亿银卢布）。[③] 从 1829 年起展销会商品数量增长 226%。俄国进出口货物规模也迅速扩大：1829 年为 1.23 亿卢布，1839 年为 1.6 亿卢布，1849 年为 1.92 亿卢布。[④]

19 世纪上半叶，俄国生产力不断提高。1825—1860 年大型加工企业和工人的数量增加了 2 倍。[⑤] 由于从手工劳动向机器劳动转变，工业发展与工业化改造密切相关。最初，技术革命席卷纺织工业，在该行业自由雇工的比例在 1825 年达 70%—95%。棉纺织工业取得的成就最为突出，与农奴制手工工场相比，资本主义劳动方式的普及大大提高了劳动生产率（达 140%）。[⑥] 19 世纪 30 年代起，棉纺织行业资本主义工厂的发展速度最快，这对其他工业部门的生产集中化和机械化产生重要影响。

与技术革新速度较快的轻工业不同，冶金业出现严重危机。俄国采矿业以农奴制劳动为主体，1825 年国内制铁手工工场中自由雇工比重仅占

① Очерки экономической истории России первой половины XIX в. М.，1956. С. 98.

② Уродков С. А.，Петербурго - Московская железная дорога. История строительства（1842-1851）. С. 17.

③ Там же. С. 17-18.

④ Сборник статистических сведений о России. 1902. Кн. 1. С. 150.

⑤ Рашин А. Г.，Формирование промышленного пролетариата в России. М.，1940. С. 23.

⑥ Исаев Г. С.，Роль текстильной промышленности в генезисе и развитии капитализма в России. 1760 - 1860. Диссертация на соискание ученой степени доктора исторических наук. М.，1974. С. 306-309.

22%。乌拉尔是俄国的主要冶金中心，大部分金属都由此地生产。乌拉尔地区生铁产量占全俄生铁总产量的 71%，中部地区、波兰、北方地区、西伯利亚地区和俄国其他地区生铁产量比例分别为 15%、7%、2%、1% 和 4%。[1] 技术革命没有触及乌拉尔采矿业。如果说 18 世纪末俄国在生铁产量上占世界第一位的话，那么 19 世纪初，当西欧开展工业革命时，乌拉尔生铁在世界生铁生产中的比重开始急剧下降，1830 年和 1860 年分别为 12% 和 4%。1822 年黑色金属禁止性关税没有促进黑色冶金业的技术进步，该部门的产量年均增长不足 1%。[2]

水轮是俄国黑色冶金业最主要的动力装置。19 世纪中期蒸汽机在发达资本主义国家中是冶金业的主要动力装置，而在俄国作用较小。截至 19 世纪 60 年代初，乌拉尔地区蒸汽动力仅占总动力的 7%。[3] 此外，农奴制改革前俄国燃料完全依靠木材。在农奴制时代即将结束时，在工业生产规模上，沙皇俄国的经济发展水平比世界上先进的资本主义国家至少落后 50 年。[4]

在封建农奴制的俄国，工业发展规模小，速度慢，农奴制严重掣肘工农业生产力发展。这一矛盾也体现在交通运输部门。19 世纪 30 年代，俄国道路以水路、土路为主，运输工具主要是帆船和马车。俄国自古以来河流湖泊星罗棋布，尽享舟船航运的天然之便，[5] 尽管每年有枯水期和封冻期，但由于水运货运量大、成本低，弥补了其速度慢的不足，长期以来是运输粮食、鱼、木材、盐、农副产品等商品的得力方式，大致满足了国计民生的需求。水运的季节性适应了农业生产的季节性、人们消费的季节性。

水运体系是夏季运输的主要方式。在俄国欧洲部分水路的长度超过 20 万俄里。可行船河流有 48533 俄里，包括那些流域广阔的大水系，如

① Хромов П. А.，Экономическое развитие России в XIX-XX веках. М.，1950. С. 61.

② Струмилин С. Г.，Черная металлургия в России и СССР. Технический процесс за 300 лет. М. -Л.，1935，С. 201.

③ Сигов С. П.，Очерки по истории горнозаводской промышленности Урала. Свердловск.，1936. С. 37.

④ Соловьева А. М.，Железнодорожный транспорт России во второй половине XIX в. С. 24.

⑤ Экономическая история России с древнейших времен до 1917 г. Энциклопедия. Том 1. М.，2009. С. 523，524. 早在斯拉夫人时期就用船。船由国内建造，18 世纪至 19 世纪初航运的船有 50 种型号，帆船类最普及，20 世纪初蒸汽轮船有 450 种型号，而非蒸汽轮船型号达 800 余种。

伏尔加河、第聂伯河和顿河等。连接运河 255 俄里，侧渠 359 俄里，因运河和抬高水位使其通航的河流共 614 俄里。海岸线 7330 俄里。^① 按照人均占有的水路里程，欧俄在其他欧洲国家中居第二位。^② 庞大的水系把俄国最大的经济中心、乌拉尔工业省、南部和东部产粮省、主要的出口港口连接起来。在 18 世纪末开始人工水利网的建设。19 世纪初，连接伏尔加河、波罗的海和彼得堡的上沃洛乔克、马林斯基、季赫温三大水系发挥着重要功能。从伏尔加河上的雷宾斯克、上沃洛乔克水系到彼得堡，水路长度为 1306 俄里，沿马林斯基水系则为 1084 俄里，沿季赫温水系为 845 俄里。^③

尽管拥有大量水路，俄国水运仍不能满足国民经济需求。通航期短、运输速度慢、受气候因素影响大、通行能力弱是水运的主要弱点。走伏尔加—波罗的海水路，船行两个半月。沿伏尔加河从阿斯特拉罕到下诺夫哥罗德货物运输需近 3 个月，从特维尔到彼得堡要两个多月。从阿斯特拉罕到彼得堡，走波罗的海需要 7 个月。^④ 枯水期河流和运河干涸，不能行船；过早封冻造成每年冬天成千上万条货船在河上过冬。在河上越冬，无论是货物还是帆船都可能受损。1826 年在河上过冬的货物价值达 1930 万卢布。^⑤

在俄国水路运输中，纤夫的原始手工劳动占主导地位。据 19 世纪 30 年代初交通和公共建筑管理总局报告数据，水路每千普特货物平均使用 3.5 个纤夫。纤夫拉的货船每天以 5—10 俄里的速度行进。19 世纪前 30 年，俄国各条河流上纤夫的总数有几十万人。《祖国之子》杂志在 1815 年曾写道："光在伏尔加河一条河上，每年最少使用 40 万名纤夫，其中每年死亡在自己船上的纤夫就有 7000 人，还有成千上万的纤夫拖着被繁

---

① Уродков С. А., Петербурго - Московская железная дорога. История строительства (1842–1851). С. 19.

② Соловьева А. М., Железнодорожный транспорт России во второй половине XIX в. С. 25.

③ Фадеев Г. М., История железнодорожного транспорта России. Т. 1. 1836–1917. С. 14–15.

④ Уродков С. А., Петербурго - Московская железная дорога. История строительства (1842–1851). С. 20.

⑤ Виргинский В. С., Возникновение железных дорог в России. до начала 40-х годов XIX века. М., Трансжелдориздат, 1949. С. 42.

重的可以说苦役犯般的劳动毁坏的身体回到家乡。"[1] П. П. 梅利尼科夫曾在 1841 年考察伏尔加河航行情况，他认为伏尔加河可以和世界上最繁忙的商务航线相媲美，正常年份通航期货物里程达 500 亿普特俄里，枯水年份也达 360 亿普特俄里。[2] 同时，他也指出，无论是船只种类、装置还是航运方法，伏尔加河航运都非常落后、混乱。

1814 年，伏尔加河上首次出现用马和机器拖曳的船只。1815 年，Ч. 贝尔德在彼得堡机械厂建造了第一艘轮船——"伊丽莎白"号。轮船在彼得堡和克罗恩施塔德之间定期航行。同时，在工程师 П. Г. 索博列夫斯基领导下，В. А. 弗谢沃洛日斯基的波热夫斯基机械厂（距彼尔姆 140 俄里）开始建造轮船，1816 年完成在卡马河和伏尔加河上的航行。同一年，第一艘"快"字号军舰在彼得堡的伊若尔斯基工厂船台上下线。著名的发明家 П. К. 弗罗洛夫在 1816 年制订了在额尔齐斯河上组织为科雷万—沃斯克列先斯克工厂轮船航运的计划。但是由于贝尔德垄断特许权，该计划没有成功。[3]

19 世纪 30 年代中期国营工厂造出的轮船数量达 52 艘，但轮船并没有得到普及。农奴纤夫低廉的劳动阻碍了造船业发展。财政大臣 Е. Ф. 康克林曾在自己的著作中表示，原始的纤夫劳动具备所有优势，因为轮船的利润少、费用高。[4] 随着俄国工业生产的不断发展，河运的季节性导致产销脱节，再生产难以扩大，无力适应多变的市场需求，致使生产停滞不前，[5] 水路运输的局限性暴露无遗。

土路是俄国陆路运输的主要路径，其在欧俄部分的网络四通八达。主要的畜力运输道路把彼得堡、莫斯科同欧俄部分的主要区域连接起来。莫斯科是俄国道路网的中心，从莫斯科向外有 8 条主要的畜力运输通道，从

[1]　Фадеев Г. М. , История железнодорожного транспорта России. Т. 1. 1836-1917. С. 15.

[2]　Записка Мельников «Поездка на Волгу» опубликована Крутиковым в журн. // Красный Архив. 1937. № 4-5（89-90）. С. 315.

[3]　Фадеев Г. М. , История железнодорожного транспорта России. Т. 1. 1836-1917. С. 15.

[4]　Виргинский В. С. , Возникновение железных дорог в России до начала 40-х годов XIX века. С. 41.

[5]　张广翔、范璐祎：《19 世纪上半期欧俄河运、商品流通和经济发展》，《俄罗斯中亚东欧研究》2012 年第 2 期，第 66 页。

彼得堡向外有 5 条主要道路。交通工具主要由农民的大车构成（有 300 万辆）。[1] 货物陆路运输的本质特征是速度慢、不准时和价格高。19 世纪 30 年代中期，夏季从事畜力运输的工人约有 80 万人，冬季运输工人数量达 300 多万人。[2]

由于春秋季节道路泥泞，土路在一年中的大部分时间都不能通行，交通完全中断。在主要的商路上，装满货物的车队常常陷进泥泞中。沙皇政府向农民开征修路差役。这种方法治标不治本，土路的状况逐年恶化。

交通落后、道路无法通行是发展中的俄国国民经济的顽疾。由于运费高，在俄国西部一些省份中，乌拉尔铁制品价格高得离谱，以至于成为经济中的奢侈品。在尼古拉一世执政时期，铁的高昂价格导致西部省份农民的马挂不上掌，在修建房屋时，只能使用木钉；90% 以上的车轮包不上铁，就连锹和耙子都用木头做，只在边缘镶上薄薄的一层铁。[3]

19 世纪 30 年代初俄国有国营邮站 3240 个，总体上这些驿站难以应付运输工作。1820 年俄国出现了第一个股份制公共马车旅客运输公司，在莫斯科和彼得堡之间运行。两个首都之间 680 俄里的路程，公共马车要走 4—4.5 天。马车上可容纳 8 个乘客，他们有权免费携带 8 公斤（0.49 普特）以下的行李，12 公斤（0.73 普特）以内需要额外付费。乘车的价格为 95 卢布，这在当时是个很大的数目（当时 1 磅牛肉价值 2 戈比，1 磅鸡肉价值 5 戈比，一瓶香槟酒价值 1.5 卢布）。[4] 前 10 年共运输 33600 人次。[5] 后来，这个股份公司拓宽了业务范围，在基辅、哈尔科夫、敖德萨、里加、喀山、第比利斯建立了一些分支机构。[6] 在 30 年代初，彼得堡还出现了一些相对定期的旅客邮政马车。但是这些公司只能满足少数俄国上层的需求。邮政马车的速度也很慢。从彼得堡到莫斯科 680 俄里的路

[1] Соловьева А. М.，Железнодорожный транспорт России во второй половине XIX в. С. 26.

[2] Фадеев Г. М.，История железнодорожного транспорта России. Т. 1. 1836–1917. С. 14.

[3] Уродков С. А.，Петербурго - Московская железная дорога. История строительства（1842–1851）. С. 18.

[4] Пыляев М. И.，Старый Петербург. М.，1991. С. 430–431.

[5] Фадеев Г. М.，История железнодорожного транспорта России. Т. 1. 1836–1917. С. 13.

[6] Соловьева А. М.，Железнодорожный транспорт России во второй половине XIX в. С. 28.

程得走上 80 小时。从图拉到莫斯科（180 俄里）要走上 3 天。①

商品流通、旅客运输和军事运输需求逐年迅速增长，这更加尖锐地提出从根本上改造俄国交通运输方式的问题。1833 年，沙皇政府颁布《国内道路组织与维护的基本原则》。按照这项法律，俄国的所有土路按其重要性被分成 5 个级别：主要交通通道，国道；大贸易通道；普通道路及驿道，省道；县级贸易通道及驿道；乡道和村道。在一级国道中有 6 条畜力运输干道：彼得堡—莫斯科、莫斯科—下诺夫哥罗德、莫斯科—基辅、彼得堡—维捷布斯克—基辅、彼得堡—科夫诺、莫斯科—布列斯特—利托夫斯克。由于向每个税丁征收 25 戈比的特别税，这些道路被视为公路。② 1834 年把莫斯科和彼得堡连接起来的莫斯科公路建设完成。这是俄国首条石头路基的公路，由交通部的工兵营耗时 17 年完成。这条公路全长 680 俄里，花掉了国库 2250 万卢布。到 40 年代初，在彼得堡周边地区和沙皇统治的波兰还建成了几条不长的公路。1835—1836 年，两条重要的公路——斯摩棱斯克—里加和莫斯科—下诺夫哥罗德公路开建，这两条公路在 50 年代初才完工。③

俄国国道建设速度极其缓慢，花费巨大。改革前俄国每俄里国道平均造价达 1 万银卢布。④ 在设计公路时，沙皇政府首先从军事战略目的出发，因此大多数公路避开主要的工商业区域，绕过了重要的县城和乡镇。因此，国道和省道往往不能作为工商业通道使用。

19 世纪 40 年代中期，由于铁路建设展开，公路建设规模开始急剧缩减，农奴制解体后，公路建设几乎为零。1833—1855 年共建成 6500 俄里公路。⑤ 与西欧国家相比，英国每平方俄里公路里程是俄国的 15 倍，法国是俄国的 190 倍，德国是俄国的 90 倍。⑥ 在幅员辽阔的俄国，公路建设速度降低对国民经济的发展和军事国防都产生消极影响。因水路局限性

① Соловьева А. М. , Железнодорожный транспорт России во второй половине XIX в. С. 28.
② Виргинский В. С. , Возникновение железных дорог в России до начала 40－х годов XIX века. С. 244.
③ Соловьева А. М. , Железнодорожный транспорт России во второй половине XIX в. С. 29.
④ Там же. С. 29.
⑤ Гулишамбаров С. , Итоги торгвли и промышленности в царствование императора Николая I. СПб. , 1896. С. 22.
⑥ Соловьева А. М. , Железнодорожный транспорт России во второй половине XIX в. С. 29.

较大和公路路况较差，英国工业革命后俄国的一些有识之士开始关注轨道交通。

二　俄国铁路的萌芽

18世纪60—80年代，俄国工厂技师和手工业者积极倡导改变俄国落后的水陆交通状况，提出改善交通技术的大胆设想。И. П. 古里宾、弗罗洛夫父子、轮船技师伊斯托明、卡赞采夫和维什尼雅科夫等人都是久负盛名的发明家，他们为俄国运输技术的发展做出了重要贡献。[①] 矿山工厂铁路的修建为俄国公共铁路的建设奠定了技术基础。

俄国工厂交通运输的发展历程可划分为五个阶段。第一阶段为18世纪60年代，标志是科雷万—沃斯克列先斯克国营工厂兹梅伊诺戈尔斯克矿山建成俄国最早的一条轨道。其修建者是俄国著名水利工程师、机械师К. Д. 弗罗洛夫。轨道为表面包金属的木轨，由一个特殊水利装置牵引装满矿石的车厢在轨道上运行。[②] 该发明是俄国工厂交通运输发展上的一大进步。科雷万—沃斯克列先斯克矿山工厂的经验很快就在俄国的矿山运输实践中得到广泛应用。

第二阶段为18世纪80年代，标志是企业主彼得扎沃斯克的亚历山大冶铁和炮弹加工厂建成第一条马拉工厂铁路。工厂厂长、矿山工程师А. С. 亚尔采夫用一条交通线路将制炮厂的炼铁车间、钻孔车间和镗孔车间连接起来，全长173.5米，这条轨道大大提高了工厂的劳动生产率。这条路初次使用铁轨和铸铁车厢，货物运输量是木轨路的10倍。[③] 该运输方式很快得以普及。1805年俄国著名工程师、学者 Л. С. 瓦克谢利在彼得堡出版著作《铁路筑造简述》，对铁路建设经验进行了概括。这本著作是世界上第一本详细分析轨道交通发展问题和前景的书。

第三阶段为1806—1810年，在 П. К. 弗罗洛夫精心设计和亲自指挥下，

---

①　Виргинский В. С. , Железнодорожный вопрос в России до 1835 года // Исторические записки. М. , Изд-во Академии СССР, 1948（25）. С. 145.

②　Данилевский В. Е. , Русская техника. Л. , 1948. С. 260-269.

③　Уродков С. А. , Петербурго-Московская железная дорога. История строительства（1842-1851）. С. 23.

兹梅伊诺戈尔斯克矿山和阿尔泰的科雷万—沃斯克列先斯克国营工厂的炼铁车间之间建成第一条全长 1867 米的铁路，铁路设有桥梁、高架桥、深凹沟、高路堤、转向盘、矿石运输装卸漏斗装置。П. К. 弗罗洛夫摒弃英式的角形轨道，自己设计并铸造出新型的圆头铁轨，这些铁轨是现代铁路轨道的原型。所有这些技术都是新型轨道交通发展中的大胆创新。一匹马拉着三个装满矿石的车厢在兹梅伊诺戈尔斯克铁路上运行，其运输量相当于畜力道路上 25 匹马的运输量。根据 П. К. 弗罗洛夫的统计报告，兹梅伊诺戈尔斯克铁路可抵 586 名农奴的劳动，大大提高了工厂的生产效率。这项工程成本为 8132 卢布/俄里，与同期英国马拉铁路造价相比，仅是其 1/5。[①]
П. К. 弗罗洛夫在兹梅伊诺戈尔斯克铁路上第一次设轨道运行进度表，第一次通过铁路编组实现机械运输矿石，制成可移动式窄轨铁路。该铁路运行了 30 余年。1812 年弗罗洛夫提出在艾尔通湖和伏尔加河之间修建运盐的马拉轨道方案。在俄国交通史上，这是第一个长距离铁路修建计划，但因要使用农奴劳动而引起地主和农奴的不满，最终该计划被束之高阁。

第四阶段的标志为 1834 年夏天俄国第一条蒸汽动力铁路开通。建设者是杰出农奴工程师叶菲姆·阿列克谢耶维奇、其子米龙·叶菲姆耶维奇。这条铁路长 854 米，在下塔基尔斯克冶金厂运行，连接企业的部分车间。1835 年下塔尔斯克铁路延长 2.5 俄里，确保从高山上的铜矿厂把矿石运到距离下塔基尔斯克工厂 2 俄里的彼尔姆省科雷万地区的炼铜厂。[②]

第五阶段的标志为 1834—1835 年切列巴诺夫建造的两台机车。设计师们大胆地将 80 个烟道管装进蒸汽锅炉，取代英国蒸汽机车的 25 个烟道管，这极大地提高了切列巴诺夫机车的运行速度。这台机车以 18—19 俄里/时的速度运输总重量为 16 吨的矿石。[③] 在世界铁路建设初期，俄国的蒸汽动力工厂铁路建设对俄国铁路技术发展具有重要意义。但在封建农奴制条件下，切列巴诺夫的发明没有受到重视，也没有走出工厂铁路的范畴。

①　Соловьева А. М.，Железнодорожный транспорт России во второй половине XIX в. С. 31-32.

②　Соловьева А. М.，Железнодорожный транспорт России во второй половине XIX в. С. 33.

③　Данилевский В. Е.，Черепановы М. Е.，Нижний Тагил. Свердловск.，1945. С. 30-35.

第二节　铁路建设的开端

1825 年，世界上第一条公用铁路在英国开通，自此铁路也开始进入俄国人的视野。俄国各界就铁路建设问题展开长期争论，虽然修建铁路困难重重，但在开明地主和进步知识分子的倡导下，铁路建设问题逐渐得到政府重视。铁路问题开始成为俄国政府专门讨论的对象。1836 年，俄国开始修建第一条公共铁路——皇村铁路。这说明政府对兴修铁路还是提倡和支持的。

一　对是否引入铁路的争论

英国工业革命后，铁路建设在西欧和美国迅速展开，铁路的经济意义也迅速凸显。随着俄国工业的发展，一些开明人士提出在俄国大规模修建铁路的方案，但一些保守势力坚决抵制将铁路引入俄国。为此，双方展开了长期争论。彼得堡大学物理学教授 Н. П. 谢格罗夫是最早提出必须在俄国修建铁路的知识分子之一。他在杂志上发表了《论铁路以及铁路较普通路渠的优势》一文，他在文中强调，俄国铁路建设问题"对于俄国经济发展具有重要意义"，并指出"迄今为止交通现状给国内生产和产品的销售造成困难，阻碍了俄国工业化进程"。[①] 谢格罗夫在介绍与论证国外先进成果和本国早期的铁路建设经验的同时，还以俄国广大进步活动家的名义详尽地提出建设彼得堡—特维尔—下诺夫哥罗德铁路方案，欲将首都同俄国主要的商贸大动脉——伏尔加河的码头连接起来。

19 世纪 30 年代，就是否引进铁路引发的争论是俄国社会生活中的一件大事。此时正是农奴制危机不断加深和资本主义商品关系快速发展时期。铁路建设方案得到俄国进步学者、工程师、有远见的工业主和开明地主的支持，他们认为兴修铁路符合俄国国民经济发展的需求。

---

① Соловьева А. М., Железнодорожный транспорт России во второй половине XIX в. C. 35; Уродков С. А., Петербурго—Московская железная дорога. История строительство (1842- 1851). C. 30.

　　彼得堡交通工程兵团学院和矿山工程兵团学院的工程师和学者，如 П.П. 梅利尼科夫、Н.О. 克拉夫特、М.С. 沃尔科夫、А.И. 巴兰金、С.В. 戈尔别茨、Н.И. 利宾、С.В. 古里耶夫等人都支持引进铁路。未来的交通大臣 П.П. 梅利尼科夫积极推动俄国铁路修建方案的实施。他是彼得堡交通工程兵团学院的毕业生和教授，从 19 世纪 30 年代中期开始，大胆地将有关铁路建设方面的知识加入自己的应用机械学教学中。1835 年他出版理论性著作《铁路》，并在《交通杂志》上发表诸多文章。梅利尼科夫认真分析和宣传英国发展铁路运输的先进经验，并提出这种新型交通方式的主要优势在于其速度和规律性。他还强调，交通运行速度的提升将是工商业发展的推动力，兴修铁路是强化国家安全的重要因素。①

　　自由经济协会主席 Н.С. 马尔德维诺夫伯爵在给政府的一份报告中写道："我确信，没有铁路俄国将逐渐远离文明和进步。"②他是最早提出组建国家保护下的铁路股份公司的人之一。他建议通过纵横交错的铁路网将彼得堡、莫斯科同叶卡捷琳堡、敖德萨、阿斯特拉罕和高加索等地连接起来。

　　19 世纪著名的经济学家 Н.С. 马尔德维诺夫伯爵虽然是大地主，但他对俄国工业发展持支持态度。他倡导经济改革，支持机器劳动代替手工劳动。他认为，为发展独立的民族经济，必须在俄国发展加工业、采矿业和铁路业，引进先进的工业技术和技术设备。马尔德维诺夫提出修建穿越高加索山的战略铁路；提出以莫斯科为中心，修建辐射整个俄国的商业铁路网计划；建议成立私营股份公司，通过引进外国资本来修建本国的铁路。③

　　一些进步杂志纷纷刊登介绍铁路的文章。1835 年《藏书》杂志上刊登了题为《铁路筑造》的文章，对保守派的两种偏见——俄国"天然道路"足以满足国内需求和铁路不能让以农业为主的俄国受益进行了回击。这篇文章还有力地证明了铁路的营利性，认为铁路难以推广并非资本家胆

---

①　Воронин М. И., Воронина М. М., Павел Петрович Мельников 1804-1880. С. 20.

②　Виргинский В. С., Возникновение железных дорог в России. С. 76-78.

③　Уродков С. А., Петербурго-Московская железная дорога. История строительства（1842-1851）. С. 28-30.

小和资金不足，而是"某些理论家的顽固不化和不学无术"。作者认为，地主不用出资就会坐拥铁路建设的红利，还会从农产品销售到远方市场与铁路带动的畜牧业和蔬菜栽培业发展中获利，提出只有拥有铁路才能广泛地发展工商业的思想。①

俄国封建农奴主和某些官僚机构对铁路建设问题的敌对立场，令铁路建设阻力重重。狂热的农奴制维护者 A. 维尔杰姆别尔戈斯基公爵、K. Ф. 托尔伯爵、П. A. 克莱恩·米歇尔伯爵等大臣对俄国交通极端落后的状况漠不关心。一方面，他们抵制先进思想；另一方面，他们损坏积极倡导在俄国引进新型交通运输者的威信。维尔杰姆别尔戈斯基公爵的交通事务总顾问 M. 杰斯特列姆少将在 1831 年举行公开讲座，后来讲稿以《俄国不需要铁路的原因》为题发表。他认为，铁路在很多方面不如水路，具体表现为：第一，大宗和易碎商品只能通过水路运输；第二，水路运费比较低廉；第三，铁路运营费用比较昂贵。② 铁轨下方的路堤和路基受气候影响较大，会产生巨额的养护费用。水路受气候影响的程度低于铁路，也不需要钢铁资源。尽管每年有 6—7 个月停运期，但杰斯特列姆认为水路优势不可替代。他指出，大宗商品出口在俄国作用巨大，由于运费昂贵而不能用铁路运输。杰斯特列姆还对国外铁路建设的资金核算和技术经验公开进行歪曲。③ 杰斯特列姆的意见得到沙皇认可，之后沙皇禁止交通部门的工程师、学者写文章倡导发展铁路。④

阿特列施科夫是自由经济协会和莫斯科农业协会成员，是《公共信息》杂志的编辑。阿特列施科夫也坚决反对铁路，他在 1835 年出版《关于在俄国修建铁路问题》小册子。他认为铁路所有路基都应是石头或砖砌，在每个坡上都应停着一台拴着长绳的、静止的机器，通过这条绳子机器将火车头抬起来。作者虽未计算机器需求量，但预测会价值不菲，且安装程序复杂。他认为，铁路只能给道路的两个终点站带来利益，而铁路沿

---

①　Уродков С. А., Петербурго-Московская железная дорога. История строительства (1842-1851). С. 31.

②　Там же. С. 36.

③　Виргинский В. С., Возникновение железных дорог в России. С. 82-84.

④　Мельников П. П., Сведения о русских железных дорогах. //Красный архив. М., 1940. № 2 (99). С. 141-142.

线居民不会受益。维修铁路会造成路上所有列车停运，从 11 月到次年 3
月铁路都不能发挥作用。因此，铁路对于国家工业、城市手工业和地主都
没有任何益处。他还认为，铁路建设投资大、周期长，在彼得堡和莫斯科
之间修建铁路不会盈利，两个首都之间主要运输大宗物资和廉价商品，而
每年坐火车的旅客不超过 8000 人。① 因此，他认为俄国不需要快速但造
价昂贵的铁路交通。

俄国先进工程师和学者大胆地为引进铁路交通而斗争，提出了很有价值
的方案和发明，这些都奠定了俄国铁路建设的科学基础，为国家未来铁路建
设培养了优秀人才。尽管俄国先进阶层提出了大量有关发展俄国蒸汽交通的
方案和建议，但在较长一段时间里，铁路问题都没有得到俄国政府的关注。

二　皇村铁路建设

1835 年初，发展蒸汽运输问题首次成为沙皇政府专门讨论的对象。维
也纳技术学院教授弗兰茨·安东·冯·格尔斯特涅尔向沙皇尼古拉一世递
交专门奏折，提议在俄国修建完整的铁路网。格尔斯特涅尔不仅是著名的
数学教授，而且是欧洲大陆上第一条铁路的承租人。1834 年他受当时矿山
工程军团司令长官 K. B. 切夫金之邀来到俄国。他此行的主要目的是了解乌
拉尔冶金业，与铁路修建并无直接关系。② 该地区丰富的自然资源给格尔斯
特涅尔留下深刻印象，此后他在俄国进行长途旅行，就这次旅行上报沙皇。

格尔斯特涅尔确信，像俄国这样拥有丰富自然资源的国家，可以借助
铁路网充分发展生产力。他认为，在这些铁路网中莫斯科至彼得堡、下诺
夫哥罗德和喀山线路意义最为重要。格尔斯特涅尔保证在 6 年内建成总长
100 俄里的铁路，同时还史无前例地提出拥有对未来铁路的永久所有权和
在俄国铁路建设的 20 年垄断权。他提出先进行小段铁路建设试验，成功
之后再实施彼得堡—莫斯科铁路线的建设。③

---

① Уродков С. А., Петербурго-Московская железная дорога. История строительства (1842-
1851). С. 36-38.

② Кислинский Н. А., Начало железного строительства в России. // Английская
набережная 4. Ежегодник. СПб., Изд. Лики России, 2001. С. 283.

③ Кислинский Н. А., Начало железного строительства в России. С. 283-284; Соловьева
А. М., Железнодорожный транспорт России во второй половине XIX в. С. 37-38.

政府对格尔斯特涅尔的设计方案比较谨慎。根据 1835 年 1 月 14 日沙皇令，在交通和公共建筑管理总局辖下，由彼得堡交通工程兵团学院院长博基耶中将领导的委员会审查了这一方案，当时 П. П. 梅利尼科夫（后来的交通大臣）还只是个中校，但已是委员会成员。委员会认为，不能接受给格尔斯特涅尔在俄国垄断铁路建设 20 年的优惠。关于铁路对俄国是否有益的原则性问题，委员会认为，俄国气候条件不会成为铁路建设的障碍。为防止轨道损坏，运输重物的商业铁路应使用马拉动力。[1]

为进一步考察格尔斯特涅尔的方案，沙皇政府于 1835 年 2 月末成立了特别委员会，沙皇亲自担任委员会主席。该委员会成员有国务会议主席诺沃希尔采夫、军事大臣车尔尼雪夫斯基伯爵、内务大臣布鲁多夫伯爵、财政大臣康克林伯爵、交通和公共建筑管理总局局长托尔伯爵及其副手沃尔康斯基公爵。委员会承认在俄国修建铁路是一项有利的措施，技术问题不会成为铁路施工的障碍。但委员会认为格尔斯特涅尔设计的方案在融资上困难重重。沙皇尼古拉一世对特别委员会呈文做出批示，希望格尔斯特涅尔对资金问题做出书面解释，必要时可召见。[2] 沙皇的决定证明，随着社会各界对铁路问题的越发关注，沙皇尼古拉一世已经预见到铁路对未来俄国的意义，从而成为铁路建设的支持者。

但并非所有人都支持沙皇的观点。反对最强烈的是财政大臣 Е. Ф. 康克林和交通和公共建筑管理总局局长 К. Ф. 托尔伯爵。他们坚决认定，修建铁路是危险的措施，会动摇俄国的农奴制体系。对于财政大臣康克林而言，农奴制经济是财政体系的基础。他坚决反对铁路，担心这些资本主义生产手段会消灭农奴制，进而动摇君主专制制度。他认为修建铁路弊大于利，因为它会增加居民流动性，破坏安定，极大地动摇农奴制基础。[3] 后来，康克林在《简明政治经济学和财经学》一书中阐述其观点，他在书

---

[1] Краткий исторический очерк начала и распространения железных дорог в России. СПб., 1898. С. 23.

[2] Там же. С. 29.

[3] Верховский В. М., Исторический очерк развития железных дорог в России с их основания по 1897 г. включительно, Вып. 1. СПб., 1898. С. 26.

中强调："道路交通上任何巨额开销都该受到指责，其不但会造成预算赤字，拖垮俄国经济，而且本国经验不足会导致铁路修建功亏一篑。"① 康克林的观点得到交通和公共建筑管理总局局长托尔伯爵的大力支持，托尔在自己的奏折中专门强调，铁路是民主的产物；俄国有便利的水利资源，有大量可以通航的河流，不必发展铁路业。②

由于沙皇政府主要官吏对铁路建设持反对立场，格尔斯特涅尔的方案遭到拒绝。但格尔斯特涅尔仍坚持其观点，他在 П. А. 奥尔登堡亲王引荐下，受到尼古拉一世的单独召见。觐见时，他重点强调铁路的军事战略意义，声称："如果把彼得堡、莫斯科、格罗德诺或华沙用铁路连接起来，在 4 个星期就可征服暴动的波兰人。"他援引英国经验，指出在爱尔兰爆发骚乱时，当地政府在 2 个小时内就从曼彻斯特调集军队到利物浦并派往爱尔兰，③ 这些论证对沙皇尼古拉一世产生重要影响。尼古拉一世坚决反对国家社会经济和政治改革，但是在国家迫切的军事战略需求压力下，他同意进行铁路建设试验。④ 但他拒绝格尔斯特涅尔提出的皇村铁路以外的其他计划。

从实践角度而言，该决定无疑对俄国有利，可避免格尔斯特涅尔提出的拥有对俄国铁路建设的 20 年垄断权，不会造成外国人操控俄国铁路运价的问题。⑤ 先以试验形式建完一段无商业意义的皇村铁路才能证明铁路在俄国存在的可能性，说明康克林和托尔伯爵为反对兴修铁路所做的努力并非徒劳。虽然俄国铁路问题长期困扰社会各界，但俄国仍决定修建第一条铁路。

皇村铁路的建设从 1836 年 5 月开始，持续了一年半。3000 名农奴制的农民——缴纳代役租的农奴和来彼得堡打短工的工人参加了铁路建设，在修筑路堤时，沙皇政府派出了交通和公共建筑管理总局的几个军事化的工程营（1500 名士兵）。建成的这条铁路是单线铁路，轨道宽度为 6 英尺

① Соловьева А. М.，Железнодорожный транспорт России во второй половине ⅩⅨ в. С. 39.
② Кислинский Н. А.，Начало железного строительства в России. С. 286~287.
③ Виргинский В. С.，Возникновение железных дорог в России. С. 131.
④ Соловьева А. М.，Железнодорожный транспорт России во второй половине ⅩⅨ в. С. 39~40.
⑤ Кислинский Н. А.，Начало железного строительства в России. С. 290.

（1829毫米）。从英国购置了大型涡驼机（比斯蒂芬孙公司的大约1倍）、火车车厢、敞篷马车、四轮轿式马车、公共马车以及其他后来被统称为车厢的铁路板车。马拉火车的试运行在1836年9月开始。晚些时候，在英国购买的机车运到。但是，在彼得堡工业学院的技术青年中成立了一个创意集体，他们在1837—1838年制造出结构独特的俄国机车"敏捷"号，并开始在皇村铁路运行。1837年10月30日，隆重举行了彼得堡至皇村段铁路的开通仪式。1838年4月，皇村铁路延长至巴甫洛夫斯克，全长25俄里，彼得堡至巴甫洛夫斯克的铁路正式开通。铁路上蒸汽动力火车定期运行。

按照承租合同，俄国政府给予皇村铁路公司很大的优惠，公司可自由确定运价，永久拥有铁路，可无关税进口维修用的轨道、铁路材料和机车车辆。尼古拉一世统治时期工业政策研究者 H. C. 吉尼亚宾纳指出："如此独一无二的条件是政府铁路计划欠缺充分考虑的明证，当时沙皇政府还没有明晰的铁路建设计划。"[①]

皇村铁路运行的最初几年，铁路每年运送旅客达60万人次，给股东带来了很大的收益。格尔斯特涅尔在1838年初离开俄国去了美国，因此没有拿到大的承租合同。警察总监——国王陛下御用办公厅第三处处长、宪兵队队长 A. X. 本肯多夫成为皇村铁路董事会主席。此人在十二月党人起义后力主建立第三处（秘密警察机构）和宪兵队，受到尼古拉一世的赏识，是首任第三处处长和宪兵队队长，此外还担任国王陛下主寝宫的侍卫长。这条宫廷铁路线最初起到了铁路广告的作用。铁路管理局没有把主要注意力放在运行的经济问题上，而是放在吸引宫廷显贵的花样上。由于在铁路经营上缺乏正确的监督检查机制，该铁路事故频发。

皇村铁路对国家的经济意义甚微，但是它的建设和经营试验证明，铁路可以在一年四季不间断地运行。这种新型蒸汽交通工具不仅适应能力很强，而且有利可图。同时，作为改革前组织的第一次试验，皇村铁路的修建成为俄国铁路业发展的重要推动力。

---

① Соловьева А. М., Железнодорожный транспорт России во второй половине XIX в. С. 42.

三　彼得堡—莫斯科铁路建设

皇村铁路的成功修建无疑对俄国铁路发展起到积极作用。越来越多的人开始关注铁路问题。1838 年，A. A. 阿巴扎印制了一本名为《关于应成立股份公司建设彼得堡—莫斯科铁路的思考》的小册子。他认为，彼得堡和莫斯科之间的铁路建设会对工商业和农业产生非同寻常的影响，"铁路会将两个首都连接起来，为新财源的积累带来无限可能"。[①] 阿巴扎认为，铁路的主要优势在于速度快和运行的规律性，这对对外贸易具有重大意义。商品流通迅速会加快资本流动，使商品价格降低，有助于提高俄国商品的竞争力。

阿巴扎对铁路的认识也有局限性，他认为，只有贵重货物才适合铁路运输，而粮食和大宗物资更适宜走水路。为此，他提出在彼得堡和莫斯科之间修建复线铁路，一条是以蒸汽动力为主的快速客运铁路，另一条是马拉货运线路。铁路股东可获得 9%—10% 的利润。[②] 他断言，铁路会使俄国经济活跃和发展起来。

1838—1839 年诺夫哥罗德省省长穆拉维耶夫提出铁路建设计划。他指出，在国内人口快速增加和工业增长时，必须尽快解决铁路问题，首先是莫斯科至彼得堡的铁路，之后是到博兰根、科夫诺、喀山、莫兹多克的铁路。他最早提出国家在铁路建设中的领导作用及铁路建设设备的保障等问题。[③] 大臣委员会对穆拉维耶夫的设计方案进行了两次讨论，其结论都是该方案难以付诸实践，因为穆拉维耶夫在自己的奏折中没有指出修建铁路的资金来源。

与此同时，退役中尉格里耶夫斯基也提出在俄国建造铁路网的计划，但是这些方案都被搁置。1839 年 1 月 10 日尼古拉一世批示这些方案缺乏说服力，但他不同意托尔伯爵关于铁路不符合俄国经济需要的观点，建议

---

① Уродков С. А., Петербурго－Московская железная дорога. История строительства (1842–1851). С. 32.

② Там же. С. 33.

③ Кислинский Н. А., Начало железного строительства в России. С. 294.

托尔伯爵拟订彼得堡至雷宾斯克的铁路修建方案。① 由此可以看出，相对于政府保守派，沙皇尼古拉一世对待铁路的态度还是比较开明的，成立华沙—维也纳铁路股份公司就是证明。政府担保华沙—维也纳铁路公司固定资本每年有 4% 的收益。在华沙—维也纳铁路公司成立之前，欧洲还没有一家收益受政府担保的私营铁路公司，② 担保的铁路公司年化利率（4%）与当时国家信贷机构存款利息相当，政府希望通过担保收入的方式吸引私人资本投资铁路业。

1841 年，俄国政府计划为银行家迪福和盖尔沃特提议建立的彼得堡—莫斯科铁路公司提供担保。特别委员会研究了这两人申请时制订的补偿股份资本计划。该方案指出，在此后的 37 年中每年从纯收入中提取 2% 作为收益，37 年后铁路无偿归还国家。在皇村铁路章程中不包含后一个条件，在成立华沙—维也纳铁路公司的决议中也只是泛泛提到这种情况。此外，在与迪福和盖尔沃特签订的条款中还规定国家有权提前将铁路赎回。③

尽管华沙—维也纳铁路公司最终没有能力履行把铁路修建到奥地利边境的义务，迪福和盖尔沃特也没有实现建立公司的初衷，但也可证明，当时政府已经能够在国家与铁路公司的相互关系上提出一定的意见：铁路是具有全国意义的公共设施，迟早都要交给国家。私营公司有权修建铁路，为吸引资本家投入铁路业，政府担保投入资本有一定比例的收入，但铁路公司只有临时使用权。随着股份资本的抵偿，私营公司经营中止，政府开始拥有铁路。此外，政府还争取到在承租期结束前收购该公司建成线路的权利。随着铁路股份公司广泛建立，修建莫斯科—彼得堡铁路一事终于被提上日程。

俄国铁路政策的决定性转变出现在 1842 年。从美国考察归来的工程师 П. П. 梅利尼科夫和 Н. О. 克拉夫特向沙皇递交了考察报告，这增强了沙皇对修建铁路的信心。尼古拉一世决定建设彼得堡至莫斯科的铁路，费用由国库承担。他指出："当下，我个人也参与该报告的审查工作，实施该方案将会有利于民族经济的发展。尽管修建这条铁路花费巨大，但能给国家带来无法估量的利益。我们决定只用国库资金修建彼得堡至莫斯科的铁路，

---

① Кислинский Н. А., Начало железного строительства в России. С. 296.
② Там же. С. 297.
③ Там же. С. 297-299.

目的是把整体利益掌握在政府手里，这对民族工业和社会生活都相当重要。"①

　　1842 年 2 月 1 日，沙皇下令成立由皇太子领导的专门委员会——彼得堡—莫斯科铁路建设委员会。成员包括交通和公共建筑管理总局局长托尔、财政大臣康克林、国家财产部大臣基谢廖夫、内务大臣别洛夫斯基、侍从将官本肯多夫等人。专门委员会下设本肯多夫领导的建筑委员会，成员包括刚刚从美国考察回来的工程师梅利尼科夫和克拉夫特。建筑委员会负责组织工程设计施工，并进行直接监督。② 在彼得堡—莫斯科铁路建设委员会成立后的前 6 个月，它直接参与修建该铁路的所有行动，铁路公司成立后新线路建设领导权都移给铁路公司。③

　　与建设皇村铁路时相比，彼得堡—莫斯科铁路建设委员会对修建该条铁路的态度相当坚决。1842 年 4 月坚决反对修建铁路的托尔去世，其副手克莱恩·米歇尔接任托尔的位置。在铁路问题上，后者拥护沙皇的立场。由于健康问题，康克林从 1839 年起两次到国外休养，1844 年被免除财政大臣职务。其继任者御前大臣弗隆琴科影响力较小，因此，财政部对铁路建设的抵制作用十分有限。

　　在铁路建设开始前，彼得堡—莫斯科铁路建设委员会主要完成了如下几项重要工作。第一，确定铁路走向。当时，在铁路是否经过诺夫哥罗德的问题上争论不休，以梅利尼科夫为代表的技术派认为铁路应尽量取直线，不经过诺夫哥罗德；以国家财产部大臣基谢廖夫为代表的另一派则认为经过诺夫哥罗德更有意义。最后，尼古拉一世指示，铁路沿直线建设。第二，确定轨道宽度。在建筑委员会内部，在轨道宽度问题上也存在分歧。建筑委员会特邀成员美国工程师韦斯特勒认为，该线路最适合的宽度是 5 英尺（1524 毫米）。在这种宽度下，旅客列车行进速度能达到 35 英里（约 53 俄里）/时。建筑委员会多数成员也认为，为运输安全，5 英尺轨道比较合适。特别委员会最终采纳了韦斯特勒的意见。1843 年 2 月 14

①　Министерство финансов 1802-1902. Часть 1, СПб. , 1902. С. 573.

②　Уродков С. А. , Петербурго - Московская железная дорога. История строительства（1842-1851）. С. 75.

③　Кислинский Н. А. , Начало железного строительства в России. С. 302.

日，尼古拉一世批准铁路建设决议。这项决议在俄国铁路史上具有重要意义。它确定了轨道标准，后来俄国几乎所有宽轨铁路都沿袭该标准［华沙—布隆伯格和罗兹铁路除外，它们是窄轨铁路，轨道宽度为 4 英尺 8.5 英寸（1435 毫米）］。第三，铁轨供应工作。尼古拉一世原本打算让全国冶铁厂供应铁路建设所需铁轨，但本国企业无法产出所需的 500 万普特铁轨。沙皇不得不同意以 85—87 戈比/普特价格从英国订购 186 万普特铁轨。余下的铁轨以订单形式分给本国冶铁厂生产，订单价格达到每普特 1 卢布 43 戈比。尽管国产轨道价格明显高于进口产品，但本国企业的技术和设备比较落后，两年内供应的铁轨数量不超过 5 万普特，与政府订单数量相差较大，政府不得不重新从英国订货。①

彼得堡—莫斯科铁路建设方案是由俄国工程师梅利尼科夫和克拉夫特提出的。铁路建设的技术领导工作完全落在两个人身上，经他们推荐，具有丰富铁路建设经验的美国著名工程师格奥尔格·华盛顿·乌伊斯特列尔少校受邀作为铁路建设技术顾问。1842 年夏天，乌伊斯特列尔带着蒸汽打桩机、蒸汽挖土机等新型设备来到彼得堡。但 1849 年乌伊斯特列尔在视察铁路建设情况时死于霍乱，梅利尼科夫推荐美国另一位著名铁路建设专家 Г. 布拉万担任技术顾问一职。② 尽管有外国专家提供大力帮助，但铁路建设的主要技术指导工作还是由俄国工程技术人员完成。П. П. 梅利尼科夫、Н. О. 克拉夫特、Н. И. 利宾、Д. И. 茹拉夫斯基等成为迅速崛起的俄国道路交通学派的核心人物。

彼得堡—莫斯科铁路建设在 1843 年 3 月同时从两个方向开始：北段从彼得堡和丘多沃之间展开，南段从维什尼沃罗丘克和特维尔之间进行。П. П. 梅利尼科夫为北段负责人，Н. О. 克拉夫特为南段负责人。在他们的共同领导下，俄国铁路人在极其复杂的地形和气候条件下，以最短时间完成了铁路勘测工作。与支线加在一起长度为 656 俄里的彼得堡—莫斯科铁路的建设历时 8 年半，于 1851 年 11 月 1 日正式开通。③ 当时，这是世界上最长的铁路。

---

① Кислинский Н. А. ，Начало железного строительства в России. С. 303-307.

② Соловьева А. М. ，Железнодорожный транспорт России во второй половине XIX в. С. 48.

③ Там же. С. 49.

彼得堡—莫斯科铁路采用承包方式修建。工程承包合同直接与交通和公共建筑管理总局签订，受克莱恩·米歇尔的监督。因而，承包人与交通和公共建筑管理总局有往来但没有隶属关系。这说明，铁路工程技术人员，包括经理人无权在劳动、日常生活和工人的工资发放等问题上对承包人进行监督。他们的作用仅限于技术指导，几十万农奴和工匠参加了铁路建设。修建路基的土方工程是由俄国西部省份——维捷布斯克、马基洛夫斯克、斯摩棱斯克、普斯科夫省的农奴完成的，力工和石匠从中部省份——特维尔、卡卢加和弗拉基米尔省征用，连环保和雇佣合同把他们禁锢在铁路建设工地上。在签订雇佣协议时给农民的预付款通常由地主截留用作代役租、欠缴款和赋税。[①]

从技术层面看，在当时的条件下彼得堡—莫斯科铁路是俄国复杂铁路建设的样板，在世界各国的铁路中都是佼佼者。它是俄国第一条复线铁路，铁路上修建了大量桥梁，俄国第一座开合桥就建在彼得堡—莫斯科铁路线上；按照距离远近，将站点分成四个等级，一级车站之间的距离为160公里（约150俄里），二、三、四级车站之间的距离分别为80公里（约75俄里）、40公里（约37俄里）、20公里（约19俄里）；预计通行能力为每天8列旅客列车和26列货运列车，即每个方向上可通行17列火车；火车上安装了电报系统。[②] 俄国铁路人在这条铁路建设中表现出极大的聪明才智和先进的技术理念。

彼得堡—莫斯科铁路除技术上具有前瞻性外，其经济意义十分突出。据统计，在铁路运营的前五年，每俄里铁路收入增加1倍，从1852年的6575卢布增加到1857年的13603卢布。[③] 在之后的几年中，铁路收入基本徘徊不前，从1863年起铁路收入迅速增长。1863—1869年每俄里铁路的收入从16002卢布提高到26018卢布。[④] 在此期间，已经有多条铁路开通，但并未影响彼得堡—莫斯科铁路的收入。

---

① Соловьева А. М., Железнодорожный транспорт России во второй половине XIX в. С. 50.
② Фадеев Г. М., История железнодорожного транспорта России. Т. 1. 1836 – 1917. С. 62 – 63.
③ Чупров А. И., Железнодорожное хозяйство. Т. 1 и 2. М., 1910. С. 333.
④ Там же. С. 334.

修建彼得堡—莫斯科铁路耗资巨大，给国库带来沉重负担。但彼得堡—莫斯科铁路具有重要的经济意义。它是俄国第一条真正意义上的铁路，它把两个相距遥远的首都连接起来，证明铁路不仅可以在一年四季畅通无阻，还能带来巨大的利益。在开通运行的最初 10 多年中，铁路运营收入不断提高，成为俄国陆路运输的大动脉。彼得堡—莫斯科铁路修建后，俄国铁路建设规模逐渐扩大，铁路的影响力也不断提高。

四　其他铁路建设

在俄国第一条大型铁路建设期间，1848 年完成了 308 俄里的华沙—维也纳铁路的建设。刚开始，这条线路是由波兰银行家成立的股份公司承建的，这家公司在 1839 年初由沙皇政府批准建立。尽管有巨额国家补贴，但华沙—维也纳铁路公司在 40 年代初还是没有能力建设这条战略上非常重要的铁路，因此动用了交通和公共建筑管理总局的军事化"建设队伍"。建设这条铁路花费了国库约 700 万卢布。① 建成铁路为单线铁路，但路基工程和人工设施是按复线建设的。铁路的宽度原则上采用西欧的 4 英尺（1219毫米）标准。华沙—维也纳铁路的轨道和设备基本从英国进口。

1852 年初，在铁路局内以 П. П. 梅利尼科夫为首的一批进步交通工程师经过充分的技术论证制订了在俄国建设广大的"应急"铁路第一计划草案。在这个草案中提出了总长度 3000 俄里的建设计划，包括通向波罗的海、黑海、伏尔加河到达下诺夫哥罗德、萨拉托夫，向西到达华沙的一系列线路。尼古拉一世了解了这个草案后，从整体上否决了这个计划，只批准建设长度为 1200 俄里的彼得堡—华沙战略铁路。而这个时候，俄国的经济、军事政治利益坚决要求尽快将彼得堡—莫斯科铁路向南延伸，使俄国的中部同黑海连接起来。

彼得堡—华沙铁路建设的过程又一次证明，沙皇政府全部指望国外市场提供建设材料、设备是行不通的。1852 年着手建设这条线路后，克莱恩·米歇尔领导的交通和公共建筑管理总局与一家利物浦公司签订协议，在 4 年内免关税向俄国供应铁轨。克里米亚战争爆发后，英国公司停止供应铁轨和设

---

① 　Соловьева А. М. , Железнодорожный транспорт России во второй половине XIX в. C. 59.

备。克莱恩·米歇尔被迫承认"由于铁轨供应不上，无限期停止彼得堡—华沙铁路建设，因此，铁路路基受到破坏，需要新增加资金使之恢复使用"。[①]

沙皇政府建议以极其优惠的条件由乌拉尔矿山企业主来完成这个国家订单。1854—1855 年，政府与乌拉尔杰米多夫和雅科夫列夫工厂签订轨道供应合同，议定在 5 年内工厂以高于进口价 1.5 倍的价格向国家供应 450 万普特铁轨。在彼得堡—华沙铁路建设的 4 年中，1855 年仅完成了长度为 42 俄里的加特契纳路段，尽管此前建设已经耗资 1800 多万卢布。[②] 1855 年，由于"缺少资金和材料"，这条国家建设的铁路最终停建。

在落后的经济条件下，俄国铁路建设的成本不可避免地要比西欧资本主义国家和美国高得多。1861 年，著名的铁路工程师 Д. И. 茹拉夫斯基在《影响铁路建设成本的情况》中指出，俄国工业发展基础薄弱，大部分铁路建设所需的材料都得从国外进口：从英国订购的铁轨，在俄国港口就比在英国贵 20%，而在俄国国内的运输又使成本增加 40%。此外，俄国缺少通晓铁路建设事务的人才，而外国工程师身价不菲。Д. И. 茹拉夫斯基据此认为，俄国的铁路成本应比其他国家高。[③]

俄国经济落后也直观地体现在冶金工业的发展速度上。随着铁路 20 年（1830—1850 年）发展，欧洲资本主义国家和美国黑色冶金业的生产大规模迅速增长——英国增长 244%，比利时增长 217%，美国增长 171%，法国增长 141%，奥地利增长 130%，德国增长 60%，而沙皇俄国的生铁产量只增加了 25%，仅占世界总产量的 4% 左右。[④] 俄国的封建农奴制经济体系阻碍了铁路交通和资本主义工业的发展。

第三节　俄国第一次铁路建设热潮（19 世纪 60 年代中期至 70 年代中期）

克里米亚战争使俄国损失惨重。这是俄国扩张历史上一次严重的挫

---

① Кеппен А. А.，Материалы для истории рельсового производства в России. СПб.，1899. С. 20；Соловьева А. М.，Железнодорожный транспорт России во второй половине XIX в. С. 60.

② Соловьева А. М.，Железнодорожный транспорт России во второй половине XIX в. С. 60.

③ ЦГИА СССР. Ф. 207. Оп. 1. Д. 321. Л. 6–8.

④ Соловьева А. М.，Железнодорожный транспорт России во второй половине XIX в. С. 61.

折，也是俄国近代历史的一个转折点。战后签订的《巴黎和约》使俄国此前的很多努力付诸东流：俄国把多瑙河河口及南比萨拉比亚归还给摩尔达维亚；放弃对奥斯曼帝国境内（包括摩尔达维亚和瓦拉几亚）东正教徒的保护权；归还卡尔斯给土耳其，以换取塞瓦斯托波尔和克里米亚的其他城市的回归；黑海中立化，黑海海峡禁止军舰通行，不得在黑海沿岸设立海军兵工厂和海军要塞；等等。这是俄国首次以战败者的身份接受欧洲和会的制裁。此战过后，俄国失去了对巴尔干地区的控制权，彼得堡再难以发挥自俄法战争后形成的在欧洲事务中的主导作用。

克里米亚战争给俄国造成的经济损失更是惊人。战争使农村的状况更加恶化。战前两年，俄国的粮食收成稳定，1851 年欧俄 50 个省的纯收成为 1.67 亿俄石（旧俄容量单位，散装货物等于 209.91 升——作者注），1852 年为 1.69 亿俄石。1853 年为 1.37 亿俄石，黑土地区（黑土地区是一个经济地理概念，主要指俄国中心地区的几个省份，包括：沃罗涅日、利佩茨克、别尔哥罗德、坦波夫、奥廖尔、库尔斯克）收成尚可，北方、西北和西部地区收成极低；1854 年为 1.3 亿俄石，黑土地区各省收成均下降，只有伏尔加河下游地区收成略有提高；1855 年全面歉收，收成只有 8800 万俄石，乌克兰、中心黑土地区、伏尔加河下游地区及大部分非黑土地区收成，48 个省份中有 37 个省份歉收，欧俄 73% 的农业人口生活在这里；1856 年收成有所好转，为 1.31 亿俄石。[1] 战争期间，俄国农村损失了大量劳动力，仅 1855 年就招募新兵 572053 人，招募民兵（后备军）366902 人，武装了 230 万人，与和平时期相比，军队人数实际增加了 1.5 倍。[2] 据内务部统计，18—50 岁的 1050 万农民中，10% 即 100 万农民应征入伍。[3]

战争期间，物价飞涨，居民生活水平下降。与 1855 年 1 月 1 日相比，1856 年 1 月 1 日黑麦的平均价格从 3.63 卢布涨到 5.76 卢布，小麦从 5.58

① Степанов В. Л. , Крымская война и экономика России. //Вопросы теоретической экономики. 2018 г. № 1. С. 118.

② Извлечение из всеподданнейшего отчета г. министра внутренних дел за 1855 год （1856）//Журнал Министрества внутренних дел. 1856. № 12. С. 65.

③ Там же. С. 65; Блиох И. С. , Финансы России XIX столетия: история-статистика. Т. 2. СПб. , 1882. С. 28-31.

卢布涨到 8.88 卢布，燕麦从 2.52 卢布涨到 4.42 卢布（根据上下文，单位应为俄石——作者注）。[1] 即使远离作战区的省份，主要食品的价格也上涨了 0.5—1 倍，而西部和南部地区，则上涨了 1—2 倍。例如，从 1854年秋到 1856 年前几个月，哈尔科夫省 1 俄石黑麦的价格从 2.28 卢布涨到 5.6 卢布，波尔塔瓦省从 2.33 卢布涨到 6.92 卢布，基辅省从 2.78 卢布涨到 8 卢布，波多利斯克省从 3.38 卢布涨到 6.25 卢布，赫尔松省从 2.28卢布涨到 7 卢布，叶卡捷琳诺斯拉夫省从 2.2 卢布涨到 8.1 卢布。塔夫利达省的价格更是涨得离谱，从 1854 年 6 月中旬到 1856 年 1 月中旬，黑麦的价格从 2.25 卢布涨到 11 卢布。[2]

克里米亚战争给俄国国民经济造成的损失总额，应为国家给陆军和海军的直接拨款加上供养军人、发展战略工业和交通行业的预算外社会支出、招募百姓服兵役的损失、给作战区和邻近作战区地方造成的损失。但是由于缺乏相应的统计数据，很难准确计算。法国经济学家从军事预算的角度计算结果为 40 亿法郎，约 10 亿卢布。这个数据与俄国 1852—1857年的军事预算总和大体相当，因为 1852 年开始战争准备，1857 年仍要补偿军事支出。在此期间，陆军部和海军部的国家预算快速增加：1852 年为 1.005 亿卢布，1853 年为 1.242 亿卢布，1854 年 1.99 亿卢布，1855 年为 2.701 亿卢布，1856 年为 2.599 亿卢布，1857 年为 1.223 亿卢布，1852—1857 年的军费预算总计为 10.76 亿卢布。[3] 俄国经济学家 И. С. 布里欧赫和 М. И. 博戈列波夫援引了法国经济学家的数据。[4] 但是 И. И. 考夫曼认为，10 亿卢布这个数字不正确，因为战争的费用应为用于战争的拨款，而非陆军部和海军部的预算。他的计算结果为 5.282 亿卢布。[5] 由

[1] Извлечение из всеподданнейшего отчета г. министра внутренних дел за 1855 год（1856）// Журнал Министрества внутренних дел. 1856. № 12. С. 104.

[2] Затлер Ф. К., Записки о продовольствии войск в военное время. Ч. 2. СПб., 1860. С. 299—304.

[3] Статистический временик Российской империи. Серия 3. Вып. 15. СПб., 1886. С. 41.

[4] Блиох И. С., Будущая война в техническом, экономическом и политическом отношениях. Т. 4. СПб., С. 320; Боголепов М. И., Государственный долг（К территории государственного кредита）. Типологический очерк. СПб., 1910. С. 189; Война, финансы и народное хозяйство. Пг., 1914. С. 5.

[5] Кауфман И. И., Государственные долги России. // Вестник Европы. 1885. № 2. С. 572—618.

于克里米亚战争，1852—1857 年，俄国预算赤字高达 7.726 亿卢布，是当时国家收入的 3.5 倍。1852 年，国家预算赤字 3200 万卢布，1853 年为 5120 万卢布，1854 年为 1.232 亿卢布，1855 年为 2.619 亿卢布，1856 年为 2.658 亿卢布，1857 年为 3850 万卢布。[1] 为了弥补赤字，财政部不得不寻求额外的收入来源。由于战争中英法的敌对立场，再加上俄军在战争中节节失利，俄国难以在欧洲借到外债；而国内居民的支付能力下降，税收减少。最终，财政部只能通过发行无金银做保证的纸币弥补赤字。纸币的流通量从 1852 年 1 月 1 日的 3.038 亿卢布，增加到 1858 年 1 月 1 日的 7.353 亿卢布，即增加 4.315 亿卢布，其中 4.031 亿卢布用于弥补国家预算赤字。[2]

克里米亚战争的失败暴露了俄国农奴制的落后。道路不畅，不能及时补充给养和兵力是战争失利的重要因素。克里米亚战争证实，没有一个完整的铁路网，俄国的经济和国防安全就无法保障。1855 年，亚历山大二世任命曾参与彼得堡—莫斯科铁路建设的 К.В. 切夫金为交通和公共建筑管理总局局长。新任局长提出吸引外资修建铁路的方针。1857 年 1 月 26 日，沙皇颁布建立俄国第一个铁路网的命令。命令指出，借鉴西欧修建铁路经验，引用外资修建铁路。[3] 1861 年俄国废除农奴制，进行大刀阔斧的改革，修建铁路和发展工业成为政府工作的重心。在付出巨大经济代价的情况下，俄国迎来了 19 世纪 60 年代中期至 70 年代中期第一次铁路建设热潮。

一 俄国大型私营铁路建设开端——19 世纪 50—60 年代中期的铁路建设

由于俄国在克里米亚战争中损失巨大，1856 年 1 月 3 日，大臣委员会会议讨论了 Д.А. 米留金关于继续战争的现实可能性的报告。米留金指出，人力、粮食、武器弹药储备消耗殆尽，财政崩溃、道路交通的极度不

---

① Статистический временник Российской империи. Серия 3. Вып. 15. СПб.，1886. C. 44.
② Степанов В. Л.，Крымская война и экономика России.// Вопросы теоретической экономики. 2018. № 1. C. 122.
③ Министерство финансов 1802–1902. Часть 1. C. 574.

完善更是雪上加霜。① 扩大铁路网已经成为俄国统治阶层的共识。但沿用尼古拉一世时期用国库资金修建铁路的方针已经行不通。1856 年春天，俄国政界开始加紧制订吸引外国资金进入铁路业的计划。这一时期，西欧铁路建设以私营股份制公司为主导，资本集中加剧。借鉴西欧铁路建设经验的第一步，就是在俄国建立大型铁路股份公司。

1856 年春，按沙皇政府上层统治集团的意愿，御前银行家 А. Л. 施蒂格利茨男爵提议在俄国建立一个国家扶植的大型私营铁路企业——俄国铁路总公司，由该公司统领俄国私营铁路建设和运营。为了吸引外资，政府与一些外国企业家进行了一系列谈判，包括以法国不动产信贷银行为首的法国和阿姆斯特丹银行家集团（英国贝林兄弟银行也加入该集团）、罗斯柴尔德家族银行以及德国比利时银行集团。最终，法国和阿姆斯特丹银行家集团胜出。

1857 年 1 月 26 日，颁布了建立俄国铁路总公司、修建俄国第一个铁路网的沙皇令。这个铁路网由 4 条干线组成，长度为 4000 俄里，包括：彼得堡—华沙—普鲁士边境铁路（完成政府在 1852 年开始的彼得堡—华沙铁路的建设，并延长至普鲁士边境）、莫斯科—下诺夫哥罗德铁路、莫斯科—库尔斯克—费奥多西亚铁路、库尔斯克（或奥廖尔）—迪纳堡—利巴瓦铁路。② 同时颁布俄国铁路总公司章程。彼得堡银行家 А. Л. 施蒂格利茨男爵、伦敦银行家贝林兄弟、巴黎银行家伊萨基·佩雷尔（法国西部铁路公司经理）、埃米尔·佩雷尔（法国南部铁路公司管理委员会主席）、马列特兄弟、柏林银行家门德尔松③等人是俄国铁路总公司创始人和领导人。公司中法国银行大亨起到决定性作用。

公司按股份制形式建成，交通和公共建筑管理总局对其实行特别监督。俄国铁路总公司承担 10 年内出资修建 4000 俄里铁路的义务。公司在 85 年内对铁路有全权的使用权，85 年期限结束后铁路转交给国家，但政府有权提前收购。在整个铁路建设期，免除俄国铁路总公司轨道、机车、车厢、其他设施和材料的进口关税。除不动产税外，俄国铁路总公司的资本和收入全部免税。政府还把彼得堡—华沙铁路的所有车站、机车车辆都

---

① Соловьева А. М.，Железнодорожный транспорт России во второй половине XIX в. С. 62.

② Соловьева А. М.，Железнодорожный транспорт России во второй половине XIX в. С. 66.

③ Фадеев Г. М.，История железнодорожного транспорта России. Т. 1. 1836–1917. М. С. 79.

转给俄国铁路总公司。①

1857 年 4 月，公司董事会副主席施蒂格利茨男爵开始在彼得堡发售公司股票。② 为吸引投资，施蒂格利茨男爵承诺对第一个缴费的股东和全额付款的股东给予奖励。股票实行分期付款，先交纳股票价值的 10%，在第一次配置结束后再交 20%，而其余 70% 在铁路开建后分期付清。股票票面额为 125 卢布，政府担保 5% 的年化收益，③ 这使股票对股东有极大的吸引力，因为政府担保的利息高出彼得堡交易所其他证券的利息。

股票在国内销售火爆，但在国外发售并不顺利。至 1859 年秋天只售出 1.7 万股股票，约 5% 在国外销售。④ 俄国铁路总公司首期只募集到7500 万银卢布股份资本金。⑤ 政府指望在国外发售股票和债券来吸引外资，但效果正好相反。公司的外国创始人以低价收购股票，然后又以高出均价 12% 的价格卖给俄国投资人，毫不费力就赚取巨额差价。⑥ 结果不仅没有吸引到外资，反而造成大量国内资金流向国外，使本来已吃紧的财政雪上加霜。投机热造成铁路业繁荣的假象。

1858 年末，世界经济危机已严重影响到俄国，工商业行情发生急剧变化，至 1859 年中期股票交易冷淡，经济停滞不前，很多股份制公司破产。在经济活跃时期建立起来的企业或停产或关门。银行不再发放以不动产做抵押的贷款。1859 年短期银行券利息从 2% 提高到 5%。⑦ 股票交易价格骤降。俄国铁路总公司股票的交易价下跌 45%，10 万股股票压在国家商业银行。⑧ 俄国铁路总公司在一开始设定的有利条件，最终难以实现，政府和股东期望落空。

---

① Лизунов П. В. , Главное общество российских железных дорог: первый опыт частной инициативы в русском железнодорожном деле. //Сборник материалов Международной научной конференции Железные дороги и процесс социальной модернизации России в XIX-первой половине XX в. Тамбов. , 2012. С. 86.

② Там же. С. 88.

③ Там же. С. 88-89.

④ Бовыкин В. И. , Французские банки в России. Конец XIX- начало XX в. М. , 1999. С. 23-24.

⑤ Министерство финансов 1802-1902. Часть 1. С. 574.

⑥ Фадеев Г. М. , История железнодорожного транспорта России. Т. 1. 1836-1917. С. 81.

⑦ Лизунов П. В. , Главное общество российских железных дорог: первый опыт частной инициативы в русском железнодорожном деле. С. 92.

⑧ Там же. С. 92.

　　俄国铁路总公司陷入破产边缘。1860 年俄国铁路总公司管理委员会向政府提出申请，将彼得堡—华沙铁路的成本增加到 9 万卢布/俄里，将莫斯科—费奥多西亚和奥廖尔—利巴瓦铁路的成本增加到 8 万卢布/俄里。但政府拒绝了俄国铁路总公司的申请。[①] 为使俄国铁路总公司免于破产，政府被迫对其进行改革。1861 年 11 月 3 日，沙皇批准了新的公司章程，按照该章程，俄国铁路总公司的义务仅限于建设华沙铁路。

　　尽管每年都有资金补贴，1862 年俄国铁路总公司还是陷入困境。根据管理委员会的申请，政府又给予它额外优惠，即公司有权支配 1862 年的纯收入，允许将 1863 年、1864 年及以后年份的纯收入用于收尾工程。俄国铁路总公司承建的最后一段铁路在 1862 年开通定期运营。到 1867 年 1 月 1 日，修建华沙铁路费用为 1.25 亿卢布，即 10.3 万卢布/俄里，下诺夫哥罗德铁路费用为 3611.8 万卢布，即 88093 卢布/俄里。为维持俄国铁路总公司的正常运转，1867 年沙皇发布命令将国营的尼古拉耶夫铁路（原名彼得堡—莫斯科铁路）转给俄国铁路总公司使用 85 年，政府不仅把这条技术条件最好、运输最繁忙的铁路白送给俄国铁路总公司，甚至给予 1325 万卢布补贴用于改善尼古拉耶夫铁路。[②] 1868 年公司拥有股份资本 7500 万卢布，欠债 1.35 亿卢布，其中 9200 万卢布的债务转嫁给了俄国政府。[③]

　　莫斯科—下诺夫哥罗德铁路是俄国铁路总公司修建的重要线路。下诺夫哥罗德是俄国贸易重镇，水路四通八达。在俄国刚开始兴修铁路时就有人提出过修建莫斯科至下诺夫哥罗德的铁路问题。1857 年俄国铁路总公司成立，在政府和俄国铁路总公司规划的铁路网中，莫斯科—下诺夫哥罗德铁路是最重要的线路。但由于俄国铁路总公司的投机性质，其创立人在获得承租合同后很少关心铁路建设的具体进展。他们巧妙地利用公司章程第 27 节中关于"在委员会的监督下，可以把整个执行部分的管理委托给总经理"[④] 的规定，

① Фадеев Г. М. ，История железнодорожного транспорта России. Т. 1. 1836-1917. С. 83.

② Там же. С. 83.

③ Погребенский А П. ，Очерки истории финансов дореволюционной России. （XIX-XX вв. ）. М. ，1954. С. 146.

④ Халин А. А. ，Система путей сообщения Нижегородского поволжья и ее роль в социально-экономическом развитии региона （30-90. XIX в. ）. Нижний Новгород. Изд-во Волго-Ветской академии государственной службы，2011. С. 146.

退出对铁路建设的领导。铁路建设的执行权转交给以法国工程师、总经理卡尔·科利尼翁为首的总中心管理局。А. И. 杰尔维科这样描述科利尼翁："选择科利尼翁是失败的。他不是个好的组织者，傲慢、粗鲁到放肆，难以相处，此外，铁路建设和经营的实践经验不足。"[1] 即便是杰尔维科存有偏见，也不能忽视他的描述。因此，莫斯科—下诺夫哥罗德铁路建设并非一帆风顺。

莫斯科—下诺夫哥罗德铁路要解决的第一个问题就是工程技术干部问题。为开始工程建设，科利尼翁和其他法国人占据了所有高层和其他重要岗位（工程师、技术员、列车员）。总中心管理局任命法国工程师格林为下诺夫哥罗德铁路南部路段经理。北段铁路总工程师是法国人扎格林。莫斯科—弗拉基米尔路段由法国工程师茹托领导，弗拉基米尔—下诺夫哥罗德路段由工程师 К. 别里松领导。在铁路建设初期——勘测时期，铁路上有很多法国人。1858 年 1 月 1 日，在整个下诺夫哥罗德线路上的勘测队伍有 21 人，其中 7 人为俄国工程师，但是领队清一色是法国人。[2]

原则上，这条铁路应经过莫斯科、弗拉基米尔和下诺夫哥罗德三省。但在这个问题上，各方意见不一。归结起来，大致可以分成三个方向：北线通往基尔扎齐、尤里耶夫、舒雅；南线从弗拉基米尔通往苏达格达—弗民基，经奥卡河到巴甫洛夫斯克；中线通往波克罗夫—弗拉基米尔—科夫罗夫—维亚兹尼基。北线的有利之处在于铁路经过工业区和人口稠密地区，但是在技术上有利条件少；南线技术条件好，但经济效益少；最便利和有利的是中线。弗拉基米尔省对铁路方向的争论最激烈，该省希望铁路延伸到现有的莫斯科—下诺夫哥罗德公路。

1857 年夏天，莫斯科—下诺夫哥罗德铁路的勘测工作开始进行。勘测工作分 6 组进行，每组 3—4 名工程师。勘探者对几个可能的方向进行考察。他们最终选择靠近科夫罗夫、弗拉基米尔和维亚兹尼基通往奥卡河左岸交易市场的所在地下诺夫哥罗德。这个方案获得俄国铁路总公司管理委员会下设的技术委员会及管理委员会的赞同。在莫斯科和下诺夫哥罗德

---

① Дельвиг А. И. , Мои воспоминания. М. , 1913. Т. Ⅱ. С. 405.

② Халин А. А. , Система путей сообщения Нижегородского поволжья и ее роль в социально-экономическом развитии региона （30—90. ⅩⅨ в. ）. С. 147.

之间做出最终选择之后，工程师着手制订计划。整个线路被分成两个部分，即莫斯科—弗拉基米尔（第一部分）和弗拉基米尔—下诺夫哥罗德（第二部分）。

1857 年 9 月中旬，莫斯科—下诺夫哥罗德铁路的先期工程开始实施。在 9 月 22 日之前，勘测者在下诺夫哥罗德省收集土地信息。征地信息整理完成后，K. 别里松在 9 月 28 日给各位土地所有者分发收据，他在"着手拟定的莫斯科—下诺夫哥罗德铁路经过的地方进行勘测，必须承担在勘测时可能给土地所有者带来的所有损失，根据估价予以补偿"。[①] 省首席贵族告知各土地所有者别里松的义务，并要求他们不要妨碍勘测。1857年秋天完成大部分勘测工程。在勘测过程中，土地所有者和公司工程师经常在补偿方面产生争议。郊区村庄的农民也不欢迎勘探者。这些都阻碍了工程的进展。别里松多次向下诺夫哥罗德省省长抱怨农民的阻挠，称农民拔除勘测者立的界杆、辱骂勘测者、拒绝把马借给他们运输货物。1858年 6 月，莫斯科—弗拉基米尔路段建设方案获得交通部批准。1859 年 4月，弗拉基米尔—下诺夫哥罗德路段技术方案通过审批。

早在勘测时就开始了莫斯科—下诺夫哥罗德铁路路基土地征收工作。被征用的私营土地价格，通常按双方意愿决定。但有时候也需要评估委员会协助。在这种情况下，土地所有者从俄国铁路总公司获得评估委员会确定的金额，再加上 20% 征地奖励。总公司按下列价格征购土地：菜地 240卢布/俄亩（1 俄亩 = 1.09 公顷），耕地 50 卢布/俄亩，葱地 83 卢布/俄亩，牧地 30 卢布/俄亩，林地 40—75 卢布/俄亩。征地一共花掉 668631卢布。超过 36% 的土地是国家土地，无偿转归公司。征地工作进展相当缓慢，有时在建设结束后还纠缠不清。总公司管理委员会预见到征地的难度，在 1858 年 5 月请省长协助总公司工程师完成此项工作。为此，管理委员会在 1858 年 7 月允许莫斯科—下诺夫哥罗德铁路建设总指挥、总工程师扎格林补偿土地所有者不超过 1000 卢布的征地款。[②] 该决定一方面

① Халин А. А. , Система путей сообщения Нижегородского поволжья и ее роль в социально-экономическом развитии региона（30-90. ⅩⅨ в. ）. С. 150.

② Халин А. А. , Система путей сообщения Нижегородского поволжья и ее роль в социально-экономическом развитии региона（30-90. ⅩⅨ в. ）. С. 151.

加快了征地进度，另一方面也为营私舞弊创造了机会。征地代理人常常利用自己工作之便谋私。莫斯科—下诺夫哥罗德铁路共征用 4560 俄亩土地，被征用土地宽度达 50 俄丈（1 俄丈 = 2.134 米），[①] 为以后修建复线使用。

1858 年 3 月，俄国铁路总公司宣布以承包方式进行铁路建设，4 月与一等商人 И. А. 布苏林、Е. Ф. 叶彼什金签订合同。遵照合同，承包人承包莫斯科—弗拉基米尔路段的建设。承包规定修建铁路路基、人工设施、供应必需用具、铺设轨道。规定铁路路基为复线，但先按单线铺设，在会让线铺设复线。承包人必须在 1860 年 7 月 17 日前完工。每俄里费用为 21600 卢布。1858 年 5 月，下诺夫哥罗德铁路莫斯科—弗拉基米尔路段建设工程开工。第二段铁路承包合同半年后才签订。1858 年 10 月 18 日，承包人 П. А. 杰罗施、Ж. Б. 热拉尔、А. Б. 菲金戈夫男爵、Д. П. 什波夫与总公司签订与第一路段条款类似的合同。两个路段合同的不同之处在于每俄里的费用，在第二段铁路合同中每俄里费用为 26300 卢布。承包人必须在 1861 年 7 月 1 日前开通此路段，一些辅助工程可以在当年的 11 月 1 日前完工。[②]

俄国工厂为莫斯科—下诺夫哥罗德铁路供应大部分轨道和零部件。按照之前签订的合同，外国供货人（格斯特、福尔曼）和俄国供货人（杰米多夫、雅科夫列夫）在 1859 年陆续将铁轨运往铁路工地。至 1860 年初，铁轨需求几乎全部得以满足，俄国供货人完成了大部分轨道供应任务。雅科夫列夫工厂供应 378120 普特，杰米多夫工厂供应 699489 普特，从英国进口 600000 普特，总计 1677609 普特。后来杰米多夫工厂又供应 82.5 万普特，[③] 最终保证了下诺夫哥罗德铁路对铁轨的需求。其中，约 80%铁轨是国产。研究者经常指出，由于总公司的材料供应来自国外，俄国收支平衡出现严重逆差。[④] 但是由俄国铁路总公司出资修建政府主导的如此庞大的铁路计划，出现这种情况也在所难免。当时民族工业还难以满

---

① Халин А. А., Система путей сообщения Нижегородского поволжья и ее роль в социально-экономическом развитии региона（30-90. XIX в.）. С. 153.

② Там же. С. 154.

③ Там же. С. 156.

④ Соловьева А. М., Железнодорожный транспорт России во второй половине XIX в. С. 71; Мендельсон Л. А., Теория и история экономических кризисов и циклов. Т. II. М., 1959. С. 571.

足在建铁路的所有需求，尤其是对金属的需求。总的来说，俄国冶金厂仅勉强供应俄国铁路总公司铁路建设所需铁轨的 5%，而且价格比英国铁轨贵近 1 倍。① 所有这一切均证明农奴制改革前俄国经济和工业落后，单纯靠国内力量难以实现 1857 年 1 月提出的庞大铁路修建计划。

至 1860 年初，莫斯科—下诺夫哥罗德铁路土方工程基本结束，而第二段也初具轮廓，可以进行轨道铺设及机车库、沿线居住用房的修建工作，该计划在 2 月初获得批准。俄国铁路总公司为此发布公告，即 1860 年 2 月 17—29 日将进行车站、轨道、机车库、蓄水池和莫斯科—下诺夫哥罗德铁路沿线民房修建工作。整个工程分成莫斯科—弗拉基米尔、弗拉基米尔—下诺夫哥罗德、下诺夫哥罗德车站三部分。公告中宣布："将能提供最有利条件、能可靠保证完美执行工程的人确定为承包人。"② 春天开始修建弗拉基米尔和下诺夫哥罗德车站。在弗拉基米尔—下诺夫哥罗德路段，1860 年主要进行土方工程。1860 年下半年，部分桥梁建成，但是工程质量不尽如人意，第二年春汛冲毁了里宾河上的桥梁。

1858—1861 年共完成土方工程 1114000 立方俄丈（约合 10826010 立方米，完成了 95%），修建桥梁 122 座（完成了 50%），铺设铁路 272 俄里（完成了 63%）。③ 1860 年 10 月，列车开始在莫斯科—弗拉基米尔路段试运行，主要在白天运送建筑材料。12 月，俄国铁路总公司管理委员会主席 A. A. 阿巴扎专程到弗拉基米尔视察，确定是否可以开通莫斯科—弗拉基米尔路段。④ 1861 年 3 月末，阿巴扎通知交通和公共建筑管理总局局长，称莫斯科至弗拉基米尔工程到 4 月末可向公众开放。1861 年 5 月，总公司管理委员会认为除被春汛破坏的两座桥，路段已经做好开通运行的准备，列车可通过这两座桥，但要极其小心。1861 年 6 月 14 日，在莫斯科至弗拉基米尔长度为 177 俄里铁路上，列车正式运行。

弗拉基米尔—下诺夫哥罗德路段建设进度明显落后于第一段，但在

①　Соловьева А. М.，Железнодорожный транспорт России во второй половине XIX в. С. 71.

②　Халин А. А.，Система путей сообщения Нижегородского поволжья и ее роль в социально-экономическом развитии региона（30-90. XIX в.）. С. 156-157.

③　Журнал Главного управнения путей сообщения и публичных зданий. 1862. Т. 37, кн. 3. С. 59-61.

④　Дельвиг А. И.，Мои воспоминания. М.，1912. Т. III. С. 92.

1861 年也有重大进展。实际上，复线修建所有土方工程已经完工；轨道铺设也在继续；桥梁修建进展很快，完成 117 座桥梁中的 108 座；80% 的车站修建工作已经完成，机车库和修配厂的工程也接近尾声。但由于卡伊尔公司的执行力差，桥梁金属件没有及时供应到铁路线，耽误了桥梁工程。一些附属设施的建设速度也不尽如人意。为了加快建设速度，交通和公共建筑管理总局派自己的工程师进行监督。1862 年 4 月管理委员会取消了工作不力的 П. А. 杰罗施及其公司的承包权。①

　　最终，莫斯科—下诺夫哥罗德铁路全线在 1862 年 8 月 1 日开通运行。而此前，俄国已经开通并正常运行的铁路有 6 条，包括皇村铁路、华沙—维也纳铁路、尼古拉耶夫铁路（原彼得堡—莫斯科铁路）、彼得戈夫铁路、里加—迪纳堡铁路和莫斯科—罗缅斯克铁路。其中，皇村铁路和彼得戈夫铁路没有经济意义。因而，我们可以认为莫斯科—下诺夫哥罗德铁路是俄国第五条铁路，在长度上仅次于彼得堡—莫斯科铁路。它是俄国第一条以经济意义为主的铁路，因为它之前的所有铁路都是按军事战略意图修建的。

　　至铁路开通运营，修建莫斯科—下诺夫哥罗德铁路大约花费 2950 万卢布，或每俄里 72038 卢布。土方工程费用最高，花掉 600 多万卢布。机车车辆、桥梁、人工设施、轨道以及其他配件的费用基本一致，均为 410 万—440 万卢布，勘测花费大约 150 万卢布。② 莫斯科—下诺夫哥罗德铁路实际建设成本超过最初预算 16%，这主要是由承包人毫无节制的掠夺造成的。下诺夫哥罗德铁路承包人靠增加工人工作量、改变线路走向等发家。如杰罗施公司擅自缩短部分铁路，却按最初方案拿钱。有关这个情况，А. И. 杰尔维科这样写道：“杰罗施完全按成交基础方案中另一个方向修建，而且大量减少工人数量，却按合同工作量领钱。”③ А. М. 索洛维耶娃也证实，杰罗施攫取了 200 多万卢布利润。④ 总体而言，莫斯科—下诺夫哥罗德铁路建设还是成功的，建设速度前所未有，尽管工程质量尤其是桥梁的质量不尽如人意。桥梁修建

---

①　Халин А. А.，Система путей сообщения Нижегородского поволжья и ее роль в социально-экономическом развитии региона（30-90. XIX в.）. С. 158.

②　Там же. С. 162.

③　Дельвиг А. И.，Мои воспоминания. М.，1913. Т. III. С. 58.

④　Соловьева А. М.，Железнодорожный транспорт России во второй половине XIX в. С. 73.

工作一直延续到 1863 年。莫斯科—下诺夫哥罗德铁路的建设和开通是俄国 19 世纪经济生活中的一件大事，它是俄国铁路网的重要一环，是俄国通往东部的第一条铁路，有了这条铁路，欧俄与东部地区的联通变得容易起来。

农奴制改革前，俄国资本家开始加入铁路业。1859 年，前包税人 И. Ф. 马蒙托夫、Н. Г. 柳明、Д. П. 希波夫、В. П. 希波夫以及以莫斯科第一个自来水供水设施的建设者、工程师 А. И. 杰尔维科男爵为首的莫斯科资产阶级代表取得了建设莫斯科—雅罗斯拉夫尔铁路的承租合同。这条长度为 262 俄里的铁路在 10 年内分批进行建设，于 1870 年完工。1858 年夏天，交通和公共建筑管理总局允许大包税人 В. А. 科科列夫和 Н. А. 诺沃谢利斯基组建公司，建设伏尔加河上的察里津和顿河上的卡拉奇田庄之间长度为 74 俄里的伏尔加—顿河铁路。同时，交通和公共建筑管理总局还批准在顿河和亚速海上建立航运局。俄国资本家创立的铁路公司同样得到政府给予的优惠政策，包括收益担保。伏尔加—顿河铁路的创始人就得到股份资本 4.5% 的年收益担保。① 资本家不仅在股票交易中斩获巨额利润，还在建设过程中极尽“节约”之能事，通过偷工减料、残酷剥削工人来赚取巨额利润。根据官方数据，建设伏尔加—顿河铁路只花了 450 万卢布，平均每俄里 6.15 万卢布。仅“节约”一项，科科列夫及其公司就额外获利 300 多万卢布。②

19 世纪 50 年代末的投机热造成一些铁路股份公司破产，成立于 1858 年的莫斯科—萨拉托夫铁路公司是破产的最大铁路公司。原本莫斯科—萨拉托夫铁路的建设具有巨大的经济意义和政治意义。它把伏尔加河下游和里海与莫斯科、彼得堡连接起来，确保富饶的俄国东南部省份的粮食销售。此外，这条铁路线还应成为加强俄国与中亚和高加索地区经济和政治联系的纽带。

莫斯科—萨拉托夫铁路公司的创立者都是达官显贵。这当中有监察大臣 Н. Н. 安年科夫将军，沙皇的近臣 С. А. 尤里耶维奇将军，皇室侍卫长 А. И. 萨布罗夫，大企业家和银行家 В. И. 热季梅洛夫斯基、К. Г. 卡普格尔、Г. А. 马克、К. Т. 萨丹杰科夫、Ф. М. 沃高。显赫的朝臣 А. Ф. 奥尔洛夫、Н. А. 奥尔洛夫公爵，В. П. 奥尔洛夫-达维多夫伯爵，Л. А. 切尔

---

① Соловьева А. М. , Железнодорожный транспорт России во второй половине XIX в. С. 77.

② Мигулин П. П. , Русский государственный кредит (1769-1899). Т. 1. С. 272.

内绍夫特级公爵和罗曼诺夫家族的皇室成员都是公司的大股东。依亚历山大二世令，皇位继承人和大公都认购了该公司的股票。

莫斯科—萨拉托夫铁路公司拥有受担保的固定资本金 4500 万卢布，公司应在 6 年内完成从莫斯科经梁赞到萨拉托夫全长 725 俄里单线铁路的建设工作。但俄国资本家并未完全履行出资义务。地位显赫的大股东赚到了创始利润后，只投入了股份资本总额的 30%。由于担心破产，他们拒绝投入余下的 70%。莫斯科—萨拉托夫铁路公司没有收益的股票没能在交易所上市。1861 年，最初募集的建设资金被耗光，铁轨只铺到克罗姆纳（铺设了 117 俄里）。由于资金断链，工程中断。为了挽救公司，根据交通和公共建筑管理总局局长 K. B. 切夫金的申请，沙皇政府把公司股票收入担保提高到 5%。[1] 但是这一优惠举措仍未改变公司的颓势。1863 年，破产的莫斯科—萨拉托夫铁路公司被撤销。取而代之的是莫斯科—梁赞铁路公司，这家公司应接着完成莫斯科—萨拉托夫铁路已经开建的工程。

1861 年初，俄国有 8 家铁路股份公司，资本总额达 1.78 亿卢布。这一时期共建成 1500 俄里铁路。[2] 1862 年，由于俄国铁路总公司和其他铁路公司在财务上破产，大臣委员会决定停止发布承租合同。

19 世纪 50—60 年代是俄国历史上的转折时期。克里米亚战争、农奴制改革等重要事件对俄国的社会进程产生重要影响。国家财政预算基本用于战争和改革经费。由于社会局势的不明朗，外资引进受阻，这些都限制了铁路建设，表 1-1 数据足以证明该观点。

表 1-1　1836—1865 年投入运营铁路里程统计

单位：俄里

铁路及其方向	年份	里程
华沙—维也纳铁路		
华沙—斯凯尔涅维采	1845	51
洛维奇—琴斯托霍夫—格拉尼查	1848	245
左姆博科维采—索斯诺维茨	1859	16

①　ЦГИА СССР. Ф. 207. Оп. 1. Д. 190. Л. 539–541.

②　Соловьева А. М. , Железнодорожный транспорт России во второй половине XIX в. С. 80.

续表

铁路及其方向	年份	里程
利巴瓦—罗缅斯克铁路		
科舍达雷—新维列伊斯克	1862	66
莫斯科—温道—雷宾斯克铁路		
彼得堡—皇村—巴甫洛夫斯克	1837	25
莫斯科—喀山铁路		
莫斯科—梁赞	1864	185
莫斯科—下诺夫哥罗德和穆罗姆铁路		
莫斯科—下诺夫哥罗德	1862	413
尼古拉耶夫铁路		
彼得堡—莫斯科	1851	602
西北铁路		
彼得堡—加特契纳—卢卡	1857	128
彼得堡—彼得戈夫	1857	27
卢卡—普斯科夫	1859	128
利戈沃—红村	1859	13
普斯科夫—迪纳堡	1860	241
维利诺—维尔日波罗沃	1862	160
迪纳堡—华沙	1862	540
彼得戈夫—奥兰尼茵堡	1864	10
东南铁路		
沃尔斯卡亚—顿斯卡亚	1862	73
格鲁舍夫卡—阿克塞	1863	61

资料来源：Фадеев Г. М.，История железнодорожного транспорта России. Т. 1. 1836 - 1917. Приложение.（笔者根据实际需要将表格进行改动，并将公里转换成俄里。）

通过统计数据我们可以看出，1837 年俄国第一条铁路建成之后，至 1865 年俄国铁路网大约为 3000 俄里，年均修建长度为 100 俄里。该时期俄国铁路建造的速度十分缓慢。

二　19 世纪 60 年代国营铁路建设

农奴制解体是俄国历史上一个最重要的里程碑，它为资本主义制度的建立奠定了基础。从此，雇佣劳动制度成为俄国国民经济发展的基础。这个主要因素促进了工业革命的加速发展，在这个过程中，大资本主义工业生产在俄国的各个主要经济部门确立起来。但是，在改革初期，由于国内生产力发展中的农奴制残余，新的矛盾不断产生。从农奴制向自由劳动、资本主义的过渡缓慢而艰难。改革没有消除社会发展的所有障碍，在沙皇专制主义的保护下，很多工业部门对资本主义经济条件的适应极其缓慢，工人数量减少、生产下降的情况比比皆是。19 世纪 60 年代初，生产的下降几乎波及俄国所有重工业和轻工业部门。金属加工和纺织企业的产能下降。国家资本主义经济发展整体状况的重要指标——矿山冶金和燃料工业处在非常低的水平。生铁铸造达到了危机的边缘——平均每年铸造 1800 万普特，仅占世界铸造总量的 4%；煤炭的开采量尚处在萌芽状态，年均产量 2000 万普特，或不足世界开采总量的 1%。① 这一时期，运输费用极高，排除了主要大宗商品长距离运输的可能性。在世界资本主义市场的影响下，改革后俄国的经济与世界资本主义经济的关联性越来越紧密。而此时，世界经济周期性增长使俄国农产品有更多机会销售到国外市场。因此，通过铁路运输降低运输价格对于发展中的资本主义俄国来说是亟待解决的问题。俄国社会各界——政界、军界、工商业资产阶级、地主阶级和舆论界都认为，迫切需要采取措施解决铁路问题。

以南俄帝国农业协会为首的农业特权阶层在 1862 年 4 月给亚历山大二世的奏折中指出，与美国和奥匈帝国粮食出口的极大增长相比，俄国对英国的粮食出口份额呈可怕的下降趋势。在英国市场上，俄国的小麦出口从 1859 年的 22% 降到 1861 年的 15%。同时，这三年美国的小麦出口从 1% 增加到 36%。为收入下降担忧的俄国农业大亨们向沙皇指出："我国从南方港口出口 300 万俄石小麦，当时的匈牙利建成了 2000 俄里铁路，运出的粮食达 400 万俄石，而在建的铁路建成后，运出的粮食可达 1000 万俄石……越是把铁路建设延后，我们越会失去更多通过农产品参与欧洲贸易的希望。"② 铁路委员会主席 C. A. 斯特罗甘诺夫伯爵在 1861 年 10 月 2 日给沙皇的说明性呈文中指出政府采取措施发展铁路的迫切性，"现在欧洲大部分国家已经获得了铁路发展的红利，在这种情况下，俄国已经在

---

① Соловьева А. М. , Промышленная революция в России в XIX в. С. 134.
② ЦГИА СССР, Ф. 207, Оп. 3, Д. 162, Л. 90–92, 138.

工商业运动中落后于其他国家。今后我们不能再落后了，否则我们将失去我国产品的许多欧洲市场，也可能丧失自己的政治地位"。①

为了使俄国铁路事业走出停滞状态，新任交通和公共建筑管理总局局长 П. П. 梅利尼科夫中将提出了一个全长 4500 俄里的欧俄主要铁路网建设草案。这个欧俄铁路网应以最短的路径将内陆农业省与国家的工业中心、波罗的海和黑海的出口港口连接起来。它应满足以下条件：（1）为俄国东南部、南部、西南部地区的农业、畜牧业生产开通通向波罗的海、黑海、亚速海主要港口——波罗的海上的彼得堡、里加和利巴瓦，黑海上的敖德萨、塞瓦斯托波尔和费奥多西亚，以及亚速海上的塔甘罗格或靠近顿河河口的罗斯托夫的最短线路；（2）建立起连接物产丰富的东南部、南部、西南部与粮食产品需求大的西北省份的最短交通线路；（3）把国家的主要人口中心同首都联系起来；（4）保证整个铁路系统的燃料——主要是顿涅茨克煤田的煤的供应，同样以可接受的价格将这些燃料运到俄国没有森林的地区使用。同时，设计的铁路网应符合军事战略目的——能在帝国的边境，尤其是西南边境迅速运输和集结军队。②

5 条铁路干线进入"主要铁路网"，它们是：长度为 1439 俄里的南方铁路（莫斯科—图拉—奥廖尔—库尔斯克—哈尔科夫—叶卡捷琳诺斯拉夫—塞瓦斯托波尔）；长度为 1067 俄里的西南铁路（敖德萨—巴尔塔—基辅—切尔尼戈夫—布良斯克）；长度为 680 俄里的东部铁路（奥廖尔—坦波夫—萨拉托夫）；长度为 945 俄里的西部铁路（奥廖尔—斯摩棱斯克—维捷布斯克—迪纳堡和波罗的海上的利巴瓦）；长度为 380 俄里，从叶卡捷琳诺斯拉夫到顿巴斯的格鲁舍夫斯基煤产地的东南铁路。

1863 年 1 月大臣委员会对这个草案进行讨论时，П. П. 梅利尼科夫提出必须由国家直接建设。但是由于国家财政困难，大多数人不赞成这个建议。沙皇政府企图以优惠条件吸引私人资本参与建设，允许英国银行家以及以廷臣 А. В. 阿德列尔贝格、Г. А. 斯特罗甘诺夫、Э. Т. 巴拉诺夫伯爵为首的宫廷显贵们建设铁路网中的重点线路莫斯科—塞瓦斯托波尔铁路。

---

① ЦГИА СССР, Ф. 207, Оп. 3, д. 162, л. 17.

② ЦГИА СССР, Ф. 207, Оп. 3, д. 162, л. 138-143; Ф. 1272, Оп. 1, д. 19, л. 3.

但是受世界金融危机的影响，这些显贵的承租人没有募集到必要的股份资本金，没能开启铁路建设。最终，这些线路仍由国库出资建设。

我们以敖德萨铁路为例，看看这一时期国营铁路的建设情况。1862年11月，由 П.П. 梅利尼科夫倡导，铁路委员会成员、宫廷侍从官 К.К. 温甘伦-施特恩贝格男爵提出的敖德萨铁路建设方案提交政府审议。方案规定铁路由国家出资，沙皇政府的一些部门联合参与建设。交通和公共建筑管理总局负责铁路建设的技术问题（勘测、预算、工程技术人才）；财政部负责建设拨款，向承包人发放预付款；国家财产部负责保障建设用木材，从靠近波尔塔瓦省的科列缅丘克的国营森林里砍伐；军事部派出建设营的士兵、内务部和国家财产部从欠缴税款的农民中征集筑路工人，共同解决劳动力问题。

К.К. 温甘伦-施特恩贝格男爵承诺按照美国省钱的方法在俄国南部建设敖德萨铁路。草案规定"杜绝建筑和路基工程中的各种浪费"，减少铁路弯曲半径，修筑经济的临时桥梁和高架桥、轻轨等。在这条单线铁路上火车速度不应超过 25 俄里/时。这条"简易"铁路的预算成本为 6.25 万银卢布/俄里，或总金额 1600 万卢布。而据交通部统计，铁路建设的实际成本为 1080 万卢布，或 4.2 万卢布/俄里。[①] 承包人从"节约"成本中狂赚了 520 万卢布。

新俄罗斯和比萨拉比亚总督承担了敖德萨铁路建设管理职责，承包人 К.К. 温甘伦-施特恩贝格男爵在他管辖之下。军事部每年派 5000 名士兵到土方工地。承包人按合同保证按日付给每个执行"任务"的工程兵"4 戈比和 2 查尔卡（1 查尔卡=0.123 升）40 度伏特加"。[②] 为了募集敖德萨铁路建设资金，沙皇政府在 1864 年发行了第一批国内铁路债券。

敖德萨铁路建设分段进行。敖德萨—巴尔塔段，全长 257 俄里，从 1863 年 3 月至 1865 年 9 月，建设历时两年多。建设主路的同时，从敖德萨—宾杰里通往德涅斯特河全长 100 俄里的辅路建设也开始进行。[③] 敖德萨—巴尔塔段铁路建成后，同一年敖德萨铁路第二段巴尔塔—伊丽莎白格

---

① Соловьева А. М.，Железнодорожный транспорт России во второй половине XIX в. C. 91.
② ЦГИА СССР，Ф. 207，Оп. 3，Д. 165，Л. 10-11.
③ Там же，Л. 30-31，41-44.

勒（244 俄里）段的建设也开始了。通过竞争报价，沙皇政府把建成"简易"铁路的发包价格降至 4.5 万银卢布/俄里。K. K. 温甘伦-施特恩贝格作为承包人又利用军事化建设营的士兵做劳动力（9000 人）。[1] 按承包人自己提供的数据，铁路的建设成本被提高了 21%，实际为 960 万卢布（或 4.07 万卢布/俄里）。承包人的创办利润降至 250 万卢布。[2]

按"主要铁路网"计划设计的敖德萨铁路应把敖德萨同基辅和布良斯克连接起来。但是在 1864 年 12 月，大臣委员会决定把这条铁路的建设调整到敖德萨—科列缅丘克—哈尔科夫线路。[3] 这样敖德萨铁路第三段的建设（伊丽莎白格勒—科列缅丘克）在 1870 年 8 月完成，此后，国营的敖德萨铁路被卖给了铁路股份公司。

受篇幅所限，笔者就不一一介绍其他铁路的建设情况了。但这一时期国营铁路建设有一些共同特点，即秉持"节约"成本的宗旨，力求用"较少"的国库资金修建铁路，铁路建设采取承包的方式。为节约建设成本，承包人与军事部和内务部签订协议，使用军事部建设营和惩戒营士兵、内务部监狱的犯人和欠税农民的廉价甚至免费劳动力。交通部还为工程技术人员设立了"节约"奖。为了"追逐"奖金，交通部的官员削减了编制内人员，结果严重削弱了对工程的技术监督力度。承包人为追逐利润，在建设时偷工减料，造成建成铁路质量不尽如人意，事故频发。政府不得不弥补设计上的漏洞，补充铁路设备，补偿承包人和地主，铁路建设资金一再追加。财政大臣 M. X. 赖藤在 1867 年 2 月给沙皇的报告中忧虑地写道："为了完成已经开建的国营铁路，需要在 1867 年清单规定的3000 万数额上再追加到 9000 万卢布，可以分三年完成。不能认为国家财产增加，其财政政策即为合理，国营铁路就是这种情况，其财产增加靠的是不断增加的国债；况且，贷款的可能性也是有限的。"[4] 实践证明，国家用"较少"资金修建铁路的举措有很多弊端。在国家财政捉襟见肘的

① Соловьева А. М.，Железнодорожный транспорт России во второй половине XIX в. С. 91–92.

② Андреев П. Н.，Юго－Западные железные дороги. Киев，1909，С. 3；ЦГИА СССР，Ф. 268，Оп. 1，Д. 7，Л. 252–253.

③ Кислинский Н. А.，Наша железнодорожная политика по документам архива Комитета министров，T. I. C. 140–146.

④ Куломзин А. Н.，Рейтерн М. X. : Биографический очерк. СПб.，1910，С. 23.

情况下，实施如此庞大的铁路网修建计划，困难可想而知。因此，П. П. 梅利尼科夫力主用国家资金修建铁路的思想越来越受到质疑。在批准修建莫斯科—库尔斯克铁路时，内务大臣 П. А. 瓦鲁耶夫在日记中写道："君主采纳了梅利尼科夫关于用政府资金建设铁路的可爱梦想，根本没有考虑这件事的财政问题。"①

在国家建设铁路的 6 年中（1863—1869 年）共建成了 1147 俄里铁路。国营铁路建设成果并不显著，经营效益欠佳。这不仅说明国营铁路技术装备差，也说明国家财政上的无能为力和建设本身速度慢。在这种情况下，迫切需要寻求解决铁路问题的其他途径。政府只能依靠外资和私人资本兴修铁路。

三 俄国第一次铁路建设热潮（19 世纪 60 年代中期至 70 年代中期）

1865 年，俄国有铁路 3000 俄里，同一时期，英国有铁路 2.2 万俄里，法国和德国各有铁路 1.4 万俄里，而美国有铁路 5.6 万俄里。② 铁路问题仍是俄国最迫切但棘手的问题。俄国政界很清楚，在落后的经济条件下，仅仅靠国家出资修建铁路和间接支持私营铁路建设是不够的。为此，1865 年春天，政府成立制定俄国今后铁路政策规划和实施规则的专门委员会。19 世纪 60 年代下半期，沙皇政府利用当时国际金融市场的有利行情，采取了一系列吸引外资的措施。这些举措刺激了私人资本的流入，最终在 19 世纪 60 年代中期至 70 年代中期形成俄国铁路建设的第一次热潮。

俄国第一次铁路建设热潮形成的原因主要有三点。第一，政府真正深刻意识到铁路的军事战略意义。1853—1856 年克里米亚战争对于俄国来说，是原始农业生产方式国家对抗现代化工业国家联盟的一场无望的战争。没有广阔的铁路网和工业落后注定俄国在此战失利。这也使俄国政府上下认真总结失败的教训，将铁路修建视为政府的首要工作任务。第二，资本主义经济发展迫切需要广阔的铁路网。1861 年改革后俄国开始走上

---

① Дневник П. А. Валуева. Министра внутренних дел. 1865–1876. Т. Ⅱ. М. , 1961, С. 104.

② Соловьева А. М. , Железнодорожный транспорт России во второй половине ⅩⅨ в. С. 95.

资本主义发展道路。尽管从农奴制向自由劳动的资本主义的过渡缓慢而艰难，但在世界资本主义影响下，改革后俄国的经济与世界资本主义经济的联系越来越紧密。19 世纪 60—70 年代俄国出口额从 1.81 亿卢布增加到 3.6 亿卢布，出口额增长近 1 倍。[①] 出口贸易额增长是国内市场增长的重要杠杆。随着俄国工业快速发展，俄政府清楚地认识到铁路修建的经济意义。第三，政府制定的铁路"承租体系"刺激了铁路网建设。60 年代下半期，为吸引大量外国信贷资本流入铁路业，沙皇政府逐渐制定出一套给予铁路固定资本收益担保的体系，即"承租体系"，它保证修建铁路的资本家每年有投资额 4.5%—5%的收入。[②] 尽管这一体系存在诸多弊端，但它客观上促进了俄国铁路网的迅猛扩展。

早在 1864 年，俄国政府就开始寻求新模式来推动铁路建设事业。以 П. П. 梅利尼科夫为首的交通部积极主张利用国家资金建造铁路，而以 М. Х. 赖藤为首的财政部却极力倡导吸引外资来完成铁路修建任务。双方争斗异常激烈。最终沙皇亚历山大二世决定采取"承租体系"的模式。"承租体系"是一种私营铁路体系，由政府以直接和间接援助的方式提供广泛的资助。按照沙皇政府的相关法律规定，与政府签订私营铁路建设和经营协议的资本家要先成立铁路股份公司，在整个承租期内，铁路为股份公司的私有财产，承租期过后，铁路转为国家财产。

俄国私营铁路建设的"承租体系"为期 15 年，从 1866 年至 1880 年。在此期间，国家共将 52 份承租合同，1.5 万俄里铁路给予了私营铁路公司，共组建了 43 个铁路股份公司，总资本达 12.5 亿卢布，可把俄国政府实行的"承租体系"分为五个阶段。[③] 但俄国铁路承租热实际上只维持了 10 年。由于国家财政困难、铁路基金空虚，沙皇政府被迫从 1876 年起停止发布新的铁路承租合同。"承租体系"的确立拉开了俄国铁路建设热潮的序幕。

第一阶段为 1866—1868 年。这一时期铁路"承租体系"的典型特

① Соловьева А. М. ，Железнодорожный транспорт России во второй половине XIX в. С. 87.
② Горбунов А. А. ，Политика развития железнодорожного транспорта в XIX - начале XX вв. : копмпаративно- ретроспективный анализ отечественного опыта. С. 78-80.
③ Соловьева А. М. ，Железнодорожный транспорт России во второй половине XIX в. С. 105.

点是没有固定体系，多数承租合同具有偶然性的特点。该时期授予铁路公司承租权时完全没有引进资本主义竞争原则，一切都取决于铁路股份公司老板在政府机构的影响力。三年内共发布 19 份铁路建设租让合同，修建铁路总长度为 4634 俄里。① 这一时期欧俄铁路网建设初具规模。与此同时，国营铁路建设也在进行，国家出资修建的铁路包括伊丽莎白格勒—科列缅丘克、蒂拉斯博尔—基什尼奥夫和基辅—波罗的海铁路等南方铁路网。

第二阶段为 1868—1870 年。这一时期共发布 15 份铁路建设租让合同，长度为 3406 俄里。② 这一时期，因国库空虚，国营铁路修建被迫终止。在此期间，只建成一条长度为 57 俄里的国营窄轨铁路——利夫内铁路。俄国在给予私营铁路承租权时全面引进资本主义竞争机制。同时，禁止国家机关重要官员承租修建铁路。企业家以密封文件的形式向大臣委员会会议提交铁路承租申请，并接受审议。③

第三阶段为 1871—1873 年。该时期沙皇政府共发布 12 份铁路建设租让合同，建设、经营长度为 3780 俄里。④ 这一时期的典型特点是政府试图在铁路建设预算上进行监督。为减少铁路基金付款，未来要建设的铁路预算先由交通部制定，然后再交给承租人。招标方式的竞争机制被再次取消。交通大臣有权独立选择承租人。⑤

第四阶段是 1873—1874 年。这一时期俄国政府共签署 4 份铁路建设租让合同，建造奥伦堡、乌拉尔、法斯托夫和普利韦斯林铁路。1873—1875 年爆发的世界性经济危机迫使沙皇政府在铁路建设事业上采取新措施。这时吸引外国资金是俄国政府的唯一手段。为此，政府给铁路承租人提供额外优惠：政府担保股份资本收益，保证在发布承租合同时就为铁路

---

① Горбунов А. А., Политика развития железнодорожного транспорта в XIX - начале XX вв.： копмпаративно- ретроспективный анализ отечественного опыта. С. 106.

② Ляховский В. М., К вопросу о фиктивных акционерных компаниях в России в 1860 - 1870 - х. （Капиталы Рязанско - Козловской ж. д.）.//Исторические записки. Т. 76. М., 1966, С. 574.

③ Соловьева А. М., Железнодорожный транспорт России во второй половине XIX в. С. 107 - 108.

④ Там же. С. 110.

⑤ Дельвиг А. И., Полвека русской жизни, Т. II. М., Изд. ООО РИТМ, 2014. С. 339, 460.

公司担保股份收益，而不是在铁路建成之后。为避免出现虚假公司，沙皇政府在 1873 年 3 月发布签署铁路租让合同的新规定。根据这些规定，交通部需事先公布沙皇批准的将要承建的铁路股份公司章程、建设的技术条件、财务报价和技术明细。^① 为确保铁路建设任务顺利完成，成立由交通部、财政部和监察部主要官员组成的铁路事务委员会。

第五阶段是 1875—1880 年。实际上，这段时间仅在 1876 年签署了顿涅茨克煤矿铁路一条商业铁路的承租合同。这次重新启用了招标形式的资本主义竞争原则。以 И. Ф. 马蒙托夫为代表的莫斯科资本家集团获得了这条铁路的承租权。^② 但是，具有战略意义的铁路承租修建并未中止，如 1877 年夏季俄土战争最激烈的时候，把宾杰里—加拉茨铁路的建设和经营权承租给了 С. С. 波利亚科夫。

到 1880 年初，俄国铁路线长度达 2.1 万俄里。1875—1880 年发布的承租合同数量少，里程短。换言之，近 17000 俄里铁路都是在 19 世纪 60 年代中期至 70 年代中期建成的（见表 1-2）。

表 1-2　1866—1880 年投入运营铁路里程统计

单位：俄里

铁路及其方向	年份	里程
亚历山德罗夫铁路		
莫斯科—斯摩棱斯克—布列斯特	1871	1028
比萨拉比亚铁路		
基什尼奥夫—科尔尼什特—温格内	1875	100
宾杰里—列尼	1879	268
华沙—维也纳铁路		
洛维奇—切霍奇金斯克	1867	137
弗拉季高加索铁路		
顿河畔罗斯托夫—科特里亚列夫斯卡亚—弗拉季高加索	1875	652

---

① Кислинский Н. А., Наша железнодорожная политика по документам архива Комитета министров. Т. Ⅱ. С. 161.
② Там же. С. 230-231.

续表

铁路及其方向	年份	里程
叶卡捷琳娜铁路		
顿河畔罗斯托夫—塔甘罗格—尼基托夫卡	1869	221
雅西诺瓦塔亚—尤左沃—叶列诺夫卡	1872	37
西涅尔尼科沃—下第聂伯斯克	1873	36
兹维列沃—哈切别托夫卡—戈苏达雷夫巴伊拉克	1878	174
杰巴利采沃—卢甘斯克	1878	72
波帕斯纳亚—利西昌斯克	1879	39
哈切别托夫卡—雅西诺瓦塔亚	1879	49
外高加索铁路		
波季—科维利雷—梯弗里斯	1872	289
巴库—萨本齐—苏拉汉尼	1880	19
利巴瓦—罗缅斯克铁路		
利巴瓦—科舍达雷	1871	293
新维列伊斯克—明斯克—戈梅里	1873	453
戈梅里—罗姆内	1874	257
莫斯科—温道—雷宾斯克铁路		
博洛戈耶—萨韦利诺—雷宾斯克	1870	279
丘多沃—诺夫哥罗德—老卢萨	1878	156
莫斯科—基辅—沃罗涅日铁路		
库尔斯克—沃罗日巴—布罗瓦雷	1868	433
布罗瓦雷—基辅	1870	24
维尔霍维耶—里夫内	1871	57
佐洛托诺莎—切尔卡西	1876	28
莫斯科—库尔斯克铁路		
莫斯科—库尔斯克	1868	502
莫斯科—下诺夫哥罗德和穆罗姆铁路		
科夫罗夫—穆罗姆	1880	104
尼古拉耶夫铁路		
奥斯塔什科沃—托尔若克—里热夫	1874	128
乌戈洛夫卡—波洛维奇	1877	28
彼尔姆铁路		
彼尔姆—丘索夫斯卡亚—叶卡捷琳堡	1878	481
丘索夫斯卡亚—别列兹尼基	1879	193

铁路及其方向	年份	里程
普利韦斯林铁路		
华沙—罗巴切夫	1867	183
罗巴切夫—布列斯特—科韦利	1873	133
布列斯特—格拉耶沃	1873	202
卢戈夫—伊万哥罗德	1876	57
穆拉瓦—科韦利	1877	429
里加—奥廖尔铁路		
里加—迪纳堡—维捷布斯克	1866	448
里加—米塔瓦	1868	40
维捷布斯克—斯摩棱斯克—奥廖尔	1868	499
梁赞—乌拉尔铁路		
梁赞—坦波夫—萨拉托夫	1871	620
沃罗沃—叶列茨	1874	129
萨马拉—兹拉托乌斯特铁路		
巴特拉齐—萨马拉	1877	109
北方铁路		
诺夫基—伊万诺沃	1868	82
莫斯科—谢尔基耶沃—雅罗斯拉夫尔	1870	264
伊万诺沃—基涅什马	1871	89
亚历山德罗夫—卡拉巴诺沃	1871	15
雅罗斯拉夫尔—沃洛格达	1872	200
西北铁路		
波罗的海港口—纳尔瓦—托斯诺	1870	393
红村—加特契纳	1872	21
塔普斯—杰尔普特	1876	106
塞兹兰—维亚济马铁路		
里亚日斯克—莫尔尚斯克	1867	121
里亚日斯克—斯科平—巴维列茨	1872	65
巴维列茨—维亚济马	1874	414
乌兹洛瓦亚—叶列茨	1874	186
莫尔尚斯克—塞兹兰	1874	487
塞兹兰—巴特拉齐	1877	18
芬兰铁路		
彼得堡—维堡	1870	121

续表

铁路及其方向	年份	里程
东南铁路		
叶列茨—格里亚季	1868	107
科兹洛夫—沃罗涅日	1868	164
奥廖尔—叶列茨	1870	182
格里亚季—波沃里诺—察里津	1871	564
阿克塞—顿河畔罗斯托夫	1876	24
西南铁路		
敖德萨—巴尔塔—奥利维奥波尔	1867	306
拉兹杰利纳亚—蒂拉斯波尔	1867	42
奥利维奥波尔—兹纳缅卡	1869	190
基辅—日梅林卡—沃罗奇斯克	1871	405
日梅林卡—比尔祖拉	1871	186
蒂拉斯波尔—基什尼奥夫	1871	68
卡扎金—别尔季切夫	1871	24
别尔季切夫—拉德齐维洛夫	1873	266
茨维特科沃—什波拉	1876	21
法斯托夫—兹纳缅卡	1876	284
南方铁路		
库尔斯克—哈尔科夫—尼基托夫卡	1869	533
第聂伯河畔克留科夫—兹纳缅卡	1869	81
科列缅丘克—波尔塔瓦—哈尔科夫	1871	242
康斯坦丁诺夫卡—雅西诺瓦塔亚	1872	50
兹纳缅卡—尼古拉耶夫	1873	224
洛佐瓦亚—塞瓦斯托波尔	1875	573
沃罗日巴—梅列法	1878	226

资料来源：Фадеев Г. М.，История железнодорожного транспорта России. Т. 1. 1836 – 1917. Приложение.（笔者根据实际需要将表格进行了改动，并将公里转换成俄里。）

俄国第一次铁路建设热潮后形成了莫斯科、波罗的海沿岸、亚速海—黑海和西部四个相互关联的铁路枢纽。莫斯科铁路枢纽系统内的 18 条线路长度约 7500 俄里。其中有尼古拉耶夫、莫斯科—布列斯特、莫斯科—库尔斯克、库尔斯克—基辅、莫斯科—下诺夫哥罗德、莫斯科—梁赞、莫斯科—雅罗斯拉夫尔—沃洛格达等铁路。莫斯科铁路枢纽辐射西北—北方、伏尔加河上游—东方、伏尔加河中游—东南、伏尔加河下游—南方、亚速海—西方和华沙等 6 个方向。

波罗的海沿岸铁路枢纽包括通向波罗的海的 8 条铁路（波罗的海、迪纳堡—维捷布斯克、兰德瓦洛夫—罗曼斯克、利巴瓦、米塔瓦、里加—迪纳堡、奥廖尔—维捷布斯克、里加—巴伦支铁路），总长度近 2800 俄里。在该铁路枢纽中，包括把乌克兰东部地区同巴伦支海连接起来的利巴瓦—罗姆内铁路，把伏尔加河下游、中心黑土地区同波罗的海连接起来的里加—察里津铁路，该铁路的经济意义突出。

亚速海—黑海铁路枢纽包括通向亚速海和黑海港口——俄国西部、中部、南部和北高加索地区的敖德萨、塞瓦斯托波尔、费奥多西亚、塔甘罗格的 5 条主要铁路（库尔斯克—哈尔科夫—亚速、洛佐瓦亚—塞瓦斯托波尔、敖德萨、顿河畔罗斯托夫—弗拉季高加索、哈尔科夫—尼古拉耶夫铁路），总长度近 3300 俄里。

西部铁路枢纽包含白俄罗斯、西乌克兰和波兰线。这个枢纽中有 8 条铁路，总长度约 3300 俄里，华沙—维也纳、华沙—布朗博格、华沙—捷列斯波尔、基辅—布列斯特、布列斯特—格拉耶夫、普利韦斯林、彼得堡—华沙、罗津工厂铁路都在其列。西部铁路枢纽线路和波罗的海沿岸、中心和南部铁路线连为一体。

此外，俄国的一些边远地区也被纳入铁路网系统。北方和乌拉尔地区因铁路的修建而与中心地区建立起密切的联系，同时，铁路建设对边疆的开发具有重要意义。

（一）北方铁路建设

俄国北方，一般指从卡累利阿到乌拉尔，从沃洛格达到北冰洋岸边这一广大地域。这里物产丰富，盛产木材、亚麻、毛皮、鱼、盐、铁以及传统手工业品。但由于缺少便利和可长期通行的交通条件，俄国北方地区竞争乏力，被排除在全国统一货物流通系统之外，广大富饶地区得不到有效开发。现有的水路交通体系（马林斯基、季赫温、上沃洛乔克、A. 符腾堡公爵水系）之间缺乏联系。在伏尔加河船运快速发展（由于船上出现了蒸汽发动机）的情况下，往北方运输货物并不赚钱。因此，发展北方地区的交通运输,尤其是铁路运输势在必行。

在北方地区建设铁路基于以下三点考虑。第一,北方地区粮食不能完全自给自足,需要从伏尔加河流域运进粮食,否则就会出现饥荒。沃洛格达省每年的粮食缺口达 70.17 万俄石,占必需量的 29%;阿尔汉格尔斯克省的缺口为 41.64 万俄石,占需求量的 35%。① 第二,没有进入全国市场的北方手工业自由生产者和家庭手工业者经济利益受损。第三,由于缺少与俄国中心地区的联系,阿尔汉格尔斯克作为国际贸易中心的发展遇阻,阿尔汉格尔斯克港口贸易蒙受损失。由于毗连西部陆路边境的铁路网的发展,海路运输的意义减弱。白海逐渐失去作用,1853 年运出商品价值 520 万卢布,1868 年运出商品价值 400 万卢布,② 呈下降趋势。改变这一状况的出路唯有修建铁路。

19 世纪 50 年代起,沃洛格达省省长和地方自治局不断提及在北方修建铁路的问题。最初,他们提出在沃洛格达、雷宾斯克和雅罗斯拉夫尔之间修建马拉铁路,并对线路的走向、长度、可能的货物运输量、客流量、运费以及利润情况进行了测算。最终,选择了沃洛格达至雅罗斯拉夫尔方向。1869 年 2 月 20 日,亚历山大二世根据内务大臣的报告,允许莫斯科—雅罗斯拉夫尔铁路公司(1857 年成立)董事会经理人、监察顾问 В. Ф. 齐若夫和荣誉公民 И. Ф. 马蒙托夫自己承担费用对雅罗斯拉夫尔到沃洛格达和雅罗斯拉夫尔到科斯特罗马的铁路路线进行勘察。

1870 年 4 月 23 日,莫斯科—雅罗斯拉夫尔铁路公司董事会向全体股东会议报告沃洛格达—雅罗斯拉夫尔铁路建设计划。全体股东会议以高票决议通过了铁路建设计划。1870 年 7 月 24 日沙皇批准了公司的申请,并将其条款补充进公司章程。这些条款中规定,公司必须在 1871 年 5 月 1 日前开始雅罗斯拉夫尔—沃洛格达铁路工程,于 1872 年 12 月 31 日前完工。③

北方铁路建设分两个阶段进行。首先是雅罗斯拉夫尔至丹尼洛夫,长

---

① Гудкова О. В. , Строительство северной железной дороги и её роль в развитии северного региона (1858–1917). С. 29–30.

② Там же. С. 30.

③ Там же. С. 58.

度为 62.5 俄里，于 1872 年 1 月 8 日开通运行。长度为 129.6 俄里的丹尼洛夫到沃洛格达路段的建设工程持续到 1872 年 6 月。1872 年 6 月 20 日，沃洛格达—雅罗斯拉夫尔铁路全线开通运行。沃洛格达至雅罗斯拉夫尔的铁路意义重大。这条铁路把伏尔加河同北德维纳河流域和马林斯基水系连接起来。铁路还把沃洛格达同俄国整个铁路网连接起来。1871 年政府允许公司用自己的资金，在不扩大股份资本的情况下建设亚历山德罗夫站到卡拉巴诺沃村长度为 10 俄里的新支线。

与此同时，在北方还建设了舒伊斯克—伊万诺沃铁路（诺夫基—伊万诺沃—基涅什马）。铁路第一部分诺夫基—伊万诺沃段在 1868 年 9 月投入运营，长度为 85 俄里。伊万诺沃—基涅什马路段在 1870 年 1 月开工，1871 年 7 月完工投入运营。

（二）奥伦堡铁路建设

奥伦堡地处俄罗斯中部，是连接乌拉尔和中亚的门户。修建一条将俄国中心工业省份同偏远农业地区连接起来的铁路势在必行。铁路还应将粮食产区同海港直接联系起来，为粮食大量出口创造机会。因此，奥伦堡至中亚的铁路线路引起社会各界关注。

奥伦堡私营铁路股份公司承建了长 512 俄里的奥伦堡—巴特拉齐铁路。最初，政府主张靠国库资金修建这条具有重要经济意义和战略意义的线路。新线路把萨马拉和奥伦堡省同现有铁路网连接起来，为粮食和畜产品扩大生产和贸易发展创造条件。这一时期，俄国不断向中亚扩张，修建通往中亚的铁路，奥伦堡方向最有前景。但是伏尔加河流域连年灾荒，希瓦远征耗费了国家巨额资金，国库资金捉襟见肘，这影响了国家出资修建这条铁路。最终，政府决定将这条铁路修建和经营的权利承租给私营铁路公司。

1874 年 2 月 22 日，奥伦堡铁路公司章程获得批准。公司注册资本为 2570 万卢布，每俄里成本为 5 万多卢布。公司的铁路经营期为 86 年，[①]

---

① Горюнов Ю. А.，Воздействие ташкентской железной дороги на экономическую жизнь оренбуржья первой трети XX века. Диссертация на соискание ученной степени кандидата исторических наук. Оренбург，2010. С. 42.

期满后应交给国家。奥伦堡铁路从辛比尔斯克省的莫尔尚斯克—塞兹兰铁路的巴特拉齐站起，经过萨马拉在奥伦堡市止。后来，这条铁路成为未来萨马拉—兹拉托乌斯特铁路和塔什干铁路的重要路段。铁路修建工作实际上在1876年秋天就已经结束。10月22日，列车经过奥伦堡萨克马尔大桥，试车成功。在1877年铁路正式开通前，奥伦堡铁路上有296座桥梁，29个车站，8个机车库。其中一个可以容纳12台机车的机车库位于布祖鲁克，其余（容纳6台机车）位于奥伦堡。在萨马拉和奥伦堡建立了铁路修配厂。铁路有78台机车和1176节车厢。[1] 运输的主要货物为粮食和面粉。奥伦堡铁路股份的主要持有者 П.И. 古柏宁、С.С. 波利亚科夫和 М.А. 华沙斯基认为，如果有机会把铁路延伸至中亚和印度，将具有巨大的经济前景。但是由于外高加索军事铁路的修建（1880—1889年），该计划没有付诸实施。奥伦堡铁路对于西伯利亚和中亚的开发具有重要意义。

第四节 第二次铁路建设热潮（19世纪90年代）

第一次铁路建设热时期俄国铁路网迅速拓展，但铁路公司经营不善，亏损严重，给国库造成巨大负担。再加上战争和经济危机，俄国财政赤字居高不下，继续大规模投资铁路已不可能。政府不得不改变铁路政策，从大力支持私营铁路公司，变为加强对私营铁路公司的调节监督，减少私营铁路建设数量。19世纪80年代，新铁路建设数量有限，只是从国家战略安全出发，修建了一些有重要战略和经济意义的铁路，并回归到国家直接投资建设的模式。建设主要在以下三个方向展开：在西部边境的博列西耶、普利韦斯林边疆区开展战略铁路的建设；在俄国殖民地中亚和西西伯利亚开展铁路建设；在克里沃罗日靠近巴斯坤恰克盐湖、外高加索的克维里拉—奇阿图拉、连接波罗的海和黑海的最短铁路罗姆内—科列缅丘克沿线等地建设颇具经济意义的铁路，具体线路详见表1-3。

---

① Горюнов Ю. А., Воздействие ташкентской железной дороги на экономическую жизнь оренбуржья первой трети XX века. С. 43.

表 1-3　1881—1889 年投入运营铁路统计

单位：俄里

铁路及其方向	年份	里程
巴斯坤恰克铁路		
弗拉基米罗夫卡—巴斯坤恰克	1882	50
弗拉季高加索铁路		
新罗西斯克—叶卡捷琳诺达尔—季霍列茨卡亚	1888	253
叶卡捷琳娜铁路		
叶列诺夫卡—马里乌波尔	1882	98
阿芙杰耶夫卡—尤左沃	1884	12
雅西诺瓦塔亚—希涅里尼科沃	1884	200
下第聂伯罗夫斯克—多林斯卡亚	1884	231
雅西诺瓦塔亚—穆什科托沃	1888	19
外高加索铁路		
萨姆特列季—巴统	1883	99
梯弗里斯—巴库	1883	513
利昂—库塔伊斯—特克维布利	1887	46
尼古拉耶夫铁路		
勒热夫—维亚济马	1888	115
鄂木茨克铁路		
叶卡捷琳堡—秋明	1885	305
彼尔姆铁路		
叶卡捷琳堡—博格丹诺维奇—锡纳腊	1885	132
普利韦斯林铁路		
布列斯特—霍尔姆	1887	106
谢德列茨—马尔金	1887	62
北方铁路		
雅罗斯拉夫尔—科斯特罗马	1888	90
西北铁路		
波罗的海里加—瓦尔克—普斯科夫	1889	290
瓦尔克—杰尔普特	1889	78
西南铁路		
萨尔内—罗夫诺	1885	81
南方铁路		
罗姆内—科列缅丘克	1888	208

资料来源：Фадеев Г. М.，История железнодорожного транспорта России. Т. 1. 1836 - 1917. Приложение.（笔者根据实际需要将表格进行了改动，并将公里转换成俄里。）

从表 1-3 中可以看出，19 世纪 80 年代投入运营的铁路不仅数量少，铁路长度也都较短，最长为 513 俄里的梯弗里斯—巴库铁路，这主要是因为巴库石油工业的发展促进了外高加索地区的铁路建设。

而同一时期，世界铁路网的增长达到极高水平。在 1880—1890 年的 10 年间，铁路网增加了 24.5 万公里，达到 61.73 万公里（见表 1-4）。在此期间，世界铁路网的投资达 20 亿英镑，总数达 70 亿英镑。[①]

按铁路发展速度和绝对增长里程，领先的是美国，大规模铁路建设刺激了工业生产的集约增长。

表 1-4　19 世纪 80 年代世界铁路网的发展

单位：千公里

国家和地区	1880 年	1890 年	10 年内增加
美国	150.2	251.7	101.5
英国	28.9	32.3	3.4
德国	33.3	41.8	8.5
法国	26.2	36.9	10.7
俄国	22.9	30.6	7.7
加拿大	11.6	21.2	9.6
中南美洲	12.9	58.5	45.6
印度	14.7	26.4	11.7
澳大利亚和大洋洲	7.8	18.9	11.1
非洲	4.6	9.4	4.8
中国	—	0.2	0.2
全世界	372.4	617.3	244.9

资料来源：Л. А. Мендельсон., Теория и история экономических кризисов и циклов. Т. Ⅱ. М., 1959, приложения.

1877—1878 年的俄土战争使俄国财政体系濒临崩溃。19 世纪 80 年代世界经济危机波及俄国，工业发展停滞不前。19 世纪 80 年代后半期，俄国工业革命进入最后的集约增长阶段，在生产力和生产关系发展发生根本性进步的条件下，大机器工业取得了最终胜利。国家出资在 1881—1884

---

① Соловьева А. М., Железнодорожный транспорт России во второй половине ⅩⅨ в. C. 148.

年修建的克里沃罗日（叶卡捷琳娜）铁路，对于南俄工业区的崛起起到了极其重要的作用。19世纪90年代，著名经济活动家 C. Ю. 维特入主财政部，实行了一系列卓有成效的改革，国家政治局势稳定、工业高速发展使外资源源不断流入俄国。据研究，维特主掌财政部时期，俄国引进外资总额达13亿卢布。[①] 外资引入为19世纪90年代俄国第二次铁路建设热潮奠定了经济基础。

　　铁路的经济和军事战略意义进一步得到强化是俄国出现第二次铁路建设热潮的一个主要原因。俄国铁路网分布极不均衡，19世纪90年代初在俄国欧洲部分，每100俄里有0.54俄里铁路，是英国的1/20，德国的1/15，美国的1/8。[②] 1892年末，俄国有3.1万俄里铁路，其中欧洲部分集中2.78万俄里，约占总铁路网的90%，在亚洲部分（主要在中亚）只有1300俄里。[③] 俄国铁路网分布不均衡极大地阻碍俄国资本主义"横向"增长。俄国落后的交通体系不适应不断增长的资本主义经济需求加重了俄国经济发展中的客观矛盾。

　　西方国家在中亚、远东地区矛盾的加剧迫使俄国政府采取强力措施建设中亚和西伯利亚大铁路。C. Ю. 维特认为："这些铁路是中亚、西伯利亚和远东地区经济发展的重要推动力，不仅能促进本国工业发展，也能开辟亚洲市场。此外，中亚和西伯利亚铁路有着无法取代的军事战略意义。"[④] 财政大臣把西伯利亚铁路的建设称为"开启民族历史新时代"的大事。[⑤]

　　维特的经济政策是第二次铁路修建热实现的重要保障。19世纪90年代俄国经济进入新阶段，民族工业部门结构已经形成，工业化转折基本完成。维特的经济政策给俄国铁路发展带来新动力。他积极倡导吸引外资政策，而财政部货币改革的成功和保护关税政策的合理利用正是大量外资得

①　〔苏〕梁士琴科：《苏联国民经济史》第2卷，李延栋等译，人民出版社，1954，第210页；张建华、李红：《论维特改革的影响及实质》，《求是学刊》1990年第4期，第86页。

②　Статистический сборник Министерства путей сообщения за 1891 г. СПб. , 1893, С. VIII.

③　Соловьева А. М. , Железнодорожный транспорт России во второй половине XIX в. С. 225.

④　Сибирь под влияние рельсового пути. СПб. , 1902. С. 8.

⑤　Корелин А. П. , Степанов С. А. , С. Ю. Витте—финансист, политик, дипломат. М. , 1998. С. 103.

以引进的重要原因。在维特担任财政大臣期间，铁路网长度几乎增加 1
倍，从 2.91 万俄里增加到 5.42 万俄里。[①] 同时，铁路网的扩大也使俄国
经济迅猛发展。

19 世纪 90 年代俄国经济高涨与第二次大规模铁路修建密切相关。
1893—1900 年俄国建造了 2.05 万俄里铁路，铁路网扩大 70%，达 5 万多
俄里。[②] 私营股份公司和国营铁路建设并存是这一时期铁路建设的主要特
点。据统计，19 世纪 90 年代国营铁路建设为 9500 俄里，占铁路修建总
长度的 46%；其余近 11000 俄里（占 54%）由私营铁路公司修建。[③] 19
世纪末，俄国铁路总长度为 5.1 万俄里，其中 3.414 万俄里掌握在国家手
中，占比近 70%。[④] 其余 1.6 万多俄里由私营铁路垄断公司控制。90 年代
俄国铁路修建重心转向西伯利亚、远东和中亚地区。

在俄国第二次铁路建设热时期，建设成就举世瞩目，具体数据详见下
表 1-5。

表 1-5　1890—1899 年投入运营铁路里程统计

单位：俄里

铁路及其方向	年份	里程
比萨拉比亚铁路		
斯罗伯特卡—雷布尼察	1892	45
奥科尼奇—莫吉廖夫	1892	37
别利齐—利普卡内	1893	174
雷布尼察—别利齐	1894	115
弗拉季高加索铁路		
矿水城—基斯洛沃茨克	1894	60
别斯兰—彼得罗夫斯克	1894	248
高加索斯卡亚—斯塔夫罗波尔	1897	145
季霍列茨卡亚—察里津	1899	499

---

① Мартынов С. Д., Государство и экономика. Система Витте. С. 224.
② Соловьева А. М., Железнодорожный транспорт России во второй половине XIX
в. С. 251.
③ Там же. С. 252.
④ Там же. С. 261.

续表

铁路及其方向	年份	里程
叶卡捷琳娜铁路		
罗科瓦塔亚—卡尔纳瓦特卡—多尔金采沃	1893	50
利西昌斯克—库皮扬斯克	1895	117
卢甘斯克—米列罗沃	1898	105
恰普利诺—别尔江斯克	1898	193
穆什科托沃—多利亚	1899	32
波帕斯纳亚—尼基托夫卡	1899	50
外高加索铁路		
米哈伊罗沃—波尔热木	1899	28
梯弗里斯—卡尔斯	1899	280
莫斯科—温道—雷宾斯克铁路		
博洛戈耶—普斯科夫	1897	333
卡什诺—萨韦利诺—红岗	1899	82
莫斯科—喀山铁路		
梁赞—斯维亚日斯克—喀山	1894	775
因扎—辛比尔斯克	1898	154
柳别尔齐—库洛夫斯卡亚	1899	63
莫斯科—基辅—沃罗涅日铁路		
科诺托普—捷列辛斯卡亚—彼罗戈夫卡	1893	84
切尔尼戈夫—克鲁特	1893	75
库尔斯克—马尔梅日—沃罗涅日	1894	230
塞雷迪那布达—沃罗日巴	1895	140
布良斯克—利戈夫	1897	194
克鲁特—皮里亚京—第聂伯克拉斯诺耶	1897	193
马尔梅日—利夫内	1898	64
布良斯克—莫斯科	1899	350
鄂木斯克铁路		
叶卡捷琳堡—车里雅宾斯克—鄂毕	1896	1577
彼尔姆铁路		
彼尔姆—科特拉斯	1899	809
波列斯克铁路		
扎宾卡—布列斯特	1896	24
普利韦斯林铁路		
马尔金—拉贝	1893	133
奥斯特罗连卡—皮利亚瓦	1897	123
别利斯克—别列维日	1897	49
卢科夫—卢布林	1899	103

续表

铁路及其方向	年份	里程
梁赞—乌拉尔铁路		
列别江—伯格亚福林斯克	1890	85
里季谢沃—谢尔多布斯克	1894	44
乌尔巴赫—亚历山德罗夫加伊	1895	172
阿特卡尔斯克—沃尔斯克	1895	219
叶尔绍夫—乌拉尔的尼古拉耶夫	1895	88
塔沃占卡—里季谢沃	1896	113
谢尔多布斯克—奔萨	1896	105
阿斯塔波沃—特洛耶库洛沃	1898	28
兰堡—巴维列茨	1898	75
斯摩棱斯克—沃罗沃	1899	415
萨马拉—兹拉托乌斯特铁路		
萨马拉—乌法—车里雅宾斯克	1892	938
北方铁路		
叶尔莫利诺—谢列达	1893	18
卡拉巴诺沃—基尔扎齐	1893	20
梅季希—谢尔科沃	1896	16
伊万诺沃—捷伊科沃	1896	31
沃洛格达—阿尔汉格尔斯克	1898	597
雅罗斯拉夫尔—雷宾斯克	1898	74
涅列赫塔—谢列达	1898	45
别尔科沃—捷伊科沃	1899	143
西北铁路		
奥拉内—巴塔兰奇	1895	36
中亚铁路		
克拉斯诺沃茨克—撒马尔罕	1896	1411
撒马尔罕—塔什干	1899	331
切尔尼亚耶沃—安集延	1899	315
塞兹兰—维亚济马铁路		
维尔纳多夫卡—泽梅奇诺	1893	25
托木斯克铁路		
托木斯克—泰加林	1897	74
鄂毕—克拉斯诺亚尔斯克—伊尔库茨克	1899	1727
乌苏里斯克铁路		
符拉迪沃斯托克（海参崴）—哈巴罗夫斯克	1897	716
芬兰铁路		
维堡—安特里亚—塞尔多波尔	1892	168

续表

铁路及其方向	年份	里程
东南铁路		
哈尔科夫—巴拉绍夫	1895	625
塔罗瓦亚—卡拉奇斯洛博达	1896	88
格拉夫斯卡亚—安娜	1897	82
叶列茨—瓦卢伊基	1897	309
西南铁路		
瓦普尼亚尔卡—特罗斯佳涅茨	1890	39
卡扎金—乌曼	1890	182
德姆科夫卡—赫里斯基诺夫卡	1890	86
赫里斯基诺夫卡—什波拉	1891	118
日梅林卡—莫吉廖夫	1892	107
卡梅尼齐—科列梅涅茨	1896	30
南方铁路		
占科伊—费奥多西亚	1892	110
波尔塔瓦—康斯坦丁诺哥罗德	1897	76
别尔哥罗德—沃尔昌斯克	1897	43

资料来源：Фадеев Г. М., История железнодорожного транспорта России. Т. 1. 1836 - 1917. Приложение.（笔者根据实际需要将表格进行了改动，并将公里转换成俄里。）

一　国营铁路建设

19 世纪 90 年代的国营铁路建设，主要集中在西伯利亚、远东、高加索和中亚地区。这些在俄国边远地区修建的铁路，距离长，修建难度大，均具有重要的战略和经济意义。从某种程度上说，铁路也是俄国进行殖民扩张的工具。

（一）西伯利亚铁路的修建

西伯利亚大铁路是俄国距离最长、经济战略意义最重大的铁路。西伯利亚大铁路的建设从 1891 年 5 月开始，先从符拉迪沃斯托克（海参崴）到格拉夫斯卡亚站由东向西施工，1892 年 6 月从车里雅宾斯克到鄂毕路段的建设从反方向展开。这条铁路被赋予极大的政治、军事和经济意义。财政大臣 С. Ю. 维特指出："西伯利亚大铁路竣工后可为俄国军舰提供一切必备物资，是俄国军舰在亚洲地区强有力的支点。"除军事战略意义外，维特还强调，"大铁路是欧洲和东亚之间重要的经济枢纽，不仅可以确保俄国成为商品流通的媒介，而且会使俄国成为东亚各国强大的商品生产者和消费者"。①

西伯利亚大铁路建设管理局、隶属于交通部铁路司的国营铁路临时管理局下属的交通部工程委员会、桥梁委员会领导所有建设事务。1894年2月起，由各部大臣组成的西伯利亚铁路委员会开始工作。这个委员会对铁路的设计和建设进行总体领导。1892年11月，政府拨出1.5亿卢布用于前期工程，拨出2000万卢布用于辅助工程。拟定在下列日期完成建设，即车里雅宾斯克—鄂毕—克拉斯诺亚尔斯克铁路于1896年完成；克拉斯诺亚尔斯克—伊尔库茨克铁路于1900年前竣工，符拉迪沃斯托克（海参崴）—格拉夫斯卡亚铁路于1895年前完成。建设工程造价为3.5亿金卢布或46640卢布/俄里。②

铁路采取承包方式修建。除勘测工程，对承包人来说路基土方、行政管理、非营利性支出，占16.1%；路基工程，占13.6%；在常设工业机构（修配厂、工厂等）生产构件、辅助设施，占46.2%；雇用有手艺的工人（石匠、木工、泥瓦工）和购买建筑材料，占24.1%。③雇用力工、对日常生活条件要求低的季节工人劳动是承包人获利的基础。在工地工人当中，有从俄国最贫困的省份征集的，也有歉收的当地人。临时工完成最艰苦的路基土方工程。当地农民伐木，运送土、道碴和建筑材料。83000名在编工人和大约6000名工程技术人员参与建设西伯利亚大铁路。在西伯利亚大铁路工地上同时还有10万人在工作。④工程主要是靠手工完成的，劳动工具主要是锹、撬棍、锤子和锯子。由于是国家出资建设，因此才能在如此广阔的空间内有针对性地灵活调度劳动力。这也是与私营铁路建设相比独具的优势。在乌拉尔至太平洋的铁路建设中使用了大量人力，因此西伯利亚大铁路的建设速度不断加快。到1893年冬天建成390俄里，

---

① Романов Б А．，Россия в Маньчжурии（1892－1906）. Очерки по истории внешней политики самодержавия в эпоху империализма. Л. 1928. С. 60.

② Фадеев Г. М．，История железнодорожного транспорта России. Т. 1. 1836－1917. С. 150－151.

③ Россия：Энциклопедический словарь. Л. 1991. С. 358.

④ Фадеев Г. М．，История железнодорожного транспорта России. Т. 1. 1836－1917. С. 153.

1894 年建成 841 俄里，1895 年超过 1264 俄里。总之，在全国范围内铁路建设速度明显加快。如 1893—1897 年每年投入运营 2300 余俄里铁路，主要是西伯利亚大铁路路段。

西伯利亚大铁路分成几个路段：西西伯利亚铁路从车里雅宾斯克到鄂毕，中西伯利亚铁路从鄂毕到伊尔库茨克，外贝加尔铁路从伊尔库茨克到斯列坚斯克（含穿过贝加尔湖的轮渡口），南乌苏里斯克铁路从符拉迪沃斯托克（海参崴）到格拉夫斯卡亚，北乌苏里斯克铁路从格拉夫斯卡亚到哈巴罗夫斯克（见表 1-6）。

1891 年春天，在 O. П. 维亚济马斯基领导下，乌苏里斯克线路上的工程展开。1893 年政府计划在两年内拨款建设中西伯利亚铁路，因为 1892 年 9 月完成兹拉托乌斯特—车里雅宾斯克铁路建设工程的工人和技术人员抽出身来，遭遇严重歉收的当地居民也需要工作。通过鄂毕河的桥梁是西伯利亚大铁路上的一项重要工程。中西伯利亚铁路西起大桥东端，东到伊尔库茨克。鄂毕河边上的一个小村庄也因为大铁路的建设，发展成为新西伯利亚市。这里远离运输线，劳动力不足，曾使用苦役犯劳动。由于该地区的复杂性，建设者和勘测者不得不采取非常措施。如在选择横跨鄂毕河桥梁的地点时，H. Г. 加林-米哈伊洛夫斯基的勘探队研究了四种方案，论证必须偏离技术任务所规定的方向。新提出的方案使铁路长度缩短 110—130 俄里，节省 400 万卢布。因而，道路从托木斯克经过。[1] 这项决定遭到反对。当时托木斯克是省会大城市，居民超过 52000 人。这里有很多工厂、学校，其中包括新建的工学院。[2] 西伯利亚大道穿城而过，在距鄂毕河 4 俄里处建有码头。商人广泛利用这条传统通道把货物运到俄国中心地区和蒙古。商人和当地政府官员坚持铁路经过托木斯克。H. Г. 加林-米哈伊洛夫斯基后来写道："他们不明白，如果铁路经过托木斯克，支线比干线加长部分还要短，理想中铁路的基本原则即距离最短。"[3] 西伯利亚铁路委员会采纳了该方案，而按照托木斯克方案于 1897 年从泰加

[1]　Фадеев Г. М.，История железнодорожного транспорта России. Т. 1. 1836-1917. С. 155.

[2]　Большая энциклопедия. Под ред. С. Н. Южакова. СПб.，1904. Т. 18. С. 495.

[3]　Гарин‐Михайловский Н. Г.，Собр. соч. М.：Художественная литература. 1958. Т. 5. С. 272.

林站修了一条长 82 俄里的支线。中西伯利亚路段的建设条件非常艰苦。山高林密，大河湍急。除了路面工程，还需要建设横跨河流的铁路大桥，其中跨托木河的桥长 515 米，跨叶尼塞河的桥长 950 米。①

1894 年 4 月，对梅索瓦亚到斯列坚斯克站的外贝加尔线路段进行勘探，第二年春天西伯利亚铁路委员会决定开建。这里施工条件也极其艰苦。暴雨造成的洪灾、永冻土、山地需要准确有效地改变道路位置，标出路堤，确定过水洞口数量及其分布。铁路建设的费用为 8.18 万卢布/俄里。② 1896 年夏天以 A. H. 布舍其尼科夫为首的建设人员开始在伊尔库茨克—贝加尔湖路段施工。由于地形复杂、运输距离远等，在建筑这段铁路时，费用超出定额 1600 万卢布，成本达 9.63 万卢布/俄里。在湖上，从落叶松码头到梅索瓦亚码头设立轮渡。然后道路向上乌金斯克延伸。大功率气动破冰船"贝加尔"号和"安卡拉"号运送机车车辆，它们定期在 69 俄里长湖面上航行。这种混合运输方法最终还是效率不高，这在军队和军事机械换防到远东时期显得尤其明显。加快研究环贝加尔湖铁路最终勘测和建设问题变得非常迫切。早在 1881 年就研讨过绕行贝加尔湖的两个方案，即北线和南线。北线比较简单，南线比较复杂。但 O. П. 维亚济马斯基勘测确定，南线更适于居住。1899 年，Б. У. 萨弗里莫维奇确定道路的最终方案并领导铁路建设。彼得堡交通工程师学院教授 И. B. 穆什科托夫进行地质勘测。由于地势复杂，道路崎岖不平，只能通过开凿隧道的方式铺设铁路。在 245 俄里的环贝加尔湖线路上修建了 39 个隧道，总长 6.9 俄里，还修建了 13 俄里壅水墙、47 个防护地下坑道，以及大量的高架桥、防波堤、桥梁和管道。在修建铁路时，每俄里的土方工程量超过 7.42 万立方米。③

在外贝加尔铁路（梅索瓦亚—斯列坚斯克）之后，最初打算修建阿穆尔铁路。因此，1893—1894 年对斯列坚斯克到阿穆尔河的伯克洛夫斯克站的部分进行勘测，接下来到哈巴罗夫斯克进行勘测。但是鉴于地质条件复杂、气候干燥、远东地区的紧张局势，俄国政府决定借道中国东北，取直线修建到符拉迪沃斯托克（海参崴）的线路。

---

① Фадеев Г. М., История железнодорожного транспорта России. Т. 1. 1836–1917. С. 155.

② Там же. С. 155.

③ Там же. С. 157.

虽然在此之前就有人提出取道中国缩短铁路距离的方案，但是并没有成为主流意见。俄国觊觎中国东北已久，中日甲午战争给俄国创造了机会。在马关议和期间，得知日本议割辽东半岛，于是俄国一面向日本施加军事压力，一面拉拢法国和德国进行外交干涉。1895 年 5 月 12 日，交通大臣奏请沙皇批准"对中国东北地区线路进行勘察"。他估计，这条线路与阿穆尔线路相比，可以缩短将近 700 俄里的建筑距离，省下 3500 万卢布的费用。① 为了进一步攫取在中国的利益，俄国以"退还辽东半岛应有酬劳为借口"向清政府提出至少要向其借 1 亿两揽借要求。俄国不愿与其他国家一起参与对华借款，但因财力有限，不得不联合法国银行团。在沙俄政府的不断施压下，1895 年 7 月，清政府以海关税收入做担保，与沙俄政府正式签订《四厘借款合同》，以 36 年还清本息为条件，取得年息 4% 借款 4 亿法郎（1 亿金卢布）。在《四厘借款合同》签订的第二天，沙俄政府即筹备在中国成立银行，并强调，拟建的这家银行应在俄国的庇护下以最广泛的方式在东亚诸国开展活动，鉴于该地区可能成为国际斗争的舞台，银行应成为这种斗争的工具。此外，银行的另一项任务是"巩固俄国在华的经济势力，以便与英国人主要由于实际攫取了海关管理权而在中国占有的极重要的地位相抗衡"。银行相应地被赋予了广泛的权利：贸易、货运、开展为中国官款服务的任何业务（其中包括征收赋税和发行货币）、获取在全中国范围内建筑铁路和敷设电线的租让权。② 1895 年 12 月，华俄道胜银行成立，资助成立中东铁路公司。财政部为 500 万卢布资本做担保。③

1896 年 6 月，借李鸿章赴俄参加尼古拉二世加冕典礼的时机，俄国财政大臣 С. Ю. 维特极力游说李鸿章，使其相信中东铁路可以使俄国加强对中国的军事援助。1896 年 6 月 3 日，维特与李鸿章签订《中俄密约》。条约第四、五款规定："今俄国为将来转运俄兵御敌并接济军火、粮食，以期妥速起见，中国国家允于中国黑龙江、吉林地方接造铁路，以

① 〔苏〕鲍里斯·罗曼诺夫：《俄国在满洲（1892—1906 年）》，陶文钊、李金秋、姚宝珠译，商务印书馆，1980，第 79 页。
② 〔苏〕鲍里斯·罗曼诺夫：《俄国在满洲（1892—1906 年）》，陶文钊、李金秋、姚宝珠译，商务印书馆，1980，第 84—85 页。
③ Фадеев Г. М.，История железнодорожного транспорта России. Т. 1. 1836–1917. С. 157.

达海参崴。惟此项接造铁路之事，不得借端侵占中国土地，亦不得有碍大清国大皇帝应有权利，其事可由中国国家交华俄银行承办经理。至合同条款，由中国驻俄使臣与银行就近商订。俄国于第一款御敌时，可用第四款所开之铁路运兵、运粮、运军械。平常无事，俄国亦可在此铁路运过境之兵、粮，除因转运暂停外，不得借他故停留。"[1] 1896 年 8 月，中国政府同意将修建和运营铁路的特权交给华俄道胜银行，中国驻俄公使与银行董事会签署了合约。按这一合约的规定，华俄道胜银行成为中东铁路公司的创始者。1896 年 12 月 4 日，沙皇批准了公司章程。

最初，中东铁路公司仅修建途经满洲里，从外贝加尔边境到滨海边疆区地带的铁路，但是鉴于需要从海上获取建筑材料，1898 年初又补充了从乌苏里铁路的尼科利斯科耶站到乌苏里斯克中国边境的支线铁路。

1897 年 12 月 15 日，俄国以保护中国不受德国侵略为由，派兵强占中国旅顺和大连。1898 年 3 月 27 日，清政府被迫派李鸿章、张荫桓与俄国公使巴布罗福在北京签订《旅大租地条约》，允许俄国在中东铁路干线上选一个车站为起点，修筑到旅顺、大连以及向西至营口、向东至鸭绿江的铁路。1898 年 5 月 7 日，双方在彼得堡又签订了《续订旅大租地条约》，俄国获得了铁路沿线的采矿权和工商权。1898 年 6 月 24 日，又签订《中东铁路公司续订合同》，将这条铁路命名为中东铁路南满支线。1904 年 3 月，南满支线工程全部竣工。至此，西伯利亚大铁路主体工程全部投入运营。中东铁路是俄国为攫取中国东北资源，进而称霸远东地区而修建的一条铁路，是俄国进行殖民扩张的典型例证。

表 1-6 西伯利亚大铁路各路段情况

单位：俄里

铁路	铁路的起止点	长度	完成的年份
西西伯利亚	车里雅宾斯克—鄂毕	1338	1896
南乌苏里斯克	符拉迪沃斯托克(海参崴)—格拉夫斯卡亚	385	1896
北乌苏里斯克	格拉夫斯卡亚—哈巴罗夫斯克	341	1897

---

[1] 王铁崖编《中外旧约章汇编》第 1 册，生活·读书·新知三联书店，1957，第 650—651 页。

铁路	铁路的起止点	长度	完成的年份
中西伯利亚	鄂毕—伊尔库茨克	1715	1899
外贝加尔	伊尔库茨克—斯列坚斯克 （含穿过贝加尔湖的蒸汽轮渡口）	1151	1900
中东	中国会让线—满洲里站	353	1900
	满洲里—尼科利斯科耶	1434	1903
	支线：哈尔滨—旅顺港—大连	967	1904
	合计	7684	

　　无论是建设速度还是建设难度，西伯利亚大铁路都堪称铁路建设史上的奇迹。俄国工程师在铁路设计和建设时做出很多创新，为铁路业和铁路科学发展做出重大贡献，西伯利亚大铁路建设者们给后代留下了珍贵的文件资料，每条铁路都有准备完整的建设历史图册，包括呈文、图纸、图片、插图等。[1] 维特高度评价西伯利亚大铁路的建设，认为修建这条铁路给俄国铁路建设带来荣耀。[2]

（二）中亚、高加索铁路的修建

　　在19世纪90年代的经济上升期，中亚地区的铁路建设也在展开。在此期间，在中亚地区建成了外里海铁路的克拉斯诺沃茨克段和撒马尔罕—安集延的支线铁路。1899年外里海铁路和撒马尔罕—安集延新线路合并，统称中亚铁路，含支线在内总长度为2354俄里。[3] 1896年建成外里海铁路的克拉斯诺沃茨克段。1895年5月，中亚铁路从撒马尔罕到塔什干段的建设展开。同时，还修建了通往国界（梅尔夫—库什卡）的穆尔加布战略支线铁路。从克拉斯诺沃茨克到撒马尔罕铁路的主要工程是由 M. H. 安年科夫将军倡导下建立的第一和第二外里海铁路营完成的。修建结束后，铁路营留下来负责铁路的运营。由于外里海铁路的经济意义逐渐凸

---

① Кругобайкальская железная дорога, Альбом типовых и исполнительных чертежей：1900- 1905. СПб. , 1907；Великий путь, Виды Сибири и ее железных дорог. СПб. , 1916.

② Витте С. Ю. , Избранные воспоминания. М. , Мысль, 1991. С. 486.

③ Фадеев Г. М. , История железнодорожного транспорта России. Т. 1. 1836-1917. С. 183.

显，所以，早在1892年政界就提出将外里海铁路的经营权由军事部转交给交通部的问题，但直到1899年，这个问题才得以解决，最终外里海铁路与撒马尔罕—安集延线路合并。中亚铁路是连接中亚和欧俄地区的重要纽带，直接促进该地区经济的发展。俄国经济学家 П. П. 米古林写道："修建外里海铁路是我国铁路修建史上光辉的一页。在松散的沙地和没有水的地方成功铺设了铁路，最初仅有战略意义，但随着中亚棉花种植业的发展，具有了非常重要的经济意义。"[①]

19世纪90年代，俄国政府在高加索地区开始利用官资铺设铁路。1895—1899年建成全长278俄里的梯弗里斯—卡尔斯铁路。这条铁路修建的技术条件十分复杂，耗费了巨大的财力和物力。在这条不长的铁路上，建有412座桥梁，其中110座铁路桥、11座高架桥，还有13个隧道，隧道总长度超过2.4俄里。[②] 1899年6月，这条铁路率先在亚美尼亚运行。同一年，政府紧急批准了外高加索沿铁路亚历山德罗波尔—朱尔夫线向埃里温方向的下一步建设方案。1900年7月，外高加索铁路巴库方向线路的建成，实现了外高加索同俄国铁路总网的直接连通。

1893—1900年共建成2.05万俄里新铁路。俄国铁路网增加70%，达5万多俄里。在上述时期，国家出资建设了9500俄里铁路，或者说占铁路网总增长的46%。国营铁路建设主要集中在沙皇俄国亚洲的边远地区，即西伯利亚、远东、中亚。在俄国的欧洲部分，国营铁路建设迅速减少，国家的注意力主要集中在通向西部边境——波兰、波列西耶的军事战略铁路与通向俄国南部和外高加索干线的为数不多的支线铁路的建设上。在此期间，欧俄地区国营铁路只增加了1500俄里（不含彼尔姆和外高加索），平均每年增加200俄里，仅占铁路网增加的0.7%。[③] 90年代俄国亚洲部分共建成6500俄里铁路，占国营铁路增长的68%；在欧洲部分共建成3000俄里，占国营铁路增长的32%。[④]

① Мигулин П. П., Наша новейшая железнодорожная политика и железнодорожные займы. 1893-1902. С. 313-314.

② Соловьева А. М., Железнодорожный транспорт России во второй половине XIX в. С. 261.

③ Соловьева А. М., Железнодорожный транспорт России во второй половине XIX в. С. 261.

④ Там же. С. 251.

二　私营铁路建设

19 世纪 90 年代的经济上升期，铁路运输中的生产和资本集中加剧，通过合并和收购铁路公司，一些铁路集团形成。这一时期，在国家出资建设铁路的同时，一些大型私营铁路公司仍是铁路建设的主力军。莫斯科—喀山铁路的建设就是一个典型的例子。

喀山位于伏尔加河中游左岸，为水陆交通要冲和战略要地。从 19 世纪 60 年代到 90 年代初，修建通往喀山的铁路问题始终悬而未决。

1869 年西伯利亚总督 A. П. 赫鲁晓夫副官长在自己的呈文中建议着手建造经下诺夫哥罗德到喀山，进而延伸到秋明的西伯利亚铁路。1869 年喀山地方自治局成立铁路委员会，负责与相应机关就喀山与中心地区铁路连接问题进行沟通。[①] 1871 年 8 月，在亚历山大二世抵达喀山期间，省地方自治局、城市杜马和交易委员会递交呈文，希望沙皇支持修建从下诺夫哥罗德经喀山和叶卡捷琳堡到秋明的西伯利亚铁路方案。莫斯科和下诺夫哥罗德商人甚至外省在下诺夫哥罗德集市的商人都为此进行游说。与此同时，地方行政管理人员和企业精英纷纷利用在首都的关系，为铁路的铺设进行不懈努力，还提出其他路线方案。1875 年 2 月，喀山省贵族、省地方自治局、城市杜马和交易委员会联合地方工商界代表向交通大臣递交呈文，申请修建经过喀山的西伯利亚铁路。同年秋，下诺夫哥罗德和叶卡捷琳堡地方自治局及商人代表也向交通和内务大臣递交类似报告。1875 年 5 月，有关西伯利亚铁路修建方向的问题被提交到大臣委员会。经过多次会议争论，多数成员赞成从下诺夫哥罗德经喀山到叶卡捷琳堡的方案。同年 12 月 19 日，沙皇批准了该方案。[②] 但是，因俄土战争爆发和亚历山大二世遇刺，修建到喀山的铁路事宜一拖再拖。

1884 年 9 月，喀山大学教授 H. A. 奥索金在报告中对铁路修建问题进行了科学论证，指出喀山是俄国人口最多的城市之一，喀山城位于卡马河口和东西部交界地带，自古以来就是重要的商品集散地；喀山是国家重

---

① Стальная магистраль Нечерноземья. Горький，Волго-Вятское издательство. 1983. С. 22.

② Исторический очерк развития железных дорог в России с их основания по 1897 г. Включительно. Вып. 2. СПб.，1899. С. 438–439.

要的行政中心之一，也是工厂工业发展重地。① 因此喀山具有与国家中心铁路连接的地位和权利。他提出从穆罗姆到喀山并延伸到乌法的铁路修建方案。奥索金的意见获得喀山社会舆论界的支持。1886 年，喀山省自治局贵族代表向内务大臣递交呈文，申请尽快修建喀山—穆罗姆铁路。② 呈文指出，这条铁路投产运营后，原来已建好的下诺夫哥罗德铁路科夫罗夫和穆罗姆段就会发挥作用，而目前这段铁路未被利用，国家蒙受巨大损失。喀山省地方自治局和贵族代表所支持的奥索金方案未获得通过。原因在于国家已有了西伯利亚铁路计划。1886 年政府利用国家资金开始修建萨马拉—乌法铁路。1888 年该铁路开通运行，政府决定将其与西伯利亚铁路干线连接起来。③ 喀山及其相毗邻的伏尔加河中游北部地区在某种意义上应该是政府庞大铁路计划的起点，但由于铁路铺设起点定于萨马拉，所以修建到喀山铁路的问题仍旧未能得到解决。

缺少铁路交通开始对喀山的经济发展产生不利影响。喀山各个银行的周转额逐渐呈下降趋势。1880 年喀山五大银行的流通额为 3.05 亿卢布，1881 年和 1882 年分别跌至 2.78 亿和 2.75 亿卢布。④ 喀山营业执照发放数量也不断减少。1883 年营业执照发放数量是 10608 个，1884—1886 年这个数字分别为 10135 个、8760 个和 8074 个。同时代学者就曾指出，喀山经济发展落后的主要原因在于，"俄国铁路网未能覆盖喀山—伏尔加河地区，人为地阻断该地区与国家中心的联系，阻碍该地区经济发展"。⑤此外，御前大臣 M. X. 赖藤指出："喀山及其毗邻地区是鞑靼居民的政治中心，现在这些居民虽然与俄国居民保持紧密联系，但近一段时间他们明

---

① К вопросу о Сибирской железной дороге. Муромско - Казанская линия. Записка профессора Н. А. Осокин. Казань. 1884. С. 8.

② Андреев В. В. , Московско - Казанская железная дорога в конце XIX - начале XX: модернизационный фактор и в экономическом развитии региона. Дисс. на соискание ученой степени кандидата исторических наук. Чебоксары, 2007. С. 49.

③ Клейн Н. Л. , Экономическое развитие Поволжья в конце XIX - начале XX века. Саратов. 1981. С. 26.

④ К вопросу о Сибирской железной дороге. Муромско - Казанская линия. Записка профессора Н. А. Осокин. С. 494.

⑤ Пинегин М. , Казань в её прошлом и настоящем. Очерки по истории, достопримечательностям и современному положению города с приложением кратких адресных сведений. СПб. , 1890. С. 494.

显地疏远俄罗斯族居民，并且有接近伊斯兰世界的倾向。"[1] 控制这种局势最有效的手段之一就是用铁路将喀山与帝国连接在一起。喀山地区的复杂情况引起政府担忧。1884 年末至 1885 年初，在讨论修建萨马拉—乌法铁路（把其作为西伯利亚大干线在伏尔加河流域地区的起点）问题时，喀山地区因没有铁路引发的担忧再一次被提出来。

穆罗姆—卢卡亚诺夫—喀山铁路修建路线成为大多数人青睐的方案。每年都有用国库资金修建穆罗姆—喀山铁路的提案通过交通部递交给大臣委员会，但是，囿于种种原因，这些方案都被否定。其主要原因在于 19 世纪 80 年代国家推行的私营铁路国有化和主要利用官资修建铁路的政策致使政府预算赤字不断攀升。1887 年 И. А. 维什涅格拉德斯基出任财政大臣后，为消除预算赤字，委托经济实力更雄厚的私营铁路公司建造和经营新铁路。在这种情况下，有人提出由莫斯科—梁赞铁路股份公司修建莫斯科—梁赞铁路。1890 年 12 月 22 日，该公司向财政部和交通部递交报告，请求修建和经营从梁赞经萨兰斯克和阿拉特里到喀山的铁路。[2] 但公司董事会对该报告并不看好。董事会指出，由于莫斯科到梁赞的大部分地区位于伏尔加河和奥卡河流域，因此对铁路的需求就会相对减少。这些地区，尤其是莫斯科附近地区畜力运输业十分发达，且运价低廉，这些都会与铁路产生竞争。因此，与其说公司自愿向政府提交修建铁路的报告，倒不如说是受了财政大臣 И. А. 维什涅格拉德斯基的影响。

为加快铁路修建进程，政府成立了以大臣委员会主席、二等文官 Н. Х. 本格为首的特别委员会。经研究，委员会决定委托莫斯科—梁赞铁路股份公司建造莫斯科—喀山铁路。1891 年 6 月 11 日，沙皇批准了公司的补充章程，公司更名为莫斯科—喀山铁路股份公司，此后展开新干线的修建工作。[3]

承担修建喀山铁路之后，莫斯科—喀山铁路股份公司对铁路经过路线

---

[1] К вопросу о Сибирской железной дороге. Муромско-Казанская линия. Записка профессора Н. А. Осокин. С. 494.

[2] Краткий очерк развития сети общества Московско - Казанской железной дороги. М. , 1913. С. 25.

[3] Там же. С. 30.

地理状况进行了认真研究，充分考虑到影响铁路建造的重要因素和条件。公司董事会与大股东讨论铁路修建事宜后，1890 年末，K. 冯·麦克向财政大臣递交呈文。呈文指出，政府只有同意下列条件，公司才能承担修建和经营莫斯科—喀山铁路义务。应该在莫斯科—梁赞铁路线上选择某个站点作为喀山线起点，前行绕过奥卡河到沙茨克、特洛伊茨克、萨兰斯克和阿拉特里。然后根据技术勘察结果，铁路或者到伏尔加河右岸特洛伊茨克耶村庄，或者到布因斯克市。铁路沿伏尔加河右岸延长到喀山。而到喀山必须穿过伏尔加河，公司要求在伏尔加河上修建渡河设备，而非铁路桥。铁路总长度约 710 俄里，修建要以节约为前提，这样可以避免铁路初期由于经营不善给公司带来不必要的损失。① 公司计划，包括机车车辆和铁轨在内，铁路建设工程总价不超过 3.5 万卢布/俄里。

从呈文的内容可以看出：第一，即使是在已经签订修建莫斯科—喀山铁路协议的情况下，仍在研究通往伏尔加河的不同方案；第二，股份公司力求以最经济的方式修建铁路。此外，公司还预先考虑到一系列条件，即申请发行数额为 457.8 万卢布的附加有息公债，债券必须由政府担保，要求将储备金的纯利润由 5% 降至 3%。需要强调的是这一条款最初预定于 1895 年 3 月 12 日开始执行，后来却推迟到 1905 年 1 月 1 日。② 请求在莫斯科—喀山铁路整个承租期内，政府应补偿股份资本每股 400 卢布，莫斯科—喀山铁路全线运营后，十年内政府不得将铁路赎归国营。

随着各个支线建造完成，公司计划研究铺设新铁路、运价条款和政府优惠政策等问题。公司预先研究这些方案，主要原因有二：第一，莫斯科—喀山铁路穿过通航水域和流放木材河道，这就导致对铁路需求减弱；第二，莫斯科—喀山铁路与一些私营和国营铁路存在竞争。③ 这些条件不仅可以使公司摆脱潜在风险，也能确保股东们获得高额利润。公司提出这些要求证明公司董事会与政府上层有密切接触，因此才有可能向政府提出

---

① Андреев В. В.，Московско－казанская железная дорога в конце XIX－начале XX вв.：Модернизационный фактор в экономическом развитии региона. С. 76.

② Краткий очерк развития сети общества Московско-Казанской железной дороги. С. 27.

③ Андреев В. В.，Московско－казанская железная дорога в конце XIX－начале XX вв.：Модернизационный фактор в экономическом развитии региона. С. 77.

相当苛刻的要求。П.П. 米古林把财政部比喻成莫斯科—喀山铁路公司的"保护伞"。第一批公债于 1892 年开始销售，共筹集资金 2640 万卢布。[1] 莫斯科—喀山铁路股份公司的这些受政府担保的公债多数是在俄国储蓄信贷机构销售的，只有少量在国外市场销售。

莫斯科—喀山铁路采用承包方式，在 К. 冯·麦克的领导下，展开干线铁路和支线的修建工作。铁路以最简易的技术条件进行修建，达到基本通行需求即可，这事先已得到政府的许可。只在航运水域修筑铁桥，其余铁路所经河道修建木质桥梁。铁轨是从莫斯科—梁赞铁路淘汰下来的旧轨。[2] 这样，不仅铁路建设经费大幅缩减，而且大大加快了修建速度。铁路公司未在斯维亚加附近的伏尔加河上修筑固定桥梁，而是修建了渡河运输装置。

1891 年喀山地区庄稼歉收，当地居民生活十分困苦。公司借此机会降低手工劳动者的工资。[3] 劳动工具是斧子、锯、铁锹、独轮手推车、马拉四轮大车。当地农民还要带上自家马匹参与铁路修建，而公司为此支付微薄费用。虽然股东们在铁路修建阶段就已获得高额利润，但是雇佣劳动力工资却低得可怜。由于当地参与铁路修建的居民都没有经验，也未对其进行专门培训，所以技术工人不得不从中部地区雇用。[4] 这笔额外支出就从当地没有技术的雇佣劳动力身上克扣。

莫斯科—喀山铁路的修建速度非常快，三年内就竣工。1893 年 9 月 1 日，奥焦尔斯克支线（37 俄里）和梁赞—萨索沃区间（172 俄里）投入运营。1893 年 12 月 22 日，萨索沃—斯维亚加段（578 俄里）正式通车。终端托沃尔日斯克段的绿谷—喀山（35 俄里）于 1894 年 6 月 15 日开通。[5] 西蒙诺夫斯克支线到别拉沃站开始运行的时间为 1894 年 9 月 1 日。

---

[1]　Мигулин П. П. , Наша новейшая железнодорожная политика и железнодорожные займы. 1893-1902. С. 83.

[2]　Краткий очерк развития сети общества Московско-Казанской железной дороги. С. 29.

[3]　Тимофеев П. Т. , Развитие железнодорожного транспорта в Чувашии. Чебоксары. Чувашигосиздат. 1958. С. 9.

[4]　Матвеев Г. Б. , Ибресинский край. Историко-краеведческий очерк. Чебоксары. 1993. С. 39.

[5]　Отчёт по эксплуатации Московско-Казаньской железной дороги за 1916 г. М. , 1917. С. 2.

工程总造价相当便宜，为 3.2 万卢布/俄里。[1]

莫斯科—喀山铁路修建技术标准不达标。这条铁路使用的轨道是从其他铁路拆卸下来的轻质铁轨。铁路枕木未做任何防腐处理，道碴全是细小粒砂。信号通信设施也比较原始。机车车辆技术落后，机车数量不足。蒸汽设备功率不符合要求，型号各异。[2] 1902 年的铁路检查材料中写道，铁路建成八年之后，由于投入维修资金有限、使用率达到极限及建筑材料不符合标准，莫斯科—喀山铁路线上的铁桥基本上已不能使用，全线有木桥661 座。[3]

喀山线竣工之后，莫斯科—喀山铁路公司又修建了一系列铁路，将周边地区和俄国中心地区连接起来。如，为将其与塞兹兰—维亚济马铁路接通，决定修建从喀山线上鲁扎耶夫卡至奔萨的全长 132 俄里铁路。新线路建成后，这里的资源尤其是木材就可以运到伏尔加河中游南部木材紧缺的地区。[4] 1895 年 12 月 16 日，新线路开通运行。由于此线路修建技术简单、材料质量不合乎标准，其质量受到各界指责，1894 年政府许可公司发行数额为 712.5 万卢布的分期公债，偿还期限为 50 年。[5]

为连接在建的西伯利亚大铁路，加大向东方运输货物数量，政府决定建造连接辛比尔斯克这个伏尔加河中游省会级城市的铁路。1896 年 5 月12 日，公司获得梁赞—塞兹兰（全长 281 俄里）铁路干线及从因扎到辛比尔斯克（全长 159 俄里）支线的修建权。[6] 实际上，莫斯科—喀山铁路股份公司并不想建造辛比尔斯克支线，因为经营初期可能存在亏损。为此，公司董事会与铁路司的委员会进行了长期谈判，各部大臣和相关各方都参与了谈判。股份公司提出一系列要求作为修建铁路的条件。要求主要包括：当铁路总收入达不到 4100 卢布/俄里时，政府要对差额给

① Краткий очерк развития сети общества Московско-Казанской железной дороги. С. 30.
② Тимофеев П. Т., Развитие железнодорожного транспорта в Чувашии. С. 10.
③ Стальная магистраль Нечерноземья. С. 24.
④ Краткий очерк развития сети общества Московско-Казанской железной дороги. С. 32.
⑤ Мигулин П. П., Наша новейшая железнодорожная политика и железнодорожные займы. 1893-1902. С. 24, 84.
⑥ Отчёт по эксплуатации Московско-Казаньской железной дороги за 1916 г. С. 4.

予补贴；补贴应为无息贷款，之后公司根据特别协议偿还款项。如果三年后收入达到 4100 卢布/俄里，政府停止发放补贴。很显然这些都是对股份公司有利的，可以确保公司免除金融风险。为建设和装备新线路，公司获准发行政府担保的 4% 年化利率分期公债，数额总计为 2730 万卢布。[①] 这样又形成政府和股份公司之间的双边协议，也体现了双方相互依赖的特征。

此后，公司还修建了下诺夫哥罗德经阿尔扎马斯和卢科亚诺夫到罗莫达诺沃（后来叫季米里亚泽夫）的铁路。到 19 世纪末，公司完成既定目标。下诺夫哥罗德、喀山和辛比尔斯克三省很多人烟稀少地区都铺设了铁路，确保了这些地区常年能够与中心地区保持畅通联系，铁路成为地区经济和文化发展的推动因素。在辛比尔斯克建钢筋混凝土厂就是一个鲜明例证。铁路对当地经济的促进当然不止这些。由于修建铁路，沿线出现众多机车停靠维修站、旅客上下车车站和货物装卸站。到 20 世纪初，在莫斯科—喀山铁路干线和支线上共有 194 个车站和临时停靠站。[②] 车站为成百上千人提供了工作岗位。沿途车站汇集了各个阶层和各种职业的居民。车站上有很多小吃店和饭店，为旅客提供旅行必备品。车站附近出现许多维修与保养机车的修配厂和机车库。后来，大型车站都成为重要城市的规划对象。

第五节　20 世纪初至十月革命俄国铁路建设小热潮

20 世纪初，世界经济危机、俄日战争和革命事件重创俄国经济，国家政治局势极其不稳，外资引入屡屡受阻。俄国铁路建设速度开始变缓，但一些战略性铁路建设仍在进行。1908 年国家政局趋于稳定，经济开始复苏，俄国铁路修建又迎来一次小热潮。

从西伯利亚大铁路修建开始，政府就提出修建从欧俄接入西伯利亚大

①　Мигулин П. П. , Наша новейшая железнодорожная политика и железнодорожные займы. 1893–1902. C. 85.

②　Андреев В. В. , Московско‐казанская железная дорога в конце XIX – начале XX вв. : Модернизационный фактор в экономическом развитии региона. C. 84.

铁路的铁路通道问题。1896 年修建了叶卡捷琳堡—车里雅宾斯克铁路（238 俄里），1899 年修建了从彼尔姆经维亚特卡到达科特拉斯的铁路（817 俄里）。彼尔姆—利特拉斯铁路成为通向北德维纳河的出口，通过这条铁路，货物可以继续向北运往阿尔汉格尔斯克，同时它也成为西伯利亚大铁路的连接线。

20 世纪初，此类铁路建设继续进行。为解决西北和西伯利亚大铁路连接问题，1902 年开始修建彼得堡—沃洛格达—维亚特卡铁路。彼得堡至沃洛格达段长度为 565 俄里，沃洛格达至维亚特卡段长 606 俄里。这条铁路在 1906 年建成。[1] 上述铁路修建形成彼得堡—沃洛格达—维亚特卡—彼尔姆—叶卡捷琳堡—车里雅宾斯克铁路走廊，通过莫斯科—沃洛格达铁路，西伯利亚大铁路同莫斯科连通。至此形成莫斯科、彼得堡和符拉迪沃斯托克（海参崴）的最短连接通道。

与此同时，一些铁路复线建设也在展开。1906 年 1 月 1 日，俄国复线铁路约为 11774 俄里，占俄国铁路总长度的 20%。而同一时期，大多数发达国家复线铁路比例都要高于俄国，如英国占 55%，在法国占 36.5%，德国超过 35%；只有意大利和美国所占比重较低，占 15% 左右。[2]

20 世纪初，随着运输量激增，原有单线铁路已经难以满足运输需求。1902 年，西伯利亚大铁路上，中西伯利亚铁路的阿钦斯克—伊尔库茨克段运输 31 万吨货物，货物流通量超过 2804 万吨俄里，是当时设计通行能力的 3 倍。[3] 因此，1907—1910 年，中西伯利亚路段修建复线 1191 俄里；1907—1915 年从鄂木斯克向东直到外贝加尔的卡雷姆斯科耶站修建复线。1916 年西伯利亚铁路全线复线建设完工。在俄国铁路建设实践中，首次实现改建和复线建设同时进行。

1907—1915 年远东地区修建阿穆尔铁路，这条铁路分成西、中、东三个路段，包括到布拉戈维申斯克（海兰泡）的支线在内，总长度 1808 俄里。该铁路西起库恩加站（外贝加尔铁路终点站斯列坚斯克以西 51 俄

① Гудкова О. В.，Строительство северной железной дороги и её роль в развитии северного региона（1858-1917）. С. 110-115.

② Фадеев Г. М.，История железнодорожного транспорта России. Т. 1. 1836-1917. С. 163.

③ Фадеев Г. М.，История железнодорожного транспорта России. Т. 1. 1836-1917. С. 165.

里），东到哈巴罗夫斯克，通过西伯利亚大铁路与欧俄连接起来。

20 世纪初，乌拉尔矿业区铁路建设蓬勃发展。1911 年修建连通西伯利亚大铁路的彼尔姆—昆古尔—叶卡捷琳堡铁路，长度为 358 俄里。同期从车里雅宾斯克通往古斯塔那和乌法通往奥伦堡的铁路也开始建设。至1917 年，还建成一些通往新原料产地的铁路，如锡纳腊—沙德林斯克铁路，叶卡捷琳堡—叶戈尔希诺—图林斯克—塔夫达铁路，以及连接主线的西乌拉尔铁路（雷西瓦—别加乌）和叶卡捷琳堡—萨拉普尔铁路，总长度为 1462 俄里。同期矿山工厂铁路和支线铁路数量也在增加。到 1912年，共铺设 47 条支线及通往工厂、矿山和富有的工厂主庄园的线路。

顿巴斯是俄国南部最重要的煤炭产地。19 世纪 70—90 年代的铁路建设加快了该地区的开发，波尔塔瓦—克拉马托尔斯克—杰巴利采沃—兹维勒沃、科兹洛夫—沙赫特、利西昌斯克—柏班斯那亚—尼基托夫卡—多利亚等铁路把顿巴斯煤田同外部工业中心和港口连接起来。1910—1911 年北顿涅茨克铁路公司开始修建里戈夫—利曼—罗达科沃—里哈亚铁路。当时只计划修建从里戈夫到罗达科沃这一段。但是席卷整个俄国的煤炭开采热促使建设计划发生改变，增加经过杰巴利采沃—米列罗沃—兹韦列沃一线和罗达科沃—里哈亚这一段，将沿途煤矿连接起来，这条铁路在 1915年完工，全长 629 俄里。

截至 1900 年，在外高加索和里海以东地区，已修建了波季—梯弗里斯、梯弗里斯—巴库、别斯兰—彼得罗夫斯克等主要铁路干线。1900 年，彼得罗夫斯克—巴库铁路开建。1900—1917 年，在该地区修建了通往里海的彼得罗夫斯克—巴库铁路，通往土耳其的梯弗里斯—亚历山德罗波尔—卡尔斯铁路和通往波斯的亚历山德罗波尔—朱尔法—塔弗里斯铁路。至 1916 年，该地区的铁路已通往美索不达米亚和幼发拉底河源头。[①] 这些铁路的修建为货物从波斯湾运往西欧开辟了洲际通道，而之前经外高加索地区的驮运队要经历数月才能到达目的地。

20 世纪初中亚地区铁路修建计划也提上日程。20 世纪之前，俄国实

---

① Сагратян А. Т.，История железных дорог Закавказья 1850-1921. Ереван. Айастан，1970. С. 252.

际上只有奥伦堡一个出口与中亚相通，有一条孤立的外里海铁路（克拉斯诺沃茨克—塔什干）。① 随着货运和旅客运输量的增加，由于克拉斯诺沃茨克—巴库段货物船运存在诸多不便，修建从中亚通往中心地区的出口十分必要。1900 年起，奥伦堡—塔什干铁路开始勘测和建设。这条铁路分为南北两个路段，北段从奥伦堡到库别克，南段从库别克到塔什干，全长 1747 俄里。1909 年阿斯特拉罕—红库特铁路开建，这条铁路开辟了里海至俄国腹地的货运通道。与此同时，从黑海沿岸连接外高加索的铁路也在修建，这条铁路的修建，使俄国中心地区到梯弗里斯的行车里程缩短了660 俄里。②

20 世纪初，在俄国东部地区修建了阿尔泰铁路的科利丘吉诺和塞米巴拉金斯克支线铁路，这两条铁路通往煤炭、金属产地和农业区，连同支线一起，长度达 974 俄里。这两条铁路的修建，极大地促进了该地区的商品流通，仅 1911 年从巴尔瑙尔运出的面粉数量就超过 300 万普特，奶油62.5 万普特。③

在中心和西部地区，主要围绕莫斯科、彼得堡、里加、华沙、罗斯托夫等大型铁路枢纽建设一些环线。在西北地区最重要的铁路为摩尔曼斯克铁路。1894 年就有学者提议修建彼得堡至科拉湾的铁路。时任财政大臣 С. Ю. 维特走访了摩尔曼斯克边疆区，并提交了在摩尔曼斯克修建港口的报告，他在报告中提出必须修建铁路的意见。1895 年进行彼得堡—彼得罗扎沃茨克—科米一线的勘测工作。由于这些勘测没有充分考虑当地的经济利益，因此属于预先勘测，与具体建设需求还有一定的差距。20 世纪初，在修建彼得堡—维亚特卡铁路时，出现了该铁路走向与拟于 1903 年开建的通往彼得罗扎沃茨克的线路相互协调的问题。为此，就确定哪个路段为共用铁路的问题进行了反复论证和勘测，直到1908 年才确定最终建设方案。当时俄国铁路研究委员会决定把这条铁

① Зензинов Н. А., От Петербурго-Московской до Байкало-Амурской магистрали. М., Транспорт, 1986. С. 216.

② Фадеев Г. М., История железнодорожного транспорта России. Т. 1. 1836–1917. С. 184.

③ Козлов А. Д., История Алтайской железной дороги.//Социально-экономическое развитие Алтая в XVII–XX вв. Сборник. Барнаул., 1980. С. 129–145.

路的修建纳入 1912—1917 年工作计划。[①] 随着第一次世界大战的爆发，俄国与世界保持联系的最重要港口是符拉迪沃斯托克（海参崴）和阿尔汉格尔斯克。但是符拉迪沃斯托克（海参崴）远离作战区 7400 余俄里，通过这段距离需要半个月，且西伯利亚大铁路上机车车辆严重不足。而阿尔汉格尔斯克与宽轨铁路网的联系较弱，只能经沃洛格达和一些窄轨铁路向作战区运输装备和食品。而且，临近阿尔汉格尔斯克的白海海湾是冻港，运输上有很大的局限性。

一战爆发促使政府加快摩尔曼斯克铁路的修建。1914 年在彼得格勒成立摩尔曼斯克铁路建设管理局，1914 年秋末，开始铁路勘测，次年 1 月，尼古拉二世发布修建从彼得罗扎沃茨克到摩尔曼沿岸一个港湾的铁路的命令。3 月，铁路设计准备就绪，建设开始。摩尔曼斯克铁路是在极其复杂的条件下修建的。铁路经过的尚未开发的蛮荒之地，人口密度仅为 0.2—0.8 人/平方公里。到处是沼泽、湖泊，大量的山岩、冰砾土及恶劣的天气都是铁路修建的障碍。交通运输不便更使铁路修建难上加难。大量铁路建筑材料需要夏季通过水路，冬季通过畜力从内地运往工地。货物沿涅瓦河、拉多加运河、斯维里河，然后经奥涅加湖运往孔多波加和大海湾。在这条水路上运输了 28800 吨货物，以及 20 台机车和 545 节车厢。一部分货物从阿尔汉格尔斯克经白海运抵。1915 年通航期通过这条线路运抵的货物达 33600 吨。[②] 1916 年 1 月摩尔曼斯克铁路投入使用。在铁路修建时期，约 13.8 万工人参与铁路建设。其中 8 万工人来自欧俄，7000 人来自芬兰，1 万人来自中国，[③] 战俘在铁路建设过程中也发挥了重要作用。6 个工兵连士兵组成的混成营给予建筑工人很大的帮助。1916 年 5 月和 8 月，两个铁路营也加入工程队伍，充当临时运营铁路的乘务人员和技工，500 名加拿大人也承包了 130 俄里路段。[④]

1916 年 11 月末，摩尔曼斯克铁路开通运行。在世界大战正酣的 20

① Фадеев Г. М., История железнодорожного транспорта России. Т. 1. 1836-1917. С. 195.

② Подвязкин К. А., К пятидесятилетию Мурманской железной дороги.//Сб. Трудов ЛИИЖТа. 1966. Вып. 247. С. 80.

③ Фадеев Г. М., История железнодорожного транспорта России. Т. 1. 1836-1917. С. 201.

④ Фадеев Г. М., История железнодорожного транспорта России. Т. 1. 1836-1917. С. 201.

个月中，长度约 1415 俄里的摩尔曼斯克铁路建成。1916 年的 9 月 21 日，
交通大臣和海军大臣共同参加城市奠基仪式，城市取名摩尔曼湾畔罗曼诺
夫。1917 年二月革命后城市更名为摩尔曼斯克。[①] 1917 年，政府收购私
营的奥罗涅茨铁路，将其转给摩尔曼斯克铁路。这样摩尔曼斯克与首都和
俄国中心地区的联系更加紧密，俄国也找到了通向巴伦支海不冻海湾和北
冰洋的可靠出口。[②] 20 世纪初俄国铁路修建情况详见下表 1-7。

表 1-7　1900—1917 年投入运营铁路里程统计

单位：俄里

铁路及方向	年份	里程
阿尔泰铁路		
新尼古拉耶夫斯克—塞米巴拉金斯克	1915	611
巴尔瑙尔—比斯克	1915	151
阿穆尔铁路		
库恩加—布列亚—哈巴罗夫斯克	1916	1868
阿尔马维尔—图阿普谢铁路		
阿尔马维尔—图阿普谢	1915	221
别洛列琴斯卡亚—迈科普	1915	22
库尔干那亚—拉宾斯卡亚	1915	30
别尔哥罗德—苏木斯克铁路		
巴瑟—别尔哥罗德	1901	138
比萨拉比亚铁路		
阿克尔曼—比萨拉普斯卡亚—格拉尼查	1916	207
别利齐—温格内	1916	73
博格斯洛夫铁路		
那杰日金工厂—果洛布拉格达茨卡亚	1916	181
布哈拉铁路		
卡尔希—基塔布	1915	115
卡干—铁尔梅兹	1916	458

①　Фадеев Г. М.，История железнодорожного транспорта России. Т. 1. 1836-1917. С. 202.

②　Зайцев А. А.，Магистраль к Ледовитому океану. //Железнодорожный транспорт. 1987.
　　№ 4. С. 45-49.

铁路及方向	年份	里程
弗拉季高加索铁路		
彼得罗夫斯克—巴拉贾雷	1900	337
叶卡捷琳诺达尔—高加索斯卡亚	1901	127
巴塔伊斯克—亚速	1911	28
巴塔伊斯克—托尔戈瓦亚	1915	177
普拉赫拉德纳亚—莫兹多克—古德尔梅斯	1915	169
巴拉季亚达—彼得罗夫村	1916	79
伏尔加—布古利马铁路		
恰索夫尼亚码头—布古利马—契什梅	1914	539
上恰索夫尼亚—第二辛比尔斯克	1916	17
格尔贝—科列茨铁路		
格尔贝—琴斯托霍夫—凯尔采	1911	124
叶伊斯克铁路		
索瑟卡—叶伊斯克	1911	131
叶卡捷琳娜铁路		
科里沃伊罗格—尼古拉科泽利斯克	1901	29
多尔金采沃—阿波斯托洛沃	1904	36
多尔金采沃—沃尔诺瓦哈	1908	407
格里什诺—鲁特琴科沃	1917	79
外贝加尔铁路		
伊尔库茨克—贝加尔湖;梅索瓦亚—斯列坚斯克	1900	1093
中国会让线—满洲里	1901	350
利斯特文尼齐纳亚—梅索瓦亚	1905	243
外高加索铁路		
巴拉贾雷—巴库	1900	13
亚历山德罗波尔—乌鲁汗鲁—埃里温	1902	144
波尔热木—巴库利亚尼	1902	35
肖拉帕尼—萨奇赫雷	1904	46
乌鲁汗鲁—朱尔法	1908	177
卡尔斯—萨雷卡梅什	1915	52
纳夫特鲁格—古尔扎尼—杰拉夫	1915	139
萨拉卡梅什—埃尔祖鲁姆—玛玛哈顿	1916	252
索菲亚恩—舍列夫哈涅	1916	50
沙赫塔赫特—卡拉吉利斯	1916	190

续表

铁路及方向	年份	里程
西乌拉尔铁路		
别尔嘉乌什—卡利诺	1916	473
中东铁路		
满洲里—哈尔滨—尼科利斯科耶	1903	1421
科韦利—弗拉基米尔—沃伦斯基铁路		
第二科韦利—弗拉基米尔—沃伦斯基	1908	50
科利丘吉诺铁路		
尤尔加—科利丘尼诺	1915	185
托普基—克麦罗沃	1915	36
库伦达铁路		
塔塔尔斯卡亚—斯拉夫哥罗德	1917	293
利巴瓦—罗缅斯克铁路		
奥希波维奇—乌列奇耶	1907	79
乌列奇耶—涅克拉什	1916	10
莫斯科—温道—雷宾斯克铁路		
温道—莫斯科	1904	1031
皇村—维捷布斯克	1904	510
莫斯科—喀山铁路		
鲁扎耶夫卡—塞兹兰	1900	287
下诺夫哥罗德—阿尔扎马斯	1903	115
阿尔扎马斯—库洛夫斯卡亚	1912	302
莫斯科—基辅—沃罗涅日铁路		
基辅—波尔塔瓦	1901	311
纳夫利亚—焦尔诺沃	1907	75
摩尔曼斯克铁路		
彼得格勒—摩尔曼斯克	1917	1350
尼古拉耶夫铁路		
博洛戈耶—波洛茨克	1907	439
新济布科夫支线铁路		
新济布科夫—谢韦尔斯基诺夫哥罗德	1902	112
鄂木斯克铁路		
秋明—鄂木斯克	1913	535
锡纳腊—沙德林斯克	1913	148
彼尔姆铁路		
彼尔姆—昆古尔—叶卡捷琳堡	1911	356
下塔基尔—阿拉巴耶夫斯克	1912	117

铁路及方向	年份	里程
波多利斯克铁路		
日洛宾—波多利斯克的卡梅涅茨	1915	590
雅尔莫林齐—古斯亚丁	1916	59
波列斯克铁路		
沃尔科维斯克—利达—波洛茨克	1907	417
普利韦斯林铁路		
沃尔科维斯克—安德烈耶夫茨—谢德列茨	1907	168
里加—奥廖尔铁路		
维捷布斯克—日洛宾	1902	270
梁赞—乌拉尔铁路		
喀什拉—韦尼奥夫	1900	82
巴维列茨—莫斯科	1900	240
红库特—阿斯特拉罕	1909	516
萨马拉—兹拉托乌斯特铁路		
别尔嘉乌什—巴卡尔	1900	49
北方铁路		
莫斯科—萨维罗沃	1902	121
彼得堡—沃洛格达—维亚特卡	1906	1155
东北乌拉尔铁路		
叶卡捷琳堡—塔夫达	1916	336
阿拉巴耶夫斯克—博格丹诺维奇	1916	121
北顿涅茨克铁路		
利戈夫—哈尔科夫—罗达科沃	1911	510
利曼—克拉马托尔斯卡亚	1911	35
尼基托夫卡—亚马	1913	61
西北铁路		
克格里—加普萨利	1905	75
韦伊马恩—戈多夫—普斯科夫	1916	199
塞米列钦斯克铁路		
阿雷西—阿巴伊尔	1916	196
中亚铁路		
梅尔夫—库什卡	1900	294
浩罕—贾拉拉巴德	1915	209
塔什干铁路		
奥伦堡—塔什干	1906	1731
托木斯克铁路		
阿钦斯克—阿巴坎	1917	429

续表

铁路及方向	年份	里程
特洛伊茨铁路		
波列塔耶沃—金索普卡—古斯塔那	1915	263
乌苏里斯克铁路		
乌苏里江尼格尔斯克—巴格拉尼齐那亚	1903	117
芬兰铁路		
彼得格勒—拉苏里—席多拉	1917	167
黑海—库班铁路		
叶卡捷琳诺达尔—阿赫塔里	1914	141
克里米亚—古谢夫卡	1915	252
东南铁路		
利哈亚—科里沃穆兹金斯卡亚	1900	306
利哈亚—伊兹瓦里诺	1916	30
西南铁路		
科韦利—基辅	1902	417
南方铁路		
弗拉基斯拉沃夫卡—刻赤	1900	84
沃尔昌斯克—库皮扬斯克	1900	105
康斯坦丁诺哥罗德—洛佐瓦亚	1900	89
科里斯托夫卡—皮亚季哈特基	1901	69
尼古拉耶夫—赫尔松	1907	58
萨拉布兹—耶夫巴托利亚	1916	57

资料来源：Фадеев Г. М.，История железнодорожного транспорта России. Т. 1. 1836 – 1917. Приложение.（笔者根据实际需要将表格进行改动，并将公里转换成俄里。）

由表 1-7 可知，20 世纪初俄国新增铁路网规模有限（这里 1900 年的数据都是投入运营的铁路长度，并不是修建的里数。实际上 1900 年和 1901 年投入运营的铁路基本上都修建于 19 世纪 90 年代末）。1908 年末，俄国工业开始恢复，铁路修建速度明显加快，这种态势一直保持到第一次世界大战爆发。随着战争爆发，俄国又开始兴修一些战备路线。因此，1914—1917 年俄国铁路修建的速度和规模也占据领先的地位。至 1917 年底，俄国开通运行铁路总长度约 7 万俄里。①

---

① Фадеев Г. М.，История железнодорожного транспорта России. Т. 1. 1836 – 1917. С. 313 – 320. 笔者根据统计数据计算出的结果。

第六节　全俄铁路网形成

19 世纪 90 年代第二次铁路建设热潮后，覆盖欧俄、北方、乌拉尔、西伯利亚远东、中亚的全国铁路网形成。

在欧俄形成莫斯科、彼得堡、哈尔科夫、叶卡捷琳娜、波兰、里加、西南等铁路枢纽，这些铁路穿过俄国最重要的经济区。莫斯科铁路枢纽覆盖俄国莫斯科、弗拉基米尔、图拉、卡卢加、特维尔和梁赞 6 个中心省份。这一地区工业生产额达 7.55 亿卢布，集中了十月革命前俄国约 33000 俄里铁路，33% 以上的工农业生产总值和 40.4% 的加工工业工人。[①] 彼得堡铁路枢纽通过芬兰湾沿岸铁路线，同芬兰、普利韦斯林边疆区、波兰区、第聂伯河沿岸、莫斯科、乌拉尔连为一体。19 世纪 90 年代，彼得堡地区最终成为俄国机器制造工业的主要中心。1897 年，彼得堡省占俄国机器制造工业产值的 26%。[②] 哈尔科夫铁路枢纽覆盖南方哈尔科夫、叶卡捷琳诺斯拉夫、赫尔松、塔夫里达省和顿河军人州 5 个省州，铁路长度超过 4800 俄里。俄国南部新燃料冶金基地的建立促使这一地区铁路网迅速扩大，19 世纪末南俄地区（不含塔夫里达省）工业生产总值达 2.46 亿卢布，矿业工人数量约占工业工人总数的 25%。[③] 在南部燃料冶金基地的发展中叶卡捷琳娜铁路具有决定性作用，1900 年在叶卡捷琳娜铁路沿线地区有 770 家工业企业，重工业企业占绝大多数，其中包括 85 家冶金工厂、184 家煤矿、56 个铁矿以及大量建材企业——255 个采石场、47 个砖厂、11 个化学企业、29 个木材加工厂等。[④] 以华沙为中心的波兰铁路枢纽，覆盖华沙、彼得罗夫斯克和卢宾三省，铁路长度超过 2200 俄里，该地区生产总值达 3.35 亿卢布。以里加为中心的波罗的海铁路枢纽涵盖埃斯特兰、库尔兰、利夫兰和科夫诺 4 个波罗的海省份。这里约有

① Лившиц Р. С., Размещение промышленности в дореволюционной России. М., 1955. С. 150.

② Там же. С. 160.

③ Соловьева А. М., Железнодорожный транспорт России во второй половине XIX в. С. 273.

④ Экономиеское описание Екатерининской железной дороги. Харьков, 1903. С. 11.

1700 俄里铁路，俄国加工业生产总值的 10% 以上集中在该地区，首先是机器制造企业，占机器制造业总产值的 17%。包括基辅、波尔塔瓦、切尔尼戈夫、波多利斯克、沃伦、比萨拉比亚省在内的西南地区铁路网超过 4500 俄里，该地区集中了甜菜制糖业和酿酒业。制糖工业主要集中在乌克兰西部地区。仅在基辅和波多利斯克省，糖生产总量就达 1.35 亿卢布。[1]

　　北方地区从 1858 年起也开始修建铁路，该地铁路既经过人口密集的伏尔加河上游工业区，如莫斯科—谢尔吉耶夫波萨德—雅罗斯拉夫尔、雅罗斯拉夫尔—雷宾斯克、诺夫基—基涅什马、舒亚—伊万诺沃、涅列赫塔—谢列达、雅罗斯拉夫尔—科斯特罗马、亚历山德罗夫—别尔科沃—基尔扎齐—伊万诺沃、尤利耶夫—波利斯基—捷伊科沃、莫斯科—德米特洛夫—撒韦洛沃等铁路，也经过经济落后、人烟稀少的北方地区，如雅罗斯拉夫尔—沃洛格达、沃洛格达—阿尔汉格尔斯克、科特拉斯—维亚特卡、彼得堡—维亚特卡等铁路经过该地区。[2] 至 1913 年，北方铁路网长度达 2966 俄里，货物运输量达 4.63 亿普特。[3] 随着铁路网络的扩大，伏尔加河上游工业区经济快速发展，铁路将这一地区带入统一的全国市场。阿尔汉格尔斯克修建铁路后，这里的旧工业开始复苏，铁路经过地区农业开始面向市场。第一次世界大战期间阿尔汉格尔斯克港成为重要贸易港，随着彼得堡—沃洛格达—维亚特卡和科特拉斯—维亚特卡线路的建设，俄国北方的经济和政治战略意义不断加强。除粮食贸易额扩大、粮食价格降低外，之前低迷的生产开始活跃，人口增多，在铁路沿线形成市镇，城市与交通枢纽融合发展，为当地社会经济文化发展奠定了重要基础。这些铁路成为西伯利亚大铁路的自然延伸，把白海和阿尔汉格尔斯克连接起来，在战争年代成为军事动员和军事物资运输的最短通道。

---

① Соловьева А. М., Железнодорожный транспорт России во второй половине XIX в. С. 274.

② Гудкова О. В., Строительство северной железной дороги и её роль в развитии северного региона（1858-1917）. С. 121，128.

③ Фадеев Г. М., История железнодорожного транспорта России. Т. 1. 1836-1917. С. 285.

　　乌拉尔地区第一条铁路于 19 世纪 80 年代末开通。1878 年彼尔姆—丘索夫—下塔基尔—叶卡捷琳堡路段开通，总长度为 729 俄里的乌拉尔矿山工厂铁路在乌拉尔地区发挥着重要作用。随着铁路的修建，叶卡捷琳堡和彼尔姆作为西乌拉尔和中乌拉尔最重要的运输中心和西伯利亚过境运输重要节点的作用日益加强。1885—1916 年乌拉尔地区相继开通叶卡捷琳堡—博格丹诺维奇—锡纳腊、彼尔姆—科特拉斯、彼尔姆—昆古尔—叶卡捷琳堡、下塔基尔—阿拉巴耶夫斯克、叶卡捷琳堡—塔夫达、阿拉巴耶夫斯克—博格丹诺维奇等铁路，全长 3200 余俄里。乌拉尔铁路枢纽是连接欧俄、西伯利亚和中亚的重要环节，在俄国经济发展中发挥着重要作用，在铁路的刺激下，乌拉尔冶金工业区的生产总值达 8500 万卢布。[①]

　　在西伯利亚铁路正式修建之前，先期修建的彼尔姆—秋明、萨马拉—乌法和萨马拉—奥伦堡铁路，被视为西伯利亚大铁路的头段。1891 年 2 月，沙皇发布建设从车里雅宾斯克到符拉迪沃斯托克（海参崴）贯穿整个西伯利亚的连贯铁路命令。这条大干线由 7 条铁路组成，即西西伯利亚铁路、中西伯利亚铁路、环贝加尔湖铁路、外贝加尔铁路、阿穆尔铁路、北乌苏里斯克铁路、南乌苏里斯克铁路，后来中东铁路也被纳入该范畴。至 1904 年，西伯利亚大铁路已经成为一个铁路综合体，含中东铁路在内，长度为 7683 俄里。[②] 1916 年从哈巴罗夫斯克到斯列坚斯克的阿穆尔铁路完工，西伯利亚大铁路全线贯通。西伯利亚、远东地区的铁路建设，使偏远的西伯利亚远东地区同俄国中心地区联系起来。西伯利亚大铁路的建设促进了落后的西伯利亚和远东地区的快速发展，极大地推动了工业和农业生产的扩大和销售市场的拓宽，这条铁路经过的城市和乡村都发生了巨大变化。在西伯利亚铁路最初建设的 6 年间，车里雅宾斯克人口增加了 1 倍，1897—1901 年斯列坚斯克人口从 1719 人增加到 8500 人。[③] 铁路本身也需要劳动资源，成千上万铁路工人和职员从俄国中心地区移民到这里。政府拨给他们土地建设庭院，租赁期 30 年，每年支付 2.5—10 卢布。西

---

①　Соловьева А. М.，Железнодорожный транспорт России во второй половине XIX в. С. 274.

②　Фадеев Г. М.，История железнодорожного транспорта России. Т. 1. 1836–1917. С. 160.

③　Там же. С. 179.

伯利亚大铁路促进移民潮的到来，仅 1897—1900 年到西伯利亚定居的居民就达 83 万人，后来移民增长更快。1906—1910 年每年有 50 万人移民于此。[①] 大铁路开通为西伯利亚地区的粮食运往俄国中心地区和出口到国外创造了条件。

高加索地区第一条铁路波季—梯弗里斯铁路于 1872 年建成，1875 年建成顿河畔罗斯托夫到弗拉季高加索的铁路。1883 年梯弗里斯—巴库铁路竣工。早期高加索地区的铁路彼此孤立，与俄国其他地区的铁路网不相连。为把孤立的高加索铁路同国家铁路网连接起来，在 1900 年建成彼得罗夫斯克—巴库铁路，至 1916 年在弗拉季高加索和外高加索地区建成约 5200 俄里铁路。[②] 上述地区铁路开始伸向美索不达米亚和幼发拉底河的源头。[③] 它为建造从波斯湾通往西欧的货物洲际运输线路创造了条件。随着外里海地区巴库石油工业的发展，以巴库为中心的石油铁路区的经济地位开始凸显，虽然只有巴库—巴统和巴库到外高加索铁路的彼得罗夫斯克两条线路，但生产总值达到 8200 万卢布。[④]

奥伦堡是俄国铁路网通往中亚的出口。1877 年基涅利到奥伦堡的铁路奠定了塔什干铁路基础。1906 年奥伦堡至塔什干铁路修通。而从另一个方向，克拉斯诺沃茨克至撒马尔罕的铁路在 1896 年开通。1899 年这条铁路延伸到塔什干。1909 年为运输从里海港到俄国腹地的货物，阿斯特拉罕—红库特线路被列入中亚铁路。此时期还建设长度 221 俄里的从阿尔马维尔到图阿普谢港的支线铁路。此后，又沿着黑海海岸建造连接外高加索铁路的线路，这条铁路缩短了 700 多俄里从俄国中心地区到梯弗里斯的行车里程。还设计了从朱尔法到巴库、巴统到卡尔斯、亚历山德罗波尔的延展线路。至 1915 年，中亚地区建成铁路约 4700 俄里。[⑤] 中亚铁路的修

---

① Фадеев Г. М.，История железнодорожного транспорта России. Т. 1. 1836—1917. С. 179.
② Там же. С. 181，314-315. 高加索地区铁路的总长度系笔者根据弗拉季高加索和外高加索铁路公司各条铁路的长度相加计算而来，并由公里转换成俄里。
③ Сагратян А. Т.，История железных дорог Закавказья 1850-1921. С. 252.
④ Лященко П. И.，История народного хозяйства СССР，Т. Ⅱ. С. 159.
⑤ Фадеев Г. М.，История железнодорожного транспорта России. Т. 1. 1836-1917. С. 183-184，318-319. 中亚地区铁路长度系笔者根据中亚和塔什干铁路各线路的长度相加计算而来，并由公里转换成俄里。

建促使该地区人口增加和农业快速发展。1885—1904 年奥伦堡铁路所经各省播种面积几乎增加 1 倍，从 100 万俄亩增加到 193 万俄亩，而在铁路建成之前的 20 年间耕地面积增长的速度大约是年均 20%。[1] 在建成后第一个 5 年间，这条铁路运输出口粮食达 4120 万普特，其中有 3240 万普特的小麦。[2] 铁路建设促进了新生劳动力和新资本的加入，这里不仅成为新的粮食市场，一些银行也在此建立分支机构，还出现了交易所。

截至 1914 年 1 月 1 日，俄国正常运营铁路网总长度为 63693 俄里，其中国营铁路 44613 俄里、私营铁路 19080 俄里、复线铁路 13811 俄里。[3] 到 1917 年底，俄国开通运营的铁路约 7 万俄里。在 80 年时间里在俄国广袤土地上建起四通八达的铁路网，它对俄国社会经济产生了深刻的影响。

小　结

与欧洲主要资本主义国家和美国相比，俄国铁路出现的时间较晚。影响俄国工业革命，尤其是交通运输革命的是落后的农奴制度。但俄国的农奴制在 18 世纪末已经到了瓦解和衰落期。受英国工业革命影响，俄国在 18 世纪 60 年代—19 世纪 30 年代出现了早期的矿山工厂铁路，这为俄国后来铁路业的发展做了一定的技术准备。1825 年世界上第一条公共铁路开通后，俄国进步知识分子积极倡导在俄国修建铁路，在报刊上发表文章，介绍铁路运输的最新技术成果和成功经验。一些进步地主和资产阶级的代表提出一系列铁路建设方案。起初，政府对是否在俄国发展铁路态度并不明朗。政府中一些高官公开反对将铁路引进俄国，认为俄国有畅通的水路，运费低廉，没有必要发展铁路；引进铁路会动摇俄国农奴制经济基础，造成社会动荡。因此，政府迟迟未正式讨论铁路问题。1836 年，奥地利工程师格尔斯特涅尔以铁路所具有的战略意义最终说服尼古拉一世修建俄国第一条公共铁路——皇村铁路，俄国铁路建设的历史真正展开。1836—1917 年，俄国铁路建设经历了开端阶段（19 世纪 30 年代至 40 年

---

① Воронов А. М., Цвирко О. В., Оренбуржье на подъёме. Челябинск., 1975. С. 81.

② Справочная книжка по Оренбургской губернии на 1884 г. Оренбург., 1984. С. 105.

③ Народное хозяйство в 1913 году. С. 515.

代初）、第一次铁路建设热潮（19世纪60年代中期至70年代中期）、第二次铁路建设热潮（19世纪90年代）和20世纪初至十月革命修建小热潮（1908—1917年）四个阶段。俄国铁路建设初期，由于农奴制的制约，俄国经济落后，国库空虚、资金匮乏，这一时期的铁路修建速度慢、成本高、规模小。克里米亚战争失败是俄国铁路发展的转折点。政府对强化铁路建设达成共识，尤其是农奴制改革后，鉴于国家财政困难、国库空虚，政府采取一系列鼓励私人资本投资铁路业的措施，使19世纪60年代中期至70年代中期形成第一次铁路建设热潮。此后，俄国形成了以莫斯科为中心的欧俄铁路网；从19世纪80年代下半期起，俄国工业革命进入最后集约增长阶段，在生产力和生产关系发生根本性进步的条件下，大工业最终取得胜利。进入19世纪90年代，俄国政局稳定、工业高速发展，外资源源不断流入铁路业为第二次铁路建设热潮到来奠定了经济基础。这一时期，主要由国家直接出资在西伯利亚、中亚等边远地区修建铁路。第二次铁路热使俄国铁路网覆盖全国，长度跃居世界前列。20世纪初，世界性经济危机、日俄战争、革命事件重创俄国经济，国内局势不稳，外资引进受阻，俄国铁路建设速度放缓。1908年以后，国家政局趋于稳定，经济开始复苏，俄国铁路建设又迎来一次小热潮。一战爆发后，俄国加强战备铁路修建，至1917年底，俄国境内建成铁路约7万俄里，长度仅次于美国，居世界第二位，建设成就十分辉煌。

第二章　俄国铁路建设的模式

克里米亚战争后俄国政府对于发展铁路业的必要性达成共识。铁路建设不仅符合俄国的战略需要，它作为俄国资源开发和贸易发展的极大动力也得到认可。但采取何种方式修建铁路，政府仍举棋不定。在设计俄国第一个铁路网时，对于应该由谁出资建设铁路、哪条线路优先问题，没有达成统一意见。铁路修建资金来源与模式问题一直是政府和社会各界争论的焦点。私营、公私混合和国营铁路建设三种铁路建设模式都有不同的支持者。各政治势力围绕铁路修建模式开展激烈竞争，导致俄国铁路政策十分多变。而政府的铁路政策对俄国铁路网的发展影响很大。①

第一节　"承租体系"建设模式

"承租体系"是一种国家直接或间接扶持铁路股份公司的体系。俄国政府规定，政府与铁路股份公司签订铁路建设和经营协议，铁路建成之后，在一定年限内归私营铁路公司所有，政府不得干预其经营。而修建铁路时发行的铁路公司股票和债券均由政府提供担保。承租期过后铁路属国家所有。1861 年农奴制改革后，俄国政治和经济局势发生根本变化，克里米亚战争已造成巨额财政赤字，完成政府制订的改革计划也耗尽国家预算。在这种条件下，募集国外和国内私人资本兴修铁路才符合俄国现实。

一　建设模式的争论

1856 年俄国政府与法国银行达成建设 5 条干线的铁路协议，1857 年 1 月成立俄国铁路总公司。根据这个协议，融资、铁路建设和管理都交给外国人。1857 年欧洲经济衰退使欧洲资金来源缩减，最终俄国铁路总公

---

① 白述礼：《试论近代俄国铁路网的发展》，《世界历史》1993 年第 1 期，第 66 页。

司的大部分股东仍是本国投资者。外界对公司融资"内幕"一无所知，一些官员和受教育阶层对外国人承租铁路非常不满，指责政府"卖国"。

　　俄国政府也实施一些优惠政策，鼓励本国企业家取得承租合同。但是实践证明，在铁路修建过程中，俄国企业家没有能力履行自己的责任，他们不时要求政府救助。1862年之前俄国尝试用三种模式进行铁路建设：（1）政府在国外发行债券筹集铁路建设资金（彼得堡—莫斯科铁路），由政府领导铁路建设；（2）铁路修建由外国人领导，但资金借助于俄国私营资本（莫斯科—下诺夫哥罗德铁路）；（3）由俄国企业家融资和建设，雇用国外技术人员，由国外供应部分轨道和机车车辆，政府对其收益进行担保（莫斯科—萨拉托夫铁路）。但实践证明，上述任何一种模式都存在不足。总之，未能按计划建造出符合经济发展所需的铁路网。

　　1862年亚历山大二世任命 M. X. 赖藤为财政大臣，任命 П. П. 梅利尼科夫为交通和公共建筑管理总局局长（1865年起任交通大臣）。这两人都是各自领域的专家。赖藤一上任就尝试压缩所有国家开支，通过发行国外债券稳定卢布汇率。梅利尼科夫是专业的道路工程师，曾主持修建彼得堡—莫斯科铁路，上任后即向沙皇递交由国家拨款建设庞大的铁路网计划。他们均把铁路建设视为俄国改革的强大工具，以应对西方的经济和军事挑衅。但在铁路建设模式上却形成不同派系，并围绕此问题展开争论。以赖藤和财政部为主导的经济学派主张利用外资和私人资本兴修铁路，以梅利尼科夫为代表的工程技术派和以军事大臣 Д. A. 米留金为代表的军人派宣称铁路应利用国家资金来修建，确保国家对铁路的掌控权。[①]

　　赖藤担任财政大臣有两个突出优势。一是他受到康斯坦丁·尼古拉耶维奇大公重用和提拔，作为优秀的金融专家，他在西欧金融界享有很高声望。二是他在大公庇护下，获得铁路建设和融资特权。在成立俄国铁路总公司、赢得西方对俄国信任、国外发行债券等问题上，赖藤都做出积极努力。但他认为，俄国铁路建设中的问题，与交通部门的领导不力有直接关

---

① 　Альфред Дж.，Рибер. Железные дороги и экономическое развитие：истоки системы рейтерна.//Страницы российской истории，проблемы，события，люди. Сборник статей в честь Бориса Васильевича Ананьича. СПб.，2003. С. 151.

系，矛头直接指向梅利尼科夫。①

赖藤对铁路建设的立场没有令梅利尼科夫退却。他向政府提交了庞大的铁路建设计划。1862 年 12 月和 1863 年 1 月，亚历山大二世领导的特别委员会支持私营公司修建梅利尼科夫设计的莫斯科—塞瓦斯托波尔铁路。政府拟定给予承租的英国公司投资额 5.5% 的年收益担保。赖藤希望继续吸引外国投资者，建议他们以同等条件修建南方铁路。而梅利尼科夫仍然主张铁路应由国家出资修建，并牢牢控制铁路所有权。

因赖藤尝试通过自由兑换卢布方式获取外资的尝试失败，无人投资建设这个获得正式批准的铁路网。同时，波兰起义密切了乌克兰同莫斯科的联系，在中部地区和黑海间建造铁路就具有迫切的现实意义。政府内部和社会各界对建设南方铁路的争论愈演愈烈，谁将确定经济政策的优先方向，是财政大臣赖藤，还是交通大臣梅利尼科夫、军事大臣米留金？

莫斯科企业家 B. A. 科科列夫主张利用本国私人资本由国家负责领导修建铁路。为建设莫斯科—塞瓦斯托波尔铁路，他前往彼得堡进行游说并提交铁路修建方案。他号召俄国资本家、工程技术人员和政府官员都各司其职，俄国资本家负责融资，工程技术人员负责指挥工程建设，而政府代表将作为公司经理委员会成员参与铁路建设。莫斯科企业界领袖 Ф. B. 奇若夫被推举为代表与政府谈判。奇若夫有莫斯科—雅罗斯拉夫尔铁路融资的经验，因此他非常清楚，俄国企业家自己不能为如此巨大的工程募集到足够的资金。因此，他倡导国家全面扶持和直接监督。奇若夫认为，南方铁路具有重要战略和经济意义。他支持通过出售大块国有土地募集 8000 万卢布，由政府出资建设这条铁路。奇若夫认为，铁路建设是改善俄国经济状况的唯一方法。之前他没有完全否定私营公司修建铁路的意见，而现在他认为，应该通过国家向各地区大地主融资，政府为地主提供收益担保，这种方式可以确保今后国家铁路建设的资金来源。奇若夫也利用自己在宣传上的优势，在报刊上刊登一些官方统计资料和信息，宣传利用本国力量修建南方铁路更经济、更可行的观点。他试图通过舆论宣传引起政府

① Валуев П. Н., Дневник министра внутренних дел. Т. 1. М., 1961. С. 155, 383, примеч. 135.

对南方铁路修建的关注，旨在干扰政府和英国人合作。

政府高层，尤其是军事部内也持类似观点。1863 年 1 月的波兰起义，使军事大臣米留金意识到仅仅关注铁路的战略重要性远远不够，还要考虑铁路资金来源和管理权问题。允许外国人投资和建设铁路存在巨大风险。在波兰起义时，由于莫斯科—华沙铁路管理部门对波兰职员纵容，起义者在维尔诺附近重新铺设彼得堡—华沙线路，阻断俄国增援运输计划。波兰人是铁路行政管理成员，他们向起义者通报俄国军队运兵的信息。站长甚至向格罗德诺调动列车，用它载满起义者并运到指定地点。当赖藤以极其优惠的条件与英国银行集团签订莫斯科—塞瓦斯托波尔铁路协议时，米留金试图说服亚历山大二世，指出赖藤计划将南部海湾的大片国有土地划给英国公司，这可能会威胁到俄国在黑海的军事地位。①

梅利尼科夫的铁路网计划不仅引起由谁拨款和建设的争论，哪条线路优先建设也成为争论的热点。南方铁路谈判彻底失败后，铺设从敖德萨经巴尔塔通往基辅的西南铁路的提案被重新提出。新罗西斯克和比萨拉比亚总督 П. Е. 柯策布提出，必须尽快利用 К. К. 温甘伦-施特恩贝格男爵建立的军队，加快敖德萨通往巴尔塔铁路的头段修建速度。② 柯策布的提案从一开始就在争论参与者中产生巨大反响。对于梅利尼科夫而言，这是反对外国人修建铁路、倡导国有铁路建设的一个实践方法。要求承租敖德萨—基辅铁路的俄国资本家也对提案感兴趣。如果取得尾段承租权，他们就可以募集到足够的资金完成这条铁路的建设。③ 由于俄国资本家无力募集到敖德萨—基辅铁路剩下路段的建设资金，沙皇批准了柯策布把建设延长到巴尔塔的提案。

由军队建设西南铁路的头段和动用国库资金修建南方铁路，可视为以梅利尼科夫为代表的工程技术派同企业家联盟在斗争中暂时居于上

---

① Кислинский Н. А. ，Наша железнодорожная политика по документам архива Комитета министров. Т. Ⅰ. С. 132.

② Соловьева А. М. ，Железнодорожные "короли" России：П. Г. фон Дервиз и С. С. Поляков∥ Предпринимательство и предприниматели России от истоков до начала ⅩⅩ века. М. ，1997. С. 266-285.

③ Кислинский Н. А. ，Наша железнодорожная политика по документам архива Комитета министров. Т. Ⅰ. С. 134-135.

风。但这个联盟并非坚不可摧。柯策布总督代表的是敖德萨地方企业主的利益，他利用自己在沙皇心中威望不断上升的优势，在 1864 年 11 月请求将温甘伦修建的敖德萨—巴尔塔铁路延长，但不是到之前计划的基辅，而是通往伊丽莎白格勒、科列缅丘克和哈尔科夫，在那里与 1862年梅利尼科夫选定的南部线路连接。他认为敖德萨—巴尔塔路段通往基辅方向的延长线，不一定会减轻粮食运输的负担。从经济角度看，开发占敖德萨出口一半以上的南部平原是优先发展线路。把敖德萨—巴尔塔铁路的方向改至科列缅丘克方向，就可以开发和利用第聂伯河和顿河之间大量的矿产储备，减少对英国煤炭的依赖。[①] 柯策布的大胆提案是对梅利尼科夫的直接挑衅。

　　军事大臣米留金的地方军事改革虽然与赖藤的预算有冲突，但他也无意得罪财政大臣。最终，大臣委员会决定通过投票方式决定铁路走向。结果，伊丽莎白格勒—科列缅丘克—哈尔科夫方案以 12∶8 占上风，沙皇赞成多数人意见。少数派中有梅利尼科夫、司法大臣 Д. Н. 扎米亚金、国务会议主席 П. П. 加加林公爵、东正教事务大臣 Д. А. 托尔斯泰和监察大臣 В. А. 塔塔林诺夫等人。多数派是康斯坦丁·尼古拉耶维奇大公、М. Х.赖藤、П. А. 瓦鲁耶夫、П. Е. 柯策布、А. С. 戈洛夫宁、В. А. 博布林斯基伯爵、外交大臣 А. М. 戈尔恰科夫、海军上将 Н. К. 克拉比和 В. А. 多尔戈卢科夫公爵等人。由于温甘伦长期等待，承租条件就是在修建巴尔塔—伊丽莎白格勒路段时给他加倍补偿。最终，由温甘伦指挥 9000 名军人展开建设。算上给予温甘伦的节省建设资金 3% 的奖励，这条铁路每俄里的建设成本定为 45000 卢布。[②]

　　1865 年起赖藤在很多高层会议上阐述自己的观点，他以"承租体系"盛行的西欧国家为例，极力主张将个人的创业精神纳入铁路业。这一观点得到资深国务活动家切夫金的支持，其他政府高级官员也赞成该观点。在一致反对的情况下，梅利尼科夫不得不放弃所有铁路由政府出资和支配的

① Кислинский Н. А., Наша железнодорожная политика по документам архива Комитета министров. Т. Ⅰ. С. 140–141.

② Кислинский Н. А., Наша железнодорожная политика по документам архива Комитета министров. Т. Ⅰ. С. 145.

想法。1867 年财政大臣赖藤又向亚历山大二世提出把尼古拉耶夫铁路（原来的彼得堡—莫斯科铁路）卖给俄国铁路总公司，筹集资本组建特别铁路基金。梅利尼科夫坚决反对，认为尼古拉耶夫铁路是政府强大的武器，对国家工商业发展有着重要影响。但是沙皇政府不顾梅利尼科夫的反对，将其卖给俄国铁路总公司。1868 年 10 月 1 日起尼古拉耶夫铁路被纳入俄国铁路总公司旗下。① 此后，梅利尼科夫作为交通大臣的地位受到动摇。H. A. 基斯林斯基在评价梅利尼科夫和赖藤关系时指出："梅利尼科夫管理交通部的整个历史就是他同赖藤进行顽强斗争的历史，最终还是赖藤占了上风。"②

1869 年 4 月，梅利尼科夫"因健康问题"被解除交通大臣职务。实际上，梅利尼科夫被迫离职主要是因为他不合皇室心意。政论家 П. В. 多尔戈卢科夫曾这样评价梅利尼科夫："没有靠山、没有支持。完全是因为自己有学识、天分和热情，他才能升迁。唯一担心的是，梅利尼科夫将来会被解职，或屈从于强权人物的要求……在这种专制制度下，大臣要想自主，一定要有皇室支持。而梅利尼科夫将军缺少的正是这个。"③ 总而言之，赖藤提出的利用私人资本兴修铁路的方针逐渐获得政府的青睐。以"承租体系"为基础的私营铁路修建模式最终得到沙皇支持。

二 "承租体系"及其发展演变

"承租体系"是一种国家直接或间接扶持铁路股份公司的体系。俄国政府能够采取这种模式修建铁路，主要得益于 1868—1872 年工业上升期国外金融市场的有利行情。这一时期，各种类型的股份公司、银行大量涌现，信贷、基金、证券交易投资活跃。保证投入俄国铁路业的资金有高于银行年利率的收益，在整个承租期享受政府的各种优惠政策和补贴，是"承租体系"的主要特点。④

---

① Воронин М. И., Воронина М. М., Павел Петрович Мельников 1804–1880. С. 68–69.

② Кислинский Н. А., Наша железнодорожная политика по документам архива Комитета министров. Т. Ⅱ. С. 129.

③ Долгоруков П. В., Петербургские очерки. 1860–1867. М., 1934. С. 403.

④ Соловьева А. М., Железнодорожный транспорт России во второй половине ⅩⅨ в. С. 100.

　　1868 年 10 月 18 日上谕确定了发布承租合同的条件，铁路企业家之间的竞争从此开始。[①] 竞争获胜者须偿还国家或个人勘测费用，同时，禁止国家机关主要官员充当承租人。[②] 把铁路建设和经营权承租给个人是该规定的主要特点。在新条件下，企业家被迫降低建设成本。在莫斯科—斯摩棱斯克铁路建设权竞争中获胜的 C. C. 波利亚科夫报价明显低于之前建成铁路单位成本。[③] 但是低成本不一定意味着投资效益的提高和承租人收入的降低。相反，这一制度为营私舞弊营造了机会。

　　1870 年 12 月 26 日上谕确定了新的承租规则，该规则没再提起竞争原则。铁路建设成本应在发布承租合同前由交通部根据勘测确定。此外，新制度强调铁路企业的股份制特性。铁路公司章程应该在发布承租合同前获批。承租合同不是发给某个企业家，而是股份公司。[④]

　　1873 年 3 月 30 日，沙皇批准了交通大臣提出的组建铁路公司的新规。新规则规定：应由国库出资勘测新路线；交通大臣应每年向大臣委员会提交准备投建铁路计划；不必仅仅依靠承租一种形式修建铁路，还可以使用国库资金。[⑤] 1873 年规则中还有一个重点，即在组建新股份公司时，规定了吸引小股东以及防止大股份过分集中的措施。[⑥] 国家财政困难、铁路基金空虚迫使沙皇政府从 1876 年起停止发布新的铁路承租合同。1866—1880 年，政府共向私营铁路公司发布 52 份承租合同，长度达 1.5 万俄里；组建了 43 个铁路股份公司，总资本达 12.5 亿卢布。[⑦]

[①] Соловьева А. М., Железнодорожный транспорт России во второй половине XIX в. С. 100.

[②] Слепнев И. Н., Предпринимательство в сфере железнодорожного транспорта в XIX веке. // История предпринимательства в России. Книга 2. вторая половина XIX – начало XX века. М., РОССПЭН, 2000. С. 147; Соловьева А. М., Железнодорожный транспорт России во второй половине XIX в. С. 108.

[③] Слепнев И. Н., Предпринимательство в сфере железнодорожного транспорта в XIX веке. С. 148.

[④] Министерство финансов 1802–1902. Ч. 1. С. 577.

[⑤] Там же. С. 578.

[⑥] Слепнев И. Н., Предпринимательство в сфере железнодорожного транспорта в XIX веке. С. 148.

[⑦] Соловьева А. М., Железнодорожный транспорт России во второй половине XIX в. С. 105.

1866 年 П. 冯·杰尔维斯与 K. 冯·麦克和御前大臣、国务会议成员 С. А. 多尔戈鲁科夫公爵一起从政府获得建设 440 俄里的库尔斯克—基辅铁路的承租合同。在起草这个承租合同条款时，实际上沙皇政府是主要出资人，用国库资金以英镑发行 1875 万银卢布债券，国家股份占总资本的 3/4。公司创办者股份为 3750 股，价值 235 万卢布。[①] 库尔斯克—基辅铁路的建设权按 2375 万银卢布批发价转给创办者。建设成本增加到 6.4 万卢布/俄里，[②] 而实际建设成本为 4 万卢布/俄里，优惠的承租条件让承租人从国库盈利近 600 万卢布。[③]

超高利润使俄国所有社会阶层都骚动起来。皇室成员和背后有政权高层支持、与西方金融界有联系的显贵们纷纷参与铁路建设。国家官员、退伍军人、律师、大地主和商人都千方百计地加入铁路业。仅 1866—1870 年就成立 34 家股份公司，几乎是上一个铁路股份公司成立期的 3 倍。[④] 利用高层对自己的支持，铁路业代表们成为俄国企业界的领袖。С. С. 波利亚科夫、П. И. 古柏宁、В. А. 科科列夫、И. С. 波利欧赫、П. 冯·杰尔维斯、K. 冯·麦克等人被冠以"铁路大王"封号。

三 私营铁路企业的经营活动

应该说，П. 冯·杰尔维斯在 1866 年建设梁赞—科兹洛夫铁路时开启了铁路热时代。修建这条铁路给他带来了惊人的利润。他后来拿出大笔资金资助文艺事业，维持了良好的企业家形象。С. Ю. 维特在回忆录中也提到这一点。他讲了一个在上流社会广泛流传的故事：П. 冯·杰尔维斯拒绝了 K. 冯·麦克邀他参与承租建设利巴瓦—罗缅斯克铁路的请求。维特表示，"他不是那种一旦赚取财富就开始冒险的傻

---

① Соловьева А. М., Железнодорожный транспорт России во второй половине XIX в. С. 102.

② Там же. С. 100.

③ Погребинский А. П., Строительство железных дорог в пореформенной России и финансовая политика царизма（60—90-е годы XIX в.）//Исторические записки, Т. 47. М., 1954. С. 154—155.

④ Слепнев И. Н., Предпринимательство в сфере железнодорожного транспорта в XIX веке. С. 139.

瓜；他现在拥有的百万财富对他来说已经足够了，因此，他更偏爱像米西奈斯那样过日子"（米西奈斯，古罗马财主名，指文艺资助者——作者注）。① 这个小插曲说明，为了炒作第一轮铁路热潮，有意识地塑造一个成功企业家的形象是有好处的。了解到政府对待私营企业态度的转变，不惧风险采取行动的 п. 冯·杰尔维斯成为短期致富的典型，鼓励和传播企业家创业精神的榜样。在政府精心策划下，这次行动②取得了巨大成功，俄国社会中尚未显露出来的创业精神得以释放，以循规蹈矩的方法和手段致富的观念束缚被打破：官员遵照彼得大帝时期的官阶表升迁的正统思想几乎过时，循序渐进积累不动产的理想开始动摇。把钱和贵重物品存放在国家银行或祖传的大柜子里已经不是将来获得稳定和信心的唯一方式。

　　农民出身的 п. и. 古柏宁是俄国投机热时代的一个标志。他的履历凸显了他作为一个成功的铁路商人的许多特征。③ 早在 1848 年铺设莫斯科—布列斯特公路时他就取得了承包道路建设工程的经验。但 19 世纪60—70 年代才是他的辉煌时期。在个人创业极其活跃、铁路业发展突飞猛进的情况下，п. и. 古柏宁丰富的建设经验和组织技能正好派上用场。这些经验和技能与他的各种社会关系一起，为古柏宁的公司提供助力。60年代末，古柏宁取得了建设莫斯科—库尔斯克、格里亚季—察里津和波罗的海铁路的工程承包合同。同时，他开始尝试加入承租人行列，以自己的名义取得承租合同。但他在参与建设权的竞争中，尤其是库尔斯克—哈尔科夫和斯摩棱斯克铁路的竞争中落败。继而，古柏宁把主要力量放在了铁路线的设计和勘察上。

　　1868 年 7 月，在奥廖尔地方自治局承包的奥廖尔—维捷布斯克铁路完工前不久，古柏宁与合伙人退役中校工程师 т. л. 萨多夫斯基给交通大臣 п. п. 梅利尼科夫发电报，请求允许他们在布列斯特市和奥廖尔—维捷布斯克铁路之间进行勘察。因政府在战略上非常重要的西部地区有自己的

---

① Витте С. Ю. , Воспоминания. Т. 1. М. , 1960. С. 122.

② Кислинский Н. А. , Наша железнодорожная политика по документам архива Комитета министров. Т. I . С. 162.

③ Отечественная история. Энциклопедия. Т. 1. М. , 1994. С. 654-655.

设想，申请被搁置。1869 年，古柏宁通过新任交通大臣 B. A. 博布林斯基伯爵，请求沙皇批准进行从阿克萨依或从顿河畔罗斯托夫到弗拉季高加索段的勘测。7 月中旬获得许可后，他派出了以军事工程师 B. И. 罗曼诺夫为首的几个工程技术人员，在这年秋天沿罗斯托夫、皮亚季戈尔斯克、弗拉季高加索、斯塔夫罗波尔、库班河上的梯弗里斯站和里海的彼得罗夫港一线进行勘察。1870 年 6 月初，又通过交通大臣博布林斯基伯爵请准对彼得罗夫斯克至巴库（或里海南部其他合适的地点）进行补充勘察，并对弗拉季高加索至梯弗里斯的区域进行研究。但古柏宁未获得建设所谓"高加索铁路网"的承租合同。

几乎与请准在北高加索进行勘察的同时，古柏宁决定与大地主 H. Д. 波罗格夫斯基一起参加从弗拉季高加索到穆罗姆的勘察工程。1869 年 8 月末得到了批准。

1869 年 11 月，古柏宁与 Э. A. 乌赫托姆斯基公爵、十等文官 B. M. 热姆丘什尼科夫合伙申请勘察从巴斯坤恰克盐湖到伏尔加河路段，他预测这条运盐铁路将有更大利润。1870 年 1 月末，申请获批。

60 年代末古柏宁事业的明显提升与资本市场在这段时间异常活跃的总体趋势有关。由于希望获取当时的超高利息，投资者甚至争先恐后购买政府不担保的铁路、银行、运输、保险和其他企业股票。在交易市场上，这些证券的行情常常是发行价的 1.5 倍。投机猖獗导致 1869 年秋季交易崩盘，出现交易恐慌，政府不担保的铁路股票价格急剧下跌，铁路企业经营活动的条件恶化。

尽管证券交易市场混乱不堪，古柏宁仍不断申请获得新铁路的勘测权。1870 年 6 月，他获准勘测连接亚速和罗斯托夫—沃罗涅日铁路线路的权利，同时获准勘测从彼得堡—华沙铁路的兰德瓦洛夫站经明斯克、戈梅里、罗姆内、科列缅丘克到尼古拉耶夫的铁路线路（含到波尔塔瓦市和洛佐瓦亚站的支线）。9 月初，允许他对格里亚季—察里津铁路的一个站点到塞瓦斯托波尔方向进行勘测。1871 年 8 月，允许他一方面从罗姆内（波尔塔瓦省的县级中心城市），另一方面从洛佐瓦亚—塞瓦斯托波尔铁路，沿连接哈尔科夫—科列缅丘克铁路一线进行勘察。此前，政府批准了古柏宁创立的洛佐瓦亚—塞瓦斯托波尔铁路股份公司章程。由于资本市场条件变化，政府被迫不仅对这条铁路的债券收益进行担保，还担保股份资本收益。实际上，古柏宁拿到勘察许可的线路并没有都真正建起铁路。他也并没有勘测和设计所有获批的线路。[①] 古柏宁之所以热衷于进行各个线路的勘测，就是希望在承租竞争时具有一定的优势。但是以当时的承租条件来看，取得工程勘测许可并不是取得承租合同的有利条件，他无权要求国库对产生的费用进行补偿。古柏宁不惜重金先期勘测，还是因为一旦获得铁路承租权即可赚得盆满钵满，根本不必计较这点勘测的损失。

铁路建设过程中拨款难、铁路建成后收入降低以及欠国家的债务增加致使 19 世纪 70 年代中期新铁路建设速度逐渐放缓。古柏宁在 1878 年建成的最后一条铁路是乌拉尔矿山铁路（彼尔姆至叶卡捷琳堡）。这条铁路被称为古柏宁铁路。这条铁路的铺设完成标志着俄国蓬勃发展的"承租体系"落幕。修建这条铁路，古柏宁亏损 500 多万卢布，事业状况急剧恶化。向国家银行贷款是维持公司状况的唯一途径。[②]

C. C. 波利亚科夫是另一个典型。波利亚科夫出身于马基列夫省靠近奥尔什城的一个并不富裕的手工业者家庭。最初他是个酒税包税人，后来承包运输莫斯科交通区公路建设材料。很快，他成功地谋到邮电大臣 И. М. 托尔斯泰伯爵名下的酿酒厂管理者的职位，伯爵同时也把附近几个邮政驿站承包给他。1865 年，C. C. 波利亚科夫向梁赞—科兹洛夫铁路的承租人 K. 冯·麦克供应建筑工人和建筑材料。1866 年，在邮电大臣 И. М. 托尔斯泰的协助下，C. C. 波利亚科夫取得科兹洛夫—沃罗涅日铁路承包权。表面上这条铁路的承租权给了沃罗涅日地方自治局，但波利亚科夫投入股份和债券资本，他自己留下大部分股票，并质押给柏林银行家以期保值。价值 50 万卢布的股份赠予 И. М. 托尔斯泰，作为对他从中协助的回报。[③]

---

① РГИА. Ф. 219. Оп. 1. Д. 6153, 6844, 7016, 7030, 7102, 7150, 7152, 7175, 7220.

② Гиндин И. Ф., Государственный банк и экономическая политика царского правительства（1861–1892 годы）. М., 1960. C. 291.

③ Соловьева А. М., Железнодорожный транспорт России во второй половине XIX в. C. 104.

　　后来，С.С.波利亚科夫成为大铁路批发承包商，一系列私营铁路公司的创立者、承租人和直接拥有者，其中包括库尔斯克—哈尔科夫—亚速、科兹洛夫—沃罗涅日—罗斯托夫、皇村、奥伦堡、法斯托夫铁路等。在其直接参与下建成的铁路线达9条，全长4000俄里。①

　　除了平民出身的企业家积极投身铁路建设，一些大官僚、宫廷显贵甚至沙皇本人都是铁路企业主、大股东。19世纪80—90年代的财政大臣А.А.阿巴斯、И.А.维什涅格拉德斯基、С.Ю.维特，国家银行经理Е.Н.拉曼斯基，御前大臣А.В.阿德列尔贝格，大臣委员会主席П.П.加加林公爵都是著名的铁路活动家。

　　大臣委员会事务主管А.Н.库洛姆金在回忆录中写道，为了取得铁路承租权，"宫廷施加了影响，他们常常为了大笔钱财而出卖别人。如，一个众所周知的人物（暗指Е.И.拉曼斯基），以前我一直以为他是忠诚的战士，可他积极利用自己的官方地位暗中交易。不久前，他和资本家们一起加入公司，以80戈比的价格提前买下一个铁路公司还没有发行的价值1卢布的股票，然后连本带利卖出，资本家们给了钱，而拉氏（拉曼斯基）是赊账。通过这样的操作，他们在5个月内，利润翻了1番。显然，这个人没有铁路建设所需的上百万卢布，为什么所有公司都邀请他入股？显然是因为他的地位"。②

　　1868年，埃斯特兰省首席贵族巴列恩男爵和Е.И.拉曼斯基获得波罗的海铁路的承租权。同一年，哈尔科夫—科列缅丘克铁路的租让合同给了皇室侍从长А.А.阿巴扎和К.К.温甘伦-施特恩贝格男爵。③ А.И.杰尔维科写道，铁路公司创始人А.А.阿巴扎之所以选中科列缅丘克方向，是"希望满足叶莲娜·巴甫洛夫娜公爵夫人的愿望，他是她的侍从长和情夫。公爵夫人的大块领地靠近这个方向"。④

　　俄国国家机关不仅无法遏制掠夺和盗窃国家财产的行为，其本身也充

---

① Соловьева А.М., Железнодорожный транспорт России во второй половине XIX в. С.104.

② ЦГАОР СССР，Ф.567，Оп.1，Д.192，Л.23-24；Соловьева А.М.，Железнодорожный транспорт в России во второй половине XIX в. С.104.

③ ЦГИА СССР，Ф.268，Оп.1，Д.73.

④ Дельвиг А.И.，Полвека русской жизни，Т.Ⅱ.С.252-253.

斥着贪污腐化。A. И. 杰尔维科指出，宫廷中暗藏的贵族庇护人从铁路公司创办人那里拿到的贿赂达 4000 卢布/俄里，[①] 造就了中介阶层的百万富翁。

在实行"承租体系"初期，铁路企业即承租人自己进行铁路预算和路线勘察。这种做法会导致铁路预算被抬高。政府允许铁路公司在海外发行债券，这也造成激烈的竞争和投机行为，国外证券交易所里铁路债券的牌价急剧下跌。

从 1871 年起，政府试图在铁路建设的预算上进行监督。为了减少铁路基金付款，交通部对未来要建设的铁路预算进行审查，然后将其提交给承租人。通过招标方式进行的竞争体系又一次被取消。交通大臣有权独立选择承租人。国家"节约"建设预算的政策并不成功。铁路大亨们继续从所谓的节约中赚取巨额利润。其秘密在于，必须在承建合同到期前通过直接收买交通部官员的方式使铁路开始运行，那样，所有未完工的工程就可以靠运营资金进行建设。而刚刚建成的线路通常没有铁路运营所必需的流通资金，于是未完工的所有工程都靠新的国家贷款进行。

交通大臣 A. П. 博布林斯基在 1873 年 2 月 28 日的奏折中描绘了铁路承租企业投机的后果。他写道，铁路公司创立人的行动计划是，"为了企业的利益，一点不支出，或几乎一点也不支出就能从政府搞到成立股份公司的委托，然后，并不真正成立公司，只是宣告公司成立，在不支付股金的情况下把所有或大部分股份登记到自己或自己亲属的名下。之后，创立人在他们的亲属当中组建董事会，成为完全没有监督的事业管理者，他们靠建设时偷工减料、给工人少得可怜的薪水、夸大运营支出发财致富"。交通大臣不得不承认，"许多铁路公司都是虚假的，这些铁路公司下辖的商号也是伪造的；董事会不是真实的；股东是假冒的；股份是虚假的，而交通部被迫成为法定形式掩盖下但违背政府、企业和国家宗旨的一系列行为的见证人。当法定形式不足以掩盖铁路公司创立人的不法行为，当公众、司法机关揭发这种情况的危险性、对国家

贷款和铁路企业百害而无一利时，为避免张扬出去，政府被迫寻求一些特别的解决办法，这对国库是极其沉重的负担，但有助于铁路公司创立人消除不法行为的后果"。①

亚历山大二世本人并不厌恶贿赂，这些贿赂主要进了他的情妇 E. M. 多尔戈鲁卡娅—尤里耶夫斯卡娅公爵夫人及其亲戚的腰包。如，兰德瓦洛沃—罗缅斯克铁路因 300 万卢布贿赂承包给了 E. 多尔戈鲁基、M. 多尔戈鲁基以及 K. 冯·麦克，而洛佐瓦亚—塞瓦斯托波尔铁路则因 400 万卢布贿赂承租给了 П. И. 古柏宁。同时，沙皇同意政府为古柏宁提供整个建设资本担保。莫尔尚斯克—塞兹兰铁路（500 俄里）未经招标给了坦波夫首席贵族 С. Д. 巴适马科夫，皇后的兄弟 A. 格森-达尔姆施塔茨基公爵作为幕后承租人参与其中。②

著名铁路工程师，俄国多条铁路的技术领导者 A. И. 杰尔维科在回忆录中提到了上述内容。他还提到，1871 年在批准兰德瓦洛沃—罗缅斯克铁路承租权时，亚历山大二世就为自己的情妇向承租人 K. 冯·麦克提出要一大笔钱。杰尔维科不好意思地写道："沙皇本人都参与的这些舞弊行为，非常肮脏。我认为，俄国至少有那么一个人，就其地位来说，不可能是受贿者，但我失望了。"③ 杰尔维科同时指出："如果把承租权交给有庇护人的承租人（他需要向庇护人交纳上百万卢布，因而承租人也向企业索取这些钱财），为什么坚持用俄国政府的工程师勘察，为什么以不同寻常的难度计算出铁路的造价呢？显然，即使再高的造价，铁路也没有收益，反而要求政府追加担保金，对于国库来说，这是个负担，而在资本家的眼里，俄国铁路正失去它的意义。"④

同时，亚历山大二世私下里也是俄国铁路总公司及里加—迪纳堡铁路、波季—第比利斯铁路、科兹洛夫—沃罗涅日铁路、迪纳堡—维捷布斯克铁路等一系列铁路的大股东，他还掌握着铁路公司的大量债券，总额超

---

① Кислинский Н. А., Наша железнодорожная политика по документам архива Комитета министров. Т. II. С. 130.

② Дельвиг А. И., Полвека русской жизни, Т. II. С. 339, 460.

③ Там же. С. 461.

④ Там же. С. 427-428.

过 700 万卢布。① 军事大臣 Д. A. 米留金在日记中痛苦地写道："只剩下惊异，作为 8000 万人口的一国君主，竟能与朴素的、最基本的诚实和无私原则如此格格不入。"②

其他铁路企业主的活动在此不能一一赘述。19 世纪 60—70 年代，铁路大亨们可谓风光无限。由于拥有强大的关系网，他们能对政府的重大任命施加影响。由于不想受幕后游戏规则辖制，交通大臣 B. A. 博布林斯基被迫在 1871 年发布铁路承租合同时退休。继任交通大臣 K. H. 波西耶特因主张维护铁路交通中的国家利益，强化政府对私营公司商业活动的监管，遭到铁路大亨们的幕后倾轧，但 K. H. 波西耶特最终总算保住了自己的位子。

铁路大亨们利用自己的财富赞助科学艺术事业。对于那些出身不甚高贵的企业家来说，这是使自己巨额"灰色"甚至"黑色"收入合法化、提高自己社会威望、满足虚荣心的好方法。

至 19 世纪 70 年代中期，在欧俄形成以莫斯科为中心长达 20000 多俄里的铁路网，欧俄 45% 以上的疆域都在铁路的运营范围内。③ 铁路成为国家发展不可或缺的因素。俄国私营铁路企业形成和发展中的一个典型特点是有政府的扶持。与西方国家不同，俄国私人资本积累严重不足。离开政府对投资收益的可靠担保，俄国不可能快速建设铁路网。

第二节　公私混合建设模式

公私混合建设模式就是国家和私营铁路公司共同完成铁路建设的模式。采取这一模式的前提是国家政治局势稳定、经济繁荣。否则，国内外银行资本和私人资本就不会投入铁路业。1890 年初，在铁路进行财政监督和运费改革之后，政界提出了私营铁路进一步发展问题。财政大臣

---

① ЦГАОР СССР，Ф. 551，Оп. 1，Д. 105，Л. 1-5. 1880 年末，350 万卢布从亚历山大二世的个人基金转入国家银行 E. M. 尤里耶夫斯卡娅大公爵夫人的名下。

② Милютин Д. A.，Дневник Милютина Д. A. 1873-1875. T. 1. M.，1947，C. 162.

③ Соловьева A. M.，Железнодорожный транспорт России во второй половине XIX в. C. 120.

И. А. 维什涅格拉德斯基在自己的无赤字国家预算奋斗计划方案中制定了私营铁路进一步发展的前景规划。财政大臣把必须广泛发展私营铁路建设的问题同吸引外国资本以支持俄国在国际市场收支平衡的传统问题联系起来。铁路事务司司长 С. Ю. 维特直接制订了这个计划。维特在自己制定的《铁路货物运输运费细则》中发展了在俄国建立强化的铁路公司系统思想，其核心要义就是国家深度参与铁路公司的财经活动。他在细则中写道："调和铁路公司间竞争的最合理措施就是把铁路网拆分成经济独立的几组，其中每组由同一个企业主经营……政府必须加以推动，倡导比较有影响力的铁路公司组织此事。"①

1891 年初，И. А. 维什涅格拉德斯基写信给交通大臣，阐述自己的强化私营铁路计划，"俄国铁路网的经营经验显示，只有把它们合并成大的、成功选定的集团或网络才可能盈利"。②

1891 年，维什涅格拉德斯基和维特制定了名为《改造某些现在盈利的铁路公司并由它们承建长距离新线路》的方案。③ 这一方案的实质是，几个强化的铁路公司有权发行担保债券建设额外的新线路，通过这种方式扩展自己的企业规模。股份资本仍然不变，但股东有机会获得参股资本几倍的纯收入利息。方案还规定，国家应直接参与私营铁路公司的利润分配。

90 年代初，在进一步发展私营铁路网的细则问题上，政府官僚各持己见。阵营内存在两个主要派别，代表了优势阶级个别阶层的想法。交通大臣 А. Я. 鸠别涅特和国务会议中的一些贵族成员反对维什涅格拉德斯基和维特的方案。他们坚决要把俄国所有铁路集中在国家领导之下。交通大臣认为，应绝对按军事战略意图进一步开展铁路建设，应通过建设一些通往主线的支线来严格限制俄国南部和扎沃尔日耶经济铁路的建设。④ 在官僚长期对立的过程中，维什涅格拉德斯基和维特的方案因更加灵活而逐渐

---

① Витте С. Ю., Принципы железнодорожных тарифов на перевозку грузов. Киев, 1888, С. 183–185.

② ЦГИА СССР, Ф. 268, Оп. 3, Д. 300, Л. 19.

③ Там же, Д. 286, Л. 81–104, 136–141.

④ ЦГИА СССР, Ф. 268, Оп. 3, Д. 303, Л. 211–213.

占上风，他们试图在俄国的新资本主义时代加强地主、与国际资本有关联的大资产阶级的经济联盟。

1891 年 3 月和 12 月，为调和官僚们在铁路问题上的分歧，维什涅格拉德斯基在特别会议上提出了制胜的重要论据，即必须利用私营铁路建设吸引国外贷款，而用国内预算资金在亚洲地区建设国营铁路。[①] 1892 年 1 月 11 日，沙皇批准了维什涅格拉德斯基和维特的方案。私营铁路公司建设和经营铁路的新政获得最终批准。A. Я. 鸠别涅特被迫下台，维特接任交通大臣，半年后，即 1892 年 8 月，维特替代维什涅格拉德斯基当上了财政大臣。著名的廷臣和投机人 A. K. 克里沃舍因被任命为交通大臣，他因 1895 年投机丑闻被免职，执行维特政策的铁路活动家 M. И. 希尔科夫接任交通大臣一职。

从 1892 年起，维特在本格和维什涅格拉德斯基多年准备的基础上，成功完成货币改革，卢布牌价趋于稳定。为发展民族经济，维特倡导大力引进外资、兴修铁路等政策。19 世纪 60—70 年代铁路建设的"承租体系"存在很大缺陷，尤其是私营铁路公司对铁路的所有权和经营权极大地损害了国家利益。为此，维特提出公私混合修建铁路的模式。

一　公私混合修建模式的特征

维特的经济政策给俄国铁路业带来新动力。维特担任过西南铁路公司总经理、财政部铁路司司长，与维什涅格拉德斯基一起制定铁路运价改革方案，因此他更清楚交通对于一个幅员辽阔国家的经济意义。大量的工业订单和大规模铁路建设是俄国 90 年代工业化的基础。扩大铁路网，把最重要的铁路集中在国家手里，私营铁路建设服从国家领导是维特铁路政策的最重要任务。90 年代经济高涨时期，俄国经济开始步入垄断资本主义时代。

铁路交通领域内，私营铁路股份公司通过强强联合，完成了生产和资本集中过程。铁路垄断的形成不仅仅是因为私营铁路股份公司的联合，更主要的原因是政府急需扩大铁路网的修建。在维特担任财政大臣期间，俄

[①]　ЦГИА СССР, Ф. 219, Оп. 1, Д. 9633, Л. 195–226.

国铁路网的长度几乎增加 1 倍，从 2.91 万俄里增加到 5.42 万俄里。在 2.5 万俄里建成的铁路中，有 1.09 万俄里是由俄国政府出资修建的。[①] 俄国政府为吸引资本家加入铁路建设做出了很多努力，在为他们发行的债券提供担保的同时，还给予资本家一系列优惠。私营铁路公司通过合并、与金融资本融合等方式，逐渐形成莫斯科—喀山、梁赞—乌拉尔、弗拉季高加索、莫斯科—基辅—沃罗涅日、莫斯科—温道—雷宾斯克、华沙—维也纳、莫斯科—雅罗斯拉夫尔—阿尔汉格尔斯克和东南铁路公司 8 大铁路垄断集团。

　　19 世纪 90 年代，国家支持铁路垄断企业形成的主要目的是开辟收入来源。因此这些公司在扩张时，其章程中纳入了国家在扣除担保股票利息（8%—18%）后有权参与利润分配的新条款。在一些铁路公司（弗拉季高加索、梁赞—乌拉尔和莫斯科—温道—雷宾斯克铁路公司），大股东是国家（股权达 30%），[②] 这使沙皇政府有机会对这些企业活动产生积极影响。在确定铁路公司利润时，财政部铁路司股息委员会具有决定性作用，私营铁路公司所有董事会的代表都是委员会成员。

　　俄国政府的官方文件中指出，19 世纪 90 年代俄国一些铁路公司中"国营和私营两个铁路经营体系间的明显界限消失。两个体系间的区别仅在于，在建设和经营国营铁路时政府直接敦促相关部门完成自己的任务；而在私营铁路公司经营某条线路和进行收购时，国家责成选出的代理人履行企业职责，此时他们不是独立的管理者，似乎是政府的承包人，他们不仅对每个私营铁路公司的活动进行跟踪，而且参与企业的利润分配"。[③]

　　第一次铁路热时期，铁路公司资本以私人股份资本金和在国外发行债券募集的资金为主，本国银行资本并未涉足该领域。19 世纪 90 年代，私营铁路股份公司不再只由个别资本家所控制，本国一些商业银行也参与其

---

①　Мартынов С. Д.，Государство и экономика. Система Витте. С. 225.

②　Соловьева А. М.，Железнодорожный транспорт России во второй половине XIX в. С. 248.

③　Кислинский Н. А.，Наша железнодорожная политика по документам архива Комитета министров. Т. III. С. 323.

管理。银行资本与私人资本融合，并通过这种方式实现对私营铁路修建和经营的垄断，这是该时期的典型特征。如弗拉季高加索铁路股份公司股东就包括彼得堡国际银行和伏尔加—卡马银行。莫斯科—温道—雷宾斯克铁路股份公司股东包含彼得堡国际银行、彼得堡贴现信贷银行和俄国对外贸易银行。莫斯科—喀山铁路公司股东包括彼得堡—亚速银行和莫斯科土地银行。莫斯科—基辅—沃罗涅日铁路股份公司的股东有彼得堡国际银行、彼得堡贴现信贷银行、伏尔加—卡马银行和莫斯科贴现银行。俄国工商银行和彼得堡国际银行参与梁赞—乌拉尔铁路股份公司的管理。参与东南铁路股份公司管理的银行包括彼得堡国际银行、伏尔加—卡马银行和俄国工商银行。银行资本流入铁路公司是垄断形成的重要基础。1900 年前弗拉季高加索铁路公司持有的铁路债券和股票为 1.338 亿卢布，莫斯科—喀山、梁赞—乌拉尔、莫斯科—基辅—沃罗涅日、莫斯科—温道—雷宾斯克和东南铁路股份公司的铁路债券和股票分别为 1.283 亿、1.853 亿、0.943 亿、1.811 亿和 2.297 亿卢布。[①]

二 公私混合建设模式的规模

铁路垄断不仅仅是通过部分私营铁路合并、取得国营铁路长期租赁权获得的，主要还是靠广建新铁路实现。为扩大这些铁路企业的规模，沙皇政府给予它们在欧俄某些经济区建设和经营铁路线的垄断权。为扩展私营铁路物流业务来增加其收入，新铁路建设计划规定从莫斯科工业区向黑海、亚速海、里海和波罗的海出口港建设贯通的交通大干线。

19 世纪 90 年代中期，俄国政府强行按铁路交通影响范围划分公司管辖区域，即北高加索地区为弗拉季高加索铁路公司，西北地区和伏尔加河上游地区是莫斯科—温道—雷宾斯克铁路公司，伏尔加河中下游地区是莫斯科—喀山铁路公司和梁赞—乌拉尔铁路公司，俄国南部和东南部是莫斯科—基辅—沃罗涅日和东南铁路公司，波兰地区是华沙—维也纳铁路公司，俄国北方地区则是莫斯科—雅罗斯拉夫尔—阿尔汉格尔斯克铁路公

---

① Соловьева А. М., Железнодорожный транспорт России во второй половине XIX в. С. 252-253.

司。至 1902 年，运营的 17759 俄里私营铁路中，15360 俄里属于这 7 家铁路公司（1900 年被收归国营的莫斯科—雅罗斯拉夫尔—阿尔汉格尔斯克铁路公司除外）。[①]

19 世纪 90 年代，弗拉季高加索铁路股份公司是最大的垄断铁路公司。该公司新铺设铁路线 1400 俄里，主要集中在北高加索地区和里海沿岸，包括季霍列茨克—察里津铁路、彼得罗夫港铁路、高加索—叶卡捷琳诺达尔—斯塔夫罗波尔铁路、巴拉贾雷铁路等。至 1900 年，该公司拥有的铁路达到了 2126 俄里。[②] 在北高加索、黑海、里海和伏尔加河沿岸部分地区拥有密集铁路网的弗拉季高加索铁路成为俄国欧洲部分到外高加索的关键通道。这个铁路垄断公司不仅靠经营铁路获利，还靠控制北高加索地区的主要经济部门获取丰厚的利润。公司建立了完整的配套企业系统，因而弗拉季高加索铁路的物流快速发展。1885—1905 年的 20 年里，该铁路的物流总量几乎增加了 9 倍，粮食运输量增加了 4 倍。粮食主要发往新罗西斯克，在新罗西斯克港建立了美式大粮仓，仓储量为300 万普特粮食，使用机械装卸。这一时期，按仓储量和设备情况，新罗西斯克粮仓是欧洲最大的现代化粮仓。此外，弗拉季高加索铁路公司还在新罗西斯克建了几个储量为 700 万普特的大型谷仓和 5 个海运码头（其中 2 个是运输粮食的），有 5 条输油管和仓储量达 500 万普特的石油码头。[③] 同时在铁路的 7 个重要中转站（季霍列茨克、斯塔尼奇、阿尔马维尔等）还建了总容量为 1100 万普特的谷仓。公司还组建了水产品收购办事处。弗拉季高加索铁路公司的鱼从杰尔宾特运到内陆省份和国外销售。[④]

1894 年，别斯兰—彼得罗夫斯克铁路建成和彼得罗夫斯克港口装备完成后，开辟了一个通向黑海的巴库石油出口。同时，这条线路的建设推

① Министерство финансов 1802–1902. Часть 2. С. 577.

② Соловьева А. М. , Железнодорожный транспорт России во второй половине XIX в. С. 238.

③ Куприянова Л. В. , Новороссийский порт и Владикавказская железная дорога в пореформенный период. //Исторические записки, Т. 78. М. , 1963, С. 297.

④ Соловьева А. М. , Железнодорожный транспорт России во второй половине XIX в. С. 239.

动了北高加索地区石油工业的巨大发展。弗拉季高加索铁路公司在格罗兹尼石油产区集中展开了石油生产活动。弗拉季高加索铁路垄断公司成为最大的石油出口商之一。90 年代，公司建成了一整套输油管、储油池网络，建立了运油舰队，并在格罗兹尼市建成了自己的炼油厂。① 弗拉季高加索铁路线上有三个机车和车厢修配厂，几个机车库，有 25000 多人在那里工作。

弗拉季高加索铁路垄断公司的收入快速增长。1887—1900 年，其纯收入增加了 4.5 倍，从 200 万卢布增加到 1100 万卢布。② 弗拉季高加索铁路公司的扩张是靠债券实现的。90 年代，公司在国外金融市场发行了总值为 1.03 亿卢布的债券。1900 年，公司的担保债券资本为 1.252 亿卢布，而股份资本仅为 860 万卢布，或者说占总资本的 6.4%。股东每年都能获得纯收入 10%—18% 的红利，这已经是参股资本的好几倍。90 年代末，公司的股息达到了股票票面价格的 20%—30%。皇室成员和宫廷贵族都是这家铁路公司的股东。③

另一个实力不菲的公司是梁赞—乌拉尔铁路公司。19 世纪 90 年代，该公司新修铁路增长近 10 倍，主要集中在伏尔加河中下游地区。包括勒季谢沃—奔萨铁路、坦波夫—卡梅申铁路、丹科夫—斯摩棱斯克铁路等，至 90 年代末公司掌管铁路超过 3600 俄里。④

梁赞—乌拉尔铁路公司的铁路网成为俄国粮食出口最重要的交通大动脉。除了建设新线路，这家公司还大规模开展商业活动。为了扩

---

① Журавлев В. В. , Общество Владикавказской железной дороги и развитие нефтепромышленности на Северном Кавказе. //Ученые записки МГПИ им. Ленина, № 211. М. , 1964.

② Отчеты правления по эксплуатации Владикавказской железной дороги за 1887 - 1900. СПб. , 1888-1901.

③ Статистические сборники Министерства путей сообщения за 1891 и 1990 . СПб. , 1893 и 1902；Список личного состава центральных управлений частных железных дорог. СПб. , 1894；Сведения о железных дорогах, составленных Департаментом железной отчетности Государственного контроля за 1892 и 1900.

④ Статистические сборники Министерства путей сообщения за 1891 и 1990. СПб. , 1893 и 1902；Список личного состава центральных управлений частных железных дорог. СПб. , 1894；Сведения о железных дорогах, составленных Департаментом железной отчетности Государственного контроля за 1892 и 1900.

大铁路物流周转，该公司建立了一系列配套企业。在许多车站都建了现代化的粮仓、货栈、锯木厂、盐厂、炼油厂和石油仓库等。公司组建了含有几十条轮船、蒸汽轮渡、货运驳船、破冰船和运输机械设备的码头。1898 年，梁赞—乌拉尔铁路公司总共有 26 个容量 680 万普特的谷仓，10 个容量为 600 万普特的粮仓。① 90 年代，该铁路的粮食运输占货物运输总量的 1/3。公司还利用经营支出广泛发放粮食贷款，在彼得堡、莫斯科、里加、利巴瓦、华沙、雷瓦尔和伯克洛夫斯克开了 7 个商务代办处销售粮食。

90 年代末，梁赞—乌拉尔铁路公司与石油垄断组织 "诺贝尔兄弟" 公司签订了在莫斯科—巴维列茨铁路线的莫斯科站供应油罐车和建立石油仓库的协议。② 梁赞—乌拉尔铁路还在坦波夫建立了车厢修配厂。在萨拉托夫和科兹洛夫建有机车修配厂。

梁赞—乌拉尔铁路公司主要靠国外发行债券进行铁路建设和发展配套企业。1900 年，公司的债券资本达 1.827 亿卢布，而股份资本仅为 260 万卢布，或占总资本的 1.4%。在经营的前五年，这家铁路垄断公司的股东获利丰厚，达纯收入的 18%—20%，实际上这也耗掉了铁路建设资金和周转资金。从 1897 年起，公司欠国家的担保金急剧增加，到 1901 年达 2550 万卢布。③

19 世纪 90 年代俄国第三大铁路垄断公司是莫斯科—喀山铁路公司。十年内该公司铁路网从最初的 243 俄里增长到 1673 俄里，④ 主要集中在伏尔加河中游地区，包括梁赞—喀山铁路、鲁扎耶夫卡—奔萨—塞兹兰—巴特拉齐铁路、因扎—辛比尔斯克铁路、季米利亚泽夫—下诺夫哥罗德铁路。铁路网覆盖了欧俄中部人口稠密的工业区。为了广泛开展粮食贸易，在莫斯科、梁赞、克罗姆纳、扎莱斯克建立了 4 个大型机械化粮仓，在奔

---

① Вся Россия. СПб., 1899. С. 369.

② ЦГАМ Ф. 355, Оп. 3, Д. 100, Л. 1–3.

③ Петров Н., Финансовое положение русской железнодорожной сети. СПб., 1909, С. 114.

④ Статистические сборники Министерства путей сообщения за 1891 и 1990. СПб., 1893 и 1902; Список личного состава центральных управлений частных железных дорог. СПб., 1894; Сведения о железных дорогах, составленных Департаментом железной отчетности Государственного контроля за 1892 и 1900.

萨、喀山、坦波夫和辛比尔斯克省建立了一系列车站粮库。[①]

1900 年，莫斯科—喀山铁路公司的总资本为 1.184 亿卢布债券和 1000 万卢布股票，股份资本占总资本的 7.8%。这种资本比例保证了公司股东的稳固收益。90 年代，这家公司股东的股票红利高达 32%。[②] 而红利的获得，是以建设质量下降为代价的。

第四大铁路垄断公司为莫斯科—基辅—沃罗涅日铁路股份公司，该公司在 1891—1895 年组建。90 年代该公司铁路网扩大了 5 倍，达 2300 余俄里。[③] 公司修建和掌管的铁路包括库尔斯克—沃罗涅日、莫斯科—布良斯克、切尔尼戈夫—基辅—波尔塔瓦等主要干线。铁路建设资金主要依靠在国外发行债券获得。90 年代，债券资本金达 9430 万卢布，1900 年，股份资本金为 500 万卢布，或占资本总额的 5.0%。公司股票的红利不断上涨，达 25%—30%。[④]

1893 年，第五家铁路垄断公司——东南铁路公司组建。它由两个大型铁路公司格里亚季—察里津铁路公司和科兹洛夫—沃罗涅日—罗斯托夫铁路公司合并而成。顿涅茨克铁路和奥廖尔—格里亚季铁路的国营路段重新租给新建立起来的垄断铁路公司。东南铁路公司组建后，1800 俄里正在经营的线路进入公司序列，三条干线——东顿涅茨克铁路、哈尔科夫—巴拉舍沃铁路和耶列茨—瓦卢伊基铁路的开建，全长 1500 俄里。[⑤] 至 1900 年，公司控制铁路长达 3902 俄里。[⑥]

俄国本土资本家、金融家和法国银行参与了公司的改组。沙皇政府给他们一系列优惠来分配铁路未来收入。例如，财政大臣批准，为"避免工程延误"，这家铁路公司不必事先得到政府监督机构的建设造价审批。这个为合法盗窃国家财产提供更多机会的法案于 1893 年得到

①　Краткий очерк развития сети Общества Московско-Казанской железной дороги. М., 1913, С. 10-16.

②　ЦГИА СССР. Ф. 268, Оп. 3. Д. 288, 290.

③　Соловьева А. М., Железнодорожный транспорт России во второй половине ⅩⅨ в. С. 242.

④　Там же. С. 242.

⑤　Там же. С. 243.

⑥　Там же. С. 242.

了沙皇的批准。① 铁路大亨不需承担任何责任，通过直接掠夺建设资金就能获取巨额利润。东南铁路公司新铁路的修建靠债券资本展开。1893—1900 年，公司在国外和国内市场上共发行了金额为 1.5 亿卢布的债券。1900 年，公司的债券资本达 2.3 亿卢布，股份资本仅为 1170 万卢布，或为总资本的 5%。这家铁路垄断公司的大亨们以各种途径赚取额外利润。侵吞建设资金成为铁路大亨们获利的手段。1897 年，在检查公司董事会年度报告时，监察大臣发现，哈尔科夫—巴拉舍沃铁路线比最初的造价超支 33%。② 掠夺式经营最终导致这家铁路公司经营破产，请求国库拨付资金以"支撑"东南铁路公司新线路建设。同时，董事会采取了全面缩减经营支出的方针，这也致使铁路经营每况愈下，事故频发。政府铁路研究委员会的材料中指出，"在俄国所有的铁路公司中，东南铁路公司的机车状况最糟，35%的机车已经服役超过 25 年，28%的机车服役超过 40 年"。路况更加危险，"东南铁路轨道磨损严重，不适合机车在上面行走，经常出现轨道断裂"。③

出现在 90 年代的最后一个铁路垄断公司是 1895—1897 年建立的莫斯科—温道—雷宾斯克铁路股份公司。其建造的重要铁路包括莫斯科—温道、博洛戈耶—普斯科夫和彼得堡—维捷布斯克铁路，总长度近 2000 俄里。④ 当时，雷宾斯克—博洛戈耶铁路的大股东——彼得堡国际银行与彼得堡贴现和贷款银行的 А.Ю. 罗特施泰因和 Я.И. 乌基内向政府提出扩大铁路规模问题。他们制订了一个通过合并雷宾斯克—博洛戈耶铁路与波罗的海、普斯科夫—里加铁路的支线及建设到博洛戈耶站新线路的方式组建西北铁路公司的计划。⑤ 刚开始，沙皇政府搁置了这个方案，军界压倒性多数的意见是用国家资金有针对性地建设博洛戈耶—普斯科夫线路。

① ЦГИА СССР. Ф. 268，Оп. 3，Д. 367，Л. 230，246.
② Кислинский Н. А.，Наша железнодорожная политика по документам архива Комитета министров. Т. Ⅳ. СПб.，1902. С. 23.
③ Юго - Восточные железные дороги. Доклад в высочайше учрежденной Комиссии по обследованию железных дорог в России. СПб.，1909，С. 2-14.
④ Соловьева А. М.，Железнодорожный транспорт России во второй половине ⅩⅨ в. С. 245.
⑤ ЦГИА СССР，Ф. 626，Оп. 1，Д. 702，Л. 15-18.

但雷宾斯克—博洛戈耶铁路公司的铁路、银行大亨们并没有放弃。90年代初，这家公司扩大了自己在铁路辖区的工业活动。公司董事会与石油垄断公司诺贝尔兄弟公司密切接触，雷宾斯克成为伏尔加河上游地区最大的煤油和重油仓储点。沙皇政府内显赫廷臣的代理人 A. M. 顿杜科夫-科尔萨科夫公爵和 C. A. 斯特罗甘诺夫伯爵支持公司扩大和合并方案，他们对建设通向他们在普斯科夫省波尔霍沃市庄园的铁路支线感兴趣。① 1895 年中期，财政大臣推翻了国家收购雷宾斯克—博洛戈耶铁路的方案，支持铁路银行实业家的倡议。20 世纪初，经过不断扩张，这家最初只有 289 俄里铁路的小公司变成了实力强大的铁路垄断公司，辖下 7 条铁路总长度为 2400 俄里。在 1895—1900 年的五年中，这家垄断公司的铁路网增长了 7 倍多。②

莫斯科—温道—雷宾斯克铁路公司的铁路网把中心、西北和波罗的海地区，包括莫斯科、彼得堡、伏尔加河上的雷宾斯克和波罗的海上的温道港（文茨皮尔斯港）在内的广大铁路网连接成统一的通道。90 年代，这里建成了容量为 250 万普特粮食的大粮仓和一些机械装卸码头。从此，文茨皮尔斯贸易港成为俄国波罗的海最重要的港湾之一。铁路建成后，这个港口的货物周转率增长了 14 倍多。③

1900 年初，莫斯科—温道—雷宾斯克铁路公司成为俄国最大的金融资本企业之一。在这里劳动的工人和职员超过 3 万人。公司的固定资本近 1.95 亿卢布，债券资本占总资本的 93%，股份资本约占总资本的 7%。④ 每年股票红利增长达 15%—20%。同时，公司铁路银行大亨们的行为不受监督导致 20 世纪初建设资金大幅超支，公司欠国家的担保贷款不断增长。

① ЦГИА СССР，Ф. 268，Оп. 3，Д. 421，Л. 142-143.

② Соловьева А. М.，Железнодорожный транспорт России во второй половине XIX в. С. 246.

③ Очерк современного состояния и деятельности общества Московско - Виндавской железной дороги（1901-1906）. СПб.，1906，С. 15.

④ Статистические сборники Министерства путей сообщения за 1891 и 1990. СПб.，1893 и 1902；Список личного состава центральных управлений частных железных дорог. СПб.，1894；Сведения о железных дорогах，составленных Департаментом железной отчетности Государственного контроля за 1892 и 1900.

1900 年末，俄国共有 5.11 万俄里铁路，其中私营铁路占 1/3，即 1.7 万俄里。在我们所研究的范围内，上述 7 家铁路垄断公司占 1.62 万俄里，或者说几乎占俄国私营铁路网的 95%。[①] 90 年代，由于公司扩张，它们的铁路网长度增加了 3 倍。建成铁路的长度为 1.09 万俄里，而所租赁的国营铁路长 1100 俄里。[②]

19 世纪 90 年代，国家参与私营铁路事务的形式有了新特点。刚开始，财政大臣企图从合并的铁路企业中开辟国库收入来源。然而财政大臣借分配私营铁路公司利润来获取巨额收入的愿望落空。按 1908 年监察部汇总的数据，国库仅在 1896 年从私营铁路公司获得了 142.1 万卢布收入，而其他时间，1894—1901 年，国库追加的私营铁路担保金达 4892.4 万卢布。[③]

各大铁路公司信息详见表 2-1。

第三节　国营铁路建设模式

国家直接投资修建铁路始于 1842 年彼得堡—莫斯科铁路建设。19 世纪 60 年代初，由于俄国铁路总公司建设和经营失败，政府希望通过私人投资实现铁路网建设的计划落空，鲜有国内外私人资本投入俄国铁路业，因此，铁路建设模式不得不回归到国家直接出资上。在此期间，修建了莫斯科—库尔斯克、基辅—布列斯特、布列斯特—格列耶夫等铁路。1863—1869 年国家直接出资建成 1147 俄里铁路。[④] 正是这些国营铁路挽救了在俄国投资修建铁路不赚钱的不利局面。然而 19 世纪 60 年代中期至 70 年代中期，国内外资本家纷纷通过承租铁路建设的方式进入俄国铁路业，掀

① Статистический сборник Министерства путей сообщения за 1900 г. Вып. 69. СПб., 1902, C. Ⅲ - Ⅴ.

② Соловьева А. М., Железнодорожный транспорт России во второй половине ⅩⅨ в. C. 247.

③ Сведения о железных дорогах Государственного контроля за 1908 г. Т. Ⅰ, СПб., 1910, C. Ⅴ - Ⅹ.

④ Соловьева А. М., Железнодорожный транспорт России во второй половине ⅩⅨ в. C. 95.

表 2-1　1891—1900 年俄国铁路垄断公司情况统计

单位：俄里，百万卢布

公司名称	由哪些铁路公司改组	租赁国营铁路	原有长度	建成线路长度	线路总长度	股份资本	债券资本	总资本	股份资本与债券资本的比例	商业银行参加铁路公司董事会（19世纪90年代）
						1900 年总资本				
华沙—维也纳铁路公司	华沙—布隆伯格和华沙—维也纳铁路公司合并(1890年)	—	462	241	703	25	26.2	51.2	1：1	在华沙的商业银行
弗拉季高加索铁路公司	弗拉季高加索铁路公司自行改组(1891年)	—	905	1221	2126	8.6	125.2	133.8	1：14.6	彼得堡国际银行和伏尔加—卡马商业银行
莫斯科—温道—雷宾斯克铁路公司	雷宾斯克—博戈耶郎铁路公司,诺夫哥罗德和皇村铁路公司合并(1895—1899年)	—	348	1553	1901	13.6	181.1	194.7	1：13.5	彼得堡贴现和贷款银行,俄国外贸银行
莫斯科—喀山铁路公司	莫斯科—梁赞铁路公司改组(1891年)	—	243	1430	1673	10.0	118.4	128.3	1：11.8	彼得堡—亚速商业银行和莫斯科土地银行
莫斯科—基辅—沃罗涅日铁路公司	库尔斯克—基辅铁路公司改组(1891年)	利文斯克铁路,库尔斯克城市铁路,共63俄里	439	1825	2327	5.0	94.3	99.3	1：18.9	彼得堡国际银行,彼得堡贴现和贷款银行,伏尔加—卡马银行,莫斯科贴现银行

续表

公司名称	由哪些铁路公司改组	租赁国营铁路	原有长度	建成线路长度	线路总长度	1900年总资本				商业银行参加铁路公司董事会（19世纪90年代）
						股份资本	债券资本	总资本	股份资本与债券资本的比例	
梁赞—乌拉尔铁路公司	梁赞—科兹洛夫铁路公司改组（1892年）	科兹洛夫—萨拉托夫铁路（437俄里）	309	2863	3609	2.6	182.7	185.3	1：70.3	俄国工商银行，彼得堡国际银行
东南铁路公司	格里亚季—察里津和科兹洛夫—沃罗涅日—罗斯托夫铁路公司合并（1893年）	奥廖尔—格里亚季铁路和顿涅茨克铁路段624俄里	1478	1800	3902	11.7	229.7	241.4	1：19.6	彼得堡国际银行，伏尔加—卡马银行，俄国外贸银行和巴黎国际银行
总计		1124	4184	10933	16241	76.5	957.6	1034.0		

资料来源：Статистические сборники Министерства путей сообщения за 1891 и 1900. СПб. , 1893 и 1902；Список личного состава центральных управлений частных железных дорог. СПб. , 1894；Сведения о железных дорогах, составленные Департаментом железной отчетности Государственного контроля за 1892 и 1900. 转引自 Соловьва А. М. , Железнодорожный транспорт России во второй половине ХIХ в. С. 252—253。

起铁路建设承租热潮。政府几乎把所有官资修建的国营铁路都转卖给了私营铁路公司。截至1881年，全国已开通铁路长达21220俄里，其中只有57俄里是国营铁路，[①] 而其余铁路都掌握在私营铁路公司手里。

19世纪80—90年代俄国铁路政策开始转变。政府从支持私营铁路建设转向强化对私营铁路公司的监督。在将一些亏损的私营铁路收购为国营的同时，由国库出资在边远地区进行一系列重要战略铁路和经济铁路的建设工作。政府提出开发顿涅茨克和克里沃罗日煤田，建立通往乌拉尔、西伯利亚和中亚通道的目标。

19世纪80年代，俄国国营铁路建设在三个主要方向上展开，即西部边境的博列西耶、普利韦斯林边疆区军事战略铁路的建设；中亚和西西伯利亚的铁路建设；克里沃罗日靠近巴斯坤恰克盐湖、外高加索的克维里拉—奇阿图拉、连接波罗的海和黑海的最短铁路罗姆内—科列缅丘克等具有工业经济意义铁路的建设。

1881年初，俄国政府军事部门着手建设的博列西耶铁路宾斯克—扎宾卡地段的第一条铁路线位于莫斯科—布列斯特铁路的布列斯特城堡附近，全长136俄里。铁路由军事化的铁路营在一年内建成，于1882年11月通车。1883年2月，亚历山大三世批准了在俄罗斯帝国西部边境广泛建设军事战略铁路的计划。根据该计划，预计在3年内在博列西耶和普利韦斯林边疆区建设一系列铁路线，其中包括维尔诺—罗夫诺铁路及通往巴拉诺维奇、别罗斯托克、宾斯克—鲁尼涅茨、谢德列茨—马尔金的支线铁路，总长度达2500俄里。[②]

1883年中期博列西耶和普利韦斯林边疆区战略铁路开始施工，建设持续了15年，博列西耶战略铁路基本于1887年完工。它涵盖维尔诺—宾斯克—鲁尼涅茨—罗夫诺—巴拉诺维奇—别罗斯托克—戈梅里—布良斯克一线欧俄西部的广大地区，这条铁路长度为1438俄里。1886年建成普利韦斯林边疆区沿谢德列茨—马尔金—布列斯特—霍尔姆一线战略铁路的第一段。90年代初沿奥斯特罗连卡—马尔金—皮里亚瓦一线建成普利那列

①　Министерство финансов 1802–1902. Ч. 1. С. 589.

②　Соловьева А. М., Железнодорожный транспорт России во второй половине XIX в. С. 194.

夫铁路。收归国营的华沙—捷列斯波尔铁路也被纳入普利韦斯林战略铁路。普利韦斯林铁路总长度为 1133 俄里。80 年代中期，普斯科夫—里日斯克铁路及其通往杰尔普特的支线方案获得批准，铁路长 365 俄里，该铁路于 1889 年建成。[①] 到 19 世纪 90 年代初，在俄国西部边境建成长度为 3000 俄里的战略铁路，它确保了俄国军队的快速动员和集中。20 世纪初，沙皇政府花费 6.28 亿卢布用于建立西部巩固区，其中军费支出总额的 50%（3.1 亿卢布）用于战略铁路的建设，这还不算在机车车辆上的花销。[②]

1880 年起开始中亚铁路建设工作。1874 年奥伦堡铁路委员会制定从奥伦堡到撒马尔罕的大铁路方案，方案得到突厥斯坦督军 K. H. 冯·考夫曼的支持。该铁路方案具有重大经济意义，它以最短路线贯穿俄国中亚地区。[③] 但财政危机不允许俄国着手建设这条线路。沙皇政府在突厥斯坦阿哈尔-帖克的第一次远征失败以及英国在中亚扩张的直接威胁，迫使沙皇政府加紧了在外里海地区的政治和军事活动。

1880 年秋从乌尊—阿达港口通向里海直抵中亚沙漠腹地到达克孜勒阿尔瓦特城的外里海铁路头段建设方案准备就绪。这条长度为 217 俄里的铁路从 1880 年 11 月末开始动工，它成为第二次阿哈尔-帖克军事远征胜利的重要条件之一。外里海铁路首段线路于 1881 年 9 月 20 日开通。这条线路为向高加索运送军队和装备提供了保障，成为沙皇俄国向突厥斯坦腹地成功推进的基础。由于英俄在阿富汗边境的军事冲突，从克孜勒阿尔瓦特到查尔朱全长 755 俄里的外里海铁路第二段的建设在 1885 年春天紧急开工。1887 年初该段铁路工程竣工。[④] 1887 年夏外里海铁路第三段开建，从查尔朱到撒马尔罕，全长 346 俄里。这段工程历时 10 个月，于 1888 年

---

① Соловьева А. М. , Железнодорожный транспорт России во второй половине XIX в. С. 193-195.

② Зайончковский А. М. , Подготовка России к мировой войне. М. , 1926. С. 5-7.

③ Чернов П. Н. , К Истории строительства железной дороги Ташкент - Оренбург. // Известия Узбекского филиала Географического общества СССР. Т. 2. Ташкент. , 1956. С. 164.

④ Соловьева А. М. , Железнодорожный транспорт России во второй половине XIX в. С. 195-197.

5 月结束。1880—1888 年建成的外里海铁路包含从里海到撒马尔罕的地段，全长 1343 俄里，[①] 外里海铁路很快就成为中亚地区最重要的经济大动脉。

19 世纪 80 年代俄国开始在西伯利亚修建铁路。1880 年末大臣委员会批准修建从叶卡捷琳堡到秋明的西伯利亚大铁路头段线路。但是由于长期道路取直勘测和西伯利亚铁路总体规划的重新制定，这条线路的建设被耽搁。1882 年从萨马拉通向车里雅宾斯克和鄂木斯克的西伯利亚大铁路头段方案获得批准。同时，叶卡捷琳堡—秋明铁路及其通向卡缅斯克铁加工厂和图拉河的支线获准建设。建设这条铁路的初衷是促进乌拉尔采矿业发展。[②] 这条长度为 350 俄里的铁路建设历时 3 年，于 1885 年 12 月开通运行。同年，西伯利亚大铁路的头段——从萨马拉到车里雅宾斯克，长度为 900 俄里的萨马拉—兹拉托乌斯托夫斯克铁路开建，1892 年 10 月建成通车。

从 19 世纪 80 年代后半期起，各大国在远东地区矛盾的加剧迫使沙皇政府采取措施备建西伯利亚大铁路。西伯利亚大铁路建设方案于 1891 年获得批准。为加快建设速度，工程从东西两个方向展开，从符拉迪沃斯托克（海参崴）到伯爵站的第一段建设于 1891 年 5 月 19 日展开，1892 年 6 月从车里雅宾斯克到鄂毕路段的建设从反方向开工。沙皇政府用 15 年完成了这条大铁路的建设。这条铁路为世界上最长的铁路，长度超过 7000 俄里。

19 世纪 80 年代建成的铁路中，克里沃罗日（叶卡捷琳娜）铁路最具有经济意义。这条铁路从 1881 年春天开始建设，东向从顿涅茨克铁路的亚希诺夫站到洛佐瓦亚—塞瓦斯托波尔铁路的希聂尔尼科沃站，西向从洛佐瓦亚—塞瓦斯托波尔铁路的下第聂伯罗夫斯克站到哈尔科夫—尼古拉耶夫铁路的多林斯克。建设中还补充了 5 条通向矿山、冶金和伐木厂、第聂伯河的支线，其中包括尤佐夫卡支线、通向第聂伯河的卡缅斯克支线、从

---

①　Соловьева А. М. ，Железнодорожный транспорт России во второй половине XIX в. С. 198.

②　Кислинский Н. А. ，Наша железнодорожная политика по документам архива Комитета министров. Т. II. С. 132.

克里沃伊—洛克站通向铁矿的萨克撒干支线。叶卡捷琳娜铁路加上工厂和矿山支线的长度为 491 俄里，于 1884 年 5 月开通运行。叶卡捷琳娜铁路在开通后很快就成为俄国南部重要的工业交通大动脉之一。它连接克里沃罗日和顿巴斯，为俄国南部重工业的快速发展创造了有利条件。

1883 年 3 月开通全长为 72 俄里的巴斯昆恰克运盐线路。铁路包含 5 条支线，从巴斯昆恰克湖的北岸和南岸通向盐矿和伏尔加河上的阿赫图巴河码头。1885—1888 年建成 200 俄里的罗姆内—科列缅丘克线路，用最短铁路把黑海和波罗的海连接起来。20 世纪初国营铁路修建工程仍在继续。据统计，1905—1914 年俄国铁路网总长度从 52480 俄里增加到 63693 俄里，国家出资修建铁路长度从 37323 俄里增加到 44613 俄里，10 年中增加了 7290 俄里。在上述 10 年中，铁路网长度增加 21.4%，1905—1911 年铁路网长度的增长几乎全靠国家出资修建的铁路。[1] 1914 年开通临时运营的官资投建铁路 1601 俄里，在建国营铁路 2110 俄里，批准投建国营铁路 847 俄里。[2] 此前笔者在论述十月革命前铁路修建的情况时详细地介绍了各地区铁路修建情况，其中西伯利亚铁路复线、阿穆尔铁路大部分路段以及摩尔曼斯克铁路都由国家出资修建。

小　结

克里米亚战争后，俄国政府认识到铁路的战略和经济意义，决定加快铁路建设。但由谁采取何种方式修建铁路的问题一直没有定论。私人、公私混合和国家建设三种模式都有不同的支持者。各种政治势力围绕铁路修建模式开展激烈竞争。俄国铁路建设主要有私人承租、公私混合和官方出资三种模式。在第一次铁路建设热时期，"承租体系"模式占绝对优势。"承租体系"实质上是国家直接或间接支持私营铁路股份公司的体系。政府通过对私营铁路公司的股份资本和债券资本提供收益担保来保证铁路投资人的利益。在这种体系下，俄国建起以莫斯科为中心的铁路网，至

---

① Народное хозяйство в 1913 году. С. 515.

② Там же. С. 516.

1880 年俄国境内开通运行的铁路网长度达 2 万余俄里；公私混合建设模式在 19 世纪 90 年代达到顶峰，一些有实力的私营铁路公司通过合并、重组、租赁邻近的国营铁路以及建设新线路、与金融资本融合等方式，逐渐形成八大铁路垄断集团，政府参与垄断公司的经营管理、利润分配，国家资本和私人资本相互纠缠。至 1902 年，俄国 86% 的私营铁路都由铁路垄断公司掌控。国营铁路修建模式在彼得堡—莫斯科铁路修建时即出现，在 19 世纪 80—90 年代规模最大。这一时期，国家出资集中在边疆地区——西伯利亚、中亚、西部边境地区修建了一系列具有重要战略和经济意义的铁路。归根结底，铁路修建模式的选择取决于国家的经济形势和财政状况。

第三章　俄国铁路建设的资金保障

俄国作为一个后发资本主义国家，资本的原始积累比较薄弱，政府财政经常捉襟见肘。据统计，1801—1913 年，其中 82 年有预算赤字。[1] 政府极力消除预算外支出的影响，将预算分为常规预算和应急预算。常规预算来源于传统收入（税收、消费税等），应急预算 90% 来自国内外发行债券募集的资金。[2] 修铁路需要投入巨额资金，如何筹措铁路建设资金，值得我们仔细探究。尽管克里米亚战争后俄国为加快铁路建设，大力支持私人资本进入铁路业，众多铁路股份公司纷纷建立，于 19 世纪 60 年代中期至 70 年代中期形成了第一次公司成立热潮，但在铁路建设中真正发挥作用的不是私人股份资本，而是在国外发行债券募集的资金、铁路基金和在国内发行债券募集的资金。

第一节　国外资金

在俄国铁路建设中，外资的作用至关重要。据统计，截至 20 世纪初，俄国建成的 5 万余俄里铁路中有 3.5 万俄里或总长度的 70% 是在外资参与下建成的。为修建铁路，俄国从国外贷款 15 亿金卢布。[3] 而 1900 年至十月革命，俄国从国外获得的贷款数额与 1900 年前大体相当。[4] 需着重强调的是，俄国铁路业中的外资，不是外国投资人直接投入俄国铁路业的资金，而是通过俄国政府和铁路公司在国外发行债券募集的资金。

---

① Беляев Ю. А. , Министерству финансов России 190 лет. //Финансы. 1992. № 11. C. 79.

② Денисов А. Е. , Государственные займы российской империи 1798 – 1917 годов. М. , 2005. C. 6.

③ Ляндау Л. Г. , Иностранный капитал в дореволюционной России и в СССР. М. – Л. , Государственное издательство, 1925. C. 6.

④ Донгаров А. Г. , Иностранный капитал в России и СССР. М. , Международные отношения, 1990. C. 10.

一　在国外发行的国家债券

俄国与欧洲金融市场的联系由来已久。彼得一世时期俄国加入欧洲商业信贷体系，但彼得一世对举债持消极态度，在他统治时期没产生一分钱债务。[①] 1769 年，为弥补俄土战争（1768—1774 年）长期预算赤字，俄国政府首次通过荷兰商业银行发行债券。从此，它不断谋求从国外借款，用来填补预算赤字，供养军队和官僚机构。[②] 1861 年改革后，俄国财政大臣 M. X. 赖藤（1862—1878 年）、C. A. 格列伊科（1878—1880 年）、A. A. 阿巴扎（1880—1881 年）、H. X. 本格（1881—1887 年）、И. A. 维什涅格拉德斯基（1887—1892 年）、C. Ю. 维特（1892—1903 年）都积极倡导发展俄国的国际金融关系。财政部奉行积极的外资政策。在国外发行债券成为引进外资的主要形式。国家、政府担保的私营股份公司外债成为俄国经济发展的最重要资金来源。

俄国政府直接投资建设的第一条铁路干线是彼得堡—莫斯科铁路。彼得堡—莫斯科铁路建设是在俄国财政状况非常艰难的情况下进行的。尽管 1831—1853 年没有战争，然而俄国没有一次能用常规收入抵补财政支出。1832—1852 年国家常规收入为 36.09 亿卢布，比支出少 12.69%。一半以上的国家预算用来供养军队和支付债务利息。[③] 实际上支出比收入还要多得多，这主要缘于此时没有将所有支出都列入国家预算。为减少长期赤字，政府被迫以各种形式向国内和国外借债。此外政府还确定新税种，包括系统销售免役证等。所有这些措施对巩固财政帮助不大，却使农民陷入赤贫。

尽管财政困难，政府还是决定用国库资金在两个首都之间修建铁路。在国外发行债券成为铁路建设的主要资金来源。1842—1851 年，俄国政府 5 次在国外发行债券。根据 1842 年 8 月 4 日沙皇令，通过施蒂格利茨银行在英国、德国和荷兰发行了第二批 4% 的年化利率债券，总额为 800 万卢布。债券按 100 卢布折价 90.41 卢布销售。债券票面额为 500 卢布，

---

① Соловьева С. М.，История России с древнейших времен. Книга Ⅸ. М.，1963. С. 473.

② Министерство финансов 1802-1902. Ч. 2. С. 640-643.

③ Уродков С. А.，Петербурго - Московская железная дорога. История строительства（1842-1851）. С. 91.

年化利率为 4%，每张债券有 20 张息票，凭它可在指定期限（10 年）领取利息。国家债务偿还委员会每年分两次——2 月 1 日和 8 月 1 日支付利息。从 1843 年起偿还本金 75000 卢布，从 1844 年起每年偿还 200000 卢布。[①] 在销售债券时，施蒂格利茨银行有权付给外国银行家票面资金额 0.5% 酬金，在特殊情况下最高可支付 0.75%。施蒂格利茨银行有权将与国外销售债券有关的费用、佣金、印花税和其他费用列入国库账下。此外，政府每年给施蒂格利茨银行 1 万银卢布作为办公费用。[②]

1843 年、1844 年和 1847 年以同样条件发行了三次 4% 的年化利率国外债券，金额分别为 800 万、1200 万和 1400 万卢布。[③] 此外，1850 年还发行过一次 4.5% 的年化利率债券，额度为 550 万英镑，转换成卢布，金额为 3520 万银卢布。[④] 外债票面总额为 7720 万卢布，销售金额为 7028 万卢布。[⑤] 扣除国外销售债券的费用，外债进款勉强能够抵销当时铁路建设支出。

克里米亚战争失利后，由于国库空虚，俄国政府倾向于用私人股份资本金尤其是外资修建铁路。但是由外国和俄国银行家共同投资建立的俄国铁路总公司铁路建设和经营失败后，国内外资本家对俄国铁路的营利能力疑虑重重，鲜有私人资本进入铁路业，19 世纪 60 年代上半期，俄国又一度回归到国家直接投资修建铁路的局面。为筹集铁路建设资金，政府在 1864 年和 1866 年两次发行年化利率为 5% 的债券，总额 1200 万英镑。[⑥]

19 世纪 60 年代下半期至 70 年代中期，俄国绝大部分铁路都是由私营铁路公司修建的。由于私营铁路公司经营不善，营私舞弊，欠政府债务越来越多，俄国财政不堪重负。从经济发展和战略安全出发，从 19 世纪

① Денисов А. Е., Государственные займы российской империи 1798–1917 годов. С. 17.

② Уродков С. А., Петербурго – Московская железная дорога. История строительства (1842–1851). С. 93.

③ Денисов А. Е., Государственные займы российской империи 1798–1917 годов. С. 17–18.

④ Там же. С. 19.

⑤ Уродков С. А., Петербурго – Московская железная дорога. История строительства (1842–1851). С. 93.

⑥ Денисов А. Е., Государственные займы российской империи 1798–1917 годов. С. 23; Мигулин П. П., Наша новейшая железнодорожная политика и железнодорожные займы. 1893–1902. С. 4.

80 年代起俄国政府逐渐加强对私营铁路建设和经营的监督，无论是国营还是私营公司建设铁路的速度都有所放缓，两位重要财政大臣 H. X. 本格和 И. A. 维什涅格拉德斯基都采取相对保守的财政政策，压缩铁路建设资金。对一些之前发行的铁路债券进行转期，既包括政府发行的债券，如早期发行的 5 种长期国家债券和第七期哈尔科夫—尼古拉耶夫国营铁路债券、1849 年发行的年化利率 4.5% 债券等，也包括舒伊斯克—伊万诺沃、亚速、罗斯托夫、奥伦堡—格里亚季、法斯托夫、库尔斯克—基辅和华沙等私营铁路公司发行的政府担保债券。

　　19 世纪 80 年代起，政府开始收购一些亏损的私营铁路公司。1881—1894 年，27 家铁路公司被收购。收购条件归结起来就是政府完全接收铁路公司的全部债务，用政府的年化利率 3%、4%、5% 债券兑换公司股票。这样在收购前没能偿清的铁路公司债务变成了国家债务。据统计，1881—1894 年因收购私营铁路公司，俄国债务增加了 1.26 亿卢布。[1]

　　1889—1894 年，俄国政府在国外发行了 6 次年化利率 4% 的黄金债券。其中 1890 年 1044.1 万卢布，用于替换哈尔科夫—科列缅丘克铁路公司债券；1894 年发行 1.11 亿卢布，用于替换俄国铁路总公司股票和原始股。1891 年俄国在国外发行年化利率 3% 的金债，金额 1.25 亿卢布，专门用于铁路建设。[2] 1894 年 11 月 24 日沙皇尼古拉二世下令发行年化利率 3.5% 的金债，票面金额为 1 亿卢布，在 81 年内偿清，1905 年 1 月 1 日之前不能进行赎买和偿还，债券免征任何俄国税种。[3] 其中 6950 万金卢布用于赎买被收购的波季—梯弗里斯、里亚日斯克—莫尔尚斯克、米塔瓦、顿涅茨克、奥廖尔—维捷布斯克、华沙—捷列斯波尔、布列斯特—格拉耶夫、波罗的海、洛佐瓦亚—塞瓦斯托波尔、里加—迪纳堡、坦波夫—科兹洛夫铁路公司年化利率 5% 的债券。[4]

　　除了普通国家债券，俄国政府还在国外发行专门的铁路综合债券。据

①　Министерство финансов 1802-1902. Ч. 2. С. 90-94.

②　Денисов А. Е., Государственные займы российской империи 1798-1917 годов. С. 37, 40, 43.

③　Там же. С. 42.

④　Министерство финансов 1802-1902. Ч. 2. С. 389.

统计，1870—1889 年俄国政府分 10 次在国外发行铁路综合债券，其中 5 次为 5% 年化利率债券，4 次为 4% 年化利率债券，1 次为 4.5% 年化利率债券，总金额为 8400 万英镑（7.15 亿卢布），① 为 58 条铁路募集建设资金。

根据 1870 年 1 月 9 日沙皇令，第一次发行金额 1200 万英镑的 5% 年化利率铁路综合债券，规定从 1871 年 1 月 20 日起于 81 年内逐年偿还。债券通过罗斯柴尔德家族在伦敦和巴黎的银行发行。国家用发行债券募集的资金修建 5 条铁路。1889 年仍在流通中的剩余债券被转期成 1889 年第一、二期 4% 年化利率铁路综合债券。1871 年，政府仍通过罗斯柴尔德家族银行发行 1200 万英镑 5% 年化利率铁路综合债券，偿还期仍为 81 年。募集资金用于 5 条铁路的修建。1889 年该债券被转期为 1889 年第二期 4% 年化利率铁路综合债券。②

1872 年政府第三次发行年化利率 5% 的铁路综合债券，金额 1500 万英镑。债券通过罗斯柴尔德家族银行在伦敦和巴黎发行，偿还期为 81 年，资金用于修建 7 条铁路。1873 年，政府通过上述银行第四次发行 5% 年化利率铁路综合债券 1500 万英镑，偿还期仍为 81 年，资金用于修建 10 条铁路。③

1875 年政府以同样条件，通过罗斯柴尔德家族银行第五次发行 1500 万英镑铁路综合债券，年化利率 4.5%，国家用债券募集的资金修建 13 条铁路。1880 年政府第六次发行铁路综合债券，年化利率 4%，金额 1.5 亿卢布。德国、荷兰和法国的金融公司、银行家参与了债券发行。债券募集资金用于修建 18 条铁路。1884 年政府第七次发行铁路综合债券，金额 1500 万英镑，年化利率 5%，在 81 年内逐年偿还。债券委托外国商业银行辛迪加发行，发行债券募集的款项分配给几个国营和私营铁路公司。④

1889 年政府通过巴黎商业银行辛迪加发行 3 期 4% 的年化利率铁路综

---

①　Денисов А. Е. , Государственные займы российской империи 1798–1917 годов. С. 24–29.

②　Там же. С. 24，25.

③　Там же. С. 25.

④　Денисов А. Е. , Государственные займы российской империи 1798–1917 годов. С. 28–29.

合债券，总金额约为 5.65 亿金卢布。其中第一期金额 1.75 亿卢布，第二期金额 3.1 亿金卢布，第三期金额 8000 万金卢布。[①] 1889 年发行的 3 期铁路综合债券，主要用于对前 7 次发行的铁路综合债券进行转期。所谓债券转期，是指将较早到期的债券兑换成到期较晚的债券，实际上是将债务期限延长。常用方法是直接以新债券兑换旧债券，用发行新债券得到的资金来赎回旧债券。

20 世纪初，日俄战争、1905—1907 年革命以及世界性经济危机使俄国内外交困，俄国铁路建设规模缩减，俄国政府在国外金融市场融资也屡屡受挫。

二　在国外发行的由政府担保的铁路公司债券

皇村铁路建成后，1839 年沙皇批准在华沙组建华沙—维也纳铁路股份公司，政府担保公司股东的股份资本金有 4% 的年化收益。在此之前，欧洲还没有一家由政府担保资金收益的铁路公司。[②] 政府希望通过保证收入的方式吸引私人资本投资铁路业。但是政府的这一举措并没有奏效，华沙—维也纳铁路因资金匮乏而中途停建。此时，用国库资金修建铁路的主张在朝野上下占了上风。因此彼得堡—莫斯科国营铁路得以在 1842 年开建。克里米亚战争失败后，俄国政府深刻认识到铁路无可取代的战略和经济意义。由于战后国库极度空虚，政府决定用私人股份资本修建铁路。为借鉴西欧铁路建设和经营的经验，其倾向使用外资。1857 年 1 月，沙皇批准成立由外国投资人和俄国银行家共同创立的俄国铁路总公司。因俄国铁路总公司股票在国外发行失败，在规定的 2.75 亿卢布股份资本中，只成功募集到 7500 万卢布。政府不得不同意俄国铁路总公司发行债券，并为债券提供 4%—4.5% 年化收益担保。此后，这种政府为私营铁路公司的股票和债券提供担保的体系逐渐固定下来，即所谓的"承租体系"。与俄国铁路总公司一样，后来大量成立的私营铁路公司资本的真正来源，不是发行股票，而是在国外发行政府担保的铁路公司

---

① 　Денисов А. Е., Государственные займы российской империи 1798-1917 годов. C. 29-32.

② 　Кислинский Н. А., Начало железного строительства. C. 294.

债券。

1868—1873 年政府为新建的 29 家铁路公司中的 20 家公司提供债券担保。[①] 以财政部为代表的俄国政府成为外国有价证券市场和本国铁路公司的中间人。政府不仅给私营铁路公司债券提供收益担保，还协助公司在国外发行债券。私营铁路公司债券开始在欧洲金融市场和国家债券一样流通。

铁路公司发行债券的主体经常发生变化。销售条件有利、行情好时，政府允许铁路公司自主在国外发行；销售条件恶化时，政府会代替铁路公司发行。在俄国铁路建设初期，政府让铁路公司自行发售政府担保债券，用于抵偿铁路建设和加强铁路运输能力的支出。至 19 世纪 70 年代初，政府担保金达到最大规模。政府的债券担保金达 1.84 亿卢布和 939 万信用卢布。只有莫斯科—雅罗斯拉夫尔等少数公司没有依靠国库担保金。[②] 但实践证明，由于铁路公司相互竞争，债券销售条件明显放宽，这对铁路公司和国库都不利。年化利率 5% 债券平均销售价格仅为票面额的 73%，常常降到 67%。而债券实际利息为 6.9%，有时提高到 7.6%。而当时政府发行的 5% 年化利率债券销售价格不低于 83 卢布（每 100 卢布），实际利息为 6.0%—6.5%。[③] 因此财政部收回了政府担保铁路公司债券发售权。政府直接发行铁路公司债券后，从债券销售收入中拨出一定金额到公司债券资金账户，计入铁路公司债务，据此向铁路公司收取一定的利息。1866—1875 年国外市场上流通的铁路公司债券超过 5 亿卢布。1866—1880 年铁路建设费用约 8.5 亿卢布，占国家总预算的 15%—20%。如此巨大的金额主要靠外债抵补。[④]

19 世纪 80 年代第一波铁路热进入尾声，铁路股份公司收入降低。在

---

① Кислинский Н. А., Наша железнодорожная политика по документам архива Комитета министров. Т. Ⅱ. С. 162.

② Мигулин П. П., Наша новейшая железнодорожная политика и железнодорожные займы. 1893-1902. С. 5-6.

③ Мигулин П. П., Наша новейшая железнодорожная политика и железнодорожные займы. 1893-1902. С. 6.

④ Ионичев Н. П., Иностранный капитал в экономике России（ⅩⅧ-начало ⅩⅩ в.）（к 200-летию образования Министерства Финансов России. С. 122.

37 家铁路公司中只有 5 家公司在发行债券时没有要求政府予以担保金补贴，其余 32 家公司均成为俄国政府的债务人。为此，19 世纪 80 年代政府再次允许俄国铁路总公司、莫斯科—梁赞、梁赞—科兹洛夫、莫斯科—库尔斯克等铁路公司自己在国外发行政府担保的铁路债券，总额超过 1.68 亿卢布。① 资金用于扩大铁路网和营建其他工程。但是，这种情况维持的时间不长。尽管其中一些公司的债券发行条件相当有利，但各公司在国外金融市场上竞相压价，使债券的销售价格很低，销售成本大增，这促使政府收回铁路公司在国外发行政府担保债券的权利。19 世纪 80 年代，国家和政府担保的铁路公司外债仍是最重要的铁路资金来源。政府担保发行的 3%、4%、5% 年化利率长期债券金额达 1.83 亿卢布和 1.14 亿信用卢布，② 铁路股份公司债券成为俄国债务的组成部分。

1889—1898 年，在国家银行的参与下，财政部以合并债券的方式取消俄国所有铁路股份公司和政府发行的铁路证券。仅 1894 年发行的 3% 金债一种债券就取代了铁路公司发行的 8 种 4% 年化利率债券，其债务转归俄国政府。财政部以俄国政府的名义在德国、法国、英国、荷兰的有价证券市场上共发行金额 1200 万卢布俄国铁路公司合并公债。③ 合并公债保留在国外买家手里，他们每年可以获得 5% 的收益。

19 世纪 90 年代，俄国铁路建设对外资仍有吸引力。1892 年，С. Ю. 维特主政财政部。他积极进行改革，大力倡导俄国的工业化，认为资金、知识、个人的创业精神④是经济发展的三股力量，只有它们才能加快组建独立的民族工业的进程。维特重视外资的作用，认为外资流入是"加快我国工业发展，实现种类丰富、价格实惠的产品供应的唯一方法"。⑤ 他积极推动在国外发行债券。俄国政府再度允许铁路公司自行在国外发行由

---

① Мигулин П. П. , Наша новейшая железнодорожная политика и железнодорожные займы. 1893–1902. С. 11.

② Ионичев Н. П. , Иностранный капитал в экономике России（ⅩⅧ–начало ⅩⅩ в. ）（к 200-летию образования Министерства Финансов России. С. 122.

③ Денисов А. Е. , Государственные займы российской империи 1798–1917 годов. С. 44–45.

④ Мартынов С. Д. , Государство и экономика. Система Витте. С. 97.

⑤ Шепелев Л. Е. , Царизм и буржуазия во второй половине ⅩⅨ в. Проблемы торгово-промышленной политики. Л. , 1981. С. 184.

政府担保的债券。1890 年，为清算俄国铁路总公司欠国库的债务，修建彼得堡—华沙和莫斯科—下诺夫哥罗德铁路复线，政府允许俄国铁路总公司发行政府担保的 4% 年化利率债券 1560 万卢布。1893 年该公司又发行政府担保的 4% 年化利率债券 900 万卢布，用于支付尼古拉耶夫铁路已经建成和在建的工程款。1891 年，政府允许梁赞—喀山铁路公司发行 4% 年化利率政府担保债券 710 万信用卢布。1892 年西南铁路公司发行 4.5% 年化利率担保债券 2600 万卢布。1893 年东南铁路公司发行 4.5% 年化利率担保债券 300 万卢布，基辅—沃罗涅日铁路公司发行 4.5% 年化利率政府担保债券 1300 万卢布。1894 年华沙—维也纳铁路公司发行 4% 年化利率政府担保债券 800 万金卢布，弗拉季高加索铁路公司发行 4% 年化利率政府担保债券 1250 万金卢布，乌拉尔铁路公司发行 4% 年化利率担保债券 1870 万金卢布。1895 年乌拉尔矿山铁路公司发行 5% 年化利率政府担保债券 1020 万信用卢布，里加—德文斯克铁路公司发行政府担保债券 200 万卢布。[1] 1899 年莫斯科—温道—雷宾斯克铁路公司在英国发行 4% 年化利率政府担保债券 300 万英镑（2800 万卢布）。同年在美国金融市场发行 4% 年化利率东南铁路和弗拉季高加索铁路债券 1000 万美元（约 2000 万卢布）。[2] 至此，1890—1899 年政府担保发行铁路公司国外债券额达 1.166 亿卢布，3920 万金卢布和 1730 万信用卢布。至 1900 年，国家直接发行和政府担保私营铁路公司发行铁路债券约占俄国在海外发行有价证券总额的 70%。

　　20 世纪初俄国铁路公司在国外发行铁路债券的规模有所缩减，债券销售情况不佳。1902 年春巴黎—尼德兰银行拒绝参与里加—维尔诺铁路建设。[3] 1902—1903 年，梁赞—乌拉尔、弗拉季高加索铁路公司在国外发行债券时也颇费周折。1903 年 7 月在巴黎、阿姆斯特丹、布鲁塞尔和日内瓦金融市场，梁赞—乌拉尔铁路公司债券仅售出 19 万份，莫斯科—基辅—沃罗涅日铁路公司债券售出 9.4 万份，莫斯科—温道—雷宾斯克铁路

① Министерство финансов 1802-1902. Ч. 2. С. 95, 96, 390.

② Ионичев Н. П., Иностранный капитал в экономике России（XVIII-начало XX в.）（к 200-летию образования Министерства Финансов России. С. 125.

③ Бовыкин В. И., Французские банки в России. Конец XIX -начало XX в. С. 194.

公司债券售出 6.2 万份，总金额 1.73 亿法郎。[1] 日俄战争使俄国财政更加捉襟见肘，一些原定的铁路修建计划被暂缓执行。据 В. И. 鲍维金统计，1900 年俄国在国外发行的国家债券和政府担保的铁路公司股票、债券总额为 38.93 亿卢布，其中国债 33.25 亿卢布，政府担保铁路公司股票、债券 5.68 亿卢布；1908 年国债和政府担保的铁路公司股票、债券总额为 51.7 亿卢布，其中国债 46.42 亿卢布，政府担保铁路公司股票债券 5.28 亿卢布；[2] 1913 年俄国政府在国外发行的国债和政府担保的有价证券总额为 54.61 亿卢布，其中政府担保的铁路公司债券和股票为 8.65 亿卢布。[3]

按 Л. Г. 梁道和 А. Г. 顿加洛夫的说法，至 1917 年，俄国因修建铁路共向国外举债 30 亿卢布。而 Б. Н. 波诺马廖夫认为，1914 年外国拥有的俄国铁路债券为 40 亿卢布。[4] 尽管俄国史学界对 1836—1917 年铁路外债的具体数字尚存分歧，但不可否认的是，外资在俄国铁路业发展中参与度极高，投资巨大。工业发展薄弱、购买力低下的俄国，由于在国外发行债券募集资金，支付能力显著提高，这为工业发展创造了有利的环境。如 1893—1900 年每年投放铁路建设资金高达 2.78 亿卢布。[5] 与铁路建设有关的枕木、轨道、机车、机油、建筑材料、车厢、金属构件、车站设备、通信工具等企业也获得了政府的生产订单。在 19 世纪 20 世纪之交，直接在铁路工作的工人就有 40 万人。[6]

第二节　铁路基金及国内债券

除了外资，国家预算内资金和在国内发行债券募集的资金也是铁

---

[1]　Бовыкин В. И., Французские банки в России. Конец XIX - начало XX в. С. 196.

[2]　Бовыкин В. И., Формирование финансового капитала в России. Конец XIX в. - 1908 г. М., Наука, 1984. С. 166.

[3]　Ионичев Н. П., Иностранный капитал в экономике России (XVIII - начало XX в.) (к 200-летию образования Министерства Финансов России). Приложение. Таб. 2.

[4]　Понамарев Б. Н., История СССР с древнейших времен до наших дней. Т. 6. М., Наука СССР, 1980. С. 292.

[5]　Дякин В. С., Германские капиталы в России. Л., Наук, 1971. С. 24.

[6]　Донгаров А. Г., Иностранный капитал в России и СССР. М., 1990. С. 11.

路建设资金的重要补充。在19世纪60年代上半期，俄国主要用国库一般资金建设国家战略性铁路线。农奴制改革后，俄国制订了庞大的铁路建设计划，出台了一系列鼓励股份制铁路公司承租铁路建设经营权的政策。为了更好地支持铁路业发展，尤其是扶持私营铁路股份公司和相关配套企业，俄国政府决定将国家对铁路的投资从常规预算中独立出来，成立铁路基金。

一　铁路基金

俄国铁路基金存在于1867—1883年。基金由分期付款的方式以1150万卢布（720万美元）出售阿拉斯加给美国，出售尼古拉耶夫、敖德萨、莫斯科—库尔斯克国营铁路，销售1865—1866年国内债券以及在伦敦和巴黎金融市场上系统发行综合债券所得构成。1867—1883年共有8.46亿卢布进入铁路基金。[①] 基金用途主要分为两类：第一类用于修建国营铁路，政府勘测新线路，修建港口；第二类给铁路公司贷款。第一类贷款，实际上不需要归还，只有政府将铁路转让给私营铁路公司时才需归还。以这些铁路公司利息券的形式，将铁路建设成本归还给政府。第二类贷款需要归还给铁路基金。资金用途可细化为：政府参与铁路公司股票和债券的认购，或按照约定价格从公司购买股票、债券；给股份公司贷款，既可以用于铁路公司最初的建设，也可用于其后续的改善和发展；向铁路公司出售俄国私营公司生产的轨道、机车和其他铁路设施；给生产铁路设施的公司、工厂贷款。

贷款分定期和临时两种。临时贷款即短期贷款，称为免息贷款。定期贷款称为有息贷款，铁路公司应每年缴纳偿还一定数额，计入铁路营业收入账户。有息贷款的目的在于通过货币资金的长期流动保证基金的正常周转。由于大部分铁路公司财务状况不佳，铁路公司不仅不能及时偿还所欠基金债务，甚至不能缴纳贷款利息，因此，铁路基金于1876年被消耗殆尽，开始用国库资金偿还铁路基金支出，这样就形成铁路基金和国库间的债务关系。为使清算工作不至于过于复杂，1881年财政大臣 A. A. 阿巴

① Министерство финансов 1802–1902. Ч. 1. С. 583.

扎将铁路基金与国库常规预算合并。1883 年 9 月 1 日俄国政府注销了铁路基金特别账户。[①]

　　铁路基金在俄国铁路发展史中发挥了重要作用。到 19 世纪 70 年代中期，随着铁路网的扩大和运营发展，许多铁路公司出现运输能力和运输需求不符的问题，急需提升运输能力，对线路进行维修。修建新线路和加固旧线路都需要大量资金。以 M. X. 赖藤为首的财政部官员认为，改善已建铁路的状况比修建新铁路更重要，也更复杂。这不仅涉及国库需要花费大量资金，还涉及铁路公司的收益问题。为此，1874 年大臣委员会研究用铁路基金发放贷款，强化 10 条铁路。赖藤认为可以用铁路基金发放贷款，消除铁路机车车辆和必要设施不足的障碍；贷款数额限定在 1870 万卢布，根据交通部与铁路公司签订的协议确定给每个铁路公司发放的贷款额度；只给那些必须增加债券资本的铁路公司提供贷款，铁路公司通过发行债券归还欠政府的贷款。如果某个公司不同意该做法，则适用公司章程中防止经营不景气的条款，在其破产前予以补贴；除非有交通部批准的工程造价表，并有证据证明公司已采取保证工程和供货顺利进行的措施且得到执行，否则不得使用贷款。1874 年 7 月 19 日，赖藤提案通过大臣委员会获得沙皇批准。[②]

　　1876 年 5 月 22 日，沙皇批准了大臣委员会的另一决议。这个决议确定了莫斯科—布列斯特铁路的额外工程和供货条件。铁路铺设要符合商业和军事需要，增加铁路债券资本金，政府对铁路公司之前不受担保的股份资本予以收益担保。该决议体现了交通大臣和财政大臣今后发展铁路业的基本想法，即必须使铁路基金的自由资金流通起来。俄土战争时期，由于里海和亚速海的港口关闭，俄国必须通过铁路将货物发送到西部边境。根据 1877 年 8 月 22 日沙皇令，国务会议决定从基金中拿出 290 万卢布，用于加固铁路，修建港口。同年 12 月 31 日，沙皇还批准大臣委员会决议，从铁路基金中拨款 2230 万卢布，加强 10 条铁路的通行能力，根据铁路公司早期章程和签订的承租合同，允许铁路公司在国外无关税采购所需数量

---

①　Министерство финансов 1802-1902. Ч. 1. С. 584.

②　Там же. С. 586

的轨道和机车、车厢。与此同时，政府也采取措施发展俄国国产铁路设施。1876 年 5 月，大臣委员会审查了财政大臣提出的扩大轨道生产的措施，不允许无关税进口轨道，在铁路公司章程中规定铁路建设和维修所需一半的轨道必须在俄国国内采购。国家对俄国轨道企业予以为期 12 年的补贴，给予俄国轨道工厂不少于 5 年相当于工厂生产总量的国家订单。1877 年初，大臣委员会还批准了财政大臣提案，强化国内机车和车厢生产，在铁路公司章程中纳入必须在国内采购所有机车、货运和旅客运输车厢的条款。[1] 在铁路基金的扶持下，俄国铁路建设及国产轨道、机车、车厢等设备的生产都得到快速发展。

二 国内债券

国内债券是例行付款和支付外债利息的主要来源。1846 年 1 月 25 日尼古拉一世首次命令由债券银行发行此类债券，金额为 362 万银卢布，由国库支付利息和本金，计入彼得堡—莫斯科铁路公司收入账户。1849 年以同样的条件在债券银行发行了金额为 636 万银卢布的债券。债券年化利率为 5%，比外国债券利息高出 1 个百分点。[2] 1847 年发行四期国库券，总额为 1200 万银卢布。[3]

1864 年和 1866 年俄国发行了两期 5% 年化利率国内债券，总金额 2 亿信用卢布。这两期国债大部分金额进入铁路基金。1890 年和 1892 年俄国发行两期 4.5% 年化利率国内铁路综合债券，总金额 1.5 亿信用卢布。[4] 1886 年由国家银行发行 5% 年化利率连续收益铁路债券，金额为 1 亿卢布信用券，[5] 用于募集诸多铁路的建设资金。1890 年和 1892 年国家银行又发行两期 4.5% 国内铁路债券，总金额 1.5 亿卢布。[6] 1890 年和 1892 年债券进款中 1.41 亿卢布用于私营铁路公司建设新线路。[7] 1894—1914 年俄国发行 49

① Министерство финансов 1802–1902. Ч. 1. С. 587.

② Уродков С. А., Петербурго-Московская железная дорога. История строительства (1842–1851). С. 94–95.

③ Там же. С. 95.

④ Денисов А. Е., Государственные займы российской империи 1798–1917 годов. С. 73.

⑤ Там же. С. 144.

⑥ Там же. С. 73–74.

⑦ Министерство финансов 1802–1902. Ч. 2. С. 84.

组 4% 年化利率无期公债凭证，总金额 38.4 亿卢布，其中 34 组明确用于兑换铁路债券和收购铁路公司股票、债券，给铁路公司发放贷款，总金额达 13.5 亿卢布。①

19 世纪 90 年代至 20 世纪初是俄国私营铁路国有化最集中的时期。1895—1902 年，政府通过发行国内债券筹集收购私营铁路的资金。莫斯科—库尔斯克、华沙—塞瓦斯托波尔、莫斯科—布列斯特、波罗的海、普利韦斯林、西南、伊万哥罗德—东布罗沃等铁路都是在这一时期完成国有化程序的。政府对股东的补偿主要是用 4% 年化利率无期公债兑换公司未清偿股票，再额外补贴部分现金。如 1895 年莫斯科—库尔斯克铁路公司被收购时，该公司尚未偿还、票面额 100 信用卢布的股票被兑换成票面额为 300 卢布的 4% 年化利率无期公债。每 5 股未偿还股票额外支付现金 4.42 信用卢布，每股已偿还股票补发 9.34 卢布。在收购华沙—塞瓦斯托波尔铁路时，公司每 4 股票面额 100 金卢布未偿还股票被兑换成 7 张票面额 100 信用卢布的 4% 年化利率无期公债。此外，每股票面额为 100 金卢布的股票还补发 1 信用卢布现金。② 截至 1901 年 1 月 1 日，俄国有息国内债券金额为 61.93 亿卢布，其中 33.88 亿用于弥补国家常规支出，28.05 亿用于铁路建设。③ 政府为新铁路建设筹措资金，收购私营铁路公司，加强铁路的通行和运输能力，致使国内债券的金额不断攀升。有研究显示，1861—1914 年，俄国铁路建设投资总额为 48.16 亿卢布。其中外资占 74.5%，俄国资本占 25.5%。④

在国外资金和国内资金相互作用下俄国铁路业迅速发展。至 1914 年 1 月 1 日，正常通行的俄国铁路网总长度为 63693 俄里。⑤ 兴修铁路极大加快了俄国工业化和现代化进程，它对俄国经济社会的影响，笔者将在专门章节论述。

---

① 根据 Денисов А. Е. , Государственные займы российской империи 1798 – 1917 годов. C. 145-147. 列表计算的结果。

② Министерство финансов 1802-1902. Ч. 2. C. 404.

③ Там же. C. 407.

④ 张广翔：《外国资本与俄国工业化》，《历史研究》1995 年第 6 期，第 152 页。

⑤ Народное хозяйство в 1913 году. Министерство финансов. C. 515.

第三节　几条重要铁路的资金来源

铁路网是由若干铁路构成的，对部分铁路的资金筹集和使用情况进行阐述分析，可更直观地了解俄国铁路建设方面的财政政策和资金构成。根据掌握的材料，笔者选取三条有代表性的铁路（网），即彼得堡—莫斯科铁路——国家出资修建的第一条干线铁路、莫斯科—下诺夫哥罗德铁路——第一条用私人资本修建的商业铁路、北方铁路——私人资本和国家资本共同投资兴建的铁路网，阐述和分析它们的建设资金筹措和使用情况。

一　彼得堡—莫斯科铁路建设资金的来源

彼得堡—莫斯科铁路建设是在俄国财政状况非常艰难的条件下进行的，这种状况在 1843 年前很长一段时间就出现了。尽管俄国在 1831—1853 年没有进行战争，然而国家没有一年能用日常收入抵补支出。国家预算的一半以上用来供养军队和支付债务利息。

农奴制经济制度是导致俄国财政入不敷出和大部分人口赤贫的主要原因。社会的上层，即"特权阶级"基本不缴纳赋税。整个国家支出的沉重负担都落在纳税阶层身上，赋税负担非常重，几乎吞噬了他们的所有收入。尽管政府向他们强制征收粮食和其他食品赋税，但尾欠还是在增加。1831 年，欠缴税款达 3840 万卢布；1841 年尾欠已经达到 6780 万卢布；1851 年，尾欠为 1.1 亿卢布，而且在持续快速增加；1853 年达到 1.3 亿卢布。① 尾欠快速增加造成巨大的赤字，1832—1852 年，尽管采取了一些减轻国库负担的措施，但赤字仍达 5.7 亿卢布，主要是货币从纸币向银币转换的支出和 4.27 亿卢布国债。② 国内资金严重缺乏，加上俄国资产阶

---

① Блиох И. С., Влияние железных дорог на экономическое состояние России. Т. V. С. 8.

② 1839—1843 年进行货币改革，恢复使用银卢布，银卢布与纸币的兑换比例为 1∶3.5。在卢布转换时共花掉 5.97 亿卢布纸币，转换成银币为 1.7 亿卢布。两个数字之间的差额为 4.27 亿卢布，这个数字即政府的债务额。Блиох И. С., Влияние железных дорог на экономическое состояние России. Т. V. С. 8.

级对政府监督下的所有措施持防备心理，沙皇政府被迫首先谋求发行国外债券来募集彼得堡—莫斯科铁路建设资金。增加农民税赋是支付所承担债务本金和利息的主要资金来源。

1842—1852 年通过发行国内和国外债券，政府为彼得堡—莫斯科铁路建设共销售 9226 万银卢布债券。1842 年至 1852 年 1 月 1 日，铁路建设共花掉 6685 万卢布 28 戈比。[1]

史学界对彼得堡—莫斯科铁路建设的成本说法不一，其中主要分歧在于一些学者将铁路运营费用也列入了建设成本。如 B. B. 萨洛夫认为，为建设彼得堡—莫斯科铁路，至 1856 年以债券方式共募得 1.31 亿卢布。在这笔款项中，至 1856 年铁路建设共耗费 7454 万卢布，剩下的资金用来支付利息和抵销债券。[2] 这些数据和 И. С. 布里欧赫的数据相吻合。[3] А. А. 戈洛瓦切夫在《俄国铁路》一书中认为该铁路成本超过 1 亿卢布，这里包括资金利息、销售债券费用和运营初期铁路亏损额。[4] П. И. 格奥尔基耶夫斯基认为，债券募得资金为 1.314 亿卢布，其中 6680 万卢布用在铁路建设上（1842—1852 年），用在抵销超支和债券付款上的有 6460 万卢布。[5]

因此，格奥尔基耶夫斯基的数据更准确地反映了彼得堡—莫斯科铁路的建设成本。以上所列铁路建设成本，不含 1851 年 12 月以后进行的额外工程、债券的销售费用以及利息和例行付款，详细费用见表 3-1。

表 3-1　彼得堡—莫斯科铁路建设成本

1. 一般费用	
a) 人员费用	1449513 卢布
b) 勘测费用	84276 卢布
合计	1533789 卢布

[1] Уродков С. А. , Петербурго-Московская железная дорога. История строительства. С. 95.

[2] Салов В. В. , Начало железнодорожного дела в России1836 - 1855 г. Журн. // Вестник Европы. 1899. кн. 5. С. 132.

[3] Блиох И. С. , Влияннне железных дорог на экономическое состояние России. Т. Ⅴ.

[4] Сборник государственных знаний. Т. Ⅳ. СПб. , 1877. С. 234.

[5] Уродков С. А. , Петербурго-Московская железная дорога. История строительства. С. 95.

续表

2. 征地费用	2295157 卢布
3. 土方工程 a）建设 b）加固 合计	 17690072 卢布 1909721 卢布 19599793 卢布
4. 路面结构 a）道床 b）梁和板 c）轨道和固定件 d）铺设路面结构和轨道 合计	 4717988 卢布 2309473 卢布 6020675 卢布 2138876 卢布 15187012 卢布
5. 桥梁和管道	9494135 卢布 4 戈比
6. 通过铁路的道口	631276 卢布 81 戈比
7. 附属物 a）转盘、道岔和辙叉 b）信号灯 合计	 488951 卢布 70 戈比 17287 卢布 12 戈比 506238 卢布 82 戈比
8. 机车车辆用建筑	2117367 卢布 69 戈比
9. 车站建筑	10262496 卢布
10. 电报	553108 卢布 77 戈比
11. 机车车辆 a）机车车辆本身 b）清雪机 c）样车和车厢模型 合计	 4488668 卢布 68 戈比 1500 卢布 29632 卢布 8 戈比 4519800 卢布 76 戈比
12. 通往亚历山大机械厂的支线（轨道和固定件除外）	149362 卢布 39 戈比
总计	66849537 卢布 28 戈比

资料来源：Уродков С. А. ，Петербурго‐Московская железная дорога. История строительства (1842-1851). С. 96.

　　除最初的建设支出，其在开通后也产生了大量费用。1842—1852 年外债利息总额为 1399422 卢布。[1] 这还没算之后年份支付的金额。在年度贷款不足时，工程延期造成的新的贷款和利息也大量增加。

　　不仅负责在国外发行债券的 А. Л. 施蒂格利茨在铁路建设中赚了大

---

[1]　Уродков С. А. ，Петербурго‐Московская железная дорога. История строительства （1842-1851）. С. 97.

钱，铁路司官员和承包人，主要是沙皇政府的债权人、西方国家投资者也从中赚取了巨额利润。彼得堡—莫斯科铁路建设成本为每俄里 108019 卢布，加上 1852 年前已经支付的外债利息，铁路每俄里的建设成本达到 130632 卢布，即增加 20.93%。[①] 彼得堡—莫斯科铁路路面结构和道路的铺设成本约为 1600 卢布/俄里，当时在其他铁路上同样的工程最终的成本为 250—300 卢布/俄里。[②] 交通部和财政部管理人员不谙熟铁路业务助长了承包人的欺骗行为，因此在建设中浪费严重。

二　莫斯科—下诺夫哥罗德铁路建设资金的来源

俄国在克里米亚战争中遭受失败，这是其经济和政治落后的结果。这场战争显示，无论在经济方面还是军事方面，俄国都不能与欧洲各国相抗衡。亚历山大二世政府面临着重新修订整个国家政治方针的急迫任务。

在国家经济改革上，铁路建设问题尤其突出，因为这是国家最本质的需求之一。1856 年，俄国铁路里程不到 1000 俄里，只有彼得堡—莫斯科和华沙—维也纳铁路是大型线路。所有铁路都建在俄国西部，南部和东部没有一俄里铁路。事实证明，哪怕是单纯从军事目的出发，俄国都需要铁路和大工业。

铁路建设拨款来源只有两种，即国库资金和私人资本金。由于克里米亚战争以及内债和外债的增加，到 1856 年国家预算中的赤字达到 2.66 亿卢布。[③] 国库空虚，债务累累。延续尼古拉一世时期用国库资金修建铁路的方针已不可行。只有寻求私人资本一条出路。俄国铁路总公司和俄国第一个铁路网计划就是在此种情况下诞生的。莫斯科—下诺夫哥罗德铁路是俄国铁路总公司铁路网的重要组成部分。

在俄国铁路总公司成立和资金募集过程中，А. Л. 施蒂格利茨男爵发

---

① Уродков С. А., Петербурго-Московская железная дорога. История строительства. С. 97.

② Салов В. В., Начало железнодорожного дела в России 1836-1855. //Вестник Европы. 1899. кн. 5. С. 135.

③ Халин А. А., Система путей сообщения нижегородского полволжья и ее роль в социально-экономическом развитии региона（30-90. XIX в.）. С. 133.

挥了重要作用。当时，施蒂格利茨的银行在财经界和金融市场很有影响力。研究俄国贷款和银行的 C. Я. 鲍罗沃伊指出，施蒂格利茨的主要银行业务都是完成政府委托。政府通过他的银行给彼得堡—莫斯科铁路筹集建设资金，发行债券。① 他与欧洲各大银行都有业务联系。1856 年初，施蒂格利茨首先提出在俄国成立铁路总公司的想法。5 月，他到访巴黎，在那里组建巴黎和阿姆斯特丹银行家集团，伦敦的贝林银行也在其中。巴黎的法国不动产信贷银行为集团之首，伊萨克·佩雷尔和埃米尔·佩雷尔兄弟代表银行行事。②

　　这段时间，在西欧，嗅觉灵敏的银行家已感觉到经济危机正在逼近。有可能靠俄国避开危机，这使一些银行家表现非常积极。大名鼎鼎的罗斯柴尔德银行率先行动，其在 1856 年 5 月派出马尔科姆上校到俄国与沙皇政府进行谈判；外国铁路工程师也紧随其后来到俄国。罗斯柴尔德银行要求把尼古拉耶夫铁路转给它承包或卖给它以安排初期投资。俄国政府原则上拒绝了这个建议，这样罗斯柴尔德集团退出竞争。

　　德国比利时银行集团也是竞争者。它代表以普鲁士银行家奥本海默为首的 17 家银行组成的辛迪加的利益。公司建议为俄国政府提供优惠服务。③ 提出的建设线路中就有莫斯科—下诺夫哥罗德铁路。其在考察下诺夫哥罗德之后，认为无须俄国政府担保即可修建铁路，表现出对修建通往下诺夫哥罗德方向铁路的信心。

　　施蒂格利茨和奥本海默代表的金融集团为争夺铁路的承租权明争暗斗。在 1856 年 10 月 10 日举行的大臣委员会会议上，各位大臣意见大相径庭。康斯坦丁·尼古拉耶维奇大公及其追随者支持德国比利时银行集团。交通和公共建筑管理总局局长 K. B. 切夫金偏爱施蒂格利茨、佩雷尔提出的条件。结果大臣委员会没有达成一致意见，施蒂格利茨组建俄国铁路总公司的计划没有得到批准。但第二天的紧急会议批准了施蒂格利茨、佩雷尔所代表的银行集团的建议。

　　A. M. 索洛维耶娃认为，法国大使沙里·德·莫尔尼、法国不动产信

①　Боровой С. Я.，Кредит и банки России. М.，1958. C. 235.
②　Соловьева А. М.，Железнодорожный транспорт России во второй половине XIX в. C. 64.
③　Соловьева А. М.，Железнодорожный транспорт России во второй половине XIX в. C. 65.

贷银行股东在批准承租合同时在外交上向沙皇施加了压力。[1] 这样施蒂格利茨和佩雷尔的公司在竞争中胜出。1856 年 10 月 16 日，亚历山大二世批准了大臣委员会关于在俄国修建铁路网的特别纪要。财政大臣和交通和公共建筑管理总局局长与俄国铁路总公司签订事先准备好的协议，同一天协议获得沙皇的批准。[2] 由于西欧交易市场上的行情不好，公司创立者请求等到下一年再颁布组建公司的命令。

1857 年 1 月 26 日，亚历山大二世批准了《俄国铁路总公司章程》和《关于在俄国修建第一个铁路网的基本条件的条例》，1 月 28 日发布铁路建设令。2 月，遵照 1847 年条例，公司创立者提供固定资本 5% 的抵押金作为公司履行责任的担保。[3]

莫斯科—下诺夫哥罗德铁路线被纳入正式的铁路建设计划。下诺夫哥罗德铁路是俄国第一条以经济意图修建的铁路，其任务是通过下诺夫哥罗德铁路把莫斯科（而通过莫斯科把彼得堡和西部省份）同伏尔加河流域连接起来。

关于俄国铁路总公司建设条件的条例规定，铁路应于命令签署后一年内开建，并在 1867 年前结束建设，建设结束后俄国铁路总公司享有 85 年经营权。国家有权提前收购属于公司的铁路，从 1887 年起给予公司建设平行线路和相邻线路的垄断权 20 年。条例规定，政府保证公司每年有 5% 的纯收入。公司为股份公司，注册资本金为 2.75 亿银卢布，根据需要以发行股票和债券的形式募集。[4] 1857 年 3 月初，俄国铁路总公司管理委员会声明将首次发行 15 万股股票，于 1857 年 4 月 16—23 日在俄国认购。[5] 股票认购采取分期付款的形式，在认购时付 10%，然后再付票面价值（125 卢布）的 20%。认购热情超出预期，提交了 319397 份认购申请，比计划多出 1 倍。认购数量从 5 股到 6000 股不等。管理委员会不能满足所有人的认购需求，被迫进行配股。5 月，开始销售股票，10 日内售罄。金

[1]　Соловьева А. М. , Железнодорожный транспорт России во второй половине XIX в. C. 65.

[2]　Халин А. А. , Система путей сообщения нижегородского полволжья и ее роль в социально-экономическом развитии региона （30-90. XIX в. ）. C. 138.

[3]　Там же. C. 139.

[4]　Там же. C. 140.

[5]　Там же. C. 142.

融投机人、各类企业家、包税人和富人成了公司的股东。沙皇政府的达官贵人——奥尔洛夫、Н. Б. 尤苏普公爵、Э. Т. 巴拉诺夫伯爵、皇室成员和沙皇亚历山大二世本人都是大股东。①

政府的5%年化收益担保促进了俄国铁路总公司股票的成功发售。为强化工业和交通领域的个人创业精神，沙皇政府在1857年夏天进行了银行改革，这一时期的存款年化利率为4%。为鼓励积极投资，政府决定把存款的年化利率降到3%。进行这项改革的命令于1857年8月1日生效。在此条件下，参股政府担保5%年化收益的俄国铁路总公司，比把钱放在银行更有利可图。俄国的银行改革在很大程度上促进了国内经济的发展，19世纪50年代末，俄国的股票和证券交易火热。当时有一种意见，认为银行利率从4%降到3%是为迎合俄国铁路总公司，规避公司在筹集必需资金时可能遇到的困难。П. П. 米古林就持这样的观点。② А. М. 索洛维耶娃也认为，降低银行存款利率是为维护俄国铁路总公司的利益，在这里 А. Л. 施蒂格利茨男爵发挥了积极的作用。③ 但笔者认为，银行改革的基础要比俄国铁路总公司的利益更加广阔。第一，战争期间极力吸收存款，国家信贷机构陷入困境和信贷业务量下降是改革的直接动因。存贷款之间差额在1855年达到2000万卢布，而两年之后，已达到1.45亿卢布。④ 第二，银行改革的目的是提高股东积极性，而不是一个公司的积极性。无疑，这场改革促进了俄国铁路总公司股票在俄国的大量发行。

席卷西欧资本主义国家和美国的金融危机，使俄国铁路总公司的股票在国外发行受挫。1857年6月，俄国铁路总公司的股票价值1300法郎，1个月之后已经降到890法郎。第二年的6月，股票公开销售价格降到550法郎，已经开始低于票面价值。⑤ 鉴于国外股票市场行情的恶化，根

---

① Соловьева А. М. ，Железнодорожный транспорт России во второй половине XIX в. С. 70.

② Мигулин П. П. ，Русский государственный кредит（1769–1899）. Т. Ⅰ. Харьков，1899. С. 266.

③ Соловьева А. М. ，Железнодорожный транспорт России во второй половине XIX в. С. 69.

④ Шепелев Л. Е. ，Акционерные компании в России. Л. ，1973. С. 69.

⑤ Халин А. А. ，Система путей сообщения нижегородского полволжья и ее роль в социально-экономическом развитии региона（30–90. XIX в.）. С. 143，144.

据管理委员会的决议，多数股票从国外转到彼得堡交易市场。实际上，俄国铁路总公司几乎所有的股票都是在俄国发售的。① 因此，沙皇政府吸引外资到俄国进行铁路建设的希望落空。俄国铁路总公司通过发行股票首期募集到 7500 万卢布。即便没有募集到预定的目标资金额，但是俄国铁路总公司在当时仍是国内最大的股份公司。Л. Е. 舍别廖夫把它称为巨型公司并非偶然：1856—1860 年，俄国成立了 7 家铁路公司，总资本为 1.175 亿卢布。② 不难计算，铁路建设总资本的 64% 都属于俄国铁路总公司。

国家对其股份资本进行收益担保的俄国铁路总公司的建立，导致国际金融资本的肆意投机。1857 年，欧洲和美国都爆发了金融危机，在其影响下俄国也出现了交易危机。从 1858 年起，实际上还没有着手铁路建设的俄国铁路总公司逐渐濒临破产。由于不希望公司破产，沙皇政府紧急发行总额 3500 万卢布的国内债券。

尽管这一时期俄国铁路总公司财政状况艰难，但它在俄国工业金融界还是享有一定的威望。1858 年，公司股票牌价相当高，股价超出票面价值 12%，6 月时达 140 卢布。1858 年 8 月，3500 万卢布国内债券开始发行，票面额 500 卢布，被分成 7 万份，其中 4 万份分配给社会救济衙门和其他国家机构，而剩下的 3 万份公开发售。社会各界对债券认购热情不减，共提交 29.79 万份债券认购申请，是可销售债券份额的近 10 倍。债券年化利率为 4.5%。③ 有意思的是，已经直接分到债券份额的社会救济衙门，还是饶有兴趣地购买俄国铁路总公司债券。内务大臣 С. 兰斯科伊承认，由于有 4.5% 的年化收益担保，购买债券对他们有利，因为他们需要资金，尤其是银行利息降低之后。④ 社会救济衙门共购买了 1700 万卢布债券，占第一期国内债券额的近一半。通过发行第一期股票和债券，俄国铁路总公司共募集到 1.1 亿卢布资金。用借贷资本，俄国铁路总

① Соловьева А. М.，Железнодорожный транспорт России во второй половине XIX в. С. 71.

② Шепелев Л. Е.，Акционерные компании в России. С. 65.

③ Халин А. А.，Система путей сообщения нижегородского полволжья и ее роль в социально-экономическом развитии региона（30-90. XIX в.）. С. 145.

④ Там же. С. 145.

公司开始铁路网建设，其中包括长度为 410 俄里的莫斯科—下诺夫哥罗德铁路。

三　北方铁路建设资金的来源

俄国北方地区人烟稀少，工农业不发达，传统手工业是当地主要的经济支柱。虽然这里水系众多，但受自然条件限制，水路之间缺乏联系，通航期短，因此，在铁路修建之前，这里的交通极其不便，中心地区的粮食运不进来，这里的手工业品运不出去，整个北方地区被隔绝在全国统一市场之外。修建铁路是改变这些状况的最佳办法。在政府主导下，从 1858 年起至 20 世纪初，由私营铁路公司和政府先后投资在俄国广大的北方地区建起了长度超过 3000 俄里的铁路网。

在北方修建的第一条铁路是莫斯科—雅罗斯拉夫尔铁路。1857 年 6 月，四等文官 Н. 柳民和 А. 什波夫、五等文官 Н. 什波夫、Д. 什波夫上校、А. И. 杰尔维科少将和荣誉公民 И. Ф. 马蒙托夫共同创立了莫斯科—雅罗斯拉夫尔铁路公司。根据交通条例第 580 款，公司创始人投入 20.25 万卢布作为抵押金，根据工程进展他们可以收回抵押金金额的 0.1%。铁路开通前政府可以留下不少于 10 万卢布的抵押金。[①] 该铁路公司章程规定，公司采取股份制形式，股东大会是公司最高管理机构。在修建该铁路时，公司享受国营铁路所拥有的一切优惠。铁路占用国家土地，国家无偿出让，若占用私人空地，则按与土地所有者的协议出让。政府为该公司免除了轨道、道岔、辙叉、机器、车厢等设施的进口关税。交通和公共建筑管理总局通过检查员对工程进行监督。

莫斯科—雅罗斯拉夫尔铁路公司章程规定，公司注册资本为 450 万卢布，通过发行每股票面值 150 卢布的 3 万股股票获得，个人持股数量没有限制。在认购股票时先缴纳票面额的 20%，根据需要通过股东大会确定余款缴纳事项。在三个月内通过莫斯科和彼得堡的报纸通知缴纳日期。股票为记名股票。10 年内以特别息票的形式发放红利；10 年之后，发给股

---

① Гудкова О. В.，Строительство северной дороги и её роль в развитии северного региона（1858–1917）. С. 44.

东新息票。在铁路建设期，保证股东获得 4% 的年化利率收益。铁路建设和经营期限为 80 年，期限结束后公司须无偿将铁路连同机车车辆、附属设施交给国家。但国家发给公司酬金，作为对公司所进行的提升铁路运输能力等预算外工程的奖励。此外，政府保留章程批准后 20 年收购铁路的权利。在确定收购价格时，铁路利润额以收购前 7 年为基础，从利润中减去两个最少利润年的利润，然后计算出年均利润。政府应每年分两次支付当年利润，直到 80 年期限到期。如果公司没有履行自己的义务，政府可以警告两次，第三次时就会把铁路企业拍卖。拍卖所得资金列入公司债务账，消除债务后若有余额则分配给股东。[1]

　　莫斯科—雅罗斯拉夫尔铁路公司在其章程通过审批、向财政部上缴抵押金后，开始发售股票和债券。在建设莫斯科—谢尔吉耶夫波萨德段时发行金额为 327 万卢布的无政府担保收益股票。由于政府没有为该公司的股票提供收益担保，公司没能筹集到目标资金，因此政府给公司提供了 58 万卢布的贷款。[2] 在这里说明一下，莫斯科—雅罗斯拉夫尔铁路公司的股票没有在国家银行登记。这主要是因为该公司股票没有得到政府的担保，不能在交易市场进行交易。从 1868 年起，莫斯科—雅罗斯拉夫尔铁路公司的股份资本得到政府的收益担保。1859 年，公司着手铁路建设，经过两年零三个月，工程完工。1862 年，莫斯科—雅罗斯拉夫尔铁路开通运营。铁路建设的成本为 3767158 卢布。[3]

　　1867 年 3 月 8 日，舒伊斯克—伊万诺沃铁路股份公司成立，与建设北方线路的莫斯科—雅罗斯拉夫尔铁路股份公司并立。新股份公司建设从诺夫卡站（莫斯科—下诺夫哥罗德线路）通过伊万诺沃村到基涅什马的支线。公司 1/3 的资本是股票，2/3 是债券。政府担保在承租期间每年有投资额 5% 的纯收入。该公司在德国金融市场筹集到所需的股份资本金（如果没有政府担保，国外金融市场不对公司开放）。与莫斯科—雅罗斯

---

①　Гудкова О. В. , Строительство северной дороги и её роль в развитии северного региона（1858-1917）. С. 49.

②　Там же. С. 52.

③　Там же. С. 53.

拉夫尔铁路不同，这条铁路有外国资本介入建设（投入 254920 英镑①）。公司总资本超过 700 万卢布。② 公司纯利润按下列方式分配：2% 列入储备金，其余用于支付 5% 年化利率的股票利息、偿还政府担保股票的担保金。这样，政府就把北方铁路建设和经营权交给了莫斯科—雅罗斯拉夫尔铁路公司和舒伊斯克—伊万诺沃铁路公司的股东。

1870 年 4 月 23 日，莫斯科—雅罗斯拉夫尔铁路公司董事会向全体股东会议报告进行沃洛格达到雅罗斯拉夫尔的铁路建设计划。全体会议以多数票通过铁路建设申请。公司申请很快得到答复，并作为公司章程的补充条款得到沙皇批准。章程条款中确定，公司必须在 1871 年 5 月开始雅罗斯拉夫尔—沃洛格达铁路工程，于 1872 年 12 月 31 日前完工。铁路建设必需资金通过发行 440 万卢布政府保留债券筹集。政府为债券提供 5% 年化利率收益担保，从开通之日起每年偿还 0.16% 担保金。如果铁路单位年度总收入超过 9000 卢布/俄里，政府可以要求铺设复线。公司免关税从国外进口轨道、机车、煤水车、车厢。③

1886 年 4 月 2 日，沙皇批准莫斯科—雅罗斯拉夫尔铁路公司建设涅列赫塔到科斯特罗马长度为 93.1 俄里的支线。建设资金确定为 227.6 万信用卢布，允许公司通过发行债券增资，政府不给予任何担保。但政府给予其他帮助，拨给公司轨道、机车、车厢等，公司须在铁路开通运营的 12 年后偿还。④

19 世纪 80 年代末至 90 年代初，莫斯科—雅罗斯拉夫尔铁路公司固定资本构成如下：为建设莫斯科—谢尔吉耶夫波萨德路段发行的 327 万卢布未担保股票；为建设谢尔吉耶夫波萨德—雅罗斯拉夫尔路段公司根据章程自己发行的 1200 万卢布担保债券；为建设雅罗斯拉夫尔—沃洛格达路段发行的政府担保债券 440 万卢布；为建设雅罗斯拉夫尔—科斯特罗马铁路发行的未担保债券 253.6 万卢布。

---

① 在 19 世纪，英镑是国际金融结算单位。19 世纪 70—90 年代，1 英镑相当于 6.25 卢布。

② Гудкова О. В.，Строительство северной дороги и её роль в развитии северного региона（1858-1917）. С. 61.

③ Гудкова О. В.，Строительство северной дороги и её роль в развитии северного региона（1858-1917）. С. 58.

④ Там же. С. 60.

　　1893 年莫斯科—雅罗斯拉夫尔铁路公司向政府申请修建从沃洛格达到阿尔汉格尔斯克的铁路。从各种测算来看，这都是一条暂时难以盈利的项目，如果没有政府补贴，股东不会同意修建这条线路。财政大臣 C. Ю. 维特支持 И. Ф. 马蒙托夫的申请，认为为了偏远地区的利益，值得花大笔资金修建这条暂时还不盈利的铁路，遂给予莫斯科—雅罗斯拉夫尔铁路公司补贴。该公司也同意用其他线路的收益来补贴这条线路的亏损。政府补贴分 12 年进行：前三年，全额支付年度利息和清偿债券，但每年不超过 100 万信用卢布；第四年，支付额的 9/10，但不超过 90 万信用卢布；第五年，支付额的 8/10，但不超过 80 万信用卢布；第六年，支付额的 7/10，但不超过 70 万信用卢布；第七年，支付额的 6/10，但不超过 60 万信用卢布；第八年，支付额的 5/10，但不超过 50 万信用卢布；第九年，支付额的 4/10，但不超过 40 万信用卢布；第十、十一、十二年，支付额的 3/10，但不超过 30 万信用卢布。政府补贴应达 750 万信用卢布。由于资本化，到 1898 年 6 月 1 日这个数额达 635.6 万信用卢布。[1] 股东认为，修建这条不赚钱的铁路，应该限制建设资金投入，资金总额不应超过 1900 万信用卢布。政府把该金额减少到 1735 万卢布，还包含额外储备金。工程施工条件艰苦，劳动力不足，为留住劳动力，公司在铁路沿线修建了工棚、商店、医疗所等额外工程，最终工程的建设资金超出最初的预算 150 万卢布。[2] 在某种程度上，铁路公司领导人和建设者不懂财务和经营，以致富为目的造成巨额花费。公司铁路管理者 C. П. 乔格罗夫在建设完工后应得到的 10 万卢布奖金提前一年就到手了。

　　在修建阿尔汉格尔斯克铁路的同时，公司通过其他工程逐渐壮大。1894 年 5 月 9 日沙皇批准公司铺设莫斯科—谢尔吉耶夫波萨德铁路复线，扩大莫斯科货站，增加金额 1354580 信用卢布的机车车辆；允许公司修建雅罗斯拉夫尔—雷宾斯克宽轨线路（81 俄里），成本为 350 万信用卢布；允许公司修建舒伊斯克—伊万诺沃铁路的涅列赫达—谢列达线路（43 俄里），成本为 150 万卢布。此外，还允许公司从私营的舒伊斯

①　Гудкова О. В., Строительство северной дороги и её роль в развитии северного региона （1858-1917）. C. 75.

②　Там же. C. 78.

克—伊万诺沃铁路公司手里购买舒伊斯克—伊万诺沃铁路（含叶尔莫利诺—谢列达支线和在建的伊万诺沃—捷伊科沃专用线），付给舒伊斯克—伊万诺沃铁路公司、莫斯科—雅罗斯拉夫尔—阿尔汉格尔斯克铁路公司4%年化利率债券742万信用卢布和现金27.7万信用卢布，付给政府300万信用卢布，作为对舒伊斯克—伊万诺沃铁路公司的补偿；① 政府允许公司在所有路段上开展提升通行和运输能力的各种工程并为其供货，金额达200万卢布。②

　　1897年5月2日，沙皇政府允许莫斯科—雅罗斯拉夫尔—阿尔汉格尔斯克铁路公司建设长度为125俄里的莫斯科—萨维列沃铁路支线，在莫斯科设置货运和旅客运输站，并设有连接线路，金额不超过727万信用卢布；用30万信用卢布从舍列梅杰夫伯爵手里购买乌戈里尼卡—巴斯卡恰窄轨支线；修建捷伊科沃至尤利耶夫—波利斯基线路，费用应不超过339万信用卢布；强化各种工程的运输和通行能力，金额为489.8万信用卢布（其中包括莫斯科站的资本重组）。③ 1899年4月允许公司建设梅季希—谢尔科沃专线铁路（16俄里）和伏尔加河码头站，费用不应超过45万信用卢布。1899年6月政府允许公司开展改善铁路运输能力的工程并为其供货，金额不应超过709.8万信用卢布。④

　　莫斯科—雅罗斯拉夫尔—阿尔汉格尔斯克铁路公司在1895—1899年发行了6种4%年化利率债券，5种是国内债券，1种是国外债券，用其抵补在建设沃洛格达—阿尔汉格尔斯克线路时的货币资金超支。债券总金额为8280.8万信用卢布，每年必须支付394.1万信用卢布，进款7737.4万信用卢布。⑤ 具体数据见表3-2、表3-3。

① Мигулин П. П., Наша новейшая железнодорожная политика и железнодорожные займы. 1893-1902. С. 148.
② Гудкова О. В., Строительство северной железной дороги и её роль в развитии северного региона (1858-1917). С. 79-80.
③ Полное собрание законов Российской империи. Собрание 3-е. 1897. № 14027. СПб., 1900. Т. XVII. С. 239-240.
④ Полное собрание законов Российской империи. Собрание 3-е. 1899. 13 июня, Отд. 1-е., № 17219. Т. XIX. С. 750-751.
⑤ Теребов В. Н., 4% облигационные займы Общества Московско-Ярославско-Архангельской железной дороги (1895-1899). Саранск. 1998.

表 3-2　莫斯科—雅罗斯拉夫尔—阿尔汉格尔斯克铁路公司在 19 世纪
90 年代发行的国内铁路债券

债券	金额（信用卢布）	票面额（信用卢布）	债券期限（年）	发行年份
第一批	27500000	1005001000500010000	48	1895
第二批	20780700	1005001000500010000	48	1895
第三批	700000	1005001000500010000	48	1895
第四批	8400000	1005001000500010000	46	1897
第五批	7512000	1005001000500010000	43.5	1899

表 3-3　莫斯科—雅罗斯拉夫尔—阿尔汉格尔斯克铁路公司
1897 年发行的国外债券

金额	票面额	债券期限（年）
3300 万德国马克＝10183800 金卢布（15275700 信用卢布）	50010002000 马克	45.5

资料来源：Теребов В. Н.，4% облигационные займы Общества Московско - Ярославско -
Архангельской железной дороги（1895-1899）. Саранск. 1998.

　　随着沃洛格达—阿尔汉格尔斯克铁路建设的开启，北方边疆区交通问
题部分得到解决，但用铁路把维亚特卡河和北德维纳河流域连接起来的问
题仍然没有解决。1894 年 5 月，西伯利亚铁路委员会提出对沿北德维纳
河从彼尔姆到科特拉斯一线进行经济和技术研究。事先的技术勘测显示，
铁路建设需要 34807812 卢布（或 37228 卢布/俄里）。1895 年在设计和对
劳动力、材料价格进行研究之后发现铁路整体造价涨到 3789.5 万卢布。
因此委员会决定，铁路长度减少 72 俄里，这样能少花 220 万卢布。1896
年 12 月，西伯利亚铁路委员会决定：确定通过格拉佐夫沿切普察河北岸
到达彼尔姆—维亚特卡—科特拉斯铁路的最终方向，将设计费 23.6 万卢
布纳入该铁路建设造价。[1] 西伯利亚铁路委员会最终确定的铁路预算成本
为 3657.9 万卢布（或 45035 卢布/俄里）。[2] 在建设彼尔姆—维亚特卡—
科特拉斯铁路时，资金超支达 2164796 卢布。[3] 因此，彼尔姆—维亚特

---

[1]　Гудкова О. В.，Строительство северной железной дороги и её роль в развитии северного
　　региона（1858-1917）. С. 104.

[2]　Там же. С. 105.

[3]　Там же. С. 113.

卡—科特拉斯铁路的工程总造价达 3874.4 万卢布。

莫斯科—雅罗斯拉夫尔—阿尔汉格尔斯克铁路公司是俄国国内最富裕的公司之一。该公司在农奴制取消之前建立，在早期修建莫斯科—谢尔吉耶夫波萨德、谢尔吉耶夫波萨德—雅罗斯拉夫尔、雅罗斯拉夫尔—沃洛格达铁路时完成了公司资本的原始积累。在这期间，国家没有参与公司利润分配，但给予公司贷款，因此公司获得超高利润，这种情况一直延续到 19 世纪 90 年代。

1895—1896 年，财政部下属北方铁路委员会提出用国库资金修建彼得堡—沃洛格达—维亚特卡铁路问题，如果政府不能出资，其准备利用组建北方铁路公司募集的资金修建这条连接波罗的海和北方地区的铁路。1896 年 12 月，莫斯科—雅罗斯拉夫尔—阿尔汉格尔斯克铁路公司董事会主席 И. Ф. 马蒙托夫向交通部和财政部铁路司提交了修建彼得堡—维亚特卡的铁路方案，希望政府对公司拟定发行的债券进行担保并将公司更名为北方铁路公司。在这两个方案中，政府倾向于将莫斯科—雅罗斯拉夫尔—阿尔汉格尔斯克铁路公司改组成北方铁路公司。1899 年 6 月，政府批准了公司新章程。① 但是财政部要求更换公司董事会，因为在调查沃洛格达—阿尔汉格尔斯克铁路修建的舞弊案时，董事会阻碍铁路司的工作。与此同时，公司又暴露出两个弊案：一个是董事会主席 И. Ф. 马蒙托夫与彼得堡商业银行的一系列合作问题；另一个是公司与涅夫斯基机械厂的合作问题。基于这两大案件，董事会向政府提出两个方案：或者允许公司发行债券（因为之前没有增发债券就完成了道路改善，所有费用都是现金支出，但这导致公司没有周转资金）；或者公司申请将企业转给国家，组建北方铁路公司。

1899 年 11 月 13 日，财政部上奏请予沙皇同意成立 Д. М. 索尔斯基领导下的，由交通、司法、财政和监察大臣组成的特别会议。会议应弄清，国家是否应该收购铁路，如果是的话，以什么条件收购。根据章程，国家有权从 1907 年 1 月 1 日起收购铁路，在此之前，只能在与股东自愿签订的协议基础上进行收购。会议得出结论，"由于公司亏损金额不清，不可能非

① Гудкова О. В., Строительство северной железной дороги и её роль в развитии северного региона（1858–1917）. C. 91.

常准确地确定股票的价值。只有在对可以明确的亏空进行评估后，才能大致确定股票的价值"。①

　　案件转交给沙皇于 1900 年 3 月 30 日批准成立的联合衙门，从 1900 年 4 月 1 日起莫斯科—雅罗斯拉夫尔—阿尔汉格尔斯克铁路公司转归国营，铁路经营管理权暂时交给财政部、交通部和监察部。政府为每股票面额为 150 卢布的股票和 1894 年及以后年份的息票支付 525 卢布，为每股已偿还股票支付 375 卢布（附带这个金额的利息，年化利率为 5%）。在不对发放金额征收收入税（5%）的情况下，政府把金额为 11654 万卢布货币资金转交给北方铁路公司管理委员会管理。在收购时被莫斯科—雅罗斯拉夫尔—阿尔汉格尔斯克铁路公司债券所替换的前舒伊斯克—伊万诺沃铁路公司年化利率为 4% 的股票，被置换成年化利率 4% 的国债。② 据北方铁路公司管理委员会统计，在对公司工程账务进行检查时发现因违规使用公司资金造成的亏损如下：公司前经理人账户 7110560 卢布，扣除销售涅夫斯基机械厂联合公司股票进款 2078700 卢布，金额为 5031860 卢布；前董事会成员备用金账户 1218675 卢布；调整董事会账户损失 238953 卢布。需要 1200000 卢布才能填平这个亏空。未抵偿部分为 5300000 卢布。在检查沃洛格达—阿尔汉格尔斯克线路建设账户时发现超支为 4250000 卢布。资金不足部分总额为 9550000 卢布。国库拨给财政部下属铁路领导委员会 16540000 卢布用于弥补亏损。③ 1901 年 12 月 21 日，政府决定废除临时委员会，将前莫斯科—雅罗斯拉夫尔—阿尔汉格尔斯克铁路公司的铁路转给交通部管理。成立消除债务、规划新线路建设和拟定公司经营报告的清算委员会，确定该委员会工作期限为两年。但直到 1904 年 6 月 1 日，临时委员会才被取消。在这段时间，临时委员会起草报告，对公司的存在做法律上的了结（25 个已结案司法案件，50 个未结案司法案件），确定马蒙托夫家族给公司带来的最终亏损为 5675374 卢布。④

---

① Гудкова О. В., Строительство северной железной дороги и её роль в развитии северного региона（1858-1917）. С. 97.

② Там же. С. 99.

③ Там же. С. 100.

④ Гудкова О. В., Строительство северной железной дороги и её роль в развитии северного региона（1858-1917）. С. 100.

莫斯科—雅罗斯拉夫尔—阿尔汉格尔斯克铁路公司被交通部接管后，开始接受国家补贴。尽管根据监察部之前的通报，该铁路公司的纯收入高达6399272卢布，但实际上所有铁路企业都存在亏损。为此，交通部缩减铁路管理经费，停止给职员发放补贴，也禁止给加急和额外工作发放加班费。

建设彼得堡—沃洛格达—维亚特卡铁路的资金，由国家财政资金以贷款的方式按非常规预算发放。铁路预算成本为43020806卢布。交通大臣向大臣委员会申请准予在1906年支出695750卢布贷款。至1907年初，在建设这条线路时超支达2120800卢布，到年底超支扩大到2994226卢布。原定在1905年9月1日前将彼得堡—沃洛格达铁路投入运营，但实际上，该铁路并未如期完工。铁路接收委员会指出，可以在线路上组织临时运营，但仍需要299915卢布贷款。[①] 1907年，北方铁路管理局从国家得到530万卢布补贴，用于完成未完工的铁路路基、车站和修配厂建设。1907—1912年北方铁路的经营状况明显改善，收入从5700139卢布增加到18338140卢布，不再受国家补贴。[②]

在私营铁路公司和国家的共同投资下，俄国北方铁路建设取得巨大成功，尽管从铁路密度来看，北方铁路网仍落后于中心地区。1909年，阿尔汉格尔斯克省每1000平方俄里仅有铁路0.3俄里，沃洛格达省有1.9俄里，维亚茨省有4.4俄里，科斯特罗马省有6.9俄里，雅罗斯拉夫尔省有12.5俄里，奥罗涅茨省有1.6俄里。[③]随着北方铁路的修建，此处人口有了显著增长，货物运输量快速增加，北方地区进入国家商品流通的统一体系。

小　结

俄国铁路建设资金来源分国外资金和国内资金。在国外发行国家债

---

① Гудкова О. В. , Строительство северной железной дороги и её роль в развитии северного региона（1858-1917）. C. 115.

② Там же. C. 119.

③ Статистический ежегодник России 1909 г. СПб. , 1910.

券、铁路综合债券、政府担保的铁路公司债券募集资金是外资参与俄国铁路建设的主要方式。法国、英国、荷兰、德国等国商业银行参与俄国债券的发行。外资在俄国铁路建设中的作用巨大，到 20 世纪初，俄国 70% 的铁路网依靠外资修建。据统计，19 世纪下半叶俄国为修建和完善铁路在国外举债高达 15 亿金卢布。而 20 世纪初至十月革命，俄国因发展铁路业在国外举债也达到了这个数字。在国外举债，一方面获得了铁路事业发展基金，弥补了财政赤字，另一方面也加重了国库的负担。但其积极作用毋庸置疑，至第一次世界大战前夕，俄国建起了 6 万余俄里的铁路网，铁路工人数量快速增长，相关工业快速发展起来，在整个国民经济中产生了积极的连锁反应。

为支持铁路业发展，尤其是扶持私营铁路公司和相关配套企业，俄国政府在 1867—1883 年成立了独立于国家预算的铁路基金，用于修建国营铁路，勘测新线路，给私营铁路公司、铁路设施生产企业补贴和贷款。由于私营铁路公司经营不善，很多铁路公司不能及时归还贷款本金，甚至连利息都支付不起，铁路基金在 1876 年被消耗殆尽。政府建立持久铁路资金来源的希望落空，不得不用常规预算资金支付铁路基金的支出，最终将铁路基金与俄国政府常规预算资金合并。

政府还通过发行国内债券筹集铁路资金，将其用于直接修建国营铁路、给私营铁路公司追加担保金、收购私营铁路公司、加强铁路通行和运输能力、改期私营铁路公司债券等。1861—1914 年，俄国铁路建设资本总额达 48.16 亿卢布，其中外资占 74.5%，国内资金占 25.5%。

彼得堡—莫斯科铁路、莫斯科—下诺夫哥罗德铁路和北方铁路建设资金的筹措各有特点，这主要和它们采取的修建模式有关。彼得堡—莫斯科铁路是俄国国家出资修建的第一条大型铁路，其资金主要来源于国家在国内外发行债券募集的资金；莫斯科—下诺夫哥罗德铁路是俄国第一条用私人资本修建的商业铁路，其资金主要来源于私人股份资本和债券资本；而北方铁路则采取混合式模式修建，因此，其资金也融合私人股份、债券资本和国库资金等多种来源。

第四章 俄国铁路建设的技术、设备及人力保障

在铁路修建中，资金、技术、物资供应、人员是最重要的保障，缺一不可。交通部作为各类运输的统一管理机构，对铁路操作技术进行集中领导。财政部则通过关税政策，调整轨道、机车、车厢的进口和生产。而为数众多的俄国铁路人，包括铁路工人、专业技术人员以及铁道兵都是促进铁路业发展和崛起的重要因素。

第一节 铁路建设的技术保障

在铁路建设中，既离不开有效的组织管理体系，也离不开技术上的传承、创新和发明。俄国铁路建设莫不如此。在铁路建设中，某些关键节点的技术问题十分重要，勘测、设计、路基工程的施工是铁路修建的前期工程，是铁路建设工程的基础。

一 勘测与设计

铁路建设需要耗费大量资金、材料、人力劳动和机械设备。铁路设计者非常清楚，只有在对方案进行技术和经济上的比较之后才能选择出最佳方案。设计者提出从现地勘测、初步勘测和详细勘测三个阶段进行设计。与这三个阶段相对应，设计者制定出设计前、初步设计和技术设计方案。笔者以俄国第一条大铁路彼得堡—莫斯科铁路和最长的铁路西伯利亚大铁路为例，阐述俄国铁路的勘测设计情况。

在彼得堡—莫斯科铁路勘测设计过程中主要确定以下参数：主线为双线；轨道宽度为1524毫米（5英尺）；莫斯科至彼得堡方向（货运方向）最大坡度为2.5‰，彼得堡至莫斯科方向为5‰，允许有16.6俄里坡度为7.8‰的驼峰，这与当地的平均自然坡度正好相当；区间转弯最小半径为

1601 米（750 俄丈），车站转弯最小半径为 1067 米（500 俄丈）。①

1842 年 4 月，为弄清沿直线即不绕道诺夫哥罗德和托尔若克修建铁路在技术上的可行性，П. П. 梅利尼科夫和 Н. О. 克拉夫特进行了现地勘测。勘测资料显示，按最短路线设计铁路最为有利。但有政府官员提出绕道诺夫哥罗德，彼得堡—莫斯科铁路建筑委员会于是决定在彼得堡—上沃罗乔克路段沿直线和偏向诺夫哥罗德进行预先勘测。

尽管直线具有明显优势，但是这种方案的支持者不得不为此进行顽强斗争。梅利尼科夫的论证显示，如果绕道诺夫哥罗德，铁路长度将增加近 30 俄里，建设成本增加 17.5%，而营运费用增加约 10%。他在呈文中指出，"缩短线路非常重要，因为这将拉近首都和主要港口与国家中心的距离，更有说服力的理由是，长度增加 30 俄里或 35 俄里，即总长度增加 5%。这 5% 的费用应该由每个旅客或每普特货物分担，更不消说运输时间也增加 5% 了"。②

线路选择是一个重要且困难的问题。1843 年 2 月 4 日在特别委员会会议上就勘测结果进行讨论的过程证明了该观点。委员会的意见存在分歧。委员会主席和财政大臣"赞成交通和公共建筑管理总局按直线修建铁路的意见。杰斯特列姆中将、葛特曼、洛卡索夫斯基和切夫金少将支持将铁路修往诺夫哥罗德，国家财产部大臣基谢廖夫伯爵和侍从将官奥尔洛夫及内务大臣支持其意见"。他们认为"尽管费用增加，但铁路不应错过诺夫哥罗德，因为这个城市是大型贸易、工业和行政中心"。③ 沙皇做了最终决定，下令按直线修建铁路。

梅利尼科夫所做的科学研究和经济分析在解决这个问题时的意义和作用巨大。彼得堡—莫斯科铁路设计、建设的技术条件和标准均由梅利尼科夫制定。按直线修建的彼得堡—莫斯科铁路对其他国家新铁路设计规则也产生很大影响。如德国的《奥格斯堡共同报》在 1845 年写道："彼得

①　Воронин М. И.，Воронина М. М.，Павел Петрович Мельников 1804–1880. С. 42.

②　Воронин М. И.，К истории и проектирования Петербурго – Московской железной дороги//Сб. трудов ЛИИЖТа. М.，1952. Вып. 143. С. 2–83.

③　Житков С. М.，Пути сообщения и финансы в истекшее столетие：1798–1898. СПб.，1899. С. 22.

堡—莫斯科铁路对欧洲具有重大意义，不能不引起极大关注。其好处就是
将两个首都尽可能联成一个整体。"铁路设计长度为 608 俄里，测绘长度
为 602 俄里。① 设计长度比测绘长度多出 6 俄里，或者说长 1%。当时欧
洲还没有这种直线设计的先例，因此西欧国家对俄国第一条干线铁路产生
了很大兴趣。

　　西伯利亚大铁路是俄国最长的铁路。早在 19 世纪 50 年代，俄国专家就
提出并制定了一系列在西伯利亚修建铁路的方案。但勘测和设计的真正启
动是在 19 世纪 80 年代末。俄国技术协会在科学界就修建西伯利亚大铁路形
成一致立场的过程中发挥了重要作用。当各部门代表、地方官员、商人就
西伯利亚大铁路方向选择、修建的方法向政府"狂轰滥炸"的时候，倾听
铁路行业主要专家的意见就变得非常重要。1887 年 12 月 18 日，在俄国技
术协会内针对海军中将 Н. В. 戈贝托夫的《俄国东部不间断大铁路最有利的
方向》报告举行座谈。② 为讨论西伯利亚大铁路问题，在协会内成立了由
协会铁路处处长 А. Н. 格尔恰科夫领导的委员会。1888 年 3 月，委员会听
取交通工程师 Н. А. 赛坚科和矿山工程师 Л. А. 亚切夫斯基的报告，认为在
最艰苦路段进行认真的现地勘测后必须审查西伯利亚大铁路问题。

　　1889 年 3 月 15 日，委员会又讨论铁路走向问题。彼得堡大学教授，
交通、矿山和军事工程师，学者，西伯利亚地区实业界的代表，政府官员
以及部分经验和知识非常丰富的人士参与了技术经济问题的讨论。90 年
代初，一些报刊上刊登了在西伯利亚修建窄轨铁路的想法，但没有得到专
家的支持。在俄国技术协会铁路处的一次会议上，Н. П. 梅热尼诺夫表
示，西伯利亚大铁路将具有重要的商业意义，作为中转线路，应该是宽轨
铁路，对于地区经济、与远东的贸易来说，其前景极其可期。③ М. Н. 罗
曼诺夫教授等俄国学者、工程师制定了西伯利亚大铁路勘测和设计方案，
确定铁路修建的可能性和方法。所有会议资料在 1889 年《铁路业》杂志
上发表，一年之后发行单行本。学者和工程师们的活动结论在 1889 年 6

① Воронин М. И. ，Воронина М. М. ，Павел Петрович Мельников 1804-1880. С. 43-44.
② Труды Комиссии Императорского русского технического общества по вопросу о
　　Сибирской железной дороге. СПб. ，1891. С. 2.
③ Фадеев Г. М. ，История железнодорожного транспорта России. Т. 1. 1836-1917. С. 147.

月报告给政府。

专家对两个相互竞争的方向，即南线和北线进行了考察。根据 H. B. 戈贝托夫提出的第一个方案，拟定铺设奥伦堡—奥尔斯克—阿克纠宾斯克—巴甫洛达尔—比斯克—米努辛斯克—伊尔库茨克—阿巴盖图伊—海拉尔—齐齐哈尔—吉林—宁古塔—尼科利斯科耶—符拉迪沃斯托克（海参崴）的线路，这是南线。按之前交通大臣 K. H. 波西耶特提出的北线方案，铁路应经过兹拉托乌斯特、车里雅宾斯克、鄂木斯克、托木斯克、克拉斯诺亚尔斯克、下乌金斯克、伊尔库茨克，此后南北两线重合。大家比较倾向于北线，因为北线到伊尔库茨克的里程为 3151 俄里，而南线为 3503 俄里；[①] 北线铁路所经过地区的地势比较平坦，土地更加肥沃，比较接近西伯利亚现有的大道。俄国技术协会专家建议从车里雅宾斯克到符拉迪沃斯托克（海参崴）修建铁路、水路混合交通系统，但是水路部分限于远东地区。这是因为阿穆尔河沿岸的地势起伏大，是否经满洲里铺设铁路尚存在疑虑。

铁路设计专家提议，对铁路沿线的土地实行分配制，以吸引移民。对铁路技术标准的要求也有所降低。如在地势平坦的西部路段建议最大坡度为 6‰，转弯最小半径为 625 米；而山区路段最大坡度为 10‰，转弯最小半径为 312 米。不按 1∶1.5 而是按 1∶1.25 做边坡。针对人工设施也提出具体建议。允许修建木桥，在大河上修建渡口、铺设涵管等，还提出其他技术方面的建议。设计还考虑到永冻土、保证供水措施等。铁路建设期限从勘测到铁路实现正常运营需要 10 年，由国库出资修建。在勘测的同时进行地形、土壤、气候、测绘研究。因此在全面讨论、审查初步勘测结果的基础上，建设者对西伯利亚大铁路有了清晰的认识。

由学者和交通工程师组成的交通部工程委员会制定并在广泛讨论之后于 1899 年公布了统一的铁路设计技术条件。在西伯利亚大铁路设计初期，工程师在之前工作细则的基础上制定了适用于西伯利亚地形和气候条件的具体技术规范。

沙皇尼古拉二世赞成降低西伯利亚大铁路建设的技术标准。允许路基

---

① Фадеев Г. М.，История железнодорожного транспорта России. Т. 1. 1836–1917. C. 148.

上缘宽度为 5.26 米，取代之前的 6.1 米；把平原路段的坡度降到 7.4‰，山区坡度为 17.4‰；转弯最小半径为 585 米和 351 米，视地形测绘条件而定。[①] 允许降低道床厚度，在修建人工设施时也允许类似的简化。与交通部工程委员会成立的同时还成立了桥梁委员会，它在解决桥梁建造工程和科学问题时发挥了重要作用，尤其是 1896 年和 1907 年，该委员会制定了铁路桥梁的承重规范。

军事部门高级专家参与了铁路的勘测工作。西伯利亚的地图测绘水平不高，因此在环贝加尔湖和阿穆尔河路段雇用了经验丰富的军事测绘人员。道路工程师采用他们的数据确定铁路关键路段的位置，在现场解决细节问题。在现有设计规范的基础上，针对每个地区提出具体的技术要求和执行条件。如为西西伯利亚路段确定平原地段路基宽度为 4.9 米，山区路基宽度为 4.6 米。平原路段坡度为 9‰，山区路段坡度达 18‰，轨道规格为 1.34 普特/米。而为环贝加尔湖铁路选取的路基宽度是 5.5 米，转弯半径为 640 米，特殊情况下为 300 米，最大坡度为 9‰，轨道规格为 2.01 普特/米。[②]

为节省资金，结合当地条件，西伯利亚大铁路所有路段都按较低标准设计。保证所有设施正常发挥功能、运行安全和可持续发展是西伯利亚大铁路设计的目标。与其他铁路不同，西伯利亚大铁路在还未建完时就出现了复线建设和改建同时进行的问题。随着运输量迅速增长，原来的设计已不能满足运输需要。Н. П. 彼得罗夫制定了改建的主要规则和技术条件。

西伯利亚大铁路复线建设问题特别委员会指出，为节约建设费用，初期应以降低条件为基础进行建设。在设计复线时"不应改变铁路的总体方向，应确定从阿岑斯克到伊尔库茨克路段的新改建方案，为降低山区地段和山前地段坡度应重新进行踏查"。委员会确定这一路段复线的转弯最小半径为 320 米，取代现存单线铁路转弯最小半径 250 米的技术规范。为使旅客列车运行速度达到 50 俄里/时（最大速度为 90 俄里/时），要求取

① Фадеев Г. М., История железнодорожного транспорта России. Т. 1. 1836–1917. С. 149.
② Там же. С. 150.

直线路。为减少工程量，允许适当限制旅客列车运行速度，建议货运列车站点间运行速度不低于 13 俄里/时。[1]

经济技术核算显示，即使需要投入大量资金，工程量也很大，但在修建复线时改建现有线路的做法是合理的。如在阿岑斯克—下乌金斯克路段，每俄里土方工程量约为 6.4 万立方米，工程量是修建第一条线路时的 3 倍，[2] 但是在有复线的情况下，运营费用极大节省。

这一时期，人们越来越频繁地提起在修建复线时必须改建现有线路的问题。H. П. 彼得罗夫的研究方案指出，改造现有线路同时修建复线在经济上是合理的，当时普遍接受的一个原则就是平衡铁路经营亏损和改建的投资利息。彼得罗夫将铁路通行能力分成三个等级：每天通过 16 对、34 对和 48 对列车。同时规定加大转弯半径以提高列车运行速度。结果证明在每天运行 16 对列车时，改造线路、平面和侧面最合理。[3] 在上述核算的基础上，彼得罗夫认为必须在中西伯利亚路段修建复线，改造现有线路。在 1170 俄里需要改建的线路上，其中 788 俄里在山区，主导坡度为 17.4‰，直线部分的主导坡度为 15‰，转弯半径为 320 米（如阿岑斯克—下乌金斯克、吉马—博罗维纳路段）；335 俄里建在山前地区，直线部分的坡度为 11‰。[4]

因为在修建时路线选择较为成功，所以才有可能在没有延长线路的情况下实现坡度改变，通过对部分路段的跟踪勘测，大幅取直，实现路段改造。在 36 个改建路段中 17 段没有加长，抑或比最初的路段距离更短。此外，为取消列车运行速度的限制，转弯半径从 256 米增加到 320 米或 426 米。[5]

1907—1910 年，在中西伯利亚进行了复线铺设和山区路段的改建工作。在这项工程中，由于改变线路方向，铁路长度仅增加 26 俄里，或

①　Петров Н. П.，Соображения об усилении горных участков Ачинск - Нижнедудинск и Зима-Половина. 1903. НТБ ПГУПС.

②　Фадеев Г. М.，История железнодорожного транспорта России. Т. 1. 1836-1917. С. 166.

③　Там же. С. 168.

④　Изыскания по переустройству Средне - Сибирской железной дороги Ачинск - Иркутск: Пояснительная заяписка к окончательному проекту. СПб.，1904. НТБ ПГУПС.

⑤　Фадеев Г. М.，История железнодорожного транспорта России. Т. 1. 1836-1917. С. 169.

2‰，某些路段坡度降到 10‰，降低幅度超过 20%。[1] 这是因为修建复线时在部分路段选择了更加合理的路线。1907—1915 年，鄂木斯克向东至外贝加尔卡雷姆斯科耶站间部分路段也铺设了复线。1916 年，全线完成复线铺设工作。

在运输规模不大的情况下，西伯利亚大铁路按降低后的技术条件设计，勘测和设计者达到了降低建设成本的目的。在修建复线时改善铁路技术参数，目的是提高铁路的通行能力。这两种举措从整体上解决了节约资金和提高运输能力的问题，使西伯利亚大铁路在最短的时间内收回建设成本。

在俄国铁路建设实践中，西伯利亚大铁路首次实现复线铺设和线路改建同时进行。从此复线设计变成一项需要考量工程技术条件和经济因素的综合任务，它要求制定具有竞争力的方案，进行技术经济比较，从中选择更加合理的方向。西伯利亚大铁路的复线设计、修建与现有线路改建相结合，是铁路设计和建设理论与实践发展中的重要一步。后来，在解决铁路改建与复线铺设的复杂问题，尤其是各种条件比较艰苦路段的问题时，设计者常常借鉴西伯利亚大铁路的经验，以便选择最优方案。

二　路基及路面工程

从俄国铁路建设早期开始，铁路基础、底层和上层结构的完善工作一直在进行。铁路修建地区的地形测绘、气候和水利条件的多样性决定了路基的结构特征。单线铁路路基主平台为梯形，复线铁路路基为三角形，这种形状的路基有利于排水。单线铁路路基宽度为 4.7—7.6 米，复线铁路路基宽度为 9.4—11.5 米。路基边坡视土质而定，通常为 1∶1.2、1∶1.5、1∶2。[2] 路基横面是路堤和凹槽。皇村铁路主要铺设在路堤上，这样能防止积雪。为排出路基表面积水，修建了纵向坡度不低于 2‰的排水沟。

俄国铁路路面结构变化很大。从 1866 年起钢轨取代铁轨。由于之前未对轨道做出统一要求，轨道规格不统一造成铁路管理问题复杂化，因此必须实行轨道标准化。位于彼得堡纳尔瓦关卡外，由工程师 Н. И. 普吉洛

① Фадеев Г. М. , История железнодорожного транспорта России. Т. 1. 1836-1917. С. 169.
② Там же. С. 211.

夫在 1868 年收购的生铁铸造厂在这方面发挥了重要作用。1883 年春天，普吉洛夫工厂共生产了 600 多万普特轨道。[1] 工厂巨大的生产能力促进了统一型号钢轨的使用。1908 年，确定了Ⅰa、Ⅱa、Ⅲa 和Ⅳa 四个标准型号轨道，单位长度（1 延长米）的重量相应为 43.6 公斤（2.67 普特）、38.4 公斤（2.34 普特）、33.4 公斤（2.04 普特）、30.9 公斤（1.89 普特），轨道长度为 10.68 米。[2]

轨道下的基础是松木或杉木枕木以及棱柱形道床。由于价格相对便宜，便于运输，木枕木得到广泛应用。1886 年确定了 6 种型号枕木。由于木枕木易腐，所以必须进行防腐处理，防腐材料主要是焦油（皇村铁路即用此）、杂酚油等。为此，在尼古拉耶夫、莫斯科—下诺夫哥罗德、奥廖尔—维捷布斯克和其他铁路上设立了枕木防腐厂。经防腐处理后，枕木服务年限延长 4—8 年。

早期修建的铁路（如彼得堡—莫斯科铁路）轨道接头设在道床上，用嵌入枕木的环抱形铸铁枕连接轨道，在下面铺上一层沙或砾石道砟。19 世纪 70 年代初，开始铺设新型接口的钢轨，轨道悬空铺在枕木间。轨道的连接方法也有所改进，用异型钢取代了普通夹板，使用专用衬垫防止螺栓松动。俄国铁路的道砟层材料各异。彼得堡—莫斯科铁路的道砟有两层，为棱柱形碎石和沙子枕垫。而在其他许多铁路上，包括西伯利亚大铁路，用砂砾石做道砟。在南方地区修建铁路时用贝壳石灰岩做道砟。

枕木下道床厚度为 30—40 厘米。一些道路为节约成本降低了道床厚度，造成路基主平台大量受损。90 年代末，开始采用道床厚度不低于 55 厘米的标准。1906 年，在第 14 届道路工程师代表大会上，与会工程师一致认为要改善道床质量，将碎石和砾石用作道床材料。

在铁路路面结构中道岔的变化最大。在皇村铁路和彼得堡—莫斯科铁路运营早期使用的是带独立活动轨道的道岔，靠杠杆和拉杆移动。这类道岔结构简单，其缺陷是在道岔开始处轨道有间隙，如果位置不对，会导致列车在顺向行驶时出轨。因此，这种道岔存在的时间不长。

---

① Мительман М. , Глебов Б. , Ульянский А. , История Путиловского завода（1789-1917）. М. -Л. , Гос. соц. - экон. изд-во. 1939. С. 39.

② Фадеев Г. М. , История железнодорожного транспорта России. Т. 1. 1836-1917. С. 211.

彼得堡—莫斯科铁路采用带两个活动轨的道岔。与单活动轨道岔相比，这种道岔平面上更加稳固，可保证列车更加平稳地进入支线。但是轨道间隙妨碍它的广泛使用。19世纪中叶开始，俄国出现新型道岔，它带有两个普通轨道做成的活动尖轨，是现代道岔的雏形。19世纪末，各铁路开始使用带尖轨的道岔，尖轨轨道高度与主轨道相同。普斯科夫—里亚日斯克铁路铺设了断面不对称尖轨，伊万哥罗德—东布罗沃铁路铺设了断面降低的尖轨。在华沙—维也纳铁路卡利什线路上，尖轨断面为三角形，在环莫斯科铁路上尖轨断面为钟形和帽状。尽管这些结构提高了尖轨的稳固性，但是囿于基础结构变复杂、大量出轨以及其他原因没再继续使用。

1907年，设计了配合Ⅰa和Ⅱa型轨道的道岔，之后又设计了配合Ⅲa型轨道的道岔，这种道岔断面为不对称的钟形，这种结构可以简化道岔拉杆的安装。最后，配合P50轨道使用这种道岔。研究显示，降低高度、采用特殊断面不对称尖轨最为合理。俄国铁路主要采用这种轨道，特殊断面不对称尖轨比标准断面的轨道更强韧，侧面强度更高，不需要刨平主轨道基座，尖轨基座有一个宽板，为拉杆安装创造了有利条件。

在我们所研究的时期，俄国铁路道岔采用没有移动装置的硬辙叉。19世纪70年代末，在奥廖尔—维捷布斯克、里亚日斯克—维亚杰姆、外高加索和其他铁路上出现了用特殊断面轨道装配的辙叉（维利亚姆斯辙叉）。其结构形式与普通辙叉基本相同，但是由于使用特殊断面轨道，辙叉芯加强。90年代，波罗的海铁路使用了带单面辙叉芯的辙叉，辙叉芯与翼轨固定在板托上。与组装在一起的辙叉相比，这类辙叉更坚固，零件更少。

19世纪末，在彼得堡—莫斯科铁路上使用了带双面辙叉芯的组装辙叉，两面辙叉芯的使用使辙叉使用寿命增加了1倍。但实践显示，当辙叉芯一面磨损时，其他零件也同样磨损，不重新加工则不能重复使用。带单面和双面辙叉芯的组装辙叉被使用了半个世纪。全铸辙叉用了更久。这种辙叉比组装辙叉更稳固，零件最少，为机车车辆的通行提供了最好条件，特点是服务寿命延长，在硬辙叉中是最合理的。1907年，工程师H.博古斯拉夫斯基和Э.戈莫利茨基设计并制造了配合Ⅰa、Ⅱa、Ⅲa型轨道和

1/11 型道岔的全铸辙叉。

通常，在铁路车站铺设附带 1/9 和 1/11 型号辙叉的道岔，在运输紧张的情况下有时采用占地明显小的双辙叉道岔。一些铁路上经常使用道岔，普及率比较高的道岔的特征见表4-1。

表4-1　截至1917年俄国某些铁路道岔的主要特征

单位：毫米

轨道类型	铁路名称	辙叉型号	长度	道岔		道岔回弯半径	辙叉	
				尖轨长度	主轨长度		类型和结构	长度
Ⅰa	尼古拉耶夫铁路	1/11	28722	6370	8128	281100	单面全铸	3900
	彼得堡—华沙铁路	1/11	28489	6000	7625	320100	带辙叉芯组装	3180
Ⅲa	华沙—卡利什铁路	1/10	27516	5915	12500	256000	带辙叉芯组装	3756
		1/11	31500	6000	10676	316726	带辙叉芯组装	3756
	环莫斯科铁路	1/11	28773	4877	6706	309705	用轨道组装	3074
	阿穆尔铁路	1/11	30913	4877	6248	214188	用轨道组装	3074
		1/9	27490	4877	6248	214188	用轨道组装	2984
Ⅳa	环莫斯科铁路	1/9	26908	5182	10676	189014	带双面辙叉芯组装	2724
18 俄磅/英尺	中东铁路	1/9	26332	4877	6096	160018	用轨道组装	2868
24 俄磅/英尺	中东铁路	1/11	29226	4877	8543	294495	维尔亚姆斯系统组装	3076
		1/9	26332	4877	6096	210890		3182
	叶卡捷琳娜铁路	1/11	29035	4877	6709	312055	用轨道组装	3099
		1/9	26282	4877	6709	312055	用轨道组装	2499

资料来源：Фадеев Г. М.，История железнодорожного транспорта России. Т. 1. 1836-1917. С. 216.

第二节　铁路建设的设备保障

轨道、机车、车厢是最重要的铁路设备，它们的生产与供应关系到铁路建设的速度、质量、成本以及运输能力。俄国政府从铁路引进之初就认识到国产铁路设施的重要性，组织国内冶金和机器制造企业生产，实行国家订单。无奈俄国冶金、机器制造业严重落后于西欧国家，技术落后、生产能力弱、成本高，因此，在俄国铁路业发展初期，大量铁路设备依靠进口。随着俄国改革后经济发展水平上升，工业革命逐渐在重工业展开，国

产轨道、机车和车厢所占的比重逐渐提高，到 20 世纪初基本能够自给
自足。

一　轨道生产与供应

俄国铁路早期使用的轨道以进口为主，国产轨道价格高，产量低，不
能满足铁路建设需求。在修建彼得堡—莫斯科铁路时，政府曾把轨道生产
订单交给了乌拉尔的冶金工厂。但乌拉尔工厂主对轨道生产兴趣不大。工
厂主没有直接拒绝政府提出的轨道供应订单，但他们请求将生产期限延长
几年，并请求给予他们 10 万卢布贷款。因此，1843 年 1 月 21 日，第一份
30000 根轨道（约 1860000 普特）的订单通过格斯特商行在英国以 60—65
银戈比/普特的价格购得，在喀琅施塔得交货。[1]　С. И. 马尔采夫组织的
"俄国矿山所有者协会"以普吉洛夫工厂为基地，开始组织国产轨道生产。
在不改变交货期的情况下，政府以高出进口价 1 倍的价格即 5 卢布/普特纸
币（折合成银币为 1 卢布 42.75 戈比）制造 50000 普特铁轨，总金额为 7.14
万银卢布。又以单价 85 戈比/普特从英国订购 3100000 普特铁轨。[2]

在修建莫斯科—下诺夫哥罗德铁路时，雅科夫列夫工厂供应 378120
普特铁轨，杰米多夫工厂供应 699489 普特，从英国进口 600000 普特，总
计 1677609 普特。后来杰米多夫工厂又供应 82.5 万普特。[3]　俄国冶金厂
耗尽全力为下诺夫哥罗德铁路供应轨道后，仅勉强供应了不到 5% 的俄国
铁路总公司铁路建设所需铁轨，而且价格比英国铁轨高出近 1 倍。所有这
一切均证明农奴制改革前俄国经济和工业的落后。

农奴制改革后，政府也试图在国内组织生产铁路设备，但收效甚微。
这包括在铁路修建热时期通过铁路基金，为铁路设备生产企业提供贷款和
补贴等，但由于没有从根本上解决冶金企业发展的技术和矿物燃料问题，
俄国国产轨道数量仍然有限，不能满足铁路网快速增长的需求。而且国内

①　Уродков С. А.，Петербурго-Московская железная дорога. История строительства（1842-
1851）. С. 85.

②　Там же. С. 86；Соловьева С. А.，Железнодорожный транспорт России во второй
половине XIX в. С. 53.

③　Халин А. А.，Система путей сообщения Нижегородского поволжья и ее роль в
социально-экономическом развитии региона（30-90. XIX в.）. С. 156.

轨道生产主要依靠从国外免关税进口废旧轨道再在国内加工。从表 4-2
中可以直观地看清 19 世纪 60—80 年代俄国轨道生产和进口的情况。

表 4-2　1863—1880 年俄国轨道的生产和进口情况

单位：千普特，%

年份	国产	进口	总需求	进口轨道在总需求 中所占的比例
1863	807.0	400	1207.0	33
1864	1379.4	985	2364.4	41.7
1865	1411.3	1626	3037.3	53.5
1866	864.3	2292	3156.3	72.6
1867	434.8	9878	10312.8	95.8
1868	1442.5	5610	7052.5	79.5
1869	2580.7	12705	15285.7	83.1
1870	2583.4	13939	16522.4	84.4
1871	2352.3	6981	9333.3	74.8
1872	1923.6	6186	8109.6	76.3
1873	1602.9	9121	10723.9	85.1
1874	2958.9	10911	13869.9	78.7
1875	2675.5	10360	13035.5	79.5
1876	3067.2	11673	14740.2	79.2
1877	2796.7	11455	14251.7	80.4
1878	4518.0	9840	14358.0	68.5
1879	9504.2	4869	14373.2	33.9
1880	12296.3	3395	15691.3	21.6

资料来源：Бушен А.，Сборник сведений по вопросам о снабжении русских железных дорог
подвижным составом и прочими принадлежностями. Т. Ⅱ. СПб.，1876. С. 37-39；Кеппен А.，
Материалы по истории рельсового производства в России. С. 111；Покровский В.И.，Сборник
сведений по истории и статистике внешней торговлии России. Т. Ⅰ. СПб.，1902. С. 237. 转引自
Соловьева А. М.，Железнодорожный транспорт России во второй половине ⅩⅨ в. С. 135.

在铁路承租建设热初期的 1867 年，进口轨道所占比例高达 95.8%，
而铁路建设热后，随着铁路网建设压缩，俄国国产轨道生产能力大增，
1880 年进口轨道所占比例降到最低点，为 21.6%。从 19 世纪 80 年代起，
俄国轨道生产能力大增，主要有两方面的原因。一方面，政府迫于冶金企
业主的压力和受世界经济危机的影响，制定新关税政策，对进口铁路设备

征收高关税。另一方面，随着俄国南部叶卡捷琳娜铁路的建设，与顿巴斯煤炭产地相连的克里沃罗日新铁矿基地的建立为俄国黑色冶金业的发展提供了保障。顿巴斯成为俄国最主要的钢铁基地。在克里沃罗日铁路开通前，这里只有一个萨克撒干铁矿，年产量为 150 万普特铁矿石。1900 年铁矿数量已达 75 个，总开采量为 1.82 亿普特，占俄国铁矿开采总量的49.5%。[1] 在 19 世纪 90 年代，财政大臣 С. Ю. 维特倡导的关税保护政策为俄国冶金企业的发展撑起保护伞。表 4-3 为 19 世纪 90 年代俄国轨道的生产情况。

表 4-3 1891—1900 年俄国冶金厂的轨道生产

单位：百万普特，%

年份	南方	乌拉尔	西北	中心	波兰	全国生产总量(不含芬兰公国)	全国轨道总需求	外国轨道进口总量	轨道生产在钢铁轧制总量中所占比例
1891	5.3	1.8	0.9	2.1	0.4	10.5	0.7	0.2	40.0
1892	7.1	1.9	1.5	0.7	0.6	11.8	11.2	0.1	37.6
1893	8.3	2.2	2.6	0.5	0.6	14.2	15.0	0.1	36.6
1894	9.5	2.4	2.8	0.1	0.4	15.2	16.0	0.6	34.5
1895	12.1	2.7	2.8	0.1	0.7	18.4	19.9	1.4	34.2
1896	15.3	2.3	3.0	0.1	1.5	22.2	23.1	0.8	38.9
1897	15.8	3.9	2.7	0.1	1.8	24.3	25.3	0.9	36.2
1898	21.1	4.3	1.1	0.1	2.0	28.6	29.5	0.9	32.5
1899	22.4	3.9	—	0.1	1.9	28.3	29.1	0.7	24.0
1900	23.0	5.0	0.07	0.2	2.0	30.27	30.0	1.0	24.5

资料来源：Сборник статистических сведений о горнозаводской промышленности в 1900. Издание Горного ученного Комитета. СПб. , 1903. С. XXIV - XXV . 转引自 Соловьева А. М. , Железнодорожный транспорт России во второй половине XIX в. С. 280。

从表 4-3 中可以看出，南方冶金基地后来居上，在俄国轨道生产中占绝对优势，南方冶金企业的轨道年产量占俄国轨道年度总产量的 50% 以上，1899 年高达 79%。而进口轨道在全国轨道总需求中所占比重急剧

---

[1] Соловьева А. М. ，Промышленная революция в России в XIX в. С. 213.

降低，从 1891 年的 29% 降到 1899 年的 2.4%。20 世纪初，俄国国产轨道已经基本满足铁路网快速发展的需要，能够自给自足。

二　机车生产与供应

俄国铁路早期使用的机车从国外进口。在修建皇村铁路时，从英国和比利时工厂订购 6 台机车。从结构上来说，这几台机车是同一个类型：一个硬框里，一对大直径轮子（1700—1900 毫米），带动一对小直径轮子。轮子完全蒸汽加热面为 50—60 平方米，气压为 6.7 个大气压，动力为51450—55125 瓦，运行最大速度为 57 俄里/时。[1] 在修建彼得堡—莫斯科铁路之前从英国和美国各订购 1 台机车，于 1843 年运抵俄国。除此之外，笔者未能找到俄国进口机车和车厢的具体数字，只能通过关税政策的调整来揭示政府对进口设备的控制，从而论证铁路修建中本国机器设备占主导地位的论断。

1825 年俄国进口机器设备费用为 82.7 万卢布，到 1840 年这一数字已经达 350 万卢布。[2] 1842 年英国取消机器出口限制后，俄国进口机器数量大幅攀升。国外机器设备的进口也刺激了本国机器产量的增长。19 世纪 50 年代机器进口数量与 40 年代相比增加了 4.1 倍，而国内机器产量则增长了 7.5 倍。[3]

1852 年，俄国财政部成立特别委员会研究机械设备进口问题。特委会建议政府根据进口机械设备种类对其征收 20%—30% 的关税。财政大臣 П. Ф. 勃洛克坚持走温和保护的路线，俄国政府决定从 1857 年开始对进口机械设备免征关税。1857 年税率调整最鲜明的特点是为金属材料和金属制品的进口创造了有利条件，为铁路工业的发展提供了保障。[4]

1860 年俄国研究本国机械制造业发展问题时，再一次对国外进口设

---

[1]　Фадеев Г. М.，История железнодорожного транспорта России. Т. 1. 1836–1917. С. 243.

[2]　Дружинин Н. М.，Избранные труды. Социально-экономическая история. М.，Наука，1987. С. 157.

[3]　Струминин С. Г.，К вопросу о промышленном перевороте в России.//Вопросы экономики. 1952. № 12. С. 73.

[4]　张广翔、梁红刚：《19 世纪俄国保护关税政策问题》，《史学集刊》2015 年第 3 期，第46 页。

备征税问题进行商讨。财政大臣 A. M. 科尼亚热维奇主张实行保护关税方针，旨在扶持民族工业发展。他指出："俄国对国外机械进口需求量近年来逐渐增加，财政支出压力剧增。因此，政府应采取一切必要手段扶植本国金属冶炼、机械制造等行业的发展。"[1] 然而，财政大臣的观点未能获得赞同。1864 年俄国颁布法令，对铁路公司进口所有必备的金属制品实行免税优惠政策。

在制定 1868 年关税法令前，新任财政大臣 M. X. 赖藤强调应对火车机车、锅驼机征收每普特 75 戈比关税。赖藤的提案引发争议。赞同者认为，在本国工业发展初期，西方资本主义国家同样对机械设备进口实行保护性关税。建议按进口机械设备类别进行征税，火车机车应按 1 卢布 25 戈比/普特征收关税；农业机械进口关税为 50—80 戈比/普特。而反对者认为，保护关税将导致国内机械设备生产成本高涨，限制国内机械制造业的发展。国务会议最终决定，机车进口税率为每普特 75 戈比，锅驼机等工业设备税率为每普特 30 戈比，农业机械免征关税。[2]

1873 年经济危机和俄土战争重创了俄国工业和国家财政。为缓解外债偿还压力，财政部认为必须限制进口，调整关税。1877 年俄国实施新税率。自 1877 年新税率实施之后，俄国几乎所有进口商品的关税增加了 30%。[3] 政府要求铁路公司只能订购本国生产的机器设备，政府对订单企业给予一定的资金补贴。为限制进口和鼓励本国机器制造业，1877 年 5 月，俄国政府将进口蒸汽机车的税率由每普特 75 戈比提高到 1 卢布 25 戈比，机车辅助设施进口关税从每普特 30 戈比提高到 50 戈比。[4]

19 世纪 80 年代初，俄国遭遇生产危机，铁路建设放缓，俄国机车产量锐减。作为保护民族工业的一种手段，机械设备的进口关税进一步提

① Епифанова Л. Е., Экономическая история России с древнейших времен до 1917 г. Энциклопедия Т. Ⅱ. С. 1000.

② Петров А. Ю., Государственное регулирование импорта промышленных машин в Россию, середина XIX в. - 1914 г. С. 436-437.

③ 张广翔、梁红刚：《19 世纪俄国保护关税政策问题》，《史学集刊》2015 年第 3 期，第 47 页。

④ Соболев М. Н., Таможенная политика России во второй половине XIX века. В двух частях Ч. Ⅱ. М., РОССПЭН, 2012. С. 299.

高，蒸汽机车关税由每普特 1 卢布 25 戈比提高到 1 卢布 37.5 戈比。除农业进口机械以外，包括锅驼机、机车辅助设施等在内的所有机器设备的进口关税从每普特 80 戈比提高到 88 戈比。1882 年，机器设备进口关税再度上调，工业机器设备进口税率上调到每普特 90 戈比，蒸汽机车进口税调高到每普特 1 卢布 40 戈比。① 1885 年再次上调机器进口关税，锅驼机、机车辅助设施及其他工业机器设备关税每普特为 1 卢布 20 戈比，蒸汽机车进口关税保持不变。②

进入 90 年代，关税保护政策仍是俄国政府重要的财政政策。1891 年俄国进口关税达到历史高点。在 1891 年的俄国关税法令中，蒸汽机车关税由每普特 1 卢布 40 戈比增加到 2 卢布，其他工业设备关税由每普特 1 卢布 40 戈比增加到 1 卢布 70 戈比。③

1893 年财政部决定将俄国机械设备进口税率在 1891 年税率的基础上再提高 30%。④ 为解决与德国多年的贸易争端，财政大臣 C. Ю. 维特在关税上做出让步。俄德两国于 1894 年签署贸易协定。协议规定从德国进口的机械设备关税税率以 1891 年税率为准。机车税率降低了 2/3，从每普特 4 卢布 80 戈比降到 1 卢布 40 戈比。⑤ 因为此时俄国铁路修建规模急剧扩张，本国机车供应吃力。维特降低关税的政策一则逼迫德国签订贸易协定，二则为本国铁路建造提供了充足的设备。

维特还把关税政策调整与政府扶持政策紧密结合。1900 年 6 月尼古拉二世签署命令，要求政府部门减少国外采购数量。同时强调如果本国设备无法满足相关部门的实际需求，财政部要上报国务会议和沙皇，实行免税进口。

---

① Петров А. Ю., Государственное регулирование импорта промышленных машин в Россию. середина XIX в. -1914 г. С. 447.

② Соболев М. Н., Таможенная политика России во второй половине XIX века. В двух частях Ч. II. С. 158-169.

③ Витчевский В. В., Торговая, таможенная и промышленная политика России со времени Петра Великого до нашей дней. СПб., 1909. С. 138.

④ Субботин Ю. Ф., Россия и Германия: Партнёры и противники. (торговые отношения в конце XIX в. -1914 г.). М., ИРИ, 1996. С. 52-54.

⑤ Витчевский В. В., Торговая, таможенная и промышленная политика России со времени Петра Великого до наших дней. С. 209-211.

俄国政府一直重视机车和车厢生产的国产化。早在彼得堡—莫斯科铁路建设初期，政府就提出国产机车供应问题，1843 年 11 月举行了彼得堡—莫斯科铁路机车和车厢供应招标，目的是在亚历山大机械厂组织机车生产。比利时代理人卡斯蒂廖、阿内坦，美国机械师嘉里松、瓦伊聂恩斯参加了竞标。比利时代理人建议只在亚历山大工厂生产所需 1/3 的机车，其余从国外进口。他们请求制造的机车价格为 12500 卢布/台。美国代理人保证所有机车和车厢都在亚历山大工厂生产，机车价格为 12000 卢布/台。他们提出一个条件，即如果机车和车厢不能如期供应，政府有权通过代理处从国外进口。最终政府选择了美国机械师嘉里松、瓦伊聂恩斯的方案，因为彼得堡—莫斯科铁路机车和车厢预算为 713 万卢布，而嘉里松、瓦伊聂恩斯报价为 440 万卢布，节省了 273 万卢布。[①] 因此，第一台国产机车是 1845 年在彼得堡的亚历山大工厂建造的。

亚历山大工厂生产的 2-2-0[②] 型旅客列车机车，后来被定名为"B"。机车有两对直径为 1705 毫米辐条式、铸铁无配重轮子，其中第一对是主导轮。内部偏心配气装置驱动双（膨胀的）阀芯，这样就可以使机器倒转，并改变了气缸的蒸汽填充度。与第一批国产机车的结构相比，其技术明显进步。在管状锅炉里使用了锥形拉杆，它能根据蒸汽机工作强度调节加热过程。锅炉压力增加到 8 个大气压，动力增加到 95550 瓦，它牵引着 6 节车厢组成的列车以 38 俄里/时的速度前进。亚历山大工厂生产的 0-3-0 型货运机车被定名为"Д"，在结构上，其与旅客列车机车相类似。其动力约 102900 瓦，带动 22 节车厢，速度为 14 俄里/时。这些机车锅炉加热面大，在锅炉蒸汽压力为 8 个大气压时，加热面约 100 平方米。[③] 普通蒸汽机以饱和蒸汽为动力。所有机车都用劈柴加热。

由于铁路建设加速，19 世纪 60 年代对机车的需求显著增加。1866 年政府决定用国产机车保证列车运行，取消了私营铁路公司免关税从国外进

---

① Уродков С. А.，Петербурго - Московская железная дорога. История строительства （1842–1851）. C. 81.

② 第一个数字代表主导轮对的数量，第二个数字代表传动轮对的数量，第三个数字代表支撑轮对的数量。

③ Фадеев Г. М.，История железнодорожного транспорта России. Т. 1. 1836–1917. C. 244.

口机车车辆的权利。交通部与彼得堡的涅夫斯基、卡马-沃特金斯基、马尔采夫斯基机械厂及其他机械厂签订了机车采购合同。此后国产机车产量明显增加，1878 年为 323 台，涅夫斯基和克罗缅斯克工厂尤其突出，分别为 138 台和 89 台机车。①

　　19 世纪 80 年代初，因国内生产危机，俄国机车产量锐减。根据 1883 年政府委员会制定的定额，未来 5 年机车总需求为 120 台/年。主要依靠四个机车制造厂供应，即涅夫斯基、克罗缅斯克、马尔采夫斯基和官办的卡马-沃特金斯基机车制造厂，年生产能力为 200 台。为消除政府库存，政府决定在最近 10 年把工厂的年产量限制在 50 台。机车制造厂只能销售 70 台机车，在该范围内政府给予国家订单和奖励。② 围绕国家订单定额，各工厂展开激烈竞争。结果，技术装备薄弱的马尔采夫斯基厂于 1882 年起被迫停产。由于没有订单，官办的卡马-沃特金斯基机车制造厂也停产了。主要靠国家订单运转的涅夫斯基机车厂也处于破产边缘。19 世纪 70 年代，主要靠私营铁路公司订货的克罗缅斯克机车厂开始积极开辟国家订单业务。最初，沙皇政府尝试按比例分配国家订单，但是这并不能解决问题。对于每个机车厂而言，"其目的就是打击竞争对手"，③ 最终克罗缅斯克机车厂胜出。涅夫斯基机车厂停产，解雇了大部分工人，在停产时工厂内的铁道上还停放着 250 台抵押给国家银行的机车。④

　　随着机车制造业的发展，机车制造技术不断进步。机车锅炉的加热面积增加，能耗减少，安全性能提高。1902 年克罗缅斯克机车厂安装了俄国第一台 Ж 2-3-0 型饱和蒸汽机车。使用这种机车可节省 25% 的燃料和 35% 的热蒸汽，圆滑阀（活塞）被广泛使用，饱和蒸汽温度保持在 300—350 摄氏度。锅炉加热表面积达到 200 平方米，蒸汽压力达 12—13 个大气压。饱和蒸汽的使用大大降低了锅炉能耗。为增加牵引力，机车车轮直

① Фадеев Г. М.，История железнодорожного транспорта России. Т. 1. 1836-1917. С. 245.

② Соловьева А. М.，Железнодорожный транспорт России во второй половине XIX в. С. 219.

③ Ильинский Д. П.，Иваницкий В. П.，Очерк истории русской паровозостроительной и вагоностроительной промышленности. М.，1929. С. 63.

④ Исторический очерк развития Невского судостроительного и механического завода. 1860-1910. СПб.，1910. С. 6-7.

径最大化：旅客列车机车为 1830—1920 毫米，货运机车车轮直径达 1320 毫米。旅客列车机车的结构速度为 107—121 俄里/时，货运列车速度为 61—65 俄里/时。轮对对轨道的载荷为 16—17 吨。锅炉和机器在加力时功率达 1102500 瓦。[①] 从 1913 年 1 月 1 日起，整个铁路网的机车实行了统一型号。

俄国机车订购和供货最多的时期是 1895—1907 年，1906 年产量最高（1300 台）。1913 年末在国营和私营铁路网上共有机车 18695 台，其中 3550 台为旅客列车机车。[②] 机车总量的 54% 是于 1900—1913 年建造的，17% 的机车装有变速装置。平均每 100 俄里铁路网有机车 34 台，在约占总路网 30% 的私营铁路上，机车数量比国营铁路机车数量少 50%。每昼夜平均行车里程约为 104 俄里。67% 的机车使用煤炭，年耗煤 720 万吨；26% 的机车使用石油和重油，年耗 180 万吨，其余使用劈柴加热，年耗 520 万立方米。机车总价值 64207.1 万卢布。[③] 国产机车某些型号已经居于世界机车制造业先进产品行列。俄国国产机车生产情况见表 4-4。

表 4-4 俄国国产机车生产统计

工厂	创立年份	机车生产专业化年份	至 1917 年机车生产总量（台）
亚历山大	1824	1844	331
卡马-沃特金斯基	1759	1869	565
普吉洛夫	1801	1894	2347
索尔莫夫斯基	1849	1898	2164
涅夫斯基	1857	1870	3512
克罗缅斯克	1863	1869	4619
布良斯克	1873	1892	2825
哈尔科夫	1897	1897	2622
卢甘斯克	1899	1899	2116
			总计 21101

资料来源：Фадеев Г. М. , История железнодорожного транспорта России. Т. 1. 1836-1917. С. 242.

[①] Фадеев Г. М. , История железнодорожного транспорта России. Т. 1. 1836-1917. С. 246.

[②] Железнодорожный транспорт в 1913 г. Статистические материалы. С. XXXIII.

[③] Фадеев Г. М. , История железнодорожного транспорта России. Т. 1. 1836-1917. С. 247.

三　车厢生产与供应

俄国国产货运车厢首次出现于彼得堡—莫斯科铁路。从 1846 年起亚历山大工厂开始制造货运车厢。车厢为 4 轴，木车身，中央车钩，无侧缓冲器，有手动刹车装置，自重 7.8 吨，封闭车厢承重能力为 8.2 吨。为散货和大规格货物制造的自重 6 吨和承载能力为 10 吨的 4 轴平板车，其轴载荷能力为 4 吨，轨道设计荷载为 10 吨。

木质车厢防火性能和牢固度欠佳。把车身和主要承压件换成金属就能改善其技术指标，但当时金属件铸造不足，这也是工厂转而生产 2 轴车厢、平板车的主要原因。联运进入俄国铁路后，根据类型、结构、尺寸和外观对车厢进行标准化制造势在必行。1869 年举行的第一届铁路代表全体大会，确定 18 条 5 组铁路实行联运，同时确定标准车厢规格，封闭车厢标准规格为车厢基面 3810 毫米，车身内宽度为 2743 毫米，车身内长度为 5841—6426 毫米，车身内中间高度为 2337 毫米。[1] 按该规格制造车厢成为既定标准。安装统一样式的门锁，熟铁轮子取代了生铁轮，车厢顶棚为铁质，车厢外壁涂成红色。货物联运促进了车厢标准化并不断完善。1878 年车厢载重量从 600 普特提高到 750 普特。1884 年确定货运车厢载重量为 750 普特。1889 年《相互使用货运车厢总协议》被纳入法律，标准车厢开始在全国铁路网联运中使用。1892 年，载重量 750 普特的标准封闭货运车厢条例开始实施（交通部 1892 年 5 月 23 日第 1101 号条例）。在该条例中，采用标准车厢的新结构，国营和私营铁路必须按此执行。[2] 对标准车厢的精心研究使车厢的载重量不断增加，弹簧和轮对轴强度不断加强。交通部对车厢载重量进行下列改变，即 1891 年达 12.5 吨（763 普特），1909 年达 15 吨（916 普特），1911 年达 16.5 吨（1007 普特）。[3]

在标准车厢结构的基础上，其他类型货运车厢标准化的进程也得以加

---

[1]　История грузовых железнодорожных перевозок в России XIX - XX веков. М. , Книга - Пента, 2008. C. 104.

[2]　Там же. C. 104.

[3]　Там же. C. 109.

速。1875 年后大多数货运车厢（平板车、油罐车、敞车、保温车等的）被设计成带框架、弹簧悬挂的标准车厢。石油工业的发展刺激了国外（1863 年）和国内罐车（1872 年）的出现。最早用冰制冷运输易腐货物；保温车厢于 1862 年在俄国出现；倾卸货物的翻斗车厢制造于 1868 年，明显早于其他国家。铁路货运量增加促使车厢载重量进一步提高。19 世纪 90 年代，车厢设计生产标准化、铁路建设热和刺激工业发展的一系列政策，使俄国车厢的产量显著增加，1892 年，俄国各车厢生产企业为全国铁路网提供了 12 万—14 万节同一类型车厢。1915 年，全国建造车厢 45 万节，占全国货运车厢总数的 80%。至 1917 年，国内共有货运车厢 56.9 万节。①

早期旅客车厢分为三个等级。与货运车厢一样，它们都是木质结构，不同之处在于内部设备和饰物。弹簧悬挂装置是车厢稳定的保障。早期出产的车厢设施没有区别，直到 1850 年亚历山大工厂制造了两个结构完整的 8 轴车厢，条件相对舒适。国产旅客车厢在车厢中间有穿行过道，有良好的封闭连廊和保温装置，有双扇玻璃窗。从 1863 年起，车厢内安装了洗脸盆、火炉和其他装置。

19 世纪 60—70 年代俄国铁路里程迅速增加，产自英国、德国、法国和比利时的车厢开始被运用于一些新铁路。这些车厢有纵向通道，在一、二等车厢设有卧铺。车厢是 2 轴和 3 轴，但结构上各不相同，这使它们的运行和维修变得复杂。1880 年开始用蒸汽为旅客车厢供暖。通风装置得到改善，瓦斯灯、电灯取代了蜡烛照明。

旅客列车和货运列车中的制动装置的演变颇具代表性。在早期列车中，为调整铁路车厢运行速度，保证运行安全，采用了最简单的刹车装置。通过拉杆、手柄、螺杆手动传动，螺旋前进，压迫车厢轮制动块。制动员根据机车司机发出的声音信号操作这些装置。1855—1890 年旅客车厢中采用机械自动刹车，司机借助车厢顶棚上顺着火车方向的绳缆操作。通过绷紧绳缆抑制住带皮带轮的拉杆，对列车进行制动。1876 年进行空气开关试验。从 19 世纪 80 年代起，尼古拉耶夫和西南铁路的旅客列车上

---

① Шадур Л. А., Развитие отечественного вагонного парка. М., Транспорт, 1988. С. 26.

开始安装自动刹车装置。1878 年，俄国科学家首先提出在货运列车上安装自动刹车装置的问题。军列失事后，国务会议在 1898 年提出在货运列车上使用自动刹车装置的问题。但是各铁路公司还没有准备好接纳这一新理论，并未立即实施。

截至 1914 年 1 月 1 日，国营铁路上有 30858 节旅客车厢，其中软席车厢 6740 节，二、三等混合车厢 330 节，三等硬席车厢 10611 节，四等硬席车厢 7174 节，邮政和行李车厢 2961 节，公务车厢 1298 节，辅助车厢 540 节，其他车厢 1204 节。[①] 随着铁路车厢和机车数量、产量的增加，俄国铁路运输组织工作逐步得到完善。

四　车站、机车库及修配厂

车站是铁路中最重要的节点，在运输工作中具有重要作用。铁路建设初期，因为运输规模较小，车站规模对通行能力影响不大。线路上车站的分布和组成取决于旅客、进出货物、机车和车厢的燃料及水供应、机车车辆维修的需要。为执行上述业务，车站有接发列车的组织结构，如用于旅客运输的火车站和月台，用于装卸货物、称重、保存货物和行李的仓库和平台，以及保养和维修机车车辆的机车库等。

为保障运输安全和便于给机车补水，车站通常建在靠近河流或湖泊的平直路段上。按运输性质和数量，车站被分成不同级别，其中最大的为一级车站。根据列车流动距离，各个站点让车线长度为 270 米。在彼得堡—莫斯科铁路和其他早期建成的铁路各站点毗邻道路间轴距为 3.6 米，19 世纪 60 年代末增加到 4.3 米。在主路口和岔路口通常设带 1/11 型号辙叉道岔。其他道路上使用带 1/9 型号辙叉道岔。[②] 在拥挤时偶尔使用交叉道岔。

多数车站设有两个旅客站台，便于从两个方向同时接纳旅客。早期车站站台和车厢地面在同一高度，后来在建设彼得堡—华沙铁路时，站台高度开始降低，高度在轨道帽以上 20 厘米。这是因为高站台成本高，不方

① Мокршицкий Е. И.，История вагонного парка железных дорог СССР. М.，Трансжелдориздат，1946. С. 146-147.

② Фадеев Г. М.，История железнодорожного транспорта России. Т. 1. 1836-1917. С. 114.

便旅客在站台间转换。一般站台长度为 130 米，大站宽度 5.3—6.4 米，其他车站站台的宽度不低于 3.2 米。①

起初，彼得堡—莫斯科铁路主路间修建有岛式旅客站房，在一些衔接各条铁路的枢纽站（如德诺、斯摩棱斯克、新索科利尼基等）采用这种布局。但是由于当地旅客感觉不便，认为主路必须有曲度，所以这种站房没有被普及。多数车站都是一层建筑，即使有两层和三层，楼上也是做住宅用。附近设有行李房、上水房、库房、门卫室和其他办公用房。

彼得堡—莫斯科铁路的机车库是圆形的，下面建有修配厂和材料备件库。后来建成的铁路（彼得堡—华沙、莫斯科—下诺夫哥罗德等铁路）修建成本较低，采用了更方便操作的矩形机车库。后来又出现了带回弯的扇形机车库，由于操作不便而没有广泛流行。为便于机车、车厢转弯，采用了三角形机车库和回弯。在终点站设立检修棚和旅客车厢停车场。在彼得堡—莫斯科铁路的车厢停车场，场内有 4 条轨道，长度为 213 米。②

19 世纪 70 年代前，车站还没有专业化分工。车站都是客货共用，这主要缘于运输量不大。许多小型车站都建有尽头式到发线，以避免在主线上铺设普遍认为存在风险的逆向道岔。同时在彼得堡—莫斯科铁路上首次使用更先进的纵向分站停车场（设置连续让车线），保证加强铁路的过货能力，这种站点在当时十分流行。

19 世纪 60 年代末铁路建设热之后，车站设计和建设的条件发生了巨大变化。设计车站时要考虑 24 小时列车通过数量。必须增加机车数量，延长轨道长度。收发货运列车轨道长度不断增加，从 280 米增到 320 米，又增到 380 米，19 世纪 90 年代增加到 480 米，可通过 56 节车厢 2 辆机车。此外，在车站上还要铺设一条 600 米长的轨道，可以容纳两列由一部机车和 35 节车厢组成的军列。③

随着运输量的增加，客运和货运分离及车站专业化趋势越发明显，为了更好地利用车站设施和机车车辆，人们提出了道路专业化问题。因此对

①　Фадеев Г. М. , История железнодорожного транспорта России. Т. 1. 1836-1917. С. 114.

②　Сотников Е. А. , Железные дороги мира из XIX в XXI век. С. 48.

③　Фадеев Г. М. , История железнодорожного транспорта России. Т. 1. 1836-1917. С. 115.

车站进行了重新分级。小型车站包含双轨越行线、单轨会让线和中间站。中间站与会让线和越行线的区别在于有装卸车厢装置。越行线的出现早于会让线，因为俄国早期铁路从一开始就是双轨，以避免接车时不便。中型车站是路段站，可以发送旅客和货物，对机车和车厢进行技术检修和整备。

20 世纪初，车站修建工程尤其是列车编组站修建工程仍在继续。1901 年，在梁赞—乌拉尔铁路建成双向驼峰调车场戈切托夫卡站，在这个车站铺设了 180 个道岔。用地长度约 4 俄里，道岔长度约 66 俄里。戈切托夫卡是新型编组站，能容纳两个编组体系作业场。在这里还修建了两个主驼峰调车场：一个用于冬季作业；另一个较低，用于其他季节，在更加有利的气象条件下作业。

1908—1910 年，建成柳布力诺、霍夫力诺、洛西诺奥斯特洛夫斯卡亚、别罗沃等驼峰编组站。与国外铁路相比，俄国铁路驼峰编组站上坡度更陡，这能确保放车速度，提高编组站的通行能力。截至 1917 年，俄国铁路网上有 10 个驼峰编组站。

20 世纪初，中心车站和铁路枢纽快速发展。1908 年，在莫斯科铁路枢纽，所有毗邻线路被周边铁路连接在一起，因此形成了全国最大的环形枢纽。1912—1913 年，在彼得堡建成芬兰铁路的连接线路，这是一个大型工程，包括 3 座桥梁，在街路交叉处有 19 座天桥。这条线路与沃尔可夫斯基站连接，在主要人行道上方修建了过街天桥和彼得堡—莫斯科方向调车编组站。由于涅瓦河右岸①和左岸的所有铁路都被连接在一起，1914年，在彼得格勒②形成了半环形枢纽。修建新线路并连接现有线路以及车站的专业化促进了原有铁路枢纽的发展和新枢纽的建立。在沃罗涅日、哈尔科夫、库尔斯克、布列斯特、巴拉诺维奇以及其他城市都出现了新的铁路中心站。

---

① 芬兰专家参与了右岸部分路段的建设。这里指的是彼得堡—维堡铁路，在这条线路上铺设了 1.33 普特/延长米的轻轨。为节省这条线路上一 4 公里（约 3.7 俄里）长路段的建设资金，在彼得堡地界内（从博布林胡同到乌杰尔宁斯基公园）把铁路与城市街路铺在一个水平线上，建有 12 个路口。该铁路在 1870 年开通运行。

② 彼得格勒，圣彼得堡市在 1914—1924 年的名称。1924—1991 年称为列宁格勒。1991 年苏联解体后又改称圣彼得堡。

19—20 世纪之交，直到第一次世界大战，在铁路枢纽尤其是莫斯科和彼得堡进行了旅客车站、编组站和货运车站的改建工作。新车站取代旧车站，进站轨道数量和长度增加，车站实现了专业化，机车和车厢制造业获得发展。车站设计也更加合理，如在彼得格勒—莫斯科旅客车站实行电气化，修建旅客上下车的地下站点等。1836—1917 年，俄国学者和工程技术人员为车站的科学建立与发展做出诸多贡献，包括制定第一个铁路车站分类法、车站设计原则、道路专业化发展原理及车站、编组站修建的核算方法等。

在铁路运营的初始阶段，俄国就建立了机车服务部门，在各个铁路线上又建立了分支机构，即机车库和修配厂，为机车和车厢提供技术服务和维修服务。各铁路公司都配备了修配总厂，进行复杂的维修或为铁路公司生产机车。

机车在各主机车库登记造册，在固定路段运行。主机车库分布在铁路线上，一般相距 140 俄里。在机车库之间设立周转机车库。主机车库有机车整备装置（含供燃料、水、沙土、润滑油）、清灰坑、转车台和三角铁。在主机车库对机车进行定期维修、架修和中度维修。通常在铁路公司修配总厂对使用 5 年及以上的机车进行大修。

旅客车厢在固定的车厢库进行维修。当列车在其他铁路行车时，由这些铁路站点技术服务站进行技术检修，供应煤、水。旅客车厢要回到登记机车库进行固定维修。

货运车厢不在指定维修点登记，而是在铁路公司登记，按所处地点为其提供包括维修在内的服务。19 世纪 80 年代，实行直达运输后，有专门技术维修点完成这项工作，不对车厢所属做区分。在铁路相交处站点辟出维修道路，建有专门的车厢棚。铁路修配总厂在各类机车的维修和制造中发挥重要作用。修配总厂不仅进行中等维修和大修，还与科研机构共同进行试验。

从 1868 年起，成为尼古拉耶夫铁路修配总厂的亚历山大工厂具有重要地位。莫斯科—下诺夫哥罗德铁路的戈夫罗夫斯基中心修配厂制造出 40 种旅客车厢，包括 3 轴软席车厢，这种车厢是世界上最早使用蒸汽和水为旅客车厢供暖的车厢。1872 年开始生产货运车厢，完善后于 1882 年在铁路网上被用作标准车厢。在第一次全国工业展上，戈夫罗夫斯基修配厂被授予金质奖章，有权在自己的产品上雕刻国徽。在著名学者 А. П. 鲍罗金的参与下，西南铁路公司的修配总厂规模不断扩大。1881 年，该修配厂率先建起科学实验室，即机车同步碾压试验站。值得一提的是，莫斯科可米萨洛夫斯基技术学校修配厂也十分著名，于 1870—1876 年生产出 616 节旅客车厢、2800 节货运车厢，[①] 还培养了车厢方面的工匠和技工。

19 世纪 60 年代，彼得堡—华沙和莫斯科—库尔斯克铁路修配厂开业，主营机车和车厢维修业务。后来，在此基础上建立了德文斯克机车修配厂和莫斯科车厢修配厂。1874 年，罗斯托夫修配总厂成立，除维修机车外，其还生产新机车、封闭车厢、平板车和罐车以及车厢备用件。1895 年，该修配厂生产的 C 型机车参加了在下诺夫哥罗德举办的全国展览会并获得荣誉证书。1900 年，该修配厂为莫斯科—梯弗里斯快速列车制造旅客车厢。19 世纪末至 20 世纪初，中西伯利亚铁路的克拉斯诺亚尔斯克修配厂、中亚铁路的塔什干修配厂、莫斯科—喀山铁路的莫斯科修配厂、莫斯科—温道—雷宾斯克铁路的大俄罗斯修配厂等都十分著名。

第三节　铁路建设的人力保障

19 世纪下半叶开始，俄国铁路建设规模迅速扩大，在机车和车厢产量迅速增加、铁路运行速度快速提高的同时，对铁路工程技术人员和工人的需求量也快速增长。铁路工程技术人员是铁路建设的保障，铁路工人是铁路建设和运营的主导力量，因此铁路工程技术人员和铁路工人也是俄国铁路运输组织工作的重要环节。由于高度的组织性和纪律性，军队在俄国铁路建设和运行中也发挥了独特作用，在战略铁路、战时铁路修建和运营中作用尤其突出。

一　铁路工程技术人员的培养

大规模铁路建设需要大量铁路工程技术人员。彼得堡交通工程兵团学院是俄国铁路人才的摇篮。该学校成立于 1809 年，起初学制为 4 年，中学、士官学校和其他学校毕业年龄在 15—22 岁的贵族和军人才能报考这

所学校。学校最初用法语授课。1823 年该学院改造成封闭的军校。该校以师资力量雄厚而著称，俄国和一些国外著名学者都曾在这里任教，学校也培养出大批优秀的交通工程技术人员。蒸汽动力铁路的出现促进了以数学-物理为基础的应用学科的发展。1835 年，学院教授 П. П. 梅利尼科夫出版了《铁路》一书，奠定了铁路运输人才培养的基础。

在学校成立最初的 50 年里，共培养出 968 名工程师和 650 名技工。[①] 1864 年，学院改成 5 年制开放式平民教学机构，更名为彼得堡交通工程师学院，贵族和其他社会阶层成员都可以在这里学习。1882—1890 年学院不招收低年级学生，实际上变成了 3 年制的工程学院，只有大学数学-物理系的毕业生才有资格报考。学院的主要目标是为交通部和铁路公司培养高水平的工程技术人才，至 1917 年学院共培养出 6115 名工程师。[②]

19 世纪 90 年代，俄国铁路里程迅速增长。新线路建设逐渐向东方扩展，铁路勘测延伸到太平洋。为实现上述目标，需要大量铁路勘测、建设和运营人才，但政府没有急于增加技术院校的数量。只有彼得堡交通工程师学院一所学校培养交通工程师。一年级招生人数限制在 120—150 人。[③]

在铁路设计和建设人才严重不足的情况下，1896 年成立了交通部直属的莫斯科工程技术学校。这所学校的学制为 5 年，学生在经过 3 年理论学习后，要在一个建设项目上实习 2 年。在实习期间，学生受地方建设项目技术指导的直接领导，同时也受学校监督，每半年要向学校提交一次报告。在经过理论学习和实习之后，毕业生获得工程建设者称号，有权从事建设和不复杂的设计工作。经考试合格后，毕业生可以到彼得堡交通工程师学院深造，获得工程师的称号。经过学校全体师生的不懈努力，莫斯科工程技术学校在 1913 年升格为莫斯科交通工程师学院。至 1912 年，该校共培养出 646 名工程师。1915 年，学校在校生人数超过 700 人。[④]

在上述高等学校培养铁路工程技术人才的同时，俄国也开设了一些中等学校培养铁路技工。这些学校的资金来源是国营和私营铁路公司收益储

① Фадеев Г. М. ，История железнодорожного транспорта России. Т. 1. 1836-1917. С. 124.
② Там же. С. 127.
③ Там же. С 127.
④ Там же. С. 130.

备金和其他收入。1869 年，在奥廖尔—格里亚季铁路的耶列茨站成立了亚历山大铁路技术学校。学校招收年龄在 14—17 岁从县中学毕业的各阶层青年，首次招生 160 人左右。在学校建立之初不收学费，随着学校知名度的提高，学员每年交纳 140 卢布学费。[1]

1879 年，交通部批准了铁路学校的组织结构和教学大纲。学员分预科和三个年级，最后一年按专业划分。学生学习科目包括《圣经》、俄语、俄国文学、地理、物理、数学、书写、制图、绘画、铁路业务、机械学、金属和木材工艺、电报、音乐、体育等。

1886 年 4 月，政府决定将所有铁路技校（公立和私立）转交给交通部管辖。交通部为了对这些学校进行直接管理，成立了教务处，并批准了新章程；交通部还成立特别基金，给学校提供资金支持，基金由从每俄里铁路的收入中提留 15 卢布、学费和其他监护费用构成。[2] 入学者需要提供在村、县、市或教会学校完成 2 年学习的证明，并通过俄语和数学考试。没有上述证明的铁路员工子女可进入预科学习，通过测试后再被录取。经过 3 年课程学习后，学生凭证被派出实习。在铁路企业技术岗位工作不少于 2 年，学生获得技工学校毕业证书，凭此证书学生有权在铁路部门次要技术岗位担任技工。

1888 年 2 月 8 日，根据彼得堡交通工程师学院的呈文，沙皇批准了交通技工条例，条例中规定了获得技工称号的制度和赋予他们的权利。通过学院和铁路企业董事会组成的专门委员会考试的人才有资格获得技工称号。考试科目有工程和建筑制图、普通测量学、初级机械学、建筑学、建筑艺术、实践机械学和建筑机械学基础、编制预算和技术报告等。由于准备这些考试的技术文献不足，学院主张出版必要的参考书和指南。每年有 10—45 人获得交通技工的称号，如 1900 年在 58 名考试者中有 43 人获得该称号。[3]

20 世纪初，俄国的工业、农业产量和创业的积极性显著提高，要求继续扩大铁路网。1916 年初交通部新铁路委员会提出铁路建设五年计划，

---

① Фадеев Г. М. , История железнодорожного транспорта России. Т. 1. 1836–1917. С. 131.

② Там же. С. 131.

③ Там же. С. 132.

准备在 1917—1922 年修建顿涅茨克煤田—莫斯科、奥廖尔—利曼、哈尔科夫—奔萨—因扎、叶卡捷琳诺达尔—图阿普谢、萨拉托夫—亚速海港口及通往米列罗沃、亚历山德罗夫加伊—查尔朱、乌法—彼尔姆—伯朝拉、索罗卡—科特拉斯—鄂毕、科特拉斯—斯维里河—芬兰边境、穆罗姆—萨索沃—莫尔尚斯克—坦波夫、基辅—敖德萨、科斯特罗马—克拉斯诺乌菲姆斯克—乌法列伊—托木斯克—叶尼塞斯克、奥尔斯克—阿克莫林斯克—巴甫洛达尔等铁路。交通部会议提出每年由国库出资修建 4000 俄里，用私人资本修建 2000 俄里。[1] 必须使用国产的轨道、机车车辆和建筑机械。为保证如此大规模铁路的建设和运营，需要大批高水平铁路建设和经营人才。新铁路委员会提出建设 40 所专门培养技工的学校，需要经费 1100 万卢布。每年对交通工程技术人员的需求达 725 人。[2] 为此，交通部计划扩大彼得堡和莫斯科交通工程师学院招生规模，在南方的叶卡捷琳诺斯拉夫、顿河畔罗斯托夫或哈尔科夫三地中选择一地建立一所新工程师学院；拨出大笔经费改造和扩大彼得堡、莫斯科交通工程师学院。

二　铁路工人

俄国铁路工人力量是在彼得堡—莫斯科铁路建设中逐渐形成的。当时铁路建设采用承包制，工程承包人除大地主和大商人外，沃洛格达省的国家农民古林和沙尔科夫承包了北部第一路段的土方工程。[3] 承包时没有收取抵押金，但是从要求抵押前已经完成工程款中扣除 1/5。承包商招募的工人分固定工和日工。固定工聘期为一个夏天，从 5 月 1 日至 11 月 1 日，他们被要求连环保和签订书面合同。日工从附近的村落招募，和承包人达成协定即可，可在任何时候离开工作，承包人每年都招募大量此类临时工。

此时铁路工人的流动性很大，因此很难确定彼得堡—莫斯科铁路建设工程中工人的数量。根据彼得堡—莫斯科铁路警察局的数据，1845 年有

[1] Фадеев Г. М., История железнодорожного транспорта России. Т. 1. 1836–1917. С. 301.

[2] Журнал Комиссии о новых железных дорогах, заседания 12 – 30 января 1916 г. НТБ ПГУПС.

[3] Уродков С. А., Петербурго – Московская железная дорога. История строительства (1842–1851). С. 99.

50719 人，1846 年有 63000 人。① 工人的劳动强度大，工作条件极其艰苦。所有艰苦劳动都由农奴完成。在工人不足的情况下，也曾吸收部队和军屯士兵参加工程，交通部门按人头每天支付 1 卢布，但是士兵拿到手的只有 25 戈比，而剩下的资金计入军屯的收入。② 即使这样，承包人都嫌工人的工钱太高，为了获利，他们想方设法寻找更廉价的工人。欠缴的地主农民和国家农民便是更廉价的劳动力。

一些歉收的地方出现饥荒，大部分农民欠缴税赋。一方面，农民需要用现金和地主结账；另一方面，这种情况也促使承包人与地主和国家财产部的地方部门快速达成协议。为向农民追缴欠款，国家财产部把欠缴严重省份的名单发给交通和公共建筑管理总局。如 1847 年 1 月 7 日国家财产部大臣签字的省份就有 15 个，包括卡卢加、库尔斯克、奥廖尔、奔萨、普斯科夫、梁赞等省。因此，欠缴赋税的国家农民成为庞大的工人后备队，通过承包人，地主可以在任何时间要求农民参加工程建设。

大承包工程只能发包给有一定资产能保证工程完工的承包人。可以以现金、土地或建筑物做抵押，抵押金额通常为承保额的 1/10—1/3。小承包工程有时候在签字后无须抵押。工程结束，抵押金归还给承包人；如完不成工程，则没收抵押金。在工程发包时不仅要考虑节省国家资金，还得参考警察局的意见。因为承包人以自己的名义签订协议，国家权力部门与工人没有直接关系。工人出现争执、不满或骚动时，政府拿承包人问罪。铁路司制定雇用工人的标准合同，与承包人协商合同条款时，要求承包人必须无条件履行这个义务。几乎所有合同条款都是有利于承包人的，尤其是连环保条款。

俄国西部省份农民是俄国铁路工人的主要来源。这里不仅经常遭遇歉收，同时地主还保留着派自己农民出去干承包活的权利。而当时其他省份只能派欠缴农民出工。这对承包人有极大的吸引力，因此，这里也成为铁路工人的主要来源地。维捷布斯克、马基列夫、斯摩棱斯克和普斯科夫提

---

① Уродков С. А.，Петербурго - Московская железная дорога. История строительства（1842-1851）. С. 101.

② Столетие Военного министерства. Главное инженерное управление. Исторический очерк под ред. Генерал-майора Фабрициуса. Ч. 1. СПб.，1902. С. 555.

供了大部分土方工程工人。而工程所需木匠、石匠主要来自特维尔、卡卢加、弗拉基米尔省，塑造工人和油工来自雅罗斯拉夫尔和科斯特罗马省。①

由于承包人要求利益最大化，所以铁路工人境况很糟。他们的工作条件极其艰苦，劳动强度大、缺少工具和劳动保护，吃不饱饭，如完不成工作量甚至被罚款，体罚更是家常便饭。在工人与承包人签订的协议中规定工人每天必须完成 2/3 甚至 1 立方俄丈土方。这种定额只有最强壮、熟练的工人才能完成。如完不成工作量，每立方俄丈要罚工人 1 卢布。在这种情况下，工人不仅一个夏天拿不到 1 分钱，还要欠承包人 40—60 卢布。国家财产部各州管理局与大部分农民签订该类条款，而农民并不知情。此外，承包人在与工人签订的协议条款中还规定，旷工一天要罚款 1 卢布。在第二段工程与工人进行最后决算时，由于没有完成工作量、旷工、逃跑和生病，只剩下 450 个切尔尼戈夫省的国家农民和 218 个别图诺夫与科兹洛夫的地主农民。②

拖欠、克扣工人工资的情况更是经常发生。1845 年，投诉承包人格尔夫拖欠工人工资的信件雪片般寄到铁路司。据统计，格尔夫欠工人债务达 90 万卢布。参政院原本打算用承包人抵押金偿还欠工人的债务，后来在结算时发现承包人还欠铁路司 41 万卢布。不算印花税和工程延期的罚款，承包人格尔夫欠债总额为 131 万卢布。③ 这些申述原封不动地在交通和公共建筑管理总局被搁置了三年，直到 1848 年 2 月才召开会议，听取铁路司报告。最终"鉴于这是私人之间的诉讼，提请诉前承包人格尔夫男爵结算有误的申诉人应向地方民事法院提告审理"。④ 从该解决方案可以看出政府对承包人利益的维护，对农民利益的无视，农民最终没有得到劳动报酬。

农奴制解体后，自由雇工成为铁路工人的主体。随着工业和铁路业的

① Уродков С. А.，Петербурго－Московская железная дорога. История строительства（1842–1851）. С. 105.

② Уродков С. А.，Петербурго－Московская железная дорога. История строительства（1842–1851）. С. 113.

③ 格尔夫给铁路司的抵押金只有 10.9 万卢布。Уродков С. А.，Петербурго－Московская железная дорога. История строительства（1842–1851）. С. 116.

④ Уродков С. А.，Петербурго－Московская железная дорога. История строительства（1842–1851）. С. 117.

发展，在国营和私营铁路工作的铁路工人和职员数量不断增加。1890 年有铁路职工 24.83 万人，1900 年有 55.44 万人，1913 年有 81.5 万人，到 1917 年则达到 100.15 万人。① 铁路职工分为固定工（编制内）、临时工和日工，但是后两种占铁路职员的 58%。1913 年铁路局官员和董事会人员为 57408 人，火车司机和乘务人员为 242452 人，道路和建筑人员为 268261 人，营运人员为 221912 人，信号和电报人员为 25469 人，② 其余专业岗位约 600 个。

工作繁重、危险、加班加点、频繁出车、机械化水平低，以及照明、取暖和通风条件差等是铁路员工工作的特点。铁路员工平均每天工时为 10—11 小时，夏季则达 12—14 小时。这也引起铁路职工的一系列职业病，如受寒引起的疾病、眼病和神经系统疾病等。失事和其他不幸事件造成的死伤很多。据 С. Г. 斯特鲁米林统计，1883—1913 年铁路职工受该原因影响死伤的人数为 18.5 万人。③

1913 年，国营铁路工人月平均工资为 37.9 卢布，私营铁路工人月平均工资为 35.6 卢布，在第一次世界大战期间，铁路修配厂和机车库工人的工资涨到 64.2 卢布，一些铁路公司和铁路局管理人员的工资达到 900 卢布。总的来说，铁路职工的工资收入是呈上升趋势的。④ 据统计，1884—1913 年，国营铁路职工的工资增长了 44.6%，⑤ 扣除物价上涨因素，铁路职工实际工资增加了 16.4%。⑥ 但对于普通铁路职工来说，工资仅能维持日常的生活开销，有些工资低的临时工和日工，每月还会入不敷出。编制内铁路工人也享有一些优惠，如公房、医疗和退休服务、免费乘车、自己和子女可以在交通部学校接受教育等。因为多数铁路工人出身农民，所以允许他们在铁路公司征地范围内种菜。

各铁路公司没有统一的工资结算体系。如果说国营铁路公司在某种程

---

① Рашин А. Г., Формирование рабочего класса в России. М., Соцэкгиз, 1958. С. 11.

② Железнодорожный транспорт в 1913 г. Статистические материалы. С. 146.

③ Струмилин С. Г., Избранные произведения. М., Изд-во АН СССР, 1963. С. 414.

④ Железнодорожный транспорт в 1913 г. Статистические материалы. Табл. 17.

⑤ Левин В. И., Социальная политика Министерства путей сообщения 1881-1914. Дис. на соискание ученной степени кандидата исторических наук. СПб., 2003. С. 45.

⑥ Там же. С. 48.

度上还受交通部调节的话，那么私营铁路公司则任意妄为。艰苦的劳动条件、低廉的工资、无故克扣导致铁路工人和管理当局冲突不断。1874 年，由于企业管理者胡作非为，尼古拉耶夫铁路修配厂工人发生骚乱。最后借助警察局的宪兵才平息骚乱。同年，萨拉托夫铁路修配厂、莫尔尚斯克铁路筑路工人、彼得堡—华沙铁路车站工人也发生骚乱。① 铁路工人运动促成了俄国早期工人小组的形成。1875 年在敖德萨铁路，在工人小组基础上成立了南方工人联盟。1890 年在外高加索最大的铁路修配厂梯弗里斯铁路修配厂发生了工人罢工。约 4000 人参加罢工，这在首都产生巨大影响。19 世纪末，多数铁路公司都是国家财产，因此，铁路工人暴动和罢工主要是反对沙皇政府。

在 1901 年著名的奥布霍夫罢工中，彼得堡工人与军队发生冲突。铁路工人也参与了战斗。此年度，梯弗里斯、卢甘斯克、布良斯克、奥廖尔、鲍里索格列宾斯克铁路枢纽工人，萨拉托夫、坦波夫和其他城市机车修配厂工人罢工。1902 年 11 月顿河畔罗斯托夫站修配总厂工人罢工。这场罢工持续了 22 天，行政当局进行镇压，哥萨克骑兵冲击工人游行队伍，8 名工人被打死，23 人受伤。② 在 1905 年 1 月 9 日的革命中，铁路工人也参加了斗争，尼古拉耶夫和彼得堡—华沙铁路列车停运，工人在车站和修配厂举行了集会，有时还和军队发生冲突。③ 政府被迫在 2 月颁布国营铁路修配厂和机车库工人临时规章，将工作日工作时长缩短至 9 小时，确定计件和加班的工资定额，提供伤残保险等措施。10 月沙皇又发布公告，包含许多无法实现的承诺。但是革命浪潮汹涌而来，顿巴斯、乌拉尔、西伯利亚铁路起义的工人占领车站、成立由工人代表会议选出来的工人政权。政府极力镇压铁路工人运动，讨伐队列车在铁路上巡视。1905 年在铁路上有 5000 名宪兵，1909—1915 年，交通部对铁路工人干部进行肃清。至 1911 年，30％的铁路工人被退役军人取代。④

---

① Рабочее движение в России в XIX веке：Сборник документов и материалов. М.，Госполитиздат，1950. Т. II. Ч. I. С. 479-481，617，618.

② Фадеев Г. М.，История железнодорожного транспорта России. Т. 1. 1836-1917. С. 307.

③ Начало первой русской революции：Январь - март 1905 г. М.，Изд - во АН СССР，1955.

④ Фадеев Г. М.，История железнодорожного транспорта России. Т. 1. 1836-1917. С. 309.

应该指出，相较于其他行业，铁路职工的工资和福利待遇要相对好一些。为缓和矛盾，交通部主动、被动地采取了一些改善铁路职工状况的措施。为减轻多数底层铁路职工的生活负担，一些铁路设立了价格便宜的职工食堂。如在叶卡捷琳娜铁路，"在食堂里，薪水有限的铁路职工可以根据自己的营养需求以大众化的价格得到一份符合卫生要求的午餐，因为在面包不限量食用时，一份热肉菜的分量为 3/4 俄磅肉，一份粥的分量为 1/2 俄磅米，一份茶点的分量是 1 俄磅白面包。可以赊账吃午饭，在领薪水时予以扣除。在食堂里，每道菜可以按份售出，而不是按套餐卖，这样收入低的职工就可以花 3 戈比吃份粥"。① 但解决问题的根本办法还是提高铁路职工的收入。

1905—1906 年革命迫使交通部着手改善铁路职工的工资待遇。1905 年 11 月，交通大臣承认必须满足铁路工人最迫切的要求，登记改善底层职工生活的建议。"第一，要增加底层职工的工资，当下他们的工资已与生活条件不符；第二，改善底层职工的住房补贴，哪怕是部分改善；第三，改善医疗条件；第四，制定定期增加铁路服务年限津贴的规则；第五，为铁路职工休假时替班的人员设立贷款，同时，保障职工的休息权。"② 建议被采纳并以德国铁路职工的状况作为必需的经济改善计划的出发点。根据交通大臣的建议以及铁路局支出预算的第 3 条第 28 款，1906 年拨出 16100000 卢布作为改善国营铁路职工生活的支出。③ 拨款主要用于：（1）10200000 卢布用于提高底层职员的工资，给电报员、编组员和道岔工等发放住房补贴；（2）2000000 卢布用于学校事业；（3）600000 卢布用于改善医疗条件；（4）2400000 卢布用于资深职员④纳入编制的费用。很快，交通大臣提议，将用于提高底层职工工资的金额又提高 100 万卢布，即 11200000 卢布。这 100 万是从给学校的 200 万贷款中拿来的。同时，财政大臣保证，1907 年的需求不会超过 116160000 卢布，并承诺大力减少

---

① Железнодорожное дело. 1899 г. Вып. 6—7. С. 48.

② РГИА. Ф. 273. Оп. 12. Д. 407. Л. 41.

③ РГИА. Ф. 229. Оп. 5. Д. 4. Л. 81.

④ 资深职员是指在铁路运输部门工作超过 10 年的职工。

冗员，提高工资。① 提案被采纳。1907—1910 年，减少了日工的人数。通过裁员，许多有编制的铁路职工的工资得以增加，尤其是年工资 600 卢布以上的职工。因此，低工资和较高工资职工的工资差距更大。②

　　铁路是较早实行养老金制度的俄国工业行业。俄国铁路的养老金制度最早出现在一些私营铁路。1858 年，养老金制度先在华沙—维也纳、华沙—布隆伯格铁路公司建立起来。到 19 世纪 70 年代中期，在 14 条总长度 5500 俄里的铁路（当时铁路网总长度的 1/3）上建立起养老基金。③ 这一时期的养老基金缺乏统一的标准，无论是参与基金的人员、从工资中扣款的额度还是退休服务年限条件、退休金额度等都各不相同。1888 年 5 月 30 日，沙皇批准了私营铁路《养老和储蓄辅助基金总条例》。遵照这项法令，无论是已经开通的，还是在建的私营铁路，都必须为自己的职工建立养老基金或储蓄辅助基金。条例规定："长期在铁路公司服务的男女两性全部人员都为基金的参加者。发给基金参加者及他们的家庭成员一定的补助。用储蓄辅助基金一次性发放这类补贴；而用养老基金，在某些情况下也可一次性发放，其他情况下以终身退休金的方式发放。补贴的额度，根据基金参加人服务的时限、没有工作能力的程度确定，也要按照个人养老金账户的金额确定。在确定养老金时，还要注意退休人员的年龄，养老金发到退休人员去世。"④

　　两种基金的资金构成主要是个人缴费、铁路公司缴费以及其他进款。基金参加者本人每个月的缴费，如果年工资不超过 2400 卢布，额度为定额工资的 6%；一次性缴费为奖励所得的 10%，工资增加时，额度为新旧定额工资三个月的工资差。铁路公司的缴费不超过基金参加者本人月缴费的 1/2。其他进款包括出售无人领取的货物和行李的进款、收取职工的罚款，以及广告、招牌、在车站经营书报权的例行收费。根据 1888 年 5 月 30 日颁布的法律，养老基金和储蓄辅助基金参加者权利

---

①　РГИА. Ф. 273. Оп. 6. Д. 2374. Л. 60.

②　РГИА. Ф. 229. Оп. 4. Д. 1834. Л. 13–14.

③　Левин В. И., Социальная политика Министерства путей сообщения 1881–1914. Дис. на соискание ученной степени кандидата исторических наук. С. 108.

④　Собрание узаконений и распоряжений правительства. 1888 г. № 56. Ст. 6–11. С. 1165–1167.

的本质区别表现在服务超过 15 年参加某种基金的职工上。服务 15 年之后，储蓄辅助基金的参加者一次性得到存在自己基金账户上的金额。服务 15 年及以上的养老基金参加者有拿到退休金的权利，也就是说余生按月给他们发放补助，补助的多少取决于存在基金个人账户上的金额。如果退休金的年度金额低于最后定额工资的 1/4，基金参加者有权从养老基金获得退休金的资本化收入，同时（对于有劳动能力的基金参加者）领取列入其个人账户的金额。储蓄辅助基金参加者也以这样的基础进行核算。也用养老基金给基金参加者的遗孀、孤儿发放抚恤金，给无劳动能力者发放特殊加倍退休金。[1] 从 1890 年 1 月 1 日起，政府开始从尚未设立任何类型基金的铁路公司的员工工资中扣款。根据这项法律，整个 1890 年，16 条铁路建立了养老基金，7 条铁路建立了储蓄辅助基金。按《养老和储蓄辅助基金总条例》组建基金的同时，国务会议委托交通部取消那些在 1888 年 5 月 30 日《养老和储蓄辅助基金总条例》颁布前建立的与《养老和储蓄辅助基金总条例》不符的养老基金。取消时将存在之前基金的资金转存到新建立的基金账户。

1894 年 6 月 3 日，《国营铁路职工养老基金条例》获批。国营铁路和铁路管理局所有职工都必须参加，一些类别的工人（日工）、退休储金会的参加者以及 60 岁以上人员除外。缴费分按月缴费和一次性缴费两种：向所有基金参加者按月扣款，金额为定额工资的 6%（扣款工资的最高限额为 2400 卢布）；一次性扣款为奖励所得的 10%，当工资增加时，一次性扣缴三个月的新旧工资差额。国库对养老基金进行补贴，金额为职工所得工资的 3%。此外，出售无人领取的货物和行李所得、职工的罚款、在车站发布告示和出售书报权的租金以及其他偶然所得也纳入基金的资金。进入基金的资金被划分成参加者个人和其妻子的账户，而一些进款必须纳入孤儿基金，即纳入指定给基金参加者、退休者的子女和孤儿的养老金基金的储备资金。基金的部分收入返回到储备金。[2] 根据 1894 年 6 月 3 日的条例，服务 15 年的，退休金为工资的 1/2；服务 20 年的，为工资的 3/4；

---

[1]　Собрание узаконений и распоряжений провительства. 1888 г. № 56, Ст. 14, 34. С. 1167, 1179.

[2]　Собрание узаконений и распоряжений правительства. 1894 г. № 133, Ст. 4, 5. С. 2882.

服务 25 年的，退休金为全额工资。退休金的额度取决于职工得到的工资、他的服务年限、年龄，在领取遗孀退休金时还取决于遗孀的年龄。根据1894 年 6 月 3 日的条例，也根据前面提到的 1888 年 5 月 30 日的总条例，以服务年限为准给基金参加者发放退休金和补助金。①

1901 年，交通部对 1894 年条例进行了修订。修订后的国营铁路养老金条例在 1903 年 6 月 2 日获批，从 1904 年 1 月 1 日起生效。这次修订主要改善国营铁路老职工、参加基金少于 10 年的职工子女和孤儿的状况，以及确立了基金资本化更优惠的条件。根据 1903 年条例修正案，国库直接转入 1000 万卢布资金，这笔资金应部分分配给老职工及其妻子的个人账户，剩余部分用于建立特别基金，对因病辞退的基金参加者以及身故参加者遗孀进行额外补贴。② 1906 年，根据职工代表的意见，交通部又向国务会议申请修订养老金条例，并于 1906 年 4 月 26日获得批准。这次变更确定了一个总的原则，即养老基金参加者个人账户的金额是基金参加者或其继承人不可分割的个人财产，任何情况下都不作为基金的收入。到 1914 年，64.7% 的铁路职工参加了养老基金，而 80% 以上的在编职工都参加了基金。③ 这里要指出，1912 年 6 月23 日，俄国颁布了工人保险法律汇编，④ 要求各行业工人参加养老等各类保险。在此之前，交通部已经通过 1888 年、1894 年法律以及几次修订，在私营和国营铁路建立起社会保障制度，在这方面，铁路走在全国的前面。

俄国铁路有自己的医疗卫生组织。1886 年 6 月 12 日，交通大臣批准了《运营和在建国营铁路医疗部门条例》。根据 1886 年条例，铁路被分成路段（由医生管辖），而每个路段再分成分段（由医士管辖）。路段的

---

① Левин В. И., Социальная политика Министерства путей сообщения 1881–1914. Дис. на соискание ученной степени кандидата исторических наук. С. 114.

② Собрание узаконений и распоряжений правительства. 1903 г. № 88，§ 2. С. 1995. Ст. 5. 1. С. 1995；Ст. 5. 2. С. 1996.

③ Пролетариат в революции 1905 – 1907. Москва–Ленинград，1930 г. С. 128.

④ «Об учреждении присутствий по делам страхования рабочих»，«Об учреждении совета по делам страхования рабочих»，«Об обеспечении рабочих на случай болезни»，«О страховании рабочих от насчастных случаев». ПСЗ. Ⅲ. Т. 32. № 37444–37447.

长度为运营铁路不超过 100 俄里，在建铁路不超过 75 俄里。医士管辖的
分路段不应超过 50 俄里。铁路医院里的所有病室和房间，空气含量不应
少于 3 立方俄丈/每人。诊疗室应最少由两个宽敞的房间、前厅和诊室组
成。① 铁路职工享受免费的医疗建议以及从铁路药房取药的权利。所有编
制内职工，休病假不超过 2 个月时，保留工资；日工因病旷工，领取工资
的一半或 1/4。职工甚至可以把医生请回家。

　　铁路职工和家属享受免费、优惠的医疗救助。医疗救助由铁路公司出
资，由掌管医疗资金的铁路医务人员实施。所有铁路职员、修理工、固定
和临时工人以及与他们共同生活的家庭成员（妻子、父母、未成年子女、
兄弟姐妹）和仆人、在铁路事故中受伤的人员、学习期间的铁路技校学
生有权享受初步救助和后续的直接治疗形式的补助。如果职工的年工资不
超过 1200 卢布，这些人（仆人除外）在医院里（一般病房）享受免费治
疗。年工资不超过 1200 卢布的所有上述人员可以享受免费开药、包扎和
其他治疗方法的权利。② 年薪超过 1200 卢布的资深职工及其家属，可以
按一个特别价格用药和治疗，这个价格是按照药物的生产成本和上一年度
铁路医院维持患病职工的平均成本加上药物和治疗成本的 15%，用来核
销维持医院、药房、医务人员的总支出。③ 当医疗部门无权延长医院认为
需要进一步住院超过两个月的患者治疗期限时，年薪低于 1200 卢布的职
工及其家属，在医院治疗时要付费。④ 有权享受免费治疗的人员，只能获
得批准目录里的药物。拥有权利的所有人士，都能享受不超过两个月的治
疗，经主任医师请准，铁路局局长批准的情况除外。参加储蓄辅助金的职
工可以和其他营运职工平等享受免费的医疗救助。⑤ 可以看出，规定给予
收入低的职工更多优惠。

① Положение о врачебно‑санитарной службе на казенных железных дорог. СПб.，1886
г. С. 1，18‑20.

② Собрание узаконений и распоряжений правительства. № 128. 1893 г.，Ст. 38 –
40. С. 2969‑2970.

③ Циркуляр Упр‑я ж. д. 19 декабря 1901 г. № 53128/1815/253/.

④ Циркуляр Упр‑я ж. д. 27 октября 1908 г. № 263348/166/2895/.

⑤ Журнальное постановление Управления железных дорог 24 февраля 1901 г. № 673，
предложено к руководству Циркуляром Управления 13 января 1895 г. № 135，предложенно к
руководству Циркуляром Управления 19 января 1895 г. № 1947.

病情严重，需要加大治疗的编制内职工、家属可获得医疗救助补贴。补贴的额度取决于职工的年工资。职工本人的医疗补贴为月工资的 1/2 到月工资，铁路局批准的话可达 4 个月的工资，[1] 补贴的发放需要经过严格的评估。铁路局会议有权发放额度不超过月工资的补贴，具体情况是：年薪在 360 卢布以下的，补贴不超过 3 个月的固定工资；年薪在 600 卢布以下的，补贴不超过 2.5 个月的固定工资；年薪在 900 卢布以下的，补贴不超过 2 个月的固定工资；年薪超过 900 卢布的，根据地方铁路局指示，由管理委员会授予权限，额度不超过 1.5 个月的固定工资，但不超过 300 卢布。[2] 这种补贴不是以资金的形式发放，而是给予温泉疗养和泥疗的权利。有数据显示，1909—1910 年，自治省份居民的人均医疗支出为 34 戈比，非自治省份为 16.6 戈比，而铁路职工的人均支出为 277 戈比。[3] 虽然铁路工作条件艰苦，医疗支出高于普通居民在情理之中，但如此大的差距，也说明铁路上的医疗保障优于地方。

三　铁路部队

在俄国铁路的修建和运营中，俄国军人做出了重要贡献。1861 年改革前俄国缺少自由劳动力，在早期铁路建设中农奴制农民是铁路建设大军的主体。铁路建设工地劳动条件差，铁路承租人和承包人对铁路工人剥削严重，造成铁路建设者队伍流动性大，铁路建设进度受到影响。为节省建设资金，加快建设进度，政府在铁路建设和运营中动用军队力量，并组建铁路建设和运输部队，尤其在战略铁路建设和战时铁路建设运营中，军队发挥了重要作用。

彼得堡—莫斯科铁路最初的运营工作是由军事部门执行的。在缺少铁路运营实践经验的情况下，它能保证铁路安全和定期运行。高度纪律性、

---

[1]　Циркуляр Управления казенных железных дорог 28 мая 1898 г. № 21983/88.

[2]　Журнальное постановление Управления казенных железных дорог 13 августа 1898 г. № 3846, предложенное к руководству Циркуляром Управления 3 сентября 1898 г. № 35690.

[3]　РГИА. Ф. 273. Оп. 8. Д. 123. Л. 123-124.

对命令的无条件执行是用军队运营铁路的主要原因。根据交通和公共建筑管理总局 1851 年 9 月第 180 号命令，成立了 14 个单独的兵工连、2 个乘务连和 1 个电报连。[①] 他们由军事部从士官和常规部队中配备。兵工连中有 3500 人。他们主要承担车站工作的组织、桥梁和道口的保卫工作。两个乘务连有 550 人。火车司机、副司机和司炉工在一连。列车长和乘务员在二连。电报连有 290 人，保障整条线路的通信工作。[②]

1858 年军事部与交通和公共建筑管理总局建立了专门的铁路建筑工程队，在建设彼得堡—华沙铁路时第一次使用。1864 年起军事部建立常备建筑工程队，可以在不同铁路建设工地进行调动。每个工程队有 7 个连，共 650 人。[③] 这些固定的工程队参与了新罗西斯克边疆区的铁路建设工作。战时他们负责恢复和保护铁路，同时建设新线路。1870 年 2 月沙皇批准《铁路部队条例》，铁路建设工程队重新被列入军事部。他们被编入作战部队，恢复被破坏的铁路，建设支线，在军队撤退时拆除原有的铁路线。

早在 19 世纪 70 年代军事大臣 Д. А. 米留金时期就开始建立西部加强区，在维斯瓦建立要塞，其首要目的是保障俄国军队动员集结的战略铁路网。1876 年俄土战争前夕在莫斯科成立了第一个铁路营，此后又组建了两个铁路营，并派往作战区。他们在 100 天内建成长度为 286 俄里的新宽轨铁路。同时他们还在温格内—雅西路段把罗马尼亚窄轨铁路改铺成俄式宽轨铁路。19 世纪 80—90 年代铁路营在外高加索克拉斯诺沃茨克—撒马尔罕—塔什干铁路建设中做出巨大贡献。[④] 80 年代中期，铁道兵的组织体系在铁路建设工程队基础上更趋于完善。1903 年铁道部队从工程管理总局转编入武装力量司令总部。

---

① Караев Г. Н. , Возникновение службы военных сообщений на железных дорогах России（1851-1878）. М. , Воениздат, 1949. С. 21.

② Фадеев Г. М. , История железнодорожного транспорта России. Т. 1. 1836-1917. С. 88.

③ Там же. С. 89.

④ Корбин М. В. , Роль армии в строительстве и эксплуатации полесских железных дорог（вторая половина XIX в. ）. //Железные дороги и процесс социальной модернизации России в XIX - первой половине XX в. Сборник материалов Международной научной конференции. Тамбов. , 2012. С. 56-57.

在第一次世界大战时，铁道兵在保障军事运输上发挥了重要作用。他们改铺、恢复和新建了大量铁路。至 1915 年中期，铁道兵在西南前线恢复铁路约 3700 俄里，重新修建 255 俄里宽轨铁路、347 俄里窄轨铁路，恢复和新修 3934 俄里通信线路。[①] 1915 年末战争进入相持阶段后，铁道兵的主要任务是加强前线方向铁路的通行和过货能力，参与前线和后方铁路（摩尔曼斯克和黑海铁路）建设，把雅罗斯拉夫尔—阿尔汉格尔斯克铁路从窄轨改铺成宽轨，帮助后方铁路公司维修路面和机车车辆，修建窄轨铁路。1916 年对铁道兵的管辖范围重新进行了界定，在组织结构和经营上，他们隶属于军事运输部，在技术上服从交通部领导。尽管在管理和物资保障上存在各种不足，但铁道兵和交通部的专门机构依旧在战争时期完成了前线铁路接连不断的工程保障和领导任务。

小　结

在铁路建设中，技术、设备和建设者是三个最重要的因素。从俄国引进铁路之初，俄国铁路工程技术人员就在勘测、设计和施工方面倾注了极大心血，不断完善设计和施工理念，进行不懈的实践，实现很多重大突破，像西伯利亚大铁路复线建设与现有线路的改建同时进行，成为国内外大型复杂铁路设计和建设的典范。

随着铁路建设的增加，政府支持国产轨道、机车和车厢的生产，取消对铁路企业无关税进口轨道、废旧钢铁、机车和车厢的优惠。随着南方铁路的修建，南方燃料和冶金基地的快速发展，轨道产量大幅增加，至 20 世纪初，俄国实现了轨道生产的自给自足。机车和车厢制造技术不断进步，随着运输需求不断增加，机车和车厢的材质、结构、承重都在不断改进。机车和车厢在 19 世纪 80 年代完全能够自给自足，在 19 世纪 90 年代的经济上升期，俄国机车车辆的产量最大化。车站、机车库、修配厂是铁路上的重要节点，也是铁路运输能力的重要保障。

彼得堡交通工程兵团学院是俄国铁路高级人才的摇篮，培养了以

[①]　Фадеев Г. М., История железнодорожного транспорта России. Т. 1. 1836–1917. С. 207.

П. П. 梅利尼科夫为代表的大量优秀道路工程师。随着铁路网的扩大，对铁路人才的需求也在不断增加。在交通部主导下，成立了莫斯科工程技术学校，后升格为莫斯科交通工程师学院，培养能够从事建设和简单设计的工程技术人员。此外，交通部和一些私营铁路公司还建立了一些中等技术学校，培养铁路技工。

俄国铁路工人力量于修建彼得堡—莫斯科铁路时逐渐形成。当时铁路工人主要由俄国西部歉收省份的国家农民和地主农民构成，他们受到工程承包人的残酷剥削，权益得不到保障。农奴制解体后，自由雇工成为铁路工人主体。随着铁路业的发展，铁路工人数量迅速增加，铁路工人成为俄国工人阶级中非常重要的力量，他们为争取权益和推翻沙皇政府进行了不懈斗争。俄国铁路也是较早采取社会保障措施的行业。通过一系列法律，交通部建立起铁路职工的养老金制度和医疗救助制度。

在俄国铁路建设早期，即彼得堡—莫斯科铁路建设时军队就参与了铁路运营，建立了铁道兵队伍和军事运输部队。铁道兵分工兵、乘务兵和通信兵，承担彼得堡—莫斯科铁路各车站工作组织、桥梁和道口的保卫工作，担任火车司机和乘务员，保障铁路通信工作畅通无阻。1876 年又成立铁路营，在俄土战争和外高加索铁路建设中发挥了重要作用。最初，铁道兵是军队编制，但归交通部管辖，20 世纪初铁道兵转归入武装部队。第一次世界大战时，铁道兵在保障军事运输时发挥了重要作用。

第五章　俄国铁路运输的组织与管理

铁路运营过程中的组织与管理至关重要。这既包括铁路企业自身的计划、组织和决策，也包括国家的监督和调控，二者缺一不可。在俄国铁路发展进程中，尤其是从19世纪80年代起，在经历第一次建设热潮之后，铁路企业在交通部、财政部、监察部等部门的监督指导下，加强了运行管理，政府也加强了对私营铁路企业的财政监督，统一运价，收购亏损的私营铁路企业，加强对国营铁路企业的组织领导。在一系列措施作用下，19世纪90年代俄国铁路建设迎来第二次建设热潮，20世纪初俄国铁路网里程已步入世界先进之列。

第一节　铁路运输的组织

俄国铁路网里程迅速扩大，加强铁路运行管理成为铁路安全的重要保证。为更好管理铁路运输问题，俄国政府制定了列车运行表，通过运行表来调控车辆运行班次和时间，维护铁路运行秩序。通过信号、集中联锁和通信设施，加强运输的安全有效性。

一　列车运行表

铁路运输管理的一个基本方法就是制定列车运行表。19世纪50年代中期，在彼得堡—莫斯科铁路上首次使用了列车运行表。列车运行表上标注旅客列车、货运列车、客货混合列车的运行线路、在车站停留的时间、货运列车给旅客列车让路站点等。在运行表上还标出车站等级、车站间距离、旅客和货物运输价格等信息。① 在运行表上，时间以5分钟为一个间

① Фадеев Г. М. ，История железнодорожного транспорта России. Т. 1. 1836–1917. С. 106.
彼得堡—莫斯科铁路货物和客货混合列车的票价按货物和类别确定。比如，按货物，每普特金银币和金银制品运价80戈比；纸张、布匹、茶叶、蜂蜜、羽绒、水果40戈比；咖啡、塔糖35戈比；亚麻、蘑菇、肉、鱼、蔬菜、动物油脂20戈比；水泥、盐、黑麦、燕麦、马铃薯15戈比。按类别的话，6座马车的运价为75卢布；四轮马车为50卢布；雪橇、大车为25卢布；马20卢布；狗5卢布。

隔，把一天分成早、午、晚、夜四段。后来，对列车运行表进行了完善，增加了车次号和列车编组等信息。随着运输规模的扩大，各铁路线上运行的车厢数量不断增加。在彼得堡—莫斯科铁路，货运列车车厢数量从1854年的15节增加到19世纪90年代末的50节，旅客列车车厢也从7节增加到22节。[1]彼得堡—莫斯科铁路在运营之初就开通了邮政列车，邮政列车的速度快于货运和客运列车。

运输规模扩大和调车工作量增加都要求建立货物和列车编组站网络。同样，在运输组织上也需要技术变革和创新，在轨道规格相同的条件下实现货物在不同铁路间直达运输。但长久以来，俄国铁路货物运输由各铁路公司自行调节和管理。车厢只能在自己的线路上运行，如果进入其他铁路，需将货物卸下，然后空载回来。1868年，在莫斯科—梁赞、梁赞—科兹洛夫、科兹洛夫—沃罗涅日、图拉—莫尔尚斯克、格里亚季—鲍里索格列宾斯克铁路公司代表会议上首次提出机车车辆公用的观点，达成直达运输协议。1869年政府召开第一届铁路公司全体代表大会，会上做出在全国所有铁路网无须卸载使用车厢的决定。在相互使用货运车厢的总协议中指出，为取消轨道宽度相同、相互关联铁路上货物转载业务，决定根据本协议交流条款相互使用车厢。车厢在铁路间交流的形式有三种：交换使用；交换使用，定期返回；定期返回，不交换使用。铁路间交换使用车厢无须付费。[2] 协议详细说明了车厢的使用条件和制度，交流、归还、标记、当前装载货物、备件维修和供应、铁路公司之间车厢维修和其他服务结算等责任义务。共同使用货运车厢的意义在于在保证铁路车厢数量、保持在车厢正常技术水平下提高铁路运营效率。

随着铁路运输需求的增加和直达运输的实现，19世纪80年代末货运列车开始朝着专业化方向发展。按车辆用途划分出零担车；按货物类别，把列车划分成快车和慢车，这是列车专业化的最初形式。列车专业化加快了车厢的周转，减少了车厢需求，其优势很快就在实践中显现。

---

[1]　Фадеев Г. М. , История железнодорожного транспорта России. Т. 1. 1836–1917. С. 106.

[2]　Общее соглашение между русскими железными дорогами о взаимном пользовании товарными вагонами. СПб. , 1916. С. 1.

相应地，旅客列车也分成两类，即远程列车和本站车（近郊和开往别墅区的）。此外，根据运行速度把列车分为普通客车和快车，快车再被分成一、二、三等。在运行表上开始区分固定班次列车和临时加车，机车也在各种不同范围内周转。列车运行表的制定不但稳定了列车的运行秩序，还调控了列车运行速度，促进了铁路运行的时效性。

二 铁路信号、集中联锁和通信

铁路安全主要靠信号、联锁系统调控。皇村铁路在交付运行前就开始解决安全问题。1836年，皇村铁路公司创立者通过在蒸汽列车上设警铃或其他警示标志来预先通知行人。但因声学信号传不远，这种设置并不成功。继而使用汽笛，但汽笛声令周围居民惊惧，也必须另寻办法。后来把手摇风琴安装在机车上，由专业工人摇动风琴手柄发出音乐声来通知火车开近。很快，百姓对火车习以为常，这种信号也失去意义。

为避免列车相撞，采取了时间间隔列车的规定。列车发车严格遵守规定时间。给列车员配备钟表，检查员每周都与列车员对时。1841年8月，在皇村铁路的舒沙雷站发生列车相撞事故，该事件表明以时间间隔列车并不可行。因此，规定反方向列车到达之后才能从彼得堡和巴甫洛夫斯克发车。这是用空间间隔列车的开始。

从铁路投入运营时起就面临从路段向车站传递列车停靠和呼叫备用机车信息的问题。当时没有空中和地下电缆，还不能使用电报机，因此开始使用在俄国军舰中使用过的光学电报。在皇村铁路上装备光学电报传递重要信息。电报室设在铁路瞭望亭旁边，相互间隔0.9—1.9俄里。白天，信号用黑球传递，夜间用红灯传递，通过金属线传递装置将球或灯抬高。瞭望工作细则中指出："当列车由于某种影响继续前行的故障停在线路上时，这一路段守卫依列车长命令应通过光学电报向最近车站发出白天或夜间信号，同时，应跑到下一个瞭望亭，只有证实信号被接收后才能返回。"[1] 在一些铁路上还用角笛声传递信息。

列车脱轨事故频发威胁着铁路的运输安全。紧急向线路传送中途停车

---

① Фадеев Г. М. ，История железнодорожного транспорта России. Т. 1. 1836–1917. С. 254.

的列车信息十分迫切。1838 年，一个站台上的行李车因机车烟管着火决定使用信号索。在机车上挂一个钟，从这个钟顺着所有车厢拉一条绳索，当发生火灾、列车脱轨或其他紧急情况时，旅客车厢列车员或给油工拉动绳索，通知火车司机必须紧急停车。在早期，所有旅客列车必须安装信号索。自动闸出现之后，信号索成为备用设施，后来被逐渐取消。

由于彼得堡—莫斯科铁路建成，其他铁路在建，有人提出引进固定光学信号的问题。1860 年，第一次使用红绿色信号盘。作为入场信号的红盘有两种情况：打开的（白天盘的棱对着火车司机，夜间看得到白光），关闭的（白天盘面对着火车司机，夜间看得到红光）。绿盘设在距离进站道岔 500—800 米的地方，是进站信号的预警。

1870 年，根据交通部命令，几乎所有铁路都把红盘作为统一进站信号。同时决定设立臂板信号机。1873 年信号条例颁布，要求所有铁路必须遵守。该条例规定使用红色、绿色信号盘和臂板信号机。信号系统不断完善，从机械装置逐渐发展到电控装置。1909 年，信号总则问世，[1] 这是信号标准化的决定性一步。

除信号系统外，还通过其他方式调度铁路运输。如 19 世纪 50 年代末，开始在铁路上设立响墩，如果信号的能见度低于 125 米，其可作为停在路上列车的护栏。根据 1874 年批准、1883 年完善的列车运行规则，通过唯一机车、唯一路签和在无路签车站发车时唯一路签的方式进行调度。[2] 在单线铁路使用第一种方法，规定在行车区间只有一台机车。这种方法能保证运行安全，但仅在运输规模极小的情况下才有可能使用。在使用第二种方法时，每个区间只有一个路签，路签条交给火车司机，它有权占领区间。这种制度能保证运行安全，但只能在对开非追踪行进时才能使用。从 1884 年起，决定按混合体系发车。如果从没有路签的车站发车，要用电报通知临近车站值班员。得到同意后，给火车司机签署发车同意单。

后来，独立联锁和半自动线路联锁取代了上述方法。在第一种情况下，发出信号可以是开放的，不受区间是否空闲限制，联锁器将状态信息

① 　Фадеев Г. М.，История железнодорожного транспорта России. Т. 1. 1836–1917. С. 255.
② 　Там же. С. 256.

发给车站值班员。1868—1869 年，第一个独立联锁器安装在彼得堡—奥拉尼因堡路段上。① 半自动机务联锁规定必须有主次关系，只有当列车实际上已经到达邻站（或已经通过臂板信号机），随后信号关闭的情况下才能打开出站信号。

1878 年彼得堡—莫斯科铁路装备了联锁装置。通过这种装置，区间被分成多个区段，在每个区段的交界处有闭塞（信号）所，在闭塞所设有臂板信号机。尽管在这种联锁状态下对列车实际通过情况无很强依赖性，但在一定程度上保证了运行安全，提高了复线路段的通行能力。

1897 年，在俄国单线铁路上开始广泛使用电控系统。到 1914 年，26100 余俄里铁路都装备了电控联锁装置。② 为提高列车运行安全性，在使用上述系统的同时，还广泛使用电报通信。19 世纪末至 20 世纪初，调整俄国铁路运行的主要方法是电报、电控联锁器和半自动联锁器。在28000 余俄里的单线铁路上使用电控系统调节接发车。

绝大部分铁路车站的道岔和信号未实现集中管理。道岔依靠挂锁管理。19 世纪 70 年代，为对道岔进行管理，一些车站使用了绘有车站平面图的显示板，设在板上的触点是道岔状态的传感器。被联在道岔拉杆上的触点切换一个电路，控制信号板上道岔状态指示器的电磁铁也被联到这个电路。在加特契纳—托瓦尔纳亚车站上安装了该装置。下第聂伯斯克车站值班室旁的显示板不仅反映道岔状态，还显示进站信号状态。扳道工用电话通知线路状态。此外，在专门的显示板上还显示与接车站台号码相符的灯数。在波列斯克铁路 20 多个车站上安装了该系统。③ 但是，并不是把所有道岔都纳入系统，而是将每个狭小通道的一两个重要道岔纳入。

有些铁路使用控制锁。弗拉季高加索铁路的控制锁第一个得到推广。它有两个插销和两个带各种凸齿的钥匙。如果两个钥匙在锁里，道岔移动。道岔移动后只能取出一把钥匙，值班员根据钥匙上的标记判断道岔情况。1904 年梁赞—乌拉尔铁路电报局局长 А. П. 鲁德涅夫研制并使用了锁控制系统。在道岔和扳道房仪器上都设置了控制锁，这个系统用在一个

①　Фадеев Г. М. , История железнодорожного транспорта России. Т. 1. 1836-1917. С. 257.

②　Фадеев Г. М. , История железнодорожного транспорта России. Т. 1. 1836-1917. С. 258.

③　Там же. С. 260.

扳道房道岔的数量不超过 3 个和 24 小时运输规模不超过 10 对列车的铁路。[1] 1909 年，在彼得堡附近第二巴甫洛夫斯克站安装了可靠性更高的锁控制系统。

19 世纪 70 年代，道岔和信号的集中联锁装置取代了手动信号管理。集中联锁是机械装置，在系统中使用人力管理。在使用集中联锁时，明显缩短了路线的准备时间，减少了车站人员数量。1870 年，在彼得堡—莫斯科铁路上出现了早期的道岔和信号集中联锁系统，在其他铁路相继普及。当然，早期集中联锁体系并不完善。用单根软线传送器管理臂板信号机。在相距 10 米的柱子上架设一个小滑轮，通过滑轮提高导线。通过硬管状拉杆对道岔进行管理，活动范围限定在 300—400 米。安装道岔信号拉杆集中联锁器可确保信号完全打开后道岔闭合，但是臂板信号机关闭后道岔拉杆立即缓和下来可能使道岔扳到车厢下面。尽管早期集中联锁系统有缺陷，但它在一定程度上提高了列车运行安全性。集中联锁装置不断被完善，最终电力装置取代了机械装置。到 1917 年，在俄国铁路上有 11000 个道岔装备了机械集中联锁装置。里加—奥廖尔铁路和彼得堡—维捷布斯克铁路开始使用电控集中联锁装置。[2] 集中联锁使列车运行安全得到进一步保障。

俄国在修建彼得堡—莫斯科铁路时即使用电报装置，此后铁路通信系统不断得到完善。1845 年，Б. С. 雅科比院士奉命在在建彼得堡—莫斯科铁路安装电报系统。在此之前，德国西门子公司受邀参与铁路通信的组织工作。沿铁路路基边缘靠近枕木头位置铺设了两根铜线组成绝缘电缆。1852 年电报开通，最初使用的是西门子公司设备，后来使用了通信效果更好的莫尔斯电报机。

俄国科学家对铁路电报装置不断进行技术更新。由于之前铺在地下的电缆结构不稳定，通信效果差，因此 1854 年雅科比院士建议将两股铜线电缆换成直径 5 毫米的三股钢线电缆，直接用绝缘铁钩将其挂在电线杆上。每俄里设 16 个电线杆。此后在所有在建铁路上都开始使用空中通信线路，至 1903 年电报线路总长度已达 4.9 万俄里。[3]

---

①　Фадеев Г. М., История железнодорожного транспорта России. Т. 1. 1836–1917. С. 260.

②　Фадеев Г. М., История железнодорожного транспорта России. Т. 1. 1836–1917. С. 261.

③　Там же. С. 262.

1895 年起，在电报线杆上开始挂电话线。彼得堡电工学院教授 П. Д. 沃伊纳洛夫斯基和工程师 A. A. 诺维茨基在 1897 年制订了在彼得堡和莫斯科之间架设铜电话线的计划。计划中规定，为降低电报线的干扰，电话线要与电报线叉开，该计划于 1898 年开始执行，它对铁路通信发展具有重要意义。到 1914 年，由电报和电话线组成的空中铁路通信线路长度达 8.5 万俄里。电报线长度为 21.4 万俄里，其中 3.7 万俄里用于组织列车运行，其余用于发送公务信息。电话线长度增加到 8.3 万俄里，考虑到电话和电报业务在电报线上同时进行，沿铁路铺设了 1—2 个电话线回路，电线长度约为 10.7 万俄里。[①]

从 1854 年起铁路上使用的电报设备主要是莫尔斯电报机。从 1909 年起俄国铁路开始引进具有极大优势的博多电传打印电报机。这种电报机的一个突出优势是在一条线路上可以同时发送同一方向和相反方向的几封电报。至 1914 年，每 10 俄里铁路有电报线 32.1 俄里，电话线 21.4 俄里，电话机 5 部。[②]

在多数铁路公司，由电报局主管铁路通信设施的运行，个别铁路公司设有自己的通信处。信号、集中联锁、闭塞设施（信号机、电话机、信号线、集中联锁设施）由铁路部门和电报部门共同管理。只有叶卡捷琳娜铁路建立了电工总局。由于交通部没有专门的机构负责信号系统和通信问题，运行中不统一、不协调的问题比较突出。但俄国电工专家们为技术创新、新技术应用和完善做出了重要贡献。

第二节　铁路运输的管理

在世界资本主义发展进程中，19 世纪 80—90 年代初具有特别重要的意义。在资本主义经济遭受了两次周期性危机的沉重打击和 19 世纪后 25 年漫长的农业危机后，垄断前资本主义向垄断资本主义快速过渡。大规模铁路建设仍然是刺激经济发展的重要因素。在残酷的资本主义竞

---

① Фадеев Г. М. , История железнодорожного транспорта России. Т. 1. 1836-1917. С. 263.

② Фадеев Г. М. , История железнодорожного транспорта России. Т. 1. 1836-1917. С. 265.

争条件下，铁路技术进步需要大投入，这促进了财力雄厚的大铁路垄断公司的形成。美国在 19 世纪 80 年代初危机时期，由于铁路资本贬值，几百个资本超过 20 亿美元的铁路公司破产。到 90 年代初，美国 2/3 以上的铁路（长达 14 万英里）属于 6 个大型铁路垄断公司。英国的情况与美国类似，到 19 世纪 80 年代初，英国 200 多个小型铁路公司破产，整个铁路网的5/6集中在 11 个大型铁路垄断公司手里，其中的 4 个公司掌握了英国整个铁路网的半壁江山。[1] 80 年代，法国政府强化对铁路垄断公司的财政支持。根据 1883 年批准的租让合同，70 年代末建成的整个国营铁路网被无偿转让给 6 家大型从 19 世纪 50 年代中期就开始经营的铁路公司。

大型铁路垄断公司激烈的竞争、经营不善、强取豪夺式的经营重创了这些资本主义国家的经济。各国政府被迫采取法律措施，纷纷对铁路公司的经营活动建立监管机制。19 世纪 80 年代，国家对铁路进行调节的问题逐渐成为全球性的问题。

俄国铁路业也面临着类似问题。19 世纪 70 年代俄国铁路网急剧扩大，在俄国铁路建设过程中，私营铁路公司具有重要作用，但管理混乱，因此对其进行管理的问题就成为俄国政府亟待解决的问题之一。政府通过立法、财政监督、统一运价、国有化措施加强对私营铁路企业的管理，同时也专门成立国营铁路管理机构，加强对国营铁路的管理。

一 铁路联运

第一次铁路建设热时期，俄国成立了几十家铁路公司。可是各家铁路公司之间铁路网自成体系，互不联通。没有直达旅客和货物运输造成的运输过程中的一些困难，主要表现为从一条铁路运行到另一条铁路时，旅客和货物必须换乘。当所有注意力都放在新线路的开通运行上时，这种不便还没有引起人们注意。19 世纪 60 年代末，随着货物和旅客运输的发展，在毗邻铁路间建立旅客和货物联运的问题变得越来越迫切。

---

① Георгиевский П. П.，Финансовые отношения государства и частных железнодорожных обществ в России и в западноевропейских государствах. СПб.，1887. C. 178-185.

1868 年，铁路联运问题被提上了日程。因运输能力有限，大量待运的粮食被堆积在东部地区的铁路站点。政府在各铁路间签订联运协议时充当了中间人的角色。1868 年 6 月，В. А. 博布林斯基伯爵在科兹洛夫市召集了莫斯科—梁赞、科兹洛夫—坦波夫、里亚日斯克—莫尔尚斯克和格里亚季—鲍里索格列宾斯克铁路代表会议，讨论货物联运问题。1869 年 8 月，刚被任命为交通大臣的博布林斯基在彼得堡组织召开铁路公司全权代表大会。①

实际上，这个企业论坛性质的会议也是第一届俄国铁路全体会议，具有深远的影响。根据货物运输的主要方向，所有铁路联合成 3 组：第一组包括把中心黑土地区、伏尔加河流域同里加连接起来的铁路；第二组是把上述地区同彼得堡和雷瓦尔连接起来的铁路；其余铁路归到第三组，是把彼得堡、雷瓦尔同黑海、亚速海港口连接起来的铁路。每个组又都召开了代表会议。大会决定，先在组内实行联运，机车车辆仅在组内进行周转。在第二组的代表会议上，还研讨了建立车厢交换制度的问题。

这次铁路大会虽然是政府牵头组织，但政府并没有以法律文书的形式约束各铁路公司的行为，铁路公司间的关系建立在平等基础之上，大会决议是合作基础，但公司不必为破坏达成的协议承担责任。② 因此，大会在解决商业问题时的协调作用不大。

铁路公司不断反对任何侵犯他们商业活动的企图，轻松地避开政府监督。在 1870 年 1 月举行的第二组会议中通过决议，如果公司没有超过规定的运费极限，不必将大会的运费决议提交给交通部审批。③ 1870 年 8—9 月召开了第二次铁路全体代表会议，会上重点讨论了联运的运输规则等问题，包括车厢种类、运输规则、运费等。1872 年第二组的代表提出建议，在全体会议上不再讨论所有和运费有关的问题。即便是讨论，但受到

① Федоров М. П., О деятельности съездов железных дорог за 40 лет существования, 1869–1909. СПб., 1910. С. 3.
② Записка об организации и деятельности съездов представителей русских железных дорог. Ч. 1. Общие съезды. 1869–1878. СПб., 1880. С. 5.
③ Там же. С. 15.

建立统一的运费分类和商品名录的限制，在这些企业的经营活动中讨论运费问题都是走走形式。① 在这个问题上，敖德萨铁路公司的代表 H. H. 苏秀夫表达了铁路公司的立场。他在 1870 年会议上就声明，"以章程为基础，在众所周知的范围内，本着维护承运公司利益的原则，每家铁路公司的董事会都能确定需要的运价。而限制这种权利，无论出发点是什么，都是对公司章程的破坏，它超越了企业主、股东赋予会议代表的权力"。②

在政府进行运价改革前，各铁路公司可自行确定运费标准，为吸引发货人，它们甚至把价格定得低于经营成本，而不担心公司破产，因为它们可以把亏损转嫁给政府。为了协调恶性竞争，企业家纷纷加入有争议货物运输的纯利润分配协议。

19 世纪 60 年代初，在俄国铁路网还没有开通联运前就签订了这类协议。这类协议主要调整的是国内铁路公司和国外铁路的关系。1861 年，俄国铁路总公司成员彼得堡—华沙铁路公司和东普鲁士铁路公司进行谈判，1863 年，两者之间开通联运。随着铁路网的发展，其他铁路也加入这个协议。到 1874 年末，共有 14 条铁路参与其中。③ 至此，约有 20 个俄国和德国铁路间的联运协议。每个协议中都规定了运输条件、货物分类以及到边境前以俄国货币计算的运费和在德国境内以塔列尔计算的运费。

莫斯科是最重要的运输枢纽。截至 70 年代初，有 4 条④把莫斯科和边境铁路连接起来的线路相互竞争。维尔日博罗沃—维尔诺—明斯克—莫斯科方向最短线路最利于运营。经过亚利山德罗沃—布列斯特方向线路长度的 3/5 都属于莫斯科—布列斯特铁路公司。为了商业利益，公司降低较长线路的运费，同时在莫斯科—斯摩棱斯克和莫斯科—明斯克路段用提高运价的方式削减经过迪纳堡和维尔诺的铁路的运输量。

---

① Записка об организации и деятельности съездов представителей русских железных дорог. Ч. 1. Общие съезды. 1869–1878. СПб. , 1880. С. 6.

② Там же. С. 142.

③ Справка по вопросу о железнодорожных тарифах на перевозку хлебных грузов. Научно-справочная библиотека РГИА. Печ. записка. № 2100. С. 8–9.

④ 维尔日博罗沃—彼得堡—莫斯科（2304 俄里）；维尔日博罗沃—迪纳堡—斯摩棱斯克—莫斯科（1935 俄里）；维尔日博罗沃—维尔诺—明斯克—莫斯科（1892 俄里）；亚历山德罗沃—布列斯特—莫斯科（1944 俄里）。

为了调整铁路运输，由俄国铁路总公司倡议，于 1873 年 11 月在柏林举行了俄国和德国铁路公司之间的谈判，制定了新的俄德联运基础。这个企业协议确定了一致的运输条件、商品目录和分类表，以及以德国货币结算的运费标准。为了调整竞争关系，双方确定竞争线路终点站之间的运费相同。货物运输收入按实现货物运输的顺序（按月）进行分配。[①] 如竞争方向没有声明自己有权得到竞争者承运的某部分货物，纯收入按每条铁路在不降低运费的情况下吸引本地区货物的实际能力进行分配。

1875 年 4 月 1 日—6 月 1 日，俄德铁路联盟的运价在联盟的各铁路上生效。到 1885 年，有 20 家俄国铁路公司和几乎全部的德国铁路公司参加了这个联盟。[②]

除了俄德铁路联盟，一些铁路参加了直达北方的海外运输。这个方向的竞争力靠外国轮船公司在波罗的海和北海主要港口间固定班次低廉的海运费维持。在 1877—1878 年俄土战争时黑海港口封锁期间北方海外交通的意义尤其凸显。[③]

1883 年，加入俄德铁路联盟的莫斯科—布列斯特、西南铁路和普利韦斯林边区铁路在类似条款的基础上成立了俄德中部铁路联盟，它是为调整普洛斯特坎—格拉耶沃—布列斯特、亚历山德罗沃—华沙—布列斯特、索斯诺维茨—华沙—布列斯特的铁路运输而建立的。很快，俄国铁路总公司也加入此联盟。

除了上述两个铁路联盟，19 世纪 80 年代还活跃着俄匈奥铁路联盟。它的成立是为了分割经过索斯诺维茨、格拉尼茨和拉德齐维洛夫各方向之间的货物。

上述联盟建立的基础是俄国铁路与外国铁路线毗邻，陆路贸易点不多。俄国和外国铁路公司签订这类协议，就是要"调整"各种货物进出口方向的竞争关系。

应该指出，企业间签订协议并没有最终克服运输领域的竞争。竞争反

---

① РГИА Ф. 268. Оп. 1. Д. 2039. Л. 215 об–216.

② Справка по вопросу о железнодорожных тарифах на перевозку хлебных грузов. Научно-справочная библиотека РГИА. Печ. записка. № 2100. С. 10.

③ Там же. С. 12.

而上升到一个新水平：铁路联盟和海港加入竞争。在第一组铁路上调整俄国输入的俄德铁路联盟千方百计把转向北方海路的货物留在自己的线路上。向莫斯科和莫斯科以外方向输入，以莫斯科—布列斯特铁路为主向外输出的斯列德涅俄德铁路联盟，也与北方海港存在竞争关系。在俄匈奥铁路联盟中，铁路与通过南方港口的海运存在竞争关系。[①]

80 年代，从中心黑土地区向外运输粮食的铁路之间展开了持久斗争。这是后来政府进行运价改革的直接原因。正是这种形势要求政府更加重视研究铁路公司的竞争和它们所签订的企业协议。我们通过铁路公司协议副本和调节粮食运输竞争关系的会议记录可以窥见铁路公司之间的相互关系。

交通部倡导通过协议调节各公司之间的竞争关系。1880 年，交通部就担心西南铁路、利巴瓦—罗缅斯克铁路收入急剧降低和国库的担保金追加款不断增加。调查显示，库尔斯克—基辅铁路在粮食运输竞争中降低运价。因此，交通部在 1880 年 9 月召集波罗的海铁路、里加—迪纳堡铁路、利巴瓦—罗缅斯克铁路的代表举行特别会议。参会的上述铁路公司代表声明打算当月在布鲁塞尔签订运价协议。

由于在布鲁塞尔会议上并没有签订协议，交通部在 11 月 3 日重新召开会议。[②] 在会上，就事先协商的通过提高运价的方式调节通往哥尼斯堡和利巴瓦方向的粮食运输竞争关系达成一致。根据 11 月 7 日西南铁路公司代表 Н. Л. 博留里和利巴瓦—罗缅斯克铁路公司代表 И. Ф. 扎乌埃尔见面会的会议记录判断，由于之前 1879 年 11 月 9 日签订的调节利巴瓦和哥尼斯堡方向运费差价的协议遭到破坏，所以才需要签订这个协议。[③]

1880 年 12 月 18 日，在利巴瓦—罗缅斯克铁路公司（代表人 И. Ф. 扎乌埃尔）、库尔斯克—基辅铁路公司（代表人 Н. А. 马尔德维诺夫）和西南铁路公司（代表人 С. Ю. 维特）代表之间达成最终协议。协议在 1881 年 2 月 14 日生效。根据这个协议，拟定将库尔斯克—基辅铁路的货

---

①　Справка по вопросу о железнодорожных тарифах на перевозку хлебных грузов. Научно-справочная библиотека РГИА. Печ. записка. № 2100. С. 10–11.

②　РГИА Ф. 268. Оп. 1. Д. 2039. Л. 196 об. –197.

③　Там же. Л. 67–67об, —Текст договора 1879 г. не обнаружен.

物按下列比例分配：2/3 运往波罗的海港口（经过利巴瓦方向的巴赫马奇），1/3 经过基辅运往哥尼斯堡。

为了达到这个比例，协议规定，经过基辅前往哥尼斯堡的库尔斯克—基辅铁路的货物运价应比经过巴赫马奇通往利巴瓦的运价高 2 戈比。为了防止破坏事先约定好的物流关系，规定每四个月重新考察运价。此外，利巴瓦—罗缅斯克铁路公司预先声明，可能通过给西南铁路公司发放补贴的方式来代替运价上涨，补贴的金额为它应承运的货物总数 2/3 以外的货物运输的纯利润。[①]

总之，协议的签订对利巴瓦—罗缅斯克铁路公司非常有利，1881 年 2 月 15 日至 1882 年 10 月 16 日，在 1085 万普特应当分割的货物中这条铁路运输了 899 万普特，即超过应由它运输的货物数量 176 万普特。按每普特一俄里的经营费用为 1/100 戈比计算，利巴瓦—罗缅斯克铁路公司的纯收入为 15.25 万卢布，其中支付给西南铁路公司 10.08 万卢布。这样，利巴瓦—罗缅斯克铁路公司取得了协议规定以外的 5.17 万卢布纯利润。[②]但是，财政部贷款特别办公室在关于《利巴瓦—罗缅斯克铁路和西南铁路的竞争以及公司之间的协议》的证明中指出，西南铁路公司是协议的真正受益者。在调节了与利巴瓦方面的竞争关系后，西南铁路公司有机会同其他方向的铁路进行更加有效的竞争。

但是，在库尔斯克—基辅铁路辐射区站稳脚跟后，利巴瓦—罗缅斯克铁路公司在 1882 年 8 月宣布拒绝向西南铁路公司支付多运输货物的收益。1882 年 12 月 15 日，该铁路公司宣布中止与西南铁路公司的协议。这使西南铁路公司处于两难境地：要么为库尔斯克—基辅铁路重新加入竞争；要么保持通往哥尼斯堡方向的现行运费，将库尔斯克—基辅铁路运输货物的 83% 让给利巴瓦—罗缅斯克铁路公司，满足于只运输 17% 的货物，而不是 33.3%。

实际上，利巴瓦—罗缅斯克铁路公司高估了自己的实力。公司每年从库尔斯克—基辅铁路的货物运输中获得的总收入为 101 万卢布，而西南铁路

---

①　РГИА Ф. 268. Оп. 1. Д. 1528. Л. 37–37об.

②　Там же. Л. 38об–39.

公司的收入为 16.5 万卢布。以每普特一俄里的经营支出为 1/100 戈比计，利巴瓦—罗缅斯克铁路公司的纯收入为 46.73 万卢布，西南铁路公司的纯收入为 7.49 万卢布。因为利巴瓦—罗缅斯克铁路公司从自己的利润中支付了超出规定运输量（2/3 以上）的金额，实际上它们的年均纯收入分别为 40.68 万卢布和 13.54 万卢布。当恢复竞争、运价降到极限时（无利润经营），利巴瓦—罗缅斯克铁路公司就会失去自己年均纯收入 62.02 万卢布的 65.6%，而西南铁路公司仅失去 1881 年纯收入 530 万卢布的 2.6%。①

如果西南铁路公司将库尔斯克—基辅铁路运输货物的 83% 交给利巴瓦—罗缅斯克铁路，那么给西南铁路公司追加的担保金额度会增加，金额相当于它们从利巴瓦—罗缅斯克铁路公司获得的金额。根据章程，利巴瓦—罗缅斯克铁路公司可以把收入作为股息交给国库。因此，财政部强调，"西南铁路将是利巴瓦—罗缅斯克铁路公司掌握在手中的武器，借助它公司能从国库获得 60478 卢布，用来发放自己股票的红利"。②

政府不满意这种情况。因而铁路司、工场手工业和贸易司邀请利巴瓦—罗缅斯克铁路公司董事会主席到财政部，建议他与西南铁路公司重新签订协议。1883 年 1 月 10 日，在两个司局长官的压力下，两家铁路公司重新签订协议，货物按照新的地域原则分配。与上一个协议不同，该协议没有规定任何追加款。③

但是，1883 年协议缺乏稳固的基础。在 1884 年 5 月 10 日举行的两家铁路公司代表会议上，新协议取代了 1883 年协议。与 1880 年协议不同，新协议规定，在利巴瓦和基辅以外方向，库尔斯克—基辅地区的粮食物资以对利巴瓦—罗缅斯克铁路不利的 55% 和 45% 的比例进行分配。每五个月对协议履行情况进行一次检查。如破坏比例，未收足货物的一方将受到奖励，奖励金额为扣除每普特一俄里 1/120 戈比的经营性支出后的收入。④ 该协议执行到 1887 年 6 月 1 日。在 1887 年 6 月 23 日—7 月 3 日举

① Бовыкин В. И.，Гавлин М. Л.，Епифанова Л. М.，Калмыков С. В.，Слепнев И. Н.，Ульянова Г. Н.，Шацилло М. К.，История предпринимательства в Росии. Книга вторая，вторая половина XIX–начало XX века. C. 158.

② РГИА Ф. 268. Оп. 1. Д. 1528. Л. 41–42.

③ Там же. Д. 2039. Л. 85об.

④ Там же. Л. 69–72об.

行的协议参与者会议上，利巴瓦—罗缅斯克铁路公司董事会拒绝续签协议，其认为如果运价不发生明显变化的话，不可能保持确定的运输比例。其建议通过提高经过基辅的货物运费将利巴瓦方向的货物数量占比增加到75%。利巴瓦—罗缅斯克铁路公司董事会建议给西南铁路公司超定额收入的30%作为补偿。但是西南铁路公司的代表不同意新协议条款，要求维持现有的货物分配协议。代表们没能达成一致意见，重新回到运价战的老路上来。1887年9月20日，西南铁路公司降低哥尼斯堡方向的运价成为向新一轮竞争迈出的重要一步。①

　　除了与西南铁路公司签订协议，利巴瓦—罗缅斯克铁路公司于1885年8月31日与奥廖尔—维捷布斯克、迪纳堡—维捷布斯克和里加—迪纳堡铁路公司签订了关于从莫斯科—库尔斯克、库尔斯克—哈尔科夫—亚速铁路各站和从库尔斯克—基辅铁路库尔斯克站经奥廖尔运往里加、经巴赫马奇运往利巴瓦的粮食分配协议。这四方协议的有效期为一年，从1885年9月1日至1886年10月1日。根据协议条款，在库尔斯克—哈尔科夫—亚速铁路上的波列沃依站到哈尔科夫发送的所有粮食，都通过下列比例的运价调节方式进行分配：经奥廖尔往里加方向占一年内从库尔斯克—哈尔科夫—亚速铁路上述指定站点发送货物总量的25%，经巴赫马奇往利巴瓦占75%。

　　在莫斯科—库尔斯克铁路上从主修道院站到波内里站发运的粮食在里加和利巴瓦方向上按比例分配。从该路段的小阿尔汉格尔斯克站到斯塔诺娃—戈罗杰茨站发运的粮食的80%应该运往里加，而剩余的20%通过巴赫马奇运往利巴瓦。奥廖尔—维捷布斯克铁路和迪纳堡—维捷布斯克铁路不能确定从哈尔科夫—尼古拉耶夫、库尔斯克—基辅铁路各站发往里加的粮食的直达运价，因而不受上述条件限制。

　　协议保证，从莫斯科—库尔斯克、库尔斯克—哈尔科夫—亚速铁路各站经奥廖尔运往哥尼斯堡和但泽的粮食运费不低于从上述铁路经巴赫马奇或基辅运往这些站点的运费。利巴瓦—罗缅斯克铁路公司必须保证不制定从莫斯

---

①　Бовыкин В. И.，Гавлин М. Л.，Епифанова Л. М.，Калмыков С. В.，Слепнев И. Н.，Ульянова Г. Н.，Шацилло М. К.，История предпринимательства в Росии. Книга вторая，вторая половина XIX-начало XX века. С. 159.

科—库尔斯克铁路的奥廖尔站和更北部站点经巴赫马奇运往利巴瓦的粮食的优惠运价，而以特殊运价发往利巴瓦的货物，无一例外要经过奥廖尔。

对于运输比例的监督应以利巴瓦—罗缅斯克铁路上的巴赫马奇站和奥廖尔—维捷布斯克铁路的奥廖尔站的日过货统计结果为基础。①

除了这些协议，西南铁路公司、华沙—捷列斯波尔铁路公司和普利韦斯林铁路公司在 1878 年就签订了以货物运输纯利润分割为基础建立铁路协定的协议。该公共基金性质的协议宗旨是防止科维尔—布列斯特—华沙（布拉格）、捷列斯波尔、科维尔—卢布林—布拉格、普利韦斯林方向密集的线路上的运价战。在两个方向上确定了统一的运价。运费收入建成公共基金，在上述三条铁路之间按照协议附表进行分配。这个协议一直执行到 1884 年，由于西南铁路公司和华沙—捷列斯波尔铁路公司退出公共基金而被取消。②

对 19 世纪 60—80 年代签订的企业协议进行的分析显示，加入中止竞争协议的，首先是从事莫斯科方向进出口货物运输的铁路公司，其次是运输中心黑土地区、伏尔加河流域和乌拉尔各省出口粮食的铁路公司。我们所考察的所有铁路公司的协议，从本质上说是竞争企业的联合。可以把它们分成两类。

最普遍的是毗邻铁路间的直达运输联运协议。可以把类似的协议视为竞争协议，因为根据协议条款，铁路公司共同使用机车车辆，根据自己参与运输的份额划定收入。从 60 年代末起，通常进行铁路分组的协议都是这个类型的协议。

参与竞争的平行或方向不同的铁路公司之间的协议属于第二种。同样，在利润分配方法上这类又可以分成两组。第一组按时间（按月或按时期）调节运输。在签订这类协议时企业从一定时间内商品运输均衡的前提出发。在俄德铁路联盟内使用这种消除竞争的方法，俄国铁路总公司的各条线路是协议的骨干。晚些时候，参与竞争各方向按一定比例分配货

---

① РГИА Ф. 268. Оп. 1. Д. 2039. Л. 102–103об.

② Справка по вопросу о железнодорожных тарифах на перевозку хлебных грузов. Научно-справочная библиотека РГИА. Печ. Записка. № 2100. С. 18; РГИА. Ф. 268. Оп. 1. Д. 2039. Л. 189.

物达到调节铁路运费目的的协议风行。一系列分配从库尔斯克—基辅铁路运过来的货物的协议就是例子。

除了上述协议类型，还有混合型协议，在协议中既规定按期分配货物，又规定借助运费调节维持一定的货物运输比例。此外，以地域特征划分货物的协议也存在了不长的一段时间。

直达运输协议、从事莫斯科和彼得堡方向进出口运输的最老的铁路公司之间的协议最稳定，存在了10年之久。

出现在19世纪70—80年代，从中心黑土地区、伏尔加河流域和乌拉尔各省运输粮食到黑海、亚速海、波罗的海港口以及西部陆路边境的铁路公司之间的协议是激烈的运价战的结果。这些铁路间竞争白热化的深层原因是19世纪80年代粮食价格下降。铁路公司通过降低运价来保证在粮食竞争中的优势。享有国家收入担保的铁路公司处于更有利的位置。在竞争中它们可以降低运价而不必担心直接亏损。

政府对铁路公司活动的态度非常矛盾，典型特点是拒绝遵守铁路企业之间自由竞争的原则。尽管法律中有反垄断的条款，禁止企业"勾结"，但交通部不仅不阻止；相反，还经常建议在竞争的铁路公司之间签订竞争协议。尽量防止铁路收入降低、国库支出增加是限制市场经济基本原则的行为动机。这在一定程度上显示了政府对铁路商业活动的保护态度。

粮食价格的急剧下降加剧了铁路运输的亏损，破坏了竞争协议的稳定性。在运输收入降低的条件下，那些没有政府对其股份资本和债券资本进行担保的铁路公司处于破产的边缘。另外，长期得到政府担保贷款致使有投资收益担保的铁路公司变成了没有支付能力的债务人。上述情况客观要求政府要加强对铁路运输的监督管理。

二　铁路立法

19世纪70年代中期俄国共有53条铁路，其中大部分是私营铁路。私营铁路公司快速发展，但相应的管理和监督制度却没有完善。各铁路公司建设技术条件五花八门，铁路大亨们为追逐高额利润，在建设时偷工减料，仓促建成的铁路质量差，运力低，管理无序，事故频繁发生。机车车辆不足，人工设施和设备老旧，车站缺少封闭的货栈粮仓，在运输的过程中疏于管理，这造成大量货物积压、损毁。整个铁路系统缺乏统一的运价体系，各铁路公司在竞争中竞相压价，造成铁路公司收入降低，给国库造成沉重负担。加强对私营铁路企业的监管，成为政府的迫切任务之一。

　　1876年7月，成立了以国家经济司司长Э.Т.巴拉诺夫伯爵为首的铁路研究委员会，负责调查铁路业混乱的原因，制订监督调节计划。由于俄土战争爆发，委员会工作中断。战后，委员会继续活动并于1880年得出结论：许多私营铁路处于危急状态的主要原因是没有统一调节铁路公司和发货人之间关系的铁路法。委员会强调，无论是通过董事会成员的变更，还是通令和政府补贴，都不能真正解决问题，需要颁布铁路法。[①] 1881—1885年，政府各部门围绕铁路基本法《俄国铁路总章程》草案进行了长期争论，直到1885年6月，亚历山大三世才批准了大臣委员会关于实施俄国铁路总章程和组建铁路事务委员会的决定。[②]《俄国铁路总章程》共3章187条，相应条款明确了私营铁路的经营规范和铁路行政管理部门的职能。在这个章程的第一章"铁路旅客和货物运输"中，最终批准了关于凭始发站发放的一张车票走完全程的直达运输条款。总章程第71条禁止运价打折，禁止铁路公司与任何发货人和收货人订立各种交易和协议。第92—120条规定了铁路在旅客和货物运输方面的责任。诉讼程序规定，各种多收的运费应返还给发货人或纳入国库。铁路行政管理部门承担由于铁路公司过错造成货物丢失或损坏的责任。[③] 根据《俄国铁路总章程》，1888—1889年，在所有铁路上都开始实行直达运输，这对加快车厢流动、改善机车车辆的使用率起到了极大的促进作用。作为统一的铁路法，《俄国铁路总章程》的颁布是国家资本主义管理体系在俄国铁路运输业确立过程中一个最重要的里程碑。

　　随着铁路建设扩展和运输量增加，运输安全问题变得尤为重要。完善机车车辆、铁路网、信号装置、通信设施以改善运输的组织工作也势在必

---

① Соловьева А. М., Железнодорожный транспорт России во второй половине XIX в. С. 154-157.

② Там же. С. 157.

③ Соловьева А. М., Железнодорожный транспорт России во второй половине XIX в. С. 156-158.

行。需要建立铁路技术操作规程来解决这些问题。1863 年成立了制定蒸汽动力铁路技术操作条例的委员会。条例草案在 1865 年以单行本的形式出版供讨论。在草案中规定了列车编组的一般规则、列车运行组织，以及保养铁路和机车车辆的规章制度。同时还附带制定了《破坏铁路操作条例的惩罚办法》《锅炉安装和保养措施》《易燃货物运输规程》。[1]

1866 年，因莫斯科—库尔斯克铁路的第一段投入运营，交通部制定了《莫斯科—库尔斯克铁路莫斯科至谢尔普霍夫路段临时运行规则》。其他铁路也相应制定了类似的规章制度。1869 年还制定了有关电报线杆的规格、制造车厢和平板车技术要求的规则。1873 年交通部制定的《俄国铁路的信号系统》问世，1874 年《公共铁路操作规程》也开始实施。

19 世纪末，由于俄国铁路里程快速增长，有必要在经验的基础上制定统一的公用铁路技术操作规程。而此前交通部已经制定并公布了《公用蒸汽铁路保养和维护规程》《信号条例》《机务规章》《铁路运行临时领导条例》等规章制度。这些规章制度在 1898 年被汇总成《公用铁路技术操作规程》。这个规程包含技术操作规程总则、道路和设施的保养与维护、机车车辆保养和使用、列车运行等几个方面。[2] 之后，该规程在部分铁路刊印，用大号字刊印了交通部批准的技术操作规程全文，用小号字刊出了根据当地条件制定的补充规程。[3] 20 世纪初，俄国已在联运、铁路章程、使用铁路运行表、运行专业化、车厢调度的基础上形成了严谨的运输组织体系。

三　运价改革

政府在对私营铁路公司进行监管的同时，为有效管理铁路运行，还对运价进行了改革。为实施运价改革，俄国政府专门举办铁路代表大会进行研究，最终对运费进行集中管理。运价改革促进了铁路运营的合理化，加速了俄国铁路业的发展。

---

① Фадеев Г. М. ，История железнодорожного транспорта России. Т. 1. 1836-1917. С. 110.
② Там же. С. 110-111.
③ Филиппов М. М. ，Уздин М. М. ，Закревская Г. П. ，Первые ПТЭ на железных дорогах. //Сб. Трудов. Л. ，ЛИИЖТ，1982. С. 24-26.

　　19 世纪 80 年代前，俄国政府对铁路公司运价的监管主要是在公司章程中规定极限运价，各铁路公司在极限运价范围内有权自行确定货物目录和运价。私营铁路建设和经营承租章程规定各种物资的极限运价，即单位距离（俄里）内货物运价为 1/12 戈比/普特、1/18 戈比/普特和 1/24 戈比/普特，[①]视距离远近稍有差别。这一时期，政府还未明确要求国营铁路公司和私营铁路公司必须公布铁路运费，使运输服务消费者提前了解运费情况。因此这一时期公布的和未公布的铁路运价五花八门，各家铁路公司为了吸引发货人，也是用尽各种方式。一些铁路公司私下给那些运输规模大和运输距离远的发货人实行折扣运价。这就造成运输规模小和运输距离短的发货人要付出更加高昂的运输成本。

　　由于运输费率五花八门，货物所有者甚至铁路公司都不能提前确定从一个站点到另一个站点的运输费用，因此调整运费势在必行。这就需要对以交通部和财政部为代表的政府和私营铁路之间、私营铁路内部之间以及国营铁路和私营铁路之间的关系进行规范；以统一的宽轨为基础，在国营铁路和私营铁路间建立直达运输；在政府监督下，对已经公布的运价进行规范和调整，以便协调好交通部、铁路公司和发货人之间的关系。

　　为解决上述问题，协调关系，在交通部倡议下，1869 年在科兹洛夫举行了第一次铁路公司代表会议，并成立常设机构俄国铁路代表大会，对铁路运输进行行业管理。1869—1917 年俄国铁路代表大会共举行了 146 次会议。[②]在 1869 年举行的第一次全体代表会议上，建议根据分组解决组内铁路旅客和货物运输的联运问题。所有铁路被分成三组，每组内部又召开会议。在第一阶段按组确定和发展联运，机车车辆的周转仅限于组内。运费仍按每条铁路单独收取，但是组内联运的实现省去了铁路交界处装卸货物和称重等开始和结束业务的费用。除联运问题，第一组铁路代表会议还讨论了是否有必要在组内重新确定运价和解决铁路公司之间的争端等问题。第二组代表会议研讨了联运时建立车厢交换制度的问题。此外，这组铁路第 15 次会议制定了建立总运价体系的协议草案，详细地研究了

---

①　Крейнин А. В. , Развитие системы железнодорожных грузовых тарифов и их регулирование в России（1837–2007）. С. 12.

②　Там же. С. 14, 22.

部分货物的运输条件，这是制定运价的重要基础。第三组代表会议制定了联运协议，建议增加由发货人确定向收货人收取的代收货款业务。这样收货人和发货人之间的结算速度明显加快。在这组铁路内，首次确定收取货物保管费用，获得的资金用于修建货物保管场地。①

第二次全体代表大会于 1870 年 8—9 月召开，共举行了 12 次会议。24 家私营铁路公司的代表出席会议。会上讨论组织旅客和货物联运的规则；确定包括旅客车厢在内的车厢种类；为运输牲畜提供必要的设施和确定牲畜运输的运价；制定军事运输的规则和运价；确定小批量货物运输的规模和小批量运输的运价；按等级统一分配货物；制定和确定煤炭运价与煤炭的运输条件；确定各组铁路联运的期限；准备解决粮食散装运输问题，取代原来按袋（一大袋约合 9 普特，旧时散体物的计量单位）收费的计价方式。② 大会对上述问题的研究结果是：运价的制定已经与某些货物的运输条件和相应规则结合起来，这可以为运费更加全面地反映货物的运输质量创造条件。在 1871 年举行的第三次全体代表会议上，还提出在运价构成中吸收货物所有者的意见。

俄国铁路代表大会只是铁路公司的行业组织，大会有讨论权而无决定权。如果大会形成决议，所有铁路公司都有义务遵守。铁路公司应在下届大会召开前的 3 个月内申请拒绝履行决议或退出协议。投票不受出席大会代表数量的限制，每家铁路公司都有一票，除私营铁路外，交通部国营铁路管理局辖下的国营铁路也有一票。因此，大会上通过的决议，国营铁路必须履行，出席大会的交通部专员参与该问题的最终决定。确切地说，该运价管理体系主要还是靠行业自律，俄国政府对铁路运价的影响实在有限。各铁路公司为争夺客户，竞相压低运价。至 19 世纪 80 年代初，运价恶性竞争已经波及俄国大部分铁路。这种情况导致向南方和北方港口运输粮食的运价体系全面崩溃，政府的关税保护政策彻底瘫痪。要求调整运价的呼声越来越高，沙皇政府不得不重新制定运价改革政策。

运价改革并非一蹴而就，而是历时几年。1886 年，境外铁路运价开

---

① 　Крейнин А. В.，Развитие системы железнодорожных грузовых тарифов и их регулирование в России（1837–2007）. С. 15–16.

② 　Там же. С. 16.

始受国家控制。在国务会议内部形成了国家铁路运价政策的基本原则，其目标是借助铁路尽可能促进国家经济发展，补偿国库在已建成和在建铁路上的开销。①

运价改革于1889年3月8日以法律的形式确定。直到1917年，这项法律一直都在发挥效力，只是条款略有变化。② 1889年运价确定了国家对铁路运价的垄断权。根据该法律，运价事务领导权集中在财政部，在其内部建立运价事务会议、运价委员会和铁路司三个专门机构。铁路司在协调所有运价机构活动的同时，包揽俄国铁路经济方面的所有事务。1889年初，西南铁路公司前经理、在铁路运价问题上颇有建树的С.Ю.维特被任命为铁路司司长。国家对铁路运价的垄断成为俄国政府手中强有力的经济武器，巩固了俄国财政基础，加强了政府对整个铁路网的影响。从1889年起，铁路运价政策成为沙皇政府整个经济政策的重要组成部分，利用运价津贴保护政策，沙皇政府开始广泛实施农业、工业的保护关税政策。

首先进行的是货运费率改革。运价改革最直接的目的是最大限度促进粮食出口。新粮食运价于1889年11月15日获批并生效，有效期3年。1889年平均运费为1/57戈比/普特俄里，68.5%的出口粮食按该价格运输。地主出口粮食的运费大降150万卢布。国内市场粮食运输价格也明显降低，首先是通往莫斯科、下诺夫哥罗德和彼得堡方向的运费降低了35%，总计58万卢布。1889年国内市场粮食运输量占铁路运输总量的35%。③ 尼古拉耶夫、波罗的海、莫斯科—下诺夫哥罗德铁路和面粉生产中心特维尔、托尔若克、扎维多沃、瓦尔达伊卡、耶列茨、里夫内、库尔斯克以及库尔斯克—基辅铁路附近有面粉磨坊的站点的粮食运价也随之降低。总之，由于粮食运价降低，地主和粮商的所得总额在一年内几乎达200万卢布。④

① Соловьева А. М., Железнодорожный транспорт России во второй половине XIX в. С. 164.
② Крейнин А. В., Развитие системы железнодорожных грузовых тарифов и их регулирование в России (1837–2007). С. 23.
③ Там же. С. 166.
④ Там же. С. 166.

1889 年确定的粮食运价低于铁路运输成本，这也是俄国铁路公司亏损的原因之一。1893 年 8 月财政部对 1889 年运价进行修订，这次修订后，粮食运价进一步降低，与 1890 年相比运费减少近 300 万卢布。[①] 从 1893 年起，沙皇政府采取出口和国内市场粮食运价双轨制，中部农业区出产的粮食主要供应国内消费市场，而边远地区生产的粮食更集中销往国际市场。实行双轨制的目的是保护俄国中部地区的地主庄园，避免它们与边远地区竞争。粮食国内运输和出口运输的运价差别在于最初的 320 俄里，在这个区间内粮食运价极低，为 1/34 戈比/普特俄里，取代了原来的 1/24 戈比/普特俄里。在 980 俄里以内实行分级费率，而超出该距离则采用以俄里计的统一附加运费。[②] 这也是为了保护俄国中部省份地主的利益，确立他们在国内市场的垄断地位。这两次运价修订确定了俄国铁路粮食运输体系的基本原则，直到第一次世界大战前这些规定仍然有效。

1896 年和 1900 年又对粮食运价进行了修订。两次修订都充分肯定了 1893 年运价的基本原则。1896 年运价的主要变更体现在国内运输上，通过大幅降低距离在 320—540 俄里的运价，小幅降低距离在 800—1120 俄里的运价来弱化现行费率分级（后来降价也被推广到出口运输上）。面粉和油渣的国内运费降到 1066 俄里以内 1/60 戈比/普特俄里，更远距离运价不变，为粮食运价的 90%。车站费用从 0.7 戈比/普特降到 0.5 戈比/普特。称重费用从 0.25 戈比/普特降到 0.2 戈比/普特。根据 1895 年的统计，运费和额外费用每年降低 220 万卢布。[③] 1900 年粮食运价的修订主要体现在出口运输上，油料作物种子运价为 1/75 戈比/普特俄里，其他粮食和油料作物种子的国内运输价格为 1/80 戈比/普特俄里。所有运到科特拉斯和从西伯利亚大铁路各站点运到伦敦的粮食运价，经阿尔汉格尔斯克比经彼得堡低 3—4 戈比/普特俄里。[④]

1896 年西伯利亚大铁路的部分路段开始运行，如果按全国铁路运费全程连续收取，西伯利亚的产品，首先是富余的西伯利亚粮食在国内和国

① Соловьева А. М., Железнодорожный транспорт России во второй половине XIX в. C. 168.
② Соловьева А. М., Железнодорожный транспорт России во второй половине XIX в. C. 168.
③ Министерство финансов 1802–1902. Часть 2. C. 572–573.
④ Там же. C. 573.

际市场上就具有较大的价格优势。为保护中心黑土地区地主的利益，从彼尔姆、西伯利亚、外贝加尔铁路的各个站点将粮食运到萨马拉—兹拉托乌斯特以及其他铁路各站点时，实行特别运费计算方法，具体情况如下：从上述站点经车里雅宾斯克到指定站点（国内或到达边境），货物运费不按总连续距离收取，而是按照从西伯利亚到车里雅宾斯克和从车里雅宾斯克到指定站点两段距离单独收取。与连续运价相比，这种计价方式多出一个起点、终点业务费用。最终运往俄国欧洲部分的粮食运价增加了 2 倍。[①]这大大降低了西伯利亚粮食在国内和国际市场上的竞争力，造成西伯利亚粮食大量积压。1911 年 3 月至 1913 年 8 月 1 日该运费计算方式逐渐被取消。从此从西伯利亚运出的粮食开始按照从发货点到俄国境内目的地连续距离确定运价。

从 19 世纪 80 年代末起，为加大粮食出口，沙皇政府开始制定并实施一整套通过铁路运输促进农业、粮食贸易发展的制度，包括允许铁路行政管理部门开展商业活动，给予铁路公司贷款；允许铁路公司设立特别仓库，出口粮食存储期限短于半年，每月费用不高于 1/3 戈比/普特；允许铁路公司利用私营商业银行贷款从自由经营资金中发放粮食运输贷款。此外，还允许铁路公司存储和代销粮食，按销售总金额的 1% 收取代销费。[②]因此，铁路公司成为实力强大的粮食贸易中间商。

1888—1897 年在 15 条主要铁路上建立了 302 个长期储存库，能容纳3500 万普特粮食。其中私营铁路仓库占 75% 左右。[③] 在波罗的海和黑海所有大型港口城市（彼得堡、列维尔、利巴瓦、敖德萨、尼古拉耶夫、新罗西斯克）以及中部地区大型市场（莫斯科、华沙）、东普鲁士（柯尼斯堡、但泽）地区建立了铁路公司董事会特别办事处，代销地主粮食。1896 年这些代销处销售粮食约 1600 万普特，或占粮食出口总量的 5%。[④]20 世纪初，贷款、仓储代销业务几乎遍布俄国所有 20 条铁路。谷仓中存

---

① Крейнин А. В., Развитие системы железнодорожных грузовых тарифов и их регулирование в России（1837-2007）. С. 31.

② Соловьева А. М., Железнодорожный транспорт России во второй половине XIX в. С. 169.

③ Там же. 168-169.

④ Там же. С. 169.

储的粮食总量达 1.93 亿普特，向 7000 万普特的粮食发放了金额为 4450 万卢布的贷款。①

铁路运价政策和"促进"粮食运输的系列制度，保障了俄国中心地区半农奴制形式经营的地主大庄园在粮食市场上的垄断地位。19 世纪 90 年代，政府分别修订了糖、石油、煤炭等商品的运价。政府对铁路公司进行运价补贴，通过提高这些产品的间接税来实现对工业资本家的保护。

在石油工业中，运价问题从一开始就成为垄断政策中一个最重要的杠杆。1891 年石油运价体系第一次修订和被批准后，石油大亨 Э. Л. 诺贝尔提出大幅降低从伏尔加河沿岸站点通过波罗的海港口至列维尔、里加和利巴瓦将石油运往国外的运价。在此之前他就获准以低价将石油副产品和煤油运往俄国中部工业区。1891 年 3 月 17 日，运价委员会会议在讨论诺贝尔的申请时查明，尽管最早在 1890 年沙皇政府确定的运价是为鼓励煤油出口到西欧，但其实这项优惠政策主要是为诺贝尔石油公司制定的。它为"诺贝尔兄弟"石油公司在伏尔加河沿岸站点进行大量储备和在整个冬季雄霸整个国内市场创造了机会。② 在运价委员会会议上，"诺贝尔兄弟"石油公司关于新一轮降低运价的要求遭到拒绝，维持 1890 年确定的运价。一个月后，"诺贝尔兄弟"石油公司和"С. М. 什巴耶夫"石油公司又向铁路司提出降低运价申请。申请指出，如果按现行的运价将石油产品通过彼得堡和利巴瓦出口到欧洲北方港口，公司会严重亏损。在 С. Ю. 维特的过问下，1891 年 5 月 21 日运价委员会修订了石油产品从伏尔加河沿岸站点经波罗的海港口运到国外的运价，石油公司的要求得到满足。③

由于世界煤油价格下降，1893 年，俄国煤油出口辛迪加——巴库煤油企业主联盟在巴库成立。1895 年联盟控制着巴库地区 98% 的石油生产。实际上联盟由诺贝尔、罗斯柴尔德和曼塔舍夫三个石油大亨控制着。沙皇政府支持石油辛迪加与美国石油托拉斯"标准石油"竞争，决定专门给

① Соловьева А. М., Железнодорожный транспорт России во второй половине XIX в. C. 170.

② Монополистический капитал в нефтяной промышленности России. 1883 – 1914. Сб. Документов и материалов. М. –Л., 1961. C. 142–143.

③ Соловьева А. М., Железнодорожный транспорт России во второй половине XIX в. C. 171–172.

予国营的外高加索铁路出口石油运价补贴。根据 1894 年 2 月 24 日运价委员会的决定，通过外高加索铁路运往国外的煤油运价从 19 戈比/普特降至 14 戈比/普特。从 1894 年 7 月起，按石油企业主的新要求，煤油出口运费降至 9 戈比/普特。[①] 同时，国家银行开始以优惠利率发放煤油出口贷款。在联盟操纵下，65% 的巴库产煤油都被投放到国际市场，而实际上被"诺贝尔兄弟"石油公司控制的国内市场，煤油价格猛涨。"诺贝尔兄弟"石油公司还利用俄国政府铁路运价政策，打压自己的竞争对手，反对大幅降低运价，因此在 1895 年修订运价时，煤油运价又涨回到 19 戈比/普特。[②]

1897 年 10 月 1 日，巴库煤油企业主联盟解散。10 月中旬"诺贝尔兄弟"石油公司以在国际竞争中亏损为由请求财政部降低外高加索铁路的运价。尽管阿斯特拉罕交易委员会反对降低出口煤油的运输价格，财政大臣 С. Ю. 维特还是迎合了"诺贝尔兄弟"石油公司的要求，在运价委员会 1897 年 11 月 19 日的会议上，批准重新降低经外高加索铁路出口煤油的运价，金额为 12 戈比/普特，取代原来的 19 戈比/普特。[③] 为防止运价降低造成的石油产品出口激增，在不破坏现行的运价政策的前提下，国营外高加索铁路采取限制铁路运输能力的措施，25% 左右的罐车退出流通。[④] 降到 12 戈比/普特的出口煤油运价执行了两年，1900 年运价提高到 16 戈比/普特。从上述资料可看出，俄国政府的石油产品运价政策对垄断公司严重依赖。

1895 年，煤炭运价修订使全国铁路网的煤炭运价得到统一。之前确定的顿涅茨克煤炭每普特 1/125—1/55 戈比价格得到认可。波兰、莫斯科周边、乌拉尔和西伯利亚的煤炭从开采地运出时，由于这些煤炭的发热值低，允许低于统一运价。为便于将煤炭运往普利韦斯林地区和伏尔加河以

---

① Монополистический капитал в нефтяной промышленности России. 1883 – 1914. Сб. Документов и материалов. С. 163–165，679.

② Фурсенко А. А.，Первый нефтяной экспортный синдикат в России 1893 – 1897. // Монополии и иностранный капитал в России. М. –Л.，1962. С. 28.

③ Соловьева А. М.，Железнодорожный транспорт России во второй половине XIX в. С. 171–172.

④ Фурсенко А. А.，Первый нефтяной экспортный синдикат в России 1893–1897. С. 55.

外地区，规定运费为每普特 1/150 戈比。①

1898 年对糖类产品运价进行了修订，确定方糖运价高于砂糖。之前方糖起始运价为每普特 1/12 戈比，砂糖为 1/18 戈比，随运输距离增加而降低，到 400 俄里处统一，1898 年运价规定 913 俄里以内两种糖制品运价差异较大。通过波罗的海港口和西部陆路边境运往国外的方糖和砂糖运价降低，起始价为每普特俄里 1/18 戈比，1500 俄里以上为 1/50 戈比。②1901 年确定通过巴库和彼得罗夫出口波斯的糖价执行特别低价。

1896 年对木材和劈柴运价的修订，第一次统一了这些货物的铁路运输价格。而此前只是临时个别修订，以地方交通运输为主。因此，之前木材运价五花八门，运价主要根据个别地方需要和木材的长度确定，根本不符合木材加工业的需求。1896 年的修订实现了整个铁路网木材和劈柴运价的统一，运费明显降低。所有木材被分成三类：第一类为木板、木梁、木方、槽形梁与其他贵重木种和建筑用木材；第二类为其余木材产品（包括枕木）；劈柴、树根、树枝、木杆、矿井的支架、桩木和一定规格的圆木段属于第三类。一类和二类按两个运行图确定：最高价为 1/30 戈比每普特俄里和 1/36 戈比每普特俄里，1200 俄里和 1000 俄里以外，整个铁路网的运价为 1/100 戈比每普特俄里；通往敖德萨以及奥伦堡—巴特拉齐—里亚日斯克—伯格亚夫连斯克—阿斯塔波沃—叶列茨—奥廖尔—布良斯克—戈梅里—鲁尼列茨—罗夫诺—兹多尔布诺沃—拉德季维诺夫一线各站点之间以及这一线以北地区的运价降低（一类货物在 680 俄里内运价为 1/36—1/100 戈比每普特俄里，二类货物为 1/40—1/100 戈比每普特俄里）。劈柴在 600 俄里内的运价为 1/40—1/120 戈比每普特俄里。③新运价使木材和劈柴的运费普遍降低。

此外，对客运费率也进行了改革。1894 年 12 月 1 日新旅客运价开始生效。④ 在此之前旅客运输费率是按俄国铁路总公司章程确定的，即一等座 3 戈比/俄里，二等座 2.25 戈比/俄里，三等座 1.25 戈比/俄里。在此

①　Министерство финансов 1802–1902. Часть 2. С. 574.
②　Министерство финансов 1802–1902. Часть 2. С. 575.
③　Министерство финансов 1802–1902. Часть 2. С. 575.
④　Там же. С. 569.

基础上再加上国税，一、二等座增加 25%，三等座增加 15%。在一些铁路上还有价格较低的工人车厢，即四等座。1894 年之前旅客运输也按照铁路公司的最高极限运价定价。这种定价方式造成火车票票价高、旅客负担重，不符合发展旅客运输的需要。1882—1891 年铁路网增加了 28%，慢速货物运输量增加了 65%，而旅客运输量只增加了 16%。如果以整个铁路网运输和进款为例，在上述 10 年中货物运输量增长了 24%，而旅客运输量只增长了 9.6%，而且增长集中在短途运输和低等车厢上。① 旅客运输改革的目标就是降低票价，最终促使旅客运输快速发展。

新的旅客运价按分级费率体系建构，即距离越远费率越低。在之前费率体系下 200—300 俄里范围内，旅客数量明显减少。新费率从 160 俄里开始降低单位运费，运费较之前能降低 5%。新运费的另一个特点是票价中已经包含国税，统一税率为 15%。② 这对高等车厢有利。新费率实行后，500 俄里内，三等车厢票价降低 28%，二等车厢降价 45%，一等车厢降价 31%；1000 俄里内，三等车厢降价 41%，二等车厢降价 55%，一等车厢降价 57%；3000 俄里内，三等车厢降价 61%，二等车厢降价 70%，一等车厢降价 62%。③ 行李运费也明显降低，尤其是长途运输。160 俄里以内运费没有变化。1895 年起大城市周边郊线铁路票价开始降低。除次票外，月票、季票、年票的价格均有降低。1899 年因发现滥用优惠政策，最终往返票、长期票的价格有所提高。到 1901 年末，82 个城市的郊线票价有所降低。④ 铁路运价改革后，铁路运行状况明显改善。

四　对私营铁路的财政监督措施

19 世纪 80 年代，世界上主要国家的铁路建设和经营都出现了垄断的趋势。到 90 年代初，美国 2/3 以上的铁路（长达 14 万英里）集中在 6 个大型铁路垄断公司手里。在英国，19 世纪 80 年代初，200 多个小型铁路公司被取缔，整个铁路网的 5/6 集中在 11 个大型铁路公司手里，

---

① Министерство финансов 1802–1902. Часть 2. С. 570.
② Там же. С. 570.
③ Там же. С. 571.
④ Там же. С. 571.

其中实力最为强大的 4 家铁路公司掌握了英国铁路的半壁江山。1883 年，法国 6 家铁路公司掌握着该国 3.05 万公里铁路。[①] 大型垄断铁路公司间相互竞争、经营不善、残酷剥削致使西方资本主义国家的生产力发展蒙受巨大的损失。国家加强对私营铁路公司的监督已成为全球性的问题。各个国家采取了不同的措施，如 1888 年，英国议会批准了《铁路和运河运输法案》，建立了调节国内运费的常设机构。法国在 1884 年 6 月组建了交通最高委员会，对铁路垄断公司的经营活动进行监督，还实行总特派员制度，由他们监督铁路公司对政府财政法令的执行情况。1887 年，美国国会在各州建立起商业交通法，根据这个法案建立了铁路监督联合委员会，以确保运费稳定。[②]

与西方国家几乎同步，俄国也在 19 世纪 80 年代开始加强对私营铁路的财政监督。而在此之前，俄国政府主要通过铁路公司章程对私营铁路公司的运营进行监督。根据公司章程的规定，政府有权检查公司的经营决算，由监察部、财政部和交通部代表组成临时跨部门委员会履行监督职能。但因委员会经费不足，检查进展缓慢，范围有限。1873—1878 年，监察部、财政部、交通部官员和私营铁路公司代表就该问题进行了多次讨论，但一直未能达成一致意见。1878 年 4 月，《关于政府对私营铁路公司经营的监督条例》草案准备就绪。[③] 三个部门为各自利益分别提出有利于自己的提案，因而私营铁路运营监督问题悬而未决。直到 1884 年 6 月 12 日，该条例草案才通过大臣委员会的审批，并获得沙皇的批准。[④]

《关于政府对私营铁路公司经营的监督条例》规定：监察部对铁路公司经营管理业务进行监督，建立铁路处行使监察职能，成立铁路事务处取

---

① Соловьева А. М., Железнодорожный транспорт России во второй половине XIX в. С. 150–151.

② Соловьева А. М., Железнодорожный транспорт России во второй половине XIX в. С. 152.

③ Степанов В. Л., Контрольно-финансовые мероприятия на частных железных дорогах России. //Экономическая история. Ежегодник 2004. М., РОССПЭН, 2004. С. 29–38; Соловьева А. М., Железнодорожный транспорт России во второй половине XIX в. С. 159–160.

④ Степанов В. Л., Контрольно-финансовые мероприятия на частных железных дорогах России. С. 38.

代原来的统计司；在波罗的海、洛佐瓦亚—塞瓦斯托波尔、莫斯科—布列斯特铁路公司建立单独的监察部门；检查铁路处和地方机关的往来公文，监督公司财务及建筑工程进展情况；检查货运和客运列车的安全运营情况；追索由公司造成的国家损失。[1] 政府对铁路公司的直接监督，有效提升了铁路公司的效益。1884 年洛佐瓦亚—塞瓦斯托波尔铁路的纯收入为 25.5 万卢布，1888 年增加到 237.1 万卢布。莫斯科—布列斯特铁路 1881—1884 年年均纯收入为 198.1 万卢布，1885—1888 年年均收入为 372.3 万卢布。[2] 此后受监督的铁路扩展到 18 条，其中 10 条铁路收入增加。监察部还对铁路公司报表进行检查，通过这项措施，铁路公司对国家的欠款明显减少。1884 年铁路公司对国家的陈欠占到了 62%，1887 年这一数字仅为 30%。[3] 19 世纪 80 年代后半期，交通部和财政部还对受监督的公司实行政府经理人制度，两个部门分别派代表进入铁路公司董事会。直到 1917 年 10 月，铁路公司政府经理职位才被取消。

在对铁路公司经营管理进行监督的同时，政府还对公司铁路建设进行监管。监察部早在 1874 年就提出，由于建设资金使用不当，铁路公司不能完成修建任务。在建设新线路时经常出现国库资金被侵占的情况，需要加强对私营铁路建设的监督。监察大臣在 1881 年 6 月 28 日给大臣委员会的呈文中，建议同时审查有关经营监督和工程建设监督的草案。[4] 为对监察草案进行讨论，1882 年 4 月专门成立了监察大臣直接领导的跨部门委员会。但是由于监察部和交通部间的分歧，监督建设工程法规难产。虽然未能出台相应的法规，但在实践中这种检查制度有具体的实施。1883 年，在莫斯科—布列斯特铁路修建中央车站和华沙—捷列斯波尔铁路修建复线时，首次对工程建设进行了监督。1886 年在修建伊万哥罗德—东布罗夫铁路边境线路段时，1888 年在修建西南铁路乌曼支线时，交通部和监察部的代表都对工程建设进行了监督。监察部官员检查会计账簿，对公司建

---

[1]　Степанов В. Л.，Контрольно‐финансовые мероприятия на частных железных дорогах России. С. 38.

[2]　Там же. С. 38.

[3]　Там же. С. 43.

[4]　Там же. С. 52.

设资金的划拨申请的合法性进行核查，他们甚至有权对工地铁路建设过程进行监管。

1889 年 5 月，交通大臣 А. Я. 鸠别涅特在给国务会议的呈文中提出对几条铁路修建工程进行监督的问题，具体内容如下：由交通部牵头，交通部、监察部和财政部的代表组成委员会，对公司董事会制定的工程造价表、贷款总额进行核查；根据工程实际情况，对政府发放的贷款使用情况进行检查。① 委托监察部地方机关和交通部的监察部门，根据工程实际价值对顿涅茨克、洛佐瓦亚—塞瓦斯托波尔和普利韦斯林铁路工程造价进行检查；交通部监察部门对免于直接监督的库尔斯克—哈尔科夫—亚速和科兹洛夫—沃罗涅日铁路进行检查。财政大臣 И. А. 维什涅格拉德斯基支持交通大臣的建议，监察大臣 Д. М. 索尔斯基建议将检查扩展至所有私营铁路。6 月，国务会议的国家经济与法律司联席会议接受了索尔斯基的建议。7 月 8 日，亚历山大三世批准了国务会议决定。② 1889 年 12 月 22 日，在该决议基础上，经与交通大臣和财政大臣协商后，索尔斯基签署了监督建设工程的《临时规则》。《临时规则》规定：跨部门委员会已通过的工程造价明细还需要交通大臣批准；铁路公司若要在施工过程中获得已支出的款项，需由董事会出示付款证明，然后分别呈送监察部和交通部鉴定，最后由交通部做出决定；地方监察部门有权检查董事会和铁路行政管理部门的往来公文，检查工程完成和设备、材料供应情况。该规则还从经营角度提出安全和效益规则。1892 年 12 月对《临时规则》进行了修订，并获得批准，有效期为 15 年。③

1889—1891 年，对已经建成的私营铁路进行监督的期限和范围做出明确规定。监察大臣 Т. И. 菲力波夫在 1890 年的年度报告中指出，跨部门会议审核工程造价表总额为 8800 万卢布，通过取消部分工程和降低部

---

① Степанов В. Л.，Контрольно-финансовые мероприятия на частных железных дорогах России. С. 52-54.

② Степанов В. Л.，Контрольно-финансовые мероприятия на частных железных дорогах России. С. 53.

③ В. Л. 斯捷潘诺夫：《19 世纪末 20 世纪初俄国私有铁路的财政监督措施》，张广翔、逯红梅译，《江汉论坛》2013 年第 3 期，第 94 页；Степанов В. Л.，Контрольно-финансовые мероприятия на частных железных дорогах России. С. 53-54.

分项目的费用，工程造价降低 1700 万卢布。① 监察大臣认为取得这样的成果，地方监察部门功不可没，因为它们能及时查明建筑材料和劳动力的价格。这说明对工程进行实时、实地监督具有非常重要的经济意义。1891年国家对彼得罗夫和弗拉季高加索铁路矿水城支线的建设进行了检查，在库尔斯克—沃罗涅日线路工程和库尔斯克—基辅铁路铺设复线以及梁赞—喀山铁路线上引进了交通部的临时检查制度。菲力波夫在 1891 年和 1892年年度报告中指出，修建乌曼和诺沃谢里茨支线的工程实际造价要远远低于铁路公司的原预算，再次强调了地方监察部门的效率。②

但该项监督措施没有实行太长时间。19 世纪 90 年代初，财政部和交通部在俄国铁路业的发展方向上存在意见分歧。财政部赞成区别对待私营铁路，并发展"混合式"的铁路修建模式，而交通部认为在铁路建设上国家应牢牢掌控主动权和监督权。最终，财政部的意见占了上风，交通部在对私营铁路监督上的作用仅限于技术层面，监察部逐渐取得监督私营铁路的实权。

在对私营铁路公司的财政监督中，财政部着重解决负债铁路公司的贷款问题，检查铁路公司纯收入分配情况和股息的发放情况，审查和批准经营预算。1889 年 3 月成立的财政部铁路司对铁路公司收支情况进行监督。而此前财政大臣 И. А. 维什涅格拉德斯基提出私营铁路公司是否有权使用商业银行贷款的问题。因为只有弗拉季高加索和伊万哥罗德—东布罗夫铁路公司章程中规定，要获得贷款，须经过交通大臣和财政大臣的一致同意，而其他铁路公司章程中根本就没有该条款。铁路公司董事会甚至不需要召开股东大会即可广泛使用商业银行贷款，以解决周转资金不足的问题，以及用来弥补铁路经营赤字和其他支出。铁路公司拖欠银行债务的情况屡见不鲜，这给担保公司收入的政府造成了巨大损失。

各部门间就该问题都提出了自己的意见。监察大臣在 1888 年 7 月曾建议财政大臣，国家银行给铁路公司提供低息贷款的额度不应超过 60 万

① Степанов В. Л. , Контрольно-финансовые мероприятия на частных железных дорогах России. С. 54.

② Степанов В. Л. , Контрольно-финансовые мероприятия на частных железных дорогах России. С. 54.

卢布。建议委托地方监察部门根据公司的财务状况确定贷款的必要性。[①]但财政大臣不打算在国家监督的问题上让步。1888年底，财政部专门成立委员会讨论该问题。委员会成员得出如下结论：解决公司财政问题，不应靠私人银行贷款，而应通过增加周转资金和债券资金来取得国家贷款；只有在紧急支出不足的情况下才能适当向银行贷款。会议做出决议：只有在交通大臣和财政大臣同意的情况下，铁路公司董事会才能使用商业银行贷款；银行能否提供贷款最终还将取决于财政大臣的决定；财政大臣应采取措施，解决铁路公司债务增长问题。[②]索尔斯基和鸠别涅特都认同这个结论，1890年3月沙皇批准了财政大臣的提案。

法律赋予财政大臣通过发行新债券偿还铁路公司债务的权利。维什涅格拉德斯基和维特可以分配铁路公司数百万铁路建设资金。而之前的债券销售所得完全由铁路公司董事会支配，财政部不能全面及时了解资金的使用情况。现在在铁路公司章程中，加入必须将债券销售收入存入商业银行的条款，铁路司将铁路公司债券销售情况和所有支出都纳入监督范围。后来这项制度被推广到没有使用国家担保金的铁路公司。1890年3月21日，俄国政府通过的另一项法律规定，财政部信用署特别办公厅有权通过其海外分部，将铁路公司的款项汇给国外的债券持有者。[③]而之前铁路公司通过商业银行汇款，汇款手续费高达金额的1%。如果将这项支出用于偿还欠政府的债务，对于铁路公司和国库来说都是有益的。通过海外分部汇款，铁路公司无须缴纳手续费。这不仅为国库和铁路公司节省了大笔资金，还消除了商业银行之间的竞争。此后，财政大臣还制定了规范铁路公司纯收入分配、偿还国家债务、股息发放制度和预算审查制度。

20世纪初围绕私营铁路建设监督权等问题，财政部、监察部和交通部进行了激烈的争论。三个部门都对财政监督改革做出了重要贡献，但每个部门对改革都有自己的理解，都想在私营铁路财政监督中扩大自己的权力。

---

① Степанов В. Л. , Контрольно - финансовые мероприятия на частных железных дорогах России. С. 59.

② В. Л. Скепанов：《19世纪末20世纪初俄国私有铁路的财政监督措施》，张广翔、逯红梅译，《江汉论坛》2013年第3期，第95页。

③ Степанов В. Л. , Контрольно - финансовые мероприятия на частных железных дорогах России. С. 60.

1901 年 4 月 8 日，沙皇批准制定一个针对私营铁路经营监督的总条例。经财政大臣和交通大臣同意，在使用受国家担保收益资金建设新线路时，监察大臣有权提出将这一条款的效用推广到其他私营铁路。从此以后，铁路公司章程中应列入建设工程服从政府监督的条款。① 监察大臣力求在私营铁路公司建设的新线路上最大限度地扩展新法律的效力。之后，几乎所有的建设工程都在监察部门的监督之下。② 同时，他对建设工程许可制度持批评态度。他认为，只要监察部不能及时了解工程的建设情况，1889 年 7 月 8 日的法律就是"一纸空文"。③ 在 1905 年度报告中，П. Л. 罗普科写道："铁路建设造价表是在初步阐述、对方案缺乏认真研究的一般假设的基础上制定的；因此，写进工程造价表的工程数量本身以及工程的单价也都是凭空猜测的。"④

监察部的意见得到了国务会议二厅的支持，从 1906 年起二厅领导私营铁路的建设工作。⑤ 1907 年 11 月 22 日，由于在建设莫斯科—克雷茨堡、图库姆—温道和德诺—新索科利尼基线路时超支，在二厅的会议上认真研究了增加莫斯科—温道—雷宾斯克铁路公司债券资本的问题。二厅成员指出监察部对铁路公司建设工程"经营管理"监督不够。因此，二厅认为有必要让交通、监察大臣注意，必须采取措施消除未来铁路建设时不断出现的超出工程造价表确定的贷款数额的支出，如这种支出实在不可避免，公司同时要提交监察部证明，其中包含关于额外发行政府担保证券用以弥补超支的申请，以此证明所有违反造价表的额外建设支出都经过了必要的检查，被认定是正确合理的。

副监察大臣 А. И. 尼古拉耶夫告知二厅厅长 Н. П. 彼得罗夫，在莫斯

---

① РГИА. Ф. 1263. Оп. 2. Д. 5520. Л. 32 – 40об. Журналы Соединенного присутствия Комитета министров и Департамента государственной экономии Государственного совета за 1901 г. ; ПСЗ Ⅲ. Т. ⅩⅪ. № 19917.

② Всеподданнейший отчет государственного контролера за 1902 год. СПб. , 1903. С. 95 – 10; Всеподданнейший отчет государственного контролера за 1903 год. СПб. , 1904. С. 88–94; Всеподданнейший отчет государственного контролера за 1905 год. С. 113–118.

③ Всеподданнейший отчет государственного контролера за 1902 год. С. 97–99.

④ Всеподданнейший отчет государственного контролера за 1905 год. С. 118. ПСЗ Ⅲ. Т. ⅩⅩⅥ. Отд. 1. № 27808.

⑤ ПСЗ Ⅲ. Т. ⅩⅩⅥ. Отд. 1. № 27808.

科—温道—雷宾斯克铁路公司的线路上恰恰没有实行建设工程监督。二厅在这一问题上的立场成为监察部竭力扩大自己在私营铁路上影响力的最重要的证据。

在1889年12月22日和1892年12月26日颁布的《临时规则》基础上，铁路报表司辖下的跨部门委员会针对每个新线路都制定了规则，实现了建设监督。1909年5月，监察大臣 П. А. 哈里托诺夫向财政大臣 В. Н. 科科夫佐夫（1906—1914年）和交通大臣 С. В. 鲁赫洛夫（1909—1915年）提出制定针对所有使用国家担保收益资金进行建设的铁路公司的总规则。监察大臣建议以不久前批准的北顿涅茨克铁路建设监督规则为基础。财政大臣和交通大臣表示同意。[①]

1909年7月20日，新《规则》获得批准。П. А. 哈里托诺夫认为，与1889年开始生效的《规则》相比，这些规则不包含任何新的东西。[②]和从前一样，第一条中包含关于铁路报表司和地方检查机关有责任进行监督，使"地方和中央铁路行政管理部门采取措施，秉持盈利、节约原则完成铁路建设工程和采购工作"的条款。[③] 同一年，新《规则》被推广到叶伊斯克、格尔比—凯尔采、阿尔马维尔—图阿普谢铁路公司的工程和莫斯科—基辅—沃罗涅日铁路公司敖德萨—巴赫马奇线路，之前对这些线路是根据"个别"规则进行监督的。[④] 第二年，有关监督的条款被列入特罗伊茨、波多利斯克、卡赫季和浩罕—纳曼干铁路公司的章程中，以及伏尔加—布古利马和弗拉季高加索铁路公司的补充章程中。[⑤] 1912年前，新《规则》在16条已开工的线路上生效。

然而，各部门的一致意见没有持续多久。1910年财政部和交通部同意将新《规则》推广到莫斯科—喀山铁路公司柳别尔齐—阿尔扎马斯线路的建设上和斯维亚热斯克城附近横跨伏尔加河的桥梁建设上，其条件是

---

① РГИА. Ф. 576. Оп. 23. Д. 7. Л. 96–97об. , 105，106. История организации контрольного надзора.

② Всеподданнейший отчет государственного контролера за 1910 год. С. 203.

③ РГИА. Ф. 576. Оп. 23. Д. 7. Л. 108–114. История организации контрольного надзора.

④ ПСЗ Ⅲ. Т. ⅩⅩⅧ. № 30833，30834，30835，30838.

⑤ ПСЗ Ⅲ. Т. ⅩⅩⅩ. Отд. 1. № 33353，33357，33783，33903，33904，33905.

从新《规则》中取消关于监察部有权对建设工程的经营进行监督的条款。①

在讨论 B. H. 科科夫佐夫关于更改铁路公司成立条件的提案时发生了分歧。财政大臣希望补充 1905 年 6 月 10 日通过的关于在铁路建设中吸收私人资本并给公司提供新优惠的法律。② П. A. 哈里托诺夫在 1909 年 11 月 26 日的草案意见中指出，1909 年 7 月 20 日新《规则》与铁路公司章程相矛盾，章程条款根本没有明确反映监察部的权利和义务。П. A. 哈里托诺夫建议在法律草案中加入对新线路建设实行监督的条款。这个条款与新《规则》中确定监督机构权利的第一条几乎一字不差。

财政大臣在给大臣委员会的补充意见中基本同意 П. A. 哈里托诺夫的建议，但反对关于监察部有权对建设工程的"经营管理"进行监督的表述。他说："一方面，这是在可以期待个人创业精神有特殊表现的领域内对铁路企业行动自由的限制；而另一方面，这可以减少建设单位重大失误的责任，因为在监察部规划的制度中，只要秉持节约和盈利的出发点，建设单位的所有行为都能被监察部接受。此外，推广监察部的这类职责，会妨碍吸收私人资本，这违背了制定这个法律的初衷。"在 B. H. 科科夫佐夫看来，监督应是一种检查，其目的是在铁路建设时，根据批准的造价表从建设资金中支付工程款和供货款。

П. A. 斯托雷平领导的大臣委员会于 1910 年 6 月 15 日解决了这一对财政部有利的问题。大臣委员会会议记录中记载："大臣委员会倾向于在未来的法律中，以 1901 年 4 月 8 日沙皇批准的私营铁路建设条件为基础，保留针对该问题所规定的一般法令，即经监察大臣、财政大臣和交通大臣同意后确定铁路建设监督规则。"③

1910 年 10 月 29 日，П. A. 哈里诺托夫致函 П. A. 斯托雷平，表达了不同的意见。"仅以检查私营铁路公司的支出是否符合造价表来限定监察

---

①　РГИА. Ф. 1157. Оп. 1. 1910 г. Д. 10. Об увеличении стоимости работ по постройке линии Люберцы - Арзамас Общества Московско - Казанской дороги, по сооружению моста через Волгу на этой дороге и по усилению ее участка Люберцы-Москва.

②　ПСЗ Ⅲ. Т. XXV. Отд. 1. № 26385.

③　РГИА. Ф. 1276. Оп. 6. 1910 г. Д. 252. Л. 117 - 119, 138 - 138об., 244об. Об изменении условий образования частных железнодорожных обществ.

部的工作，排除了检查程序本身的合理性。如果这样，监察部这个组织本身就是多余的，因为对造价表所规定的工程和供货的支付情况进行监督是建设技术检查机构的责任；这种检查根本没有复杂到需要组织双重监督。据此就否定监察部对建设项目的监督检查权，从本质上说是不对的。"П. А. 哈里托诺夫表示，财政大臣担心铁路建设监督会限制私人资本，这是毫无根据的。他强调，铁路公司不是必须采纳监察部在合理管理工程和组织供货方面的建议，只需重视上述问题。但是，大臣委员会的决定对财政部有利。1910 年 12 月 9 日，沙皇批准了 7 月 15 日和 11 月 16 日特别会议记录。① 政府拒绝核准扩大监察部的权限。但是监察部得到了国家杜马的大力支持，杜马要求监察部进行监督改革。杜马打算将监察部从大臣委员会中独立出来，在独立、自主和官员终身制原则下，在讨论和批准预算时监察部有一定的司法权。为保护国家利益，对私营铁路建设实行监督具有非常重要的意义。②

　　1910 年 11 月 20 日和 23 日，国家杜马预算委员会听取了监察大臣的 1911 年度支出预算报告。向监察大臣 П. А. 哈里托诺夫指出有必要将监察部的政府经理人引入所有私营公司董事会。③ 1911 年 3 月 17 日，国家杜马批准了这一决定。④

① РГИА. Ф. 1276. Оп. 6. 1910 г. Д. 252. Л. 319.

② Государственная дума. Третий созыв: Стенографические отчеты. 1908 г. Сессия первая. Ч. II. СПб., 1908. Стлб. 619-658；Там же. 1909 г. Сессия вторая. Ч. II. СПб., 1909. Стлб. 1736-1774；Там же. 1910. Сессия третья. Ч. III. СПб., 1910. Стлб. 1588-1611；Там же. 1911. Сессия четвертая. Ч. III. СПб., 1911. Стлб. 1051-1066. См. так же: Езерский Ф. В. Нужды Государственного контроля. Спб. - М., 1905；Василевский И. Р., Государственная дума и бюджетный контроль наших финансов. СПб., 1906；Он же. Государственный контроль как охранитель народных интересов за границей и в России：(Популярно-критический очерк)；Танский Ю., О преобразовании Государственного контроля. СПб., 1906；Яшунский И., Государственный контроль и Государственная дума // Право. 1913. № 11. 17 марта；Шингарев А. И., К вопросу о реорганизации Государственного контроля // Новый экономист. 1913. № 15；Он же. Государственный контроль и частные железнодорожные общества // Новый экономист. 1914. № 8-9.

③ Государственная дума: Доклады Бюджетной комиссии. Третий созыв. Сессия четвертая. 1910-1911. Т. 1. № 15. С. 7.

④ Государственная дума. Третий созыв: Стенографические отчеты. 1911 г. Сессия четвертая. Ч. III. СПб., 1911. Стлб. 1066.

各铁路公司对新《规则》有诸多不满。1911 年 11 月末，铁路报表司向铁路公司董事会做了一个关于 1909 年 7 月 20 日新《规则》在私营线路上使用情况的调查。绝大多数铁路公司认为，新《规则》的某些条款不清晰，对写进章程中的公司的权利过于限制，监督和检查机关相互关系不明确，地方监督检查过分干涉纯技术问题，等等。但这些对监察部立场的影响很小。《关于对铁路公司的周转实行国家监督的条例》（以下简称《条例》）草案在 1912 年初准备就绪。《条例》草案中提出解决监督公司建设工程、领导地方监督机关的铁路报表司和经营报告检查委员会之间监督职责分化的问题。报表司只对国营铁路进行监督。草案规定，成立统一的跨部门私营铁路监督委员会，跨部门委员会拥有监察部一个司的权力。这个部门对以某种形式使用国家资金的铁路公司的所有线路进行监督。经三个部门首脑协商，这个部门也有权检查和国家没有债务关系的铁路公司的经营情况和建设报表。为直接监督铁路经营和建设情况成立的地方检查机关归该委员会管辖。草案还包含了关于监督机关有权对铁路公司董事会和行政管理部门的经营管理决定进行鉴定的条款。在监督体系中，被纳入所有公司董事会的监察部经理人具有重要地位。[①]

1912 年 3—6 月，监察部下属的跨部门委员会审查了这一草案。铁路公司代表不完全接受监察部的监督方案，认为事先检查限制了公司的独立性。财政部的代表支持铁路公司，反对实行经营监督，认为这不仅会干涉铁路公司的经营自主权，还会妨碍政府吸引私人资本投入铁路建设，从本质上损害了国家利益。

交通部支持监察部的观点。尽管交通部的代表认为没有必要对现有线路的经营管理进行监督，但对将来出现的一些使用国家担保金的新铁路公司来说，进行监督检查还是必要的，否则难以维持现在较好的状况。监察部和交通部的代表强调，只借助报表检查不能保证对经营的有效监督。很显然，如果政府给私营资本以优惠，那么它（政府）就有权对铁路公司的经营周转实行监督。委员会的大多数成员赞成这一观点。确实，某种程度

---

① РГИА. Ф. 990. Оп. 1. Д. 1915 г. Л. 1-8об. Проект «Положения о надзоре Государственного контроля за оборотами железнодорожных обществ».

上他们赞成财政大臣关于监督机关过分干涉铁路公司事务的担忧，但是寄希望于通过相应的法律条款和监察部的检查细则来防止这种危机的出现。①

监察部的草案在整个铁路界掀起了轩然大波。1912 年 3 月 16 日，一些较大的铁路公司的董事会主席向财政大臣提交了对《条例》草案的集体意见。他们原则上反对下列所有主要条款：（1）扩大报表检查委员会的监察权并将之推广到铁路行政管理部门的经营活动与"私营铁路业的基本原则"相矛盾；（2）实践没有证实政府经理人参加铁路公司董事会有什么好处，所以重新设立的公司章程已经不再对这一制度进行规定；（3）依据 1909 年 7 月 20 日新《规则》，对建设工程实行地方监督，是事业成功的障碍；（4）经营监督的实行，"违反私营铁路业的基本原则"，"削弱了公司成功的能力，同样，使私营铁路丧失了与国营铁路共存和被政府承认的权利"。

在财政大臣、于 1911—1914 年也担任大臣委员会主席的 B. H. 科科夫佐夫的压力下，监察大臣做出让步，重新修改了《条例》草案。认为经营周转监督是特殊的临时措施，只有在违反法律和公司章程以及给国家带来损失的情况下，方可使用。监督机关无权干涉行政管理部门的经营管理，只监督公司是否遵守了国家的财政利益。经财政大臣和交通大臣同意，监察大臣提议，直接经营监督的期限不少于一年半。监察大臣领导的、财政部和交通部代表参加的分委员会直接履行监督职责，不再委以地方检查机关。分委员会有权对铁路行政管理部门及其下属部门的事务进行事先和实际检查。草案中取消了监察部经理人加入公司董事会的条款。

1914 年 6 月 4 日，监察大臣将草案呈送大臣委员会。但是，第一次世界大战很快爆发，对这一问题的讨论也被搁置下来。1917 年十月革命最终打乱了监察部的计划。

监察部、财政部、交通部对私营铁路监督权的争论可谓旷日持久，最终交通部只保留技术监督职能；监察部直接监督铁路经营和建设情况，并

---

① РГИА. Ф. 1276. Оп. 11. 1915 г. Д. 592. Л. 6 – 12об. Проект «Положения о контрольном надзоре за оборотами частных железных дорог».

负责检查公司的报表；财政部负责拨款，监督公司收支情况；公司的年度经营预算以及工程建设造价表则由这些部门的代表一起审查和核准。[1]

在实行财政监督时，私营铁路公司多次提出反对意见，但他们的意见并没有引起政府的关注。确立对铁路公司的收支进行监督是铁路政策中的一个重大举措。国家与私营铁路公司的关系具有法律基础。政府限制铁路公司任意挥霍建设资金。财政监督措施与1885年公布的《俄国铁路总章程》、运价改革等重要举措，目的是使私营铁路扭亏为盈，在下面要论述的私营铁路国有化政策中发挥重要作用。政府与铁路公司的收购协议主要是在1887年以后签订的，而此时建立起来的财政监督体系已经证明了它的有效性。一些欠国家债务较多的铁路公司主动加入与财政部的谈判。

政府监督机制的建立改善了私营铁路公司的经营状况，使其非生产性支出大大降低。由于财政监督成功，政府认为保留有盈利能力的铁路公司有利于铁路业的发展。这项政策为国库增收创造了条件，不仅可以收回政府在修建和经营这些铁路上的花费，而且"钱景"也十分可观。政府对铁路公司收支监督的经验在其他经济部门得到广泛推广。

五　私营铁路国有化

俄国政府实施运价改革和加大对铁路公司的监管后，俄国铁路管理方面仍存在诸多弊端，为彻底解决一些问题，俄国政府实施私营铁路国有化政策。私营铁路国有化主要是解决私营铁路公司经营不善和营私舞弊等问题。通过私营铁路国有化措施，俄国政府对铁路的监管力度进一步加强。

私营铁路公司经营不善、营私舞弊致使企业亏损、政府财政亏空。截至1878年1月1日，私营铁路公司的资本总值为16.19亿卢布。私人股东手里的股票和债券为4.36亿卢布，其余股票和债券归政府支配。去掉公司欠政府的担保金2.6亿卢布，铁路公司资本几乎微乎其微。[2] 据统

---

① В. Л. 斯捷潘诺夫：《19世纪末20世纪初俄国私有铁路的财政监督措施》，张广翔、逯红梅译，《江汉论坛》2013年第3期，第98页。

② Погребинский А. П., Строительство железных дорог в пореформенной России и финансовая политика цализма（60-90 годы XIX в.）. С. 156.

计，至 1880 年，俄国 37 家铁路公司中只有莫斯科—库尔斯克、莫斯科—雅罗斯拉夫尔—沃洛格达、库尔斯克—基辅、莫斯科—梁赞和梁赞—科兹洛夫 5 家铁路公司没有要求政府追加担保贷款，不欠政府债券利息。而其他公司都是政府的债务人。铁路公司欠政府债务合计 1.52 亿卢布，4.03 亿信用卢布。如果再加上政府为私营公司发行债券、为强化运力拨付的预付款和给某些公司运输军用物资的补贴，铁路公司欠政府的债务高达 11 亿信用卢布。[①] 在农奴制改革后俄国财政极其不稳定的情况下，国库在铁路建设上不断增加的巨大投入致使俄国债务陡增。1880 年俄国外债的近 80% 都是铁路债券贷款。1866—1880 年，沙皇政府在国外，首先是向英国和法国，发行的铁路债券额高达 3.5 亿金卢布。[②]

19 世纪末各资本主义国家间矛盾加剧，俄国也卷入势力范围重新划分和争夺额外销售市场的斗争中，铁路承担着国家动员的重担。19 世纪 70 年代中期形成的第一个铁路网主要分布在俄国欧洲部分。为推动尚未得到开发的西伯利亚、远东和中亚地区的发展，寻找新的销售市场，巩固俄国在远东和中亚的地位，在距离欧俄遥远的边疆地区建立起可靠的交通，必须在这些地区广泛建设铁路。而私营铁路经济结构的不合理、管理混乱、经营不善以及欠国家巨额债务，都要求国家对铁路的建设和经营进行集中管理，以确保国家的战略安全。

19 世纪 80—90 年代，俄国资本主义发展较为顺利，国家预算有所巩固，财政部开始储备黄金。进出口贸易开始出现平衡，1885—1895 年贸易顺差为 23.51 亿卢布。在积极寻求贸易平衡的同时，沙皇政府在收支平衡上也有明显改善。据统计，1881—1897 年收支顺差达 2.73 亿卢布。[③]因此，沙皇政府才有机会斥巨资收购私营铁路，建设国营铁路。

19 世纪 80 年代，一些西欧国家的铁路国有化运动大规模展开。80 年代中期，比利时 70% 以上的铁路属于国家；法国从 1878 年开始收购铁路，

①　Кислинский Н. А., Наша железнодорожная политика по документам архива Комитета министров. Т. II. С. 309，310.

②　Денисов А. Е., Государственные займы российской империи 1798–1917 годов. С. 23–28.

③　Кислинский Н. А., Наша железнодорожная политика по документам архива Комитета министров. Т. III. С. 68.

10 年时间法国铁路国有化率达 20%；1891 年德国 93% 的铁路属于国家，20 世纪初国营铁路已经占世界铁路总里程的 30% 左右。[1] 基于国内私营铁路的现状和西欧国家的做法，俄国也几乎同步开始了自己的私营铁路国有化进程。

从 1881 年起，俄国政府开始收购亏损的私营铁路公司。收购条件取决于最近 5—7 年公司的平均收益。政府接收铁路公司的全部债务，或按股份资本票面额或含追加款（现金或发行的债券），或低于股份资本票面额，把公司股票置换成政府的 3%、4%、5% 年化利率债券。俄国私营铁路国有化进程可以分为如下三个阶段。

第一阶段为 1881—1886 年，在此期间共收购哈尔科夫—尼古拉耶夫、坦波夫—萨拉托夫、摩尔曼斯克和普吉洛夫 4 条铁路，总长度为 1324 俄里。[2] 财政大臣 A. A. 阿巴扎在 1881 年 1 月 22 日召开的大臣委员会上第一次提出收购私营铁路的问题。他建议首先收购哈尔科夫—尼古拉耶夫铁路。原因是这家铁路公司大量负债，1881 年初负债已达 1800 万卢布，而其固定资产仅为 3800 万银卢布，[3] 并与正在建设的西顿涅茨克国营铁路毗连，形成竞争关系。[4] 经协商，A. A. 阿巴扎为股东制定了极其优惠的收购方案：哈尔科夫—尼古拉耶夫铁路总额 260 万卢布无收益股份被置换成票面额 50% 的西南铁路公司有国家担保收益的股票。公司债务作为"呆账"被从国库中去除。同时政府给董事会 50 万卢布以消除公司的私人债务。[5] 这样，哈尔科夫—尼古拉耶夫铁路从 1881 年 10 月 1 日起转归国家经营。

19 世纪 80 年代初，俄国政界还未搞清铁路由谁经营更加有利的问题，1882 年 11 月大臣委员会建议"谨慎对待，只有在无法避免的情况下才将私营铁路赎归国家管理"。[6] 1885 年批准的《俄国铁路总章程》给予

① Соловьева А. М. , Железнодорожный транспорт России во второй половине XIX в. С. 153.

② Хромов П. А. , Экономика России периода промышленного капитализма, М. , 1963. С. 142.

③ Соловьева А. М. , Железнодорожный транспорт России во второй половине XIX в. С. 179.

④ Кислинский Н. А. , Наша железнодорожная политика по документам архива Комитета министров. Т. Ⅲ. С. 72.

⑤ Соловьева А. М. , Железнодорожный транспорт России во второй половине XIX в. С. 180.

⑥ Соловьева А. М. , Железнодорожный транспорт России во второй половине XIX в. С. 180.

政府提前收购无力偿还债务的铁路公司的法律权利。在收购穆罗姆铁路时，政界开始讨论收购破产铁路的程序问题。在铁路收购第一阶段，注销铁路公司债务总额为 4600 万卢布贷款。①

私营铁路国有化第二阶段为 1887—1892 年。该时期俄国资本主义发展较快，沙皇政府通过加大税收和粮食出口，达到强化预算管理、消除赤字的目标。沙皇政府采取了一系列规范铁路的措施，将总长度为 5500 俄里的乌拉尔、里亚日斯克—莫尔尚斯克、里亚日斯克—维亚济马、莫尔尚斯克—塞兹兰、外高加索等 10 条私营铁路赎归国营。② 据 П. П. 米古林统计，1887—1892 年收购的 10 条铁路致使国家债务增加约 2.89 亿卢布，每年要偿付 1100 万卢布。加上花在建造这些被收购铁路上的 2.4 亿卢布，每年要偿付 1200 万卢布，再加上 4500 万政府贷款，债务总额达 5.74 亿卢布，每年必须偿付 2500 万卢布。最终铁路公司总额为 3.53 亿卢布的贷款就从国库的账户上一笔勾销。③

外国金融大亨利用俄国金融市场的疲软、沙皇政府对外国资本的依赖而获得高额收入，这在收购库尔斯克—哈尔科夫—亚速铁路时表现得尤其突出。收购这条铁路的起因是 1888 年 10 月沙皇专列在库尔斯克—哈尔科夫—亚速铁路靠近博尔卡站蒙难。按照该铁路公司章程，铁路公司股东没有任何获得收购补贴的权利，1888 年公司的政府担保股票被兑换成分红股票。如果铁路公司资本化收入（扣除应付款）高于欠政府的债务，那么在收购铁路时股份的持有者还能从国库得到一点补贴。1888 年初，这家公司的主人股东 С. С. 波利亚科夫把所有分红股票 75000 股卖到法国、比利时和荷兰。因而票面 100 法郎的股票价格被抬高到 150 法郎。1891 年财政大臣不得不在法国报纸上多次发表声明，俄国政府不对以投机为目的的铁路担保债券承担任何责任。④

1890 年初政府着手收购该铁路，因害怕受到外国商行的恐吓和抵制，

① Погребинский А. П. , Строительство железных дорог в пореформенной России и финансовая политика царизма（60–90 годы XIX в.）. С. 174.

② Соловьева А. М. , Железнодорожный транспорт России во второй половине XIX в. С. 181.

③ Мигулин П. П. , Русский государственный кредит（1769–1899）. Т. II. Харьков, 1900. С. 385.

④ Там же. С. 385.

收购事宜延宕几年，财政部最终还是做出让步。后来，大臣委员会主席
A. H. 库罗姆金在解释沙皇政府收购这条铁路的立场时写道："法国、比
利时和荷兰市场对于俄国贷款具有重要意义。它们一直根据个人意愿来决
定是否扶持俄国经营的有价证券，这也是财政部一直的心病。如果分红股
票持有者失去他们期望的收入，承认他们手里的股票一文不值，这就会成
为国外敌对媒体攻击我们的把柄，这样，它们无疑会竭力中断我们的贷
款，认为不能无条件地信任俄国政府的偿还能力。"① 公司的外国股东察
觉到财政部的顾虑，开始自己提出收购条件。他们不承认监察部检查时做
出的 150 万卢布财政应扣款项，俄国政府被迫放弃这项扣款。政府不得不
用总额超过 700 万银卢布的 4% 年化利率政府债券和 83.9 万信用卢布现金
为没有收益和担保的股票买单。②

　　私营铁路国有化第三阶段是 1893—1900 年，俄国政府共收购了 23 家
私营铁路公司，③ 其中包括莫斯科—库尔斯克、奥伦堡、波罗的海、顿涅
茨克、尼古拉耶夫、彼得堡—华沙、奥廖尔—维捷布斯克、辛托尔斯克、
德文斯克—维捷布斯克、洛佐瓦亚—塞瓦斯托波尔、西南、莫斯科—布列
斯特、普利韦斯林等铁路，总长超过 1.4 万俄里。为收购这些铁路，国库
债务总额增加了 25 亿卢布，每年需要偿付 1.136 亿卢布。④

　　该时期财政部集中领导铁路收购事宜。财政大臣 C. Ю. 维特制订了
铁路收购总计划。1892 年政府出台了关于《在收购未声明破产的公司时
中止公司业务的规定》⑤，根据该法令，财政大臣有权加快私营铁路收购
速度。维特还建议一些重要的商业银行参与私营铁路收购业务。在维特的
倡议下成立了银行辛迪加，以收购某些打算出售的铁路公司的股票。从收
购业务中产生的所有利润加强了与外国资本有着密切联系的首都商业银行
的金融实力。商业银行和政府机关之间力量的对比成为影响铁路收购津贴

① Кислинский Н. А., Наша железнодорожная политика по документам архива Комитета министров. Т. Ⅲ. С. 135-136.
② Соловьева А. М., Железнодорожный транспорт России во второй половине ⅩⅨ в. С. 183.
③ Мигулин П. П., Русский государственный кредит (1769-1899). Т. Ⅲ. Харьков, 1901. С. 712-713.
④ Соловьева А. М., Железнодорожный транспорт России во второй половине ⅩⅨ в. С. 185.
⑤ Там же. С. 186.

多寡的决定性因素。

1894 年初，在收购俄国铁路总公司时，该公司债务额达 1.705 亿卢布，而股份资本额仅为 7170 万卢布。因此，俄国铁路总公司欠国家债务额度是其股份资本的近 2.4 倍。彼得堡国际银行、俄国外贸银行、大柏林银行经理执掌着这家铁路公司的管理委员会。最初，为确定收购金额，成立了政府清算委员会，对俄国铁路总公司账户进行检查，确定应付给总公司股东的收购补贴，但这不符合总公司金融财阀的利益。他们在把清算委员会工作搁置和延后的同时，总公司管理委员会公开向 C. Ю. 维特暗示，总公司股票在交易市场上的价格波动是由检查结果造成的，总公司股票时刻面临着强烈波动，甚至被转卖到国外金融市场的风险，并对俄国证券汇率产生不良影响。[1] 彼得堡国际银行经理 A. Ю. 罗特施泰因和阿姆斯特丹商业银行经理 A. 罗森塔尔男爵以总公司股东的名义与政府进行谈判，提出相应的收购条件。

C. Ю. 维特害怕受到国际金融市场讹诈，被迫"自愿"接受金融大亨的条件。得到财政大臣许可后，俄国铁路总公司在 1894 年 1 月召开紧急股东大会，在会上成立了收购业务国际银行辛迪加，阿姆斯特丹、法国、德国和俄国本土商业银行都是其成员。俄国政府未经谈判就接受了银行辛迪加制定的收购条件。应由清算委员会对总公司进行的账户检查被取消，总公司欠国家的 1.705 亿卢布债务被取消。股份应按明显高出最高交易价的价格付款。[2] 在向银行大亨做出让步的同时，维特决定一切以黄金结算，尽管按照章程总公司股票价格以银汇计算。最终国库给总公司的股东们多付了 2100 万金卢布（按每股未清偿股份 32 卢布计算）。为此，总公司名义上价值 7170 万卢布的股票被兑换成总额为 1.1 亿金卢布的 4% 年化利率政府债券（或按 1897 年货币改革确定的新卢布价格，为 1.65 亿卢布）。[3]

俄国政府还从国库额外拨出 500 万卢布现金作为津贴。单拨出 30 万卢布以奖金形式付给管理委员会、检查委员会成员和总公司铁路管理局的职员。为同俄国铁路总公司进行最终结算，1894 年沙皇政府发行年化利率为 4% 的黄金公债，金额为 1.13 亿金卢布（或者按新汇率计算为 1.70

①　Соловьева А. М. ，Железнодорожный транспорт России во второй половине XIX в. С. 187.

②　Мигулин П. П. ，Русский государственный кредит. Т. Ⅲ. С. 644-646.

③　Соловьева А. М. ，Железнодорожный транспорт России во второй половине XIX в. С. 188.

亿卢布）。① 沙皇政府应在 58 年内（即承租期到期前）付给总公司原股东公债的年利息超过 700 万卢布。国家收购之后俄国铁路总公司各铁路的财务状况极为困难。公司各铁路固定资产与债务加在一起达 6.825 亿卢布，或者说 30.45 万卢布/俄里，每年必须支付 1.3 万卢布/俄里。② 在最好的经营条件下，转归国营的铁路也难以实现如此巨额盈利（1901 年彼得堡—华沙铁路纯收入仅为 3700 卢布，1905 年所有国营铁路纯收入为 9646 万卢布）。③ 因此，这次收购给国库带来沉重负担。

　　1881—1900 年俄国 37 家私营铁路公司的 2.1 万俄里铁路被国家收购，国家也为此付出高昂的代价。收购前未偿还债券资本为 17.525 亿卢布，沙皇政府为收购原铁路公司的股份而发行的 4% 年化利率国债达 5.003 亿卢布；为收购股票而从国库中支付现金 3550 万卢布；在不同时期发放给铁路公司用来加固铁路、购置机车车辆、作为周转资金的未偿还给国家的贷款、消除私债的额外贷款为 9540 万卢布；收购时为消除经营赤字而额外增加金额 4060 万卢布；取消的公司欠国家的担保固定资本收益的铁路公司债券为 11.48 亿卢布。铁路收购总金额为 35.7 亿卢布。④ 平均每俄里铁路收购价格为 17.06 万卢布（70—90 年代，每俄里铁路外加机车车辆成本为 4 万—6 万卢布）。虽然私营铁路国有化政策取得巨大成绩，但私营铁路公司规模仍较大，形成了几家大型铁路垄断集团。

六　国营铁路的组织管理

　　至 1900 年，俄国铁路运输中国家资本主义经济约占俄国铁路网的 70%，有 23 条正在运营的铁路，全长 34104 俄里在国家管理下，其中一半以上（19950 俄里）是从私营铁路公司收购的，14154 俄里由国家直接建设（有 4000 俄里正在建设中）。⑤ 国营铁路网大幅扩展要求政府采取一

① Денисов А. Е. , Государственные займы российской империи 1798–1917 годов. С. 40.
② Соловьева А. М. , Железнодорожный транспорт России во второй половине XIX в. С. 188.
③ Народное хозяйство в 1913 году. Министерство финансов. С. 521.
④ Соловьева А. М. , Из истории выкупа часных железных дорог в России в конце XIX в. // Исторические записки. М. , 1968（82）. С. 116–117.
⑤ Соловьева А. М. , Железнодорожный транспорт России во второй половине XIX в. С. 261.

系列的改革措施，加强对国营铁路的管理。

交通部管理国营铁路的建设和运营。在交通部内设立了国营铁路管理局，下辖 21 条国营铁路和西伯利亚大铁路建设管理局。

对铁路商业经营活动缺乏正确的组织管理是国营铁路管理中非常明显的短板。负责此项业务的运输条件特别处（归铁路司管辖）权力有限，官员数量少。1895 年该部门被改造成铁路司商务处，其主要任务是消除各铁路在经营中的单打独斗现象。

从 19 世纪 60 年代起，在交通部下设地方铁路检查局，检查国内铁路运输的安全。1892 年 С. Ю. 维特担任交通大臣后，对地方行政管理进行改革，加强对地方铁路的检查，在交通部内组建了监察机关。监察员的职能是对私营铁路的管理人员和国营铁路的官员进行监督，对铁路试验状况和铁路法的履行情况进行监督，但力度不大。[①] 1892 年，交通部下设工程委员会，铁路建设的技术条件制定、设计、预算等都在其管理范围内。

19 世纪 90 年代下半期，由于国营铁路网扩大，交通部的改革也顺理成章。机构改革涵盖铁路管理的所有方面。取消铁路司和铁路监察制度，铁路技术和经营的全部领导权都集中在重新建立的铁路管理局。铁路建设监察局对铁路建设实行管理。运价问题仍然归财政部管理。

机构臃肿、管辖不清、工作中缺乏一致性和极端官僚主义是沙皇政府铁路运输管理机关存在的最大弊端。对交通部进行改革之后，中央管理系统内部仍然存在双重性问题，两个领导机关——铁路建设监察局和主管国营铁路经营业务的铁路管理局在行动时缺乏统一性。忽视铁路未来经营需求、技术结构和建成线路的设备细节与已建成的毗邻线路设备不一致的情况屡见不鲜。

在国营铁路建设过程中，缺乏法律规范或原有规定更新不及时。欧俄国营铁路建设工程负责人仍以过时的 1882 年规则为指导。西伯利亚大铁路建设工程负责人按专门颁布的命令行事。但是长期超支、舞弊和盗用国家资产致使这些细则和命令中所制定的国营铁路建设条件具有不确定性。

---

① Фролов А. Н., Об административной организации железнодорожных установлений в России. СПб., 1909. С. 124, 234.

　　运输中的典型问题是缺少组织计划。铁路运输和相关的生产活动脱节。交通部和财政部运价委员会仅对国家各部门对铁路运输的要求进行机械汇总。

　　管理不善是国营铁路运营中的一个重要问题。由于国营铁路没有独立预算，成本计算也缺乏统一规则，所以很难准确地计算国营铁路的亏损程度。据监察部的数据，从 19 世纪 80 年代中期到 1895 年，国营铁路年亏损额为 4670 万—2650 万卢布。1886—1895 年国营铁路经营亏损额为 3.5 亿卢布。1897—1901 年国营铁路的经营赤字为 2.5 亿卢布，年均达 5000 万卢布。[①] 国营铁路慢性亏损也与支付大量建设资金债务有关，它占整个支出的 1/3 甚至将近一半。但是 П. П. 米古林认为，监察部所采用的以预算目录数据作为俄国铁路财务状况的计算方法是错误的。他通过研究得出结论，国营铁路网在其整个存在期间，除了 1896 年，没有一年是盈利的，每年亏损 4000 万—7000 万卢布。[②] 监察大臣在 1907 年度报告中重新复核了 1895—1899 年国营铁路的经营财务结果，并指出国营铁路在这一时期亏损，国库用于国营铁路上的花销多达 2.75 亿卢布，而非之前所说的 3300 万利润。[③]

　　铁路管理当局通过降低技术条件、强化铁路工人劳动来提高铁路公司的盈利额，节省建设和经营资金。但这样做的后果非常严重。铁路设备、设施老化，运输能力低，运输安全得不到保障。据 С. Г. 斯特鲁米林统计，19 世纪 90 年代因铁路"事故"死伤者数量就有 55000 人，其中 70% 以上是铁路工人。10 年当中，死亡和致残铁路工人数达 39000 人，每年减员数量占俄国铁路工人和工作人员总数的 10%。因此，每年铁路伤亡比例惊人地增长，10 年间增长了 2 倍（从 1889 年 10000 名铁路职工的 4% 到 1899 年的 13%）。[④]

---

① Соловьева А. М. , Железнодорожный транспорт России во второй половине XIX в. С. 266 - 267.

② Мигулин П. П. , Русский государственный кредит. Т. Ⅲ. С. 784.

③ Соловьева А. М. , Железнодорожный транспорт России во второй половине XIX в. С. 264 - 268.

④ Струмилин С. Г. , Статистико-экономические очерки. М. , 1958. С. 644 - 645.

小　结

随着铁路网的扩大，加强对铁路运输的组织与管理至关重要。这既包括铁路企业自身的计划、组织和决策，也包括国家的监督、调控，二者缺一不可。在运输组织上，俄国铁路通过列车运行表来维护铁路运行秩序，通过信号、联锁系统来管理运输安全，并不断完善。随着科技的进步，电报和电话也成为铁路通信的主角，成为列车安全运行的重要保障。

俄国政府加强铁路管理的第一项重要举措是加强对私营铁路的财政监督。19 世纪 80 年代起，俄国政府加强了对私营铁路的监督和管理，实行财政监督措施，对私营铁路的经营、建设进行监督，解决铁路公司贷款、纯收入分配和经营预算等方面的问题。在财政部、监察部和交通部的共同努力下，私营铁路纯收入增加，非生产性支出缩减。政府的财政监督措施推动了俄国铁路业的发展。财政部、监察部和交通部也从各自的利益出发，在私营铁路财政监督问题上产生了纷争。最终，交通部只保留技术监督职能；监察部直接监督线路的经营和建设情况，检查铁路公司的报表；财政部负责拨款，监督公司的收支情况。

俄国政府加强铁路管理的第二项重要措施是统一运价。从 19 世纪 80 年代末起，政府通过法律多次修订粮食、石油、煤炭、木材等大宗物资的运价。政府对铁路企业予以运价补贴。运价改革最直接的结果是铁路运费降低。一方面，由于运费降低，俄国商品在国际市场上有较强的价格优势，粮食、石油等产品出口加大，促进了俄国农业和工商业的发展；另一方面，由于某些产品运价低于运输成本，即使政府予以运价补贴，也致使一些铁路企业亏损。此外，运价改革实际上保护的是俄国中部地区大地主庄园和大垄断企业主的利益。由于对铁路企业运价进行补贴，政府提高了产品的间接税，负担转嫁到普通消费者身上。

俄国政府加强铁路管理的第三项重要措施是私营铁路国有化。私营铁路公司经营不善、营私舞弊，致使企业亏损，政府财政亏空。出于经济和战略安全考虑，再加上 19 世纪 80—90 年代俄国的国家预算有所巩固，俄国政府从 1881 年起开始收购经营亏损的私营铁路公司。原则上，政府根据铁路公司最近 5—7 年的平均收益确定收购条件，完全接收铁路公司债务，将公司股票置换成政府债券。1881—1900 年，俄国 37 家铁路公司 2 万余俄里铁路被国家收购。在收购过程中，私营铁路公司千方百计地抬高股票价格，以换取政府更多的收购补偿；一些有大金融资本入股的铁路公司，一方面为政府账务核查设置障碍，另一方面又向政府施压。因此，俄国政府为私营铁路国有化付出了高昂代价，背上了沉重的债务负担。

随着私营铁路的国有化和大规模国营铁路建设，19 世纪末至 20 世纪初，俄国国营铁路已占整个铁路网的 70%。从 19 世纪 80 年代末到 20 世纪初，政府采取了一系列措施，加强对国营铁路的组织管理。首先对铁路的管理机构进行改革，在交通部内成立了铁路建设管理局和西伯利亚大铁路建设管理局，改造铁路司商务处，成立了工程委员会，90 年代后期成立了铁路管理局和建设监察局，对铁路建设技术、建设过程和经营情况进行管理。国营铁路进行组织机构改革的目的是消除机构臃肿、官僚主义、管辖不清、缺乏统一的问题。但最终仍未解决中央管辖系统内部的两重性问题，在建设中缺少法律规范、组织规划。所有这些问题导致国营铁路经营赤字逐渐增加。铁路管理当局通过降低技术条件和强化工人劳动的方式来达到节省资金、增加盈利的目的。这也造成严重后果，即铁路设施老化，运力低，运输安全得不到保障。

第六章 俄国铁路的经济社会影响
及战略意义

铁路业的快速发展打破了俄国封建自然经济的封闭孤立状态，对俄国资本主义经济和全国市场的形成与发展产生革命性影响。劳动的地域分工发生根本性变化，前资本主义生产方式被彻底打破。运输速度的加快降低了商品价格，货物运输时间的缩短也使流通过程中被占用的资金释放出来，因而加快了资金周转速度。由于广泛使用铁路运输，19世纪70年代畜力运输被逐渐取代。铁路建设是推动俄国工业化和现代化的动力，它是工业化的大动脉，是沙皇政府号令全国的现代化工具。

第一节 铁路促进商品流通、全国统一市场形成
及商品出口

铁路网的建立加快了俄国的商品流通、全国统一市场的形成和商品出口。为发展农业，俄国最先建立起西部和南部铁路网（里加—察里津、利巴瓦—罗曼、洛佐瓦亚—塞瓦斯托波尔、西南、科兹洛夫—沃罗涅日—罗斯托夫铁路），它们把中部和黑海沿岸产粮省份同国内市场、波罗的海、黑海和亚速海出口港口连接起来，成为俄国粮食出口的广阔通道。随着俄国工业的发展，工业产品尤其是煤炭、石油等矿产品在铁路运输中所占的比重快速上升。货物运输总量和货物的行车里程持续快速增长。

一 粮食是铁路运输的主要对象

在本书所研究的时期，俄国仍是传统农业国，其粮食出口在世界上居于前列。铁路网的建立，为粮食在全国市场的流通和出口创造了更加便利

的条件，粮食成为铁路货运的主要对象。19世纪70年代中期，粮食运输占俄国整个铁路货运的32%—40%。[1] 在中心黑土地区和伏尔加河沿岸省份的一些铁路线上，粮食在运输总量上占绝对优势。其中坦波夫—科兹洛夫铁路，粮食运输占73%；在里亚日斯克—莫尔尚斯克铁路，粮食运输占货运总量的89%。[2] 以中心黑土地区的铁路为例，随着梁赞—科兹洛夫铁路线建成通车，粮食和其他农产品运输量迅速增加。1867年仅科兹洛夫站就发送了1100万普特粮食，里亚日斯克站发送了400万普特粮食，该线路运送农产品的数量达2400万普特。科兹洛夫—罗斯托夫铁路是莫斯科—梁赞—科兹洛夫铁路延伸线路，途经沙俄帝国粮仓——坦波夫省、沃罗涅日省和顿河哥萨克地区，其主要业务是从东南部黑土地区和顿河地区向莫斯科和彼得堡、里海和亚速海的港口供给粮食。仅1874年通过该铁路向北方就运送了1500万普特粮食，南方港口粮食出口量为700万普特。格里亚季—奥廖尔铁路可使中心黑土地区的粮食通过波罗的海港口出口到国外，1874年从该铁路线发往奥廖尔的粮食就超过1500万普特，其中500多万普特粮食是由科兹洛夫—沃罗涅日铁路线运输的。这些粮食通过奥廖尔—维捷布斯克铁路线发往波罗的海沿岸。利佩茨克、叶列茨、利夫内、布列斯特是格里亚季—奥廖尔铁路线上重要的粮食市场，其中，布列斯特在出口贸易中占有重要地位，在此形成了俄国粮食出口基地，主要出口对象是德国。[3] 一些大型粮食贸易中心都位于格里亚季—察里津铁路线上，如沃罗涅日、乌斯曼等。东南铁路为农产品打开了广阔的销售市场，并对农业生产产生重要的影响。据统计，1868—1870年奥廖尔—维捷布斯克铁路线从中心黑土地区运往里加的粮食增长了6.8倍；1865—1869年莫斯科—梁赞铁路运往彼得堡的粮食增长了3.6倍，其中小麦的运输量最大，占运输总量的40%。[4]

据 П. И. 梁士琴科统计，1876—1878年俄国铁路慢速货物运输中粮食占第一位，年均运输量3.12亿普特，矿石、林业建筑材料、钢铁、轨道、

[1]　Чупров А. И.，Железнодорожное хозяйство. Т. Ⅱ. М.，1878. С. 243.

[2]　Лященко П. И.，История народного хозяйство СССР. Т. Ⅱ. С. 131.

[3]　Мухина Н. Е.，История создания Юго - Восточной железной дороги и ее роль в экономическом развитии цетрального черноземья（1865 - 1913）. Диссертация на соискание ученной степени кандидата исторических наук. Воронеж.，2007. С. 115.

[4]　Там же. С. 122.

糖、棉花、羊毛和石油合在一起的运输量不及粮食，仅为 2.21 亿普特（见表 6-1）。①

表 6-1　1876—1878 年俄国铁路大宗慢速货物运输情况

单位：百万普特

主要货物名称	年均货物流通量	主要货物名称	年均货物流通量
粮食	311.9	棉花	7.2
煤炭	90.3	羊毛	4.2
林业建筑材料	67.8	石油产品	6.4
生铁、铁、钢、轨道	23.8	总计	533.2
糖	21.6	慢速大宗货物总计	978.0

资料来源：Лященко П. И.，История народного хозяйства СССР. Т. Ⅱ. С. 135.

粮食一直是铁路货运的主要物资，这种情况一直延续到 20 世纪初。这和世界粮食危机解除、出口价格上涨有很大关系。政府采取措施鼓励铁路企业参与粮食储运、进行运价改革，这促进了粮食运输量的增长。1888 年 6 月，政府颁布法律，允许铁路行政管理部门从事信贷活动。它们有权用所运粮食物资做抵押，从国家银行贷款并以此发放贷款和预付款。还允许它们修建粮仓用来储存出口粮食，储存期限为 1—6 个月，每月租金不超过 1/3 戈比/普特。1889 年 1 月，又颁布法律，不仅允许它们使用自由经营资金开展贷款业务，还允许它们从私人银行贷款。② 以莫斯科—喀山铁路为例，为促进莫斯科、梁赞、科洛姆纳、扎赖斯克的粮食出口，修建了机械化装备粮仓，在奔萨、喀山、坦波夫和辛比尔斯克省修建了车站粮仓。莫斯科粮仓能容纳 130 万普特粮食，科洛姆纳能容纳 12 万普特粮食，扎赖斯克能容纳 13 万普特粮食，梁赞能容纳 10 万普特粮食。③ 政府的运价改革，既降低了运价也促进了铁路的粮食运输。在 1891—1895 年的出口中，农产品的总值占比达 75%—80%，

① Лященко П. И.，История народного хозяйство СССР，Т. Ⅱ. С. 135.

② Андреев В. В.，Московско - казанская железная дорога в кконце XIX - начале XX вв.：модернизационный фактор в экономическом развитии региона. Дисс. на соискание ученной степени кандидата исторических наук. С. 108.

③ Высочайше учрежденная особая комиссия для всестороннего исследования железнодорожного дела России. Вып. 99. Материалы по обслеодованию железных дорог Московско - казанской железной дороги. СПб.，1913. С. 36.

其中粮食约占总值的一半。①　在莫斯科—喀山铁路上，梁赞、喀山、下诺夫哥罗德、辛比尔斯克和靠近塞兹兰的巴特拉齐站都是地区大型城市中心，货物从这些站点运往全国各地和出口。在所运输货物中粮食所占的比重最大。这些中心车站也成为伏尔加河流域、乌拉尔、西伯利亚、中亚、外高加索以及俄国以南国家的货物集散地。在通往莫斯科的 6 条铁路中，莫斯科—喀山铁路的运输量分别占莫斯科发出货物的 20.7%、运进货物的 14.8%。②　1893年，莫斯科粮食供应的 46.5% 是经莫斯科—喀山铁路运来的。③

　　塔什干铁路粮食运输量巨大，这促进了该地区农业的快速发展。在1885—1904 年的 19 年间，该铁路沿线各省的播种面积几乎增加了 1 倍，从100 万俄亩增加到 193 万俄亩，而在铁路建成之前的 20 年间耕地面积增长的速度约为 20%。④　铁路沿线附近出现很多粮仓、谷仓、集市、面粉厂和碾米厂。在塔什干铁路北段，奥伦堡、布祖鲁克和阿克纠宾斯克是重要的大型车站，也是重要的粮食运输枢纽。如 1909 年在布祖鲁克车站经过的谷物达 600 万普特，面粉约 200 万普特；受车站影响区域有 10 万俄亩耕地和 8 万人口。该市大约有 285 个私人粮仓，可储存 200 万普特粮食。索罗钦斯克车站周围一年的粮食产量为 600 多万普特，受车站影响的区域有 12 万俄亩耕地、9.5 万人口。车站附近的私人粮仓可容纳 100 万普特粮食。经过奥伦堡车站的谷物有 700 多万普特，面粉 360 万普特。⑤　随着铁路延伸到塔什干，奥伦堡从原来的终点站变成中间站，其运输的粮食量也大幅增加。1909—1913 年奥伦堡车站年运输粮食大约有 6500 万普特，其中小麦有 4500 万普特。⑥

---

①　Соловьева А. М., Железнодорожный транспорт России во второй половине XIX в. С. 286.

②　Горчаренко Л. Н., Города Среднего и Нижнего Поволжья во второй половине XIX века. (Социально-экономическое исследование). Чебоксары, 1994. С. 21.

③　Сборник очерков по г. Москве. М., 1897. С. 13.

④　Обзор Оренбургской губернии за 1885 г. Оренбург, 1886. С. 1; Обзор Оренбургской губернии за 1904 г. Оренбург, 1905. С. 1; Воронов А. М., Цвирко О. В., Оренбуржье на подъёме. Челябинск, 1975. С. 81.

⑤　Горюнов Ю. А., Воздействие ташкентской железной дороги на экономическую жизнь оренбуржья первой трети XX века. Дисс. на соискание ученой степени кандидата исторических наук. Оренбург, 2010. С. 126.

⑥　Давыдов М. А., Очерки аграрной истории России в конце XIX - начале XX вв. М., 2003. С. 107-108.

M. A. 达维多夫的研究显示，1901—1903 年平均每年从奥伦堡省运输的小麦和小麦面粉分别是 1080 万普特和 290 万普特，1908—1911 年是 1250 万普特和 930 万普特。① 塔什干铁路建成后的 5 年间，经该铁路运输的小麦数量增加了 20%，面粉增加了 300%。从奥伦堡运出的粮食，经过塔什干铁路几乎全都运到黑海和波罗的海港口。②

1908 年，萨马拉—兹拉托乌斯特铁路运输粮食数量达 2817.8 万普特，1909 年运出 2826.5 万普特。③ 由于粮食运输需求大，铁路运输能力不足，大量粮食积压在车站。为解决这一问题，萨马拉、乌法交易委员会会同交通部、工商业部以及铁路公司共同商讨对策，决定采取在车站及车站附近大量修建仓库、改造车站、增加车辆、调整发车区间等措施。最终于 1912 年基本解决了铁路车站粮食积压问题。

西伯利亚大铁路的情况也类似。截至 1913 年，西伯利亚大铁路仓储面积为 38505.01 平方俄丈（175350 平方米）。其中仓库为 16287.17 平方俄丈（74171 平方米），封闭站台 9046.21 平方俄丈（41196 平方米），露天站台 5604.87 平方俄丈（25524 平方米）。还有临时粮仓 4121.02 平方俄丈（18767 平方米），棚子和帆布 2498.17 平方俄丈（11377 平方米）。④ 1913 年 1 月 1 日，在西伯利亚大铁路登记的私人仓库和仓储点分属 283 个业主。其中 373 个为粮仓，能容纳 17526400 普特粮食，36 个是可储存 2160 万普特各种货物的仓库。⑤ 该铁路运输的货物中粮食所占比重最高。

到 1910 年，俄国 75 个铁路大粮仓的总容量达 2700 万普特，而国内没有机械设备的仓库的容量达 2.3 亿普特。⑥ 这还不包括大量临时的、简陋的车站仓库，这类仓库在秋冬粮食销售旺季还在不断涌现。

---

① Давыдов М. А. , Очерки аграрной истории России в конце XIX-начале XX вв. С. 123.

② Горюнов Ю. А. , Воздействие ташкентской железной дороги на экономическую жизнь оренбуржья первой трети XX века. С. 127.

③ Там же. С. 127.

④ Кообар Г. А. , Сервисная деятельность на Сибирской железной дороге в 1900 - 1913: качество и культура обслуживания. Дисс. на соискание ученой степени исторических наук. Омск, 2006. С. 141.

⑤ Там же. С. 142.

⑥ Шумский Д. , Хлебные элеваторы России. М. , 1922. С. 12.

铁路使粮食生产和流通发生真正的革命。作为新兴的运输方式，铁路极大地削弱了水路和畜力运输的影响力。传统贸易集中区的地位受到严重冲击。铁路贯穿俄国平原地区，相比以往，将分散的农民粮食更多地集中到火车站，并运往消费和出口市场。铁路以此加强了俄国地区间国民经济的有机联系，提升了粮食消费地区对粮食生产地区的依存度，使国内粮食市场与国际粮食市场的关系更加密切。[①]

二　矿产品在铁路运输中的比重快速上升

矿业产品在铁路运输中所占比重上升最快。从 19 世纪 80 年代起，矿业产品开始快速成为俄国铁路货物运输的大宗物资。煤炭和石油运输的绝对数字增长尤其明显，谷物所占比例降低。如果说 19 世纪 60—70 年代粮食运输在某些铁路占比达 50%—75%，1878—1885 年 6 种主要粮食份额反而降到货物运输总量的 26%，1886—1890 年降到 23%，1891—1895 年降到 20%。[②]

1878—1892 年国内运输中低速率大宗物资运输量增加了 1 倍多，从 7.04 亿普特增加到 15.80 亿普特。运输量的增加主要缘于矿物燃料（煤炭和石油）的使用。1881—1892 年国内铁路运输中煤炭绝对数值增加 1.58 亿普特，在所有货物运输中所占比例增长 3.9%，所占份额达到 16.5%。石油绝对运输数值增加 1.07 亿普特，在所有货物运输中所占比例增加 4.9%，所占份额达到 6.6%（见表 6-2）。[③]

19 世纪 90 年代至 20 世纪初是俄国经济上升期，工业物资占铁路货物运输总量的 2/3，而工业物资中的一半以上都是矿产品。农业物资占整个运输商品总量的 1/3。1895—1902 年 8 种粮食运输总量增加了 4850 万普特，粮食运输在运输总量中所占比重呈下降趋势，由 1895—1897 年的 20% 降到 1898—1902 年的 17%。同期，煤炭在运输总量中所占的比重从 15.9% 增加到 17.5%；石油及其相关产品在运输总量中所占的比重约为 7%。[④] 叶卡捷

---

① 〔苏〕尼·德·康德拉季耶夫：《战争和革命时期的俄国粮食市场》，张广翔、钟建平译，社会科学文献出版社，2017，第 22 页。

② Лященко П. И., Очерки аграрной эволюции России. Т. I . С. 166.

③ Соловьева А. М., Железнодорожный транспорт России во второй половине XIX в. С. 209.

④ Там же. С. 285. 各类物资在运输总量中所占的比重为作者根据统计数据中运输的绝对数值进行计算的结果。

琳娜、西南、苏姆斯克、北顿涅茨克、东南铁路等是顿巴斯煤炭的主要运输线路，主要将煤炭运输至南俄冶金基地，因此运输量最大。莫斯科—库尔斯克、塞兹兰—维亚济马、莫斯科—高加索、莫斯科—基辅—沃罗涅日、梁赞—乌拉尔等铁路将顿巴斯煤炭输送至中部工业区和伏尔加河中游的亚历山大、莫斯科、下诺夫哥罗德等地，这些铁路运输量位居全国第二位。20 世纪初南俄煤炭铁路运输量倍增，1904 年南俄地区铁路煤炭运输量为 4.8 亿普特，1913 年为 8.6 亿普特，增长了 79.2%。1913 年东南铁路站点运出煤炭数量为 7190 万普特，运抵东南铁路的煤炭为 4690 万普特，过境煤炭为 1.06 亿普特，东南铁路运输的煤炭总量达 2.25 亿普特。[①] 中部工业区和伏尔加河中游地区铁路煤炭运输量增加 343.9%，其他地区增加 131.2%。因此，1904—1913 年顿巴斯煤炭铁路运输总量增加 61.4 亿普特，年均增长 105.3%。[②]

铁路货运中石油产品比重也逐年增加，这主要缘于 19 世纪末巴库地区石油铁路与国内铁路线和出口港口的接通。石油产品一般先从巴库运至里海港口，然后使用高加索和弗拉季高加索铁路外运。高加索铁路巴库至巴统段的石油产品运输量逐年增加。1889 年，巴库—巴统铁路线与上一年相比货运量增长 134.7%，1890 年同比增加 120.7%，此后石油运输量仍逐年增加。1896 年、1899 年铁路年均输油量约为 5900 万和 8000 万普特。[③] 1894 年起俄国石油产品用于出口，货物先运至彼得罗夫斯克，然后转运至新罗西斯克，再从巴统港出发。高加索铁路与中心地区铁路连接后石油产品运输量迅速增加，1911—1913 年石油产品年均铁路运输量为 2.8 亿普特，重油、煤油和其他货物所占的比例分别为 50%、30% 和 20%，但水路仍是石油及其相关产品运输的主要方式。[④]

① Мухина Н. Е., История создания Юго - Восточной железной дороги и ее роль в экономическом развитии центрального черноземья（1865-1913）. С. 92.

② Фомин П. И., Горная и горнозаводская промышленность Юга России. Т. Ⅱ. Харьков, 1915. С. 47.

③ Нанаташвили Н. Л., Экспансия иностранного капитала в Закавказье（конец ⅩⅨ-начало ⅩⅩ вв.）. Тбилиси. 1988. С. 133.

④ Лисичкин С. М., Очерки по истории развития отечественной нефтяной промышленности. Дореволюционный период. М. -Л., 1954. С. 329.

表 6-2　19 世纪 80—90 年代初俄国铁路最主要的低速率大宗货物的运输情况

单位：百万普特，%

年份	四种主要粮食		盐		煤炭		石油和石油产品		木材和建筑材料		劈柴		总计		所有商品
	绝对数	占比	绝对数	占比	绝对数	占比	绝对数	占比	绝对数	占比	绝对数	占比	绝对数	占比	
1881	293	22.8	34	2.6	162	12.6	22	1.7	100	7.8	142	11.0	753	58.5	1286.1
1887	420	24.7	55	3.2	228	13.4	69	4.1	118	6.9	135	7.9	1025	60.3	1700.5
1892	347	17.9	68	3.5	320	16.5	129	6.6	145	7.5	124	6.4	1133	58.3	1942.2

注：四种主要粮食包括小麦、黑麦、燕麦、大麦。

资料来源：Статистический обзор железных дорог и внутренних водных путей России. СПб. , 1900. С. 74.

三　货物运输总量和行车里程持续快速增加

随着铁路网不断扩大，19 世纪 80—90 年代铁路运输周转量快速增长。俄国铁路运输开始更深入地进入国家资本主义经济的所有领域。1880—1894 年铁路货运流通量增加 72%，1879—1889 年货物的运输里程增加 180%。[①] 1876—1895 年水路运输货物数量增长 44%，铁路运输增长 115%，[②] 俄国内陆 65% 的货物运输依靠铁路，其余 35% 货物则依靠河运。1890—1894 年俄国铁路国内货物的运输里程为 9892 亿普特俄里，1895—1898 年为 15045 亿普特俄里，[③] 增长 52%（见表 6-3）。这说明随着铁路网的迅速扩大，货物运输已经延伸到更加边远的地区。

表 6-3　1880—1898 年俄国铁路的商品流通量

时间	长度（俄里）	商品流通量（10 亿普特）	商品的运输里程（10 亿普特俄里）	每俄里商品的流通量（千普特）
1880—1884 年	21611	2707	649.6	125
1885—1889 年	24882	3628	747.9	146
1890—1894 年	27940	4648	989.2	166
1895—1898 年	34161	6470	1504.5	189

资料来源：Бильмович А. Д. , Товарное движение на русских железных дорогах. Киев. , 1902. прложение. С. 2-3.

[①]　Бильмович А. Д. , Товарное движение на русских железных дорогах. Киев. , 1902. С. 2-3.

[②]　Лященко П. И. , История народного хозяйства. Т. Ⅱ. М. , 1952. С. 136.

[③]　Соловьева А. М. , Железнодорожный транспорт России во второй половине ⅩⅨ в. С. 286.

进入 20 世纪，由于战争、国内动荡和世界性经济危机，俄国铁路货运总量较 19 世纪末大幅下降，1910 年后逐渐恢复并快速增加。1905 年为42164.27 亿普特，1912 年则增加到 71107.96 亿普特，1905—1912 年铁路货物运输总量增加 68.6%。① 该时期俄国铁路货物运输中粮食、煤炭和木材的运输量分别增加了 24.1%、87.2%和 91.3%。② 从表 6-4、表 6-5 中可以看出运输增长的总体情况和木材、煤炭与粮食三种主要货物的运输情况。

表 6-4　1905—1913 年俄国铁路的商品流通量

年份	运输总量（百万普特）	比上一年增长（%）	每俄里运输量（百万普特）	商品的运输里程（百万普特俄里）	比上一年增长（%）
1905	4216427	—	76.7	2221628	—
1906	4915902	16.6	85.8	2485763	11.9
1907	5200219	5.5	87.7	2613638	5.4
1908	5247756	0.9	87.5	2673127	2.0
1909	5619590	9.0	93.4	2949335	10.3
1910	6058740	5.9	100.0	3067794	4.0
1911	6810188	12.4	110.9	3346330	9.1
1912	7110796	4.4	114.7	3549259	5.9
1913	—	—	—	3879229	9.3

注：表中数据个别有误，为尊重俄文文献，不做改动，下同。

资料来源：Народное хозяйство в 1913 году. С. 516.

表 6-5　1905—1913 年主要货物运输动态变化

年份	木材		煤炭		粮食	
	运输量（百万普特）	增长（%）	运输量（百万普特）	增长（%）	运输量（百万普特）	增长（%）
1905	563	—	782	—	967	—
1906	667	13.3	971	24.1	1079	11.5
1907	773	9.4	1114	14.7	1030	4.5
1908	843	10.1	1129	1.3	982	1.6
1909	866	8.0	1100	-2.2	1252	27.5
1910	906	4.6	1089	-1.0	1270	1.4
1911	1023	12.9	1297	19.1	1282	1.0
1912	1077	5.4	1464	12.9	1200	-6.4

---

① Народное хозяйство в 1913 году. С. 516.

② Там же. С. 517.

续表

年份	木材		煤炭		粮食	
	运输量 （百万普特）	增长（%）	运输量 （百万普特）	增长（%）	运输量 （百万普特）	增长（%）
1913	1168	8.4	1437 *	-1.1	1347	12.2
总增长	—	107.4	—	86.3	—	38.2
1905—1913 年均增长	—	9.1	—	8.5	—	3.5

注：* 不包含华沙—维也纳和阿尔马维尔—图阿普谢铁路。

资料来源：Народное хозяйство в 1913 году. С. 517.

　　在国内资本主义市场中，边远农业区产品的流通量所占比例有所增加。四通八达的铁路网直接促进了该趋势的快速发展，它把以前交通不便、与中心地区隔绝的俄国东南地区、伏尔加河中下游左岸地区、欧俄地区、乌拉尔和西伯利亚地区等最边远地区的产品带入市场。19 世纪 90 年代货物平均运输里程增加一半。[①] 19 世纪 80—90 年代进行的铁路运价改革，促进了俄国粮食出口，90 年代俄国粮食出口总量达到国家农业净收获量的 1/4。[②] 1905—1913 年，货物运输里程增加近 166 万普特俄里，增加 74.6%。

　　截至 1913 年，俄国国营和私营铁路共计 34 条。可以从各条铁路的运输数据了解俄国铁路货物运输的总体情况。货物运输量最大的铁路为叶卡捷琳娜铁路，年运输货物 22.28 亿普特；其次为南方铁路，年运输量为17.98 亿普特；西南铁路紧随其后，为 11.31 亿普特。在货物运输里程上，这三条铁路也位列三甲，叶卡捷琳娜铁路为 4116 亿普特俄里，西南铁路居第二位，为 3240 亿普特俄里，南方铁路为 2879 亿普特俄里。[③] 这三条铁路集中在俄国南部和西南部，随着南方地区矿业冶金业的发展，煤炭和钢铁经铁路从这里大量运往全国和出口，该地区铁路成为全国货物运输最繁忙的线路。同时，铁路网的建立也促进了该地区的经济开发，两者相辅相成。东南铁路是中心黑土地区最重要的铁路网，其粮食、食品和畜

① Билимович А. Д.，Товарное движение на русских железных дорогах. Киев.，1902；Соловьева А. М.，Железнодорожный транспорт России во второй половине XIX в. С. 286.

② Шванебах Н. Х.，Денежное преобразование и народное хозяйство. СПб.，1901. С. 98-102.

③ Фадеев Г. М.，История железнодорожного транспорта России. Т. 1. 1836-1917. С. 285. Таб. 19. 1.

产品的运输量巨大，所以无论在运输总量还是运输里程上都居各铁路前列。1913 年俄国全国各铁路货物运输的总体情况见表 6-6。

表 6-6 1913 年俄国铁路货运情况

性质	铁路名称	里程（俄里）	货物运输	
			运输量（百万普特）	运输里程（10 亿普特俄里）
国营	亚历山大铁路	1067	267	68.1
	巴斯昆恰克铁路	67	35.9	1.7
	叶卡捷琳娜铁路	2844	2227.8	411.6
	外贝加尔铁路	1701	121.2	44.5
	外高加索铁路	1767	369	88.2
	利巴瓦—罗缅斯克铁路	1346	408.6	106.2
	莫斯科—库尔斯克—下诺夫哥罗德铁路	1163	570.1	122.7
	尼古拉耶夫铁路	1520	846	140.9
	鄂木斯克铁路	642	9.4	2.9
	彼尔姆铁路	2553	369.8	136.8
	波列斯克铁路	1845	319	82.4
	里加—奥廖尔铁路	1464	564	113.9
	萨马拉—兹拉托乌斯特铁路	1243	361.8	121
	北方铁路	2966	463	126
	西北铁路	2535	650.2	125.3
	西伯利亚大铁路	3161	355	229.8
	中亚铁路	2373	162.2	67
	塞兹兰—维亚济马铁路	1306	298	65.2
	塔什干铁路	2095	184.4	132.2
	西南铁路	3896	1131	324
	南方铁路	3080	1797.8	287.9
私营	别尔哥罗德—苏姆斯克铁路	149	34.8	2.5
	博戈斯洛夫斯克铁路	203	49.7	5.9
	弗拉季高加索铁路	2383	620.1	247.6
	伏尔加—布古利马铁路	340	25.7	3.5
	叶伊斯克铁路	133	26.8	2.3
	莫斯科—温道铁路	2467	199.3	61.5
	莫斯科—喀山铁路	2486	530	151.8
	莫斯科—基辅—沃罗涅日铁路	2469	804	166.5

续表

性质	铁路名称	里程 （俄里）	货物运输	
			运输量 （百万普特）	运输里程 （10 亿普特俄里）
私营	梁赞—乌拉尔铁路	4122	693.2	200
	北顿涅茨克铁路	691	446.9	99.7
	特罗伊茨铁路	102	12.7	1.2
	费尔干铁路	86	8.2	0.6
	东南铁路	3252	880.4	259.8

资料来源：Фадеев Г. М.，История железнодорожного транспорта России. Т. 1. 1836 - 1917. C. 284 - 285.

第二节　铁路促进人口流动和城市化进程

铁路的修建，极大改善了俄国的交通状况，是一场彻底的交通运输革命，它为人口迁移创造了便利条件。随着铁路网的建立，旅客运输量逐年增加，尤其是在 19 世纪 90 年代以后。

一　铁路为人口流动创造了条件

1894 年 12 月 1 日起，俄国开始实行客运费率改革。这是促进旅客运输发展的重要举措。而此前，俄国铁路旅客运输费率是按照俄国铁路总公司的章程确定的，实行最高限价定价规则，这样造成火车票价格高，旅客负担重。与货物运输相比，旅客运输发展缓慢。改革后，票价按分级费率体系确定，即距离越远，费率越低。改革实现了降低票价的目标，促进了旅客运输的发展。因此，19 世纪末至 20 世纪初，俄国铁路旅客运输量迅速增长，人口流动性增大，促进了经济的快速发展。

以萨马拉—兹拉托乌斯特铁路为例，该铁路经济影响范围为萨马拉、奥伦堡和乌法三个省份。在铁路建设之初，铁路沿线大型贸易中心只有萨马拉一地，此处人口达 10 万，而奥伦堡人口仅 5.8 万，乌法 3 万人，布古鲁斯兰有 2 万人，兹拉托乌斯特有 2 万人，布祖鲁克有 1.4 万人，米阿斯有 1.4 万人，车里雅宾斯克有 1.1 万人，切尔卡斯有 7000 人，博尔斯格耶和索罗钦斯克格耶各有 4000 人口。[①] 1888—1893 年，该铁路的发展并不顺利。运价改革后，铁路运输效益明显改善，铁路扭亏为盈。当地的经济空前繁荣，人口迅速增长。据统计，1892 年萨马拉地区人口是 2650580 人，[②] 1897 年为 2763478 人，[③] 至 1901 年，人口就增加到 3042020 人。[④] 当时该地各个县城的人口也明显增多，即尼古拉耶夫斯克为 13911 人，布祖鲁克为 13786 人，新乌津斯克为 16327 人。[⑤] 由于农村工作的季节性特征，大量剩余劳动力开始沿铁路涌向城市、集市贸易中心和码头。随着铁路的修建和当地农业、加工业、工矿业的发展，大量外来人口也开始从欧俄进入这一边远地区。1913 年萨马拉—兹拉托乌斯特铁路运输旅客 375.6 万人次。

莫斯科—喀山铁路 1900 年的旅客运输量为 350 万人次，1911 年已经超过 800 万人次，1913 年则近 860 万人次。6% 的乘客购买头等厢车票，14% 的乘客乘坐二等车厢，而 80% 的乘客乘坐三等车厢。[⑥] 这说明人口的流动以普通人为主。总体而言，铁路基本能够满足旅客运输需求，但在旅客大量出行的节假日，如圣诞节、新年、谢肉节和复活节、复活节后的第一个星期以及圣三一节前夕，定期旅客列车就显得不够用。这段时间铁路安排临时列车，把常规列车的车列定额扩大到极限。[⑦] 每年 5 月和 6 月中上旬，铁路上通常会出现喀山方向列车旅客座位不够用的情况。这首先和旅客从莫斯科出行去矿水城疗养院有关。7 月中下旬和 8 月，旅客从疗养院返回莫斯科。这证明国内富裕阶层规模扩大，他们可以在夏季去南方休养。1912 年夏天，沿莫斯科—喀山铁路，从莫斯科发送旅客列车到矿水城、基斯拉沃茨克、梯弗里斯、顿河畔罗斯托夫、车里雅宾斯克、塞兹

---

① Краткий обзор развития и деятельности Самаро - Златоустовской железной дороги за двадцатипятилетие 1888-1913. М., 1914. С. 1.

② Адрес-календарь Самарской губернии на 1894 г. Самара, 1893. Ч. П. С. 77.

③ 150 лет Самарской губернии. Статистический сборник. Самара, 2000. С. 91.

④ Календарь и памятная книжка Самарской губернии на 1903 г. Самара, 1902. Ч. П. С. 183.

⑤ Там же. С. 183.

⑥ Андреев В. В., Московско-Казанская железная дорога на рубеже XIX -XX веков. С. 150.

⑦ Высочайше учрежденная Особая высшая комиссия. Вып. 99. С. 16, 157, 158.

兰、辛比尔斯克、斯维亚日斯克、安集延、塔什干、巴统、萨拉托夫、梁赞、叶戈里耶夫斯克、奥泽尔、扎莱斯克、科兹洛夫。长途旅客增长的同时，郊线旅客数量也迅速增长。莫斯科—喀山铁路公司是最早开展大城市郊区别墅旅客业务的铁路公司之一。在铁路沿线，如莫斯科、喀山、下诺夫哥罗德、梁赞以及其他城市附近近郊铁路旅客运输发展起来。1910 年郊线列车共运送旅客 3860700 人次。而 1917 年，计划将这个数量增加到 6590000 人次。[①]

1913 年，俄国铁路旅客运输规模最大的是西北铁路，为 2701.2 万人次，其次为南方铁路，1844.9 万人次，西南铁路 1716.7 万人次，莫斯科—库尔斯克—下诺夫哥罗德铁路 1524.4 万人次，北方铁路 1389.7 万人次。[②]这些铁路线路长，经过地区多为欧俄人口密集和工农业相对发达的地区。由于俄国南部地区矿山冶金企业、外高加索石油工业的发展，叶卡捷琳娜、外高加索、弗拉季高加索铁路的旅客运输量也很大。尼古拉耶夫、里加—奥廖尔、莫斯科—基辅—沃罗涅日铁路虽然线路不是最长的，但其经过区域是俄国传统工业区，经济较为发达，其旅客运输量也居于前列。随着铁路网向乌拉尔、西伯利亚远东以及中亚地区扩展，经过这些地区的铁路旅客运输规模也不小（见表 6-7）。

西伯利亚大铁路的旅客运输量快速上升，极大地加快了地区人口流动。从 1900 年至 1909 年，当地的旅客运输量从 60 万人次（旅客运输总量的 66.7%）增长到 300 万人次（70.8%），即增加了 4 倍，过境运输量是原来的 1.5 倍。1909 年，西伯利亚和外贝加尔路段三等和四等车厢的旅客，即工人、小公务员和移民占内部旅客运输的 95.4%。这证明了铁路沿线地方经济的发展，铁路打开了移民通道。[③] 1913 年俄国铁路旅客运输情况详见表 6-7。

---

① Высочайше учрежденная Особая высшая комиссия. Вып. 99. С. 20, 21.
② Фадеев Г. М., История железнодорожного транспорта России. Т. 1. 1836-1917. С. 285. Таб. 19. 1.
③ Обзор комерческой деятельности Сибирской железной дороги за десять лет （1900 - 1909）, составленно по поручению Управления дороги Комерческим агентом А. З. Сахаровым. Томск. , 1911. С. 64-66.

表 6-7　1913 年俄国铁路旅客运输情况

性质	铁路名称	里程（俄里）	旅客运输	
			千人次	百万旅客/俄里
国营	亚历山大铁路	1067	7078	702
	巴斯昆恰克铁路	67	22	0.9
	叶卡捷琳娜铁路	2844	12107	970
	外贝加尔铁路	1701	3144	764
	外高加索铁路	1767	12005	732
	利巴瓦—罗缅斯克铁路	1346	4999	502
	莫斯科—库尔斯克—下诺夫哥罗德铁路	1163	15244	989.6
	尼古拉耶夫铁路	1520	13496	1394.5
	鄂木斯克铁路	642	81	10.9
	彼尔姆铁路	2553	4916	644
	波列斯克铁路	1845	4429	595
	里加—奥廖尔铁路	1464	12913	619.9
	萨马拉—兹拉托乌斯特铁路	1243	3756	1052
	北方铁路	2966	13897	1160
	西北铁路	2535	27012	1684
	西伯利亚大铁路	3161	4652	2031
	中亚铁路	2373	4558	532
	塞兹兰—维亚济马铁路	1306	4364	602
	塔什干铁路	2095	2615	614
	西南铁路	3896	17167	1939
	南方铁路	3080	18449	1853
私营	别尔哥罗德—苏姆斯克铁路	149	235	11.9
	博戈斯洛夫斯克铁路	203	346	28.5
	弗拉季高加索铁路	2383	9751	1272
	伏尔加—布古利马铁路	340	147	15.7
	叶伊斯克铁路	133	266	19.4
	莫斯科—温道铁路	2467	2301	196
	莫斯科—喀山铁路	2486	8582	860
	莫斯科—基辅—沃罗涅日铁路	2469	7168	852
	梁赞—乌拉尔铁路	4122	7123	938
	北顿涅茨克铁路	691	1077	94
	特罗伊茨铁路	102	84	7.7
	费尔干铁路	86	212	11.8
	东南铁路	3252	7800	1241

資料来源：Фадеев Г. М., История железнодорожного транспорта России. Т. 1. 1836 – 1917. С. 284-285.

1913 年旅客运输量约为 2.13 亿人次。与 1905 年相比，旅客运输增长约82%。[1] 尽管旅客运输数量明显增长，但俄国人口流动性仍然较低。1913 年，人均乘铁路出行 1.35 次，而美国人均 10.2 次，法国 12.8 次。[2]

二 铁路促进移民和城市化

19 世纪中期以前，俄国的城市化进程一直比较缓慢。这既有农村人口自然增长超过城市人口自然增长、农民向城市迁移的数量不足、部分市民迁往农村或转为农民等直接原因，[3] 也有价格革命严重制约了城市化进程、稳定的农村社会结构难将农民推向城市、工业革命滞后难为农民提供就业机会、大量农民涌入新征服土地不利于城市人口得到补充等间接原因。工业滞后的间接原因包括俄国交通状况不佳：水路和土路运输受季节影响大，运输时间长；公路发展晚，道路稀少，运费昂贵。糟糕的交通状况不利于人口长距离迁移，包括向城市迁移。[4]

铁路的出现，改变了俄国的社会经济结构和人口结构，成为推动城市化的重要因素。以西伯利亚大铁路为例，它的修建与移民密切相关。财政大臣 C. Ю. 维特在回忆录中写道："我修建西伯利亚大铁路的设想，与移民问题密不可分。通过这种方式，一方面可以降低俄国欧洲部分的人口密度，那里（欧俄）可以给农民更自由的土地耕作空间；另一方面，借此振兴广大的西伯利亚地区。之后，希望西伯利亚大铁路得益于移民，在不远的将来可以收回成本。"[5] 1892 年 12 月 10 日建立的西伯利亚大铁路委员会在移民问题上发挥了积极的作用。在纪念西伯利亚大铁路委员会成立10 周年出版的《西伯利亚大铁路今昔》中有一章是专门写与铁路修建有关的辅助事业的。这些事业被分为两类：一类是西伯利亚移民措施，另一

---

① Народное хозяйство в 1913 году. C. 516.

② Железнодорожный транспорт XX век. M., 2001. C. 96.

③ 张广翔：《俄国封建晚期城市化缓慢的直接原因》，《世界历史》2002 年第 6 期，第 69 页。

④ 张广翔：《俄国封建晚期城市化缓慢的直接原因》，《世界历史》2002 年第 6 期，第 85—93 页。

⑤ Из архива C. Ю., Витте. Воспоминания. Том. 1. Рассказы в стенографической записи. Книга 1. СПб.：Дм. Буланин, 2003. C. 367.

类是振兴这一地区经济的措施。① 1893 年，在西伯利亚大铁路委员会内建立了辅助企业基金。基金账户有 1400 万卢布，用于与修建铁路有关的辅助企业，促进定居以及毗邻铁路地方工业的发展。② 1897 年，基金又进账约 800 万卢布，1901 年进账 500 多万卢布。从 1902 年起，平均每年进账300 万—400 万卢布。③ 大部分资金用于组织移民。在委员会下面设立了以 A.H.库洛姆金为首的筹备委员会，委托库洛姆金直接处理移民事务。④ 可用西伯利亚大铁路辅助企业基金向移民提供贷款购买国家土地。移民预算也纳入基金预算。例如，1903 年，西伯利亚大铁路委员会记录，贷款纳入基金预算——120 万卢布贷给移民，8.6 万卢布贷款用于修建通向移民地段的道路，18155 卢布贷给受托在移民点建立医疗站的特命官员，21000 卢布用于维护水利设施。⑤

　　协助政府有计划地移民是西伯利亚大铁路委员会最重要的活动方向，而此前的移民活动是分散、不协调的。第一，给予移民优惠票价。之前各个铁路公司和轮船公司的票价折扣在 1894 年合并成统一的移民票价：每个家庭成员 0.3 戈比/俄里（10 岁以下儿童免票）。1898 年，移民票价降到三等车厢的儿童票价。据 A.A.伊萨耶夫统计，19 世纪 90 年代初，按当时的票价折扣计算，从库尔斯克和坦波夫省到托木斯克，移民家庭的路费约为 57 卢布（家庭成员为 3 个成年人和 3 个儿童，在这个费用中不包含行李托运费用和路上的吃食）。⑥ 到 1900 年，从奥廖尔到托木斯克一个家庭（3 个成年人和 2 个儿童）的路费为 14 卢布 70 戈比（凭许可移民），

---

① Сибирская железная дорога в ее прошлом и настоящем. К десятилетию Сибирской железной дороги （1893 - 1903）. Исторический очерк//Составлен Саблером С. В., Сосновским И. В., Под глав. Ред. Статс - секретаря Куломзина. СПб. ： Государственная типография, 1903. С. 292.

② Азиатская Россия. Т. 1. СПб., 1914. С. 459.

③ Кауфман Ф. Ф., Переселение и колонизация. СПб., 1905. С. 46.

④ Рамнев А. В., Комитет Сибирской железной дороги как орган регионального управления.//Хозяйственное освоение Сибири: вопросы истории XIX - первой трети XX вв. Вып. 2. Томск., 1994. С. 42.

⑤ ГАТО. Ф. 3. Оп. 46. Д. 1034. Л. 28.

⑥ Исаев А. А., Переселение в русском народном хозяйстве. СПб., издание А. Ф. Цизерлинга, 1891. С. 47, 48; Россия. Комитет Сибирской железной дороги. Колонизация Сибири в связи с общим пересенческим вопросом. С. 181 - 182.

同时，自愿移民者支付的四等车厢路费为 47 卢布 80 戈比。① 第二，形成了路上医疗和粮食救助制度：在一些站点有医学检查，有医疗站和粮食供应点，移民专列有卫生车厢，配备医护人员（1899 年，西伯利亚大铁路上这样的车厢达 20 个②）。在移民专列卫生车厢不足的情况下，可以用三等、四等或保温车厢代替。车站有移民点的，要建立留观点。医疗救助是免费的。粮食救助对成年人不免费，对 10 岁以下儿童免费。截至 1907 年，西伯利亚大铁路已经具有了相当发达的医疗服务体系。在车里雅宾斯克、鄂木斯克、托木斯克、克拉斯诺亚尔斯克和因诺肯季耶夫斯克车站都有医院和传染病科。在车站上有 29 个医疗点，其中托木斯克省 12 个；铁路上有医生 39 人、医士 93 人、助产士 34 人、顾问 3 人（教授 2 人、副教授 1 人）。③ 第三，在西伯利亚的一些地区，给移民提供一些生活必备的器具，但数量有限。委员会打算扩大农具仓库的活动范围，内务部、农业部和国家财产部支配资金的发放（从 1898 年起农具仓库归内务部领导）。成立了木材仓库，为居民提供安家的木材。④ 第四，关注移民的精神生活。在大臣委员会办公厅下设教育基金会，为西伯利亚大铁路沿线地区修建教堂和学校，后来基金会以沙皇亚历山大三世命名。1894 年，第一笔捐赠资金到位。⑤ 1897—1902 年，因辅助企业基金转账 15 万卢布，这个基金的实力增强。⑥ 第五，重视对移民的物质帮助。西伯利亚大铁路委员会筹备委员会制定了相应的规则。1894 年 6 月 5 日，沙皇批准了《政府对法定许可移民的贫困家庭进行补贴的临时规定》。规定以临时措施的形式实行两年，不全面公开。1896 年（3 月 15 日规定）、1899 年（6 月 29 日规定）、1903 年（6 月 25 日规

---

① Комитет Сибирской железной дороги. Колонизация Сибири в связи с общим пересеньческим вопросом. С. 182.

② Там же. С. 188.

③ ГАТО. Ф. 215. Оп. 1. Д. 304. Л. 55.

④ Комитет Сибирской железной дороги. Колонизация Сибири в связи с общим пересеньческим вопросом. С. 267-271.

⑤ Там же. С. 275-276.

⑥ Сибирская железная дорога в ее прошлом и настояшем. К десятилетию Комитета Сибирской железной дороги (1893-1903). Исторический очерк. С. 343.

定）对规定进行了修改和补充。① 修改涉及贷款援助的规模、贷款回收的规则、管理贷款发放的机关（从 1903 年起为县代表大会）等。1905 年 10 月，西伯利亚大铁路委员会完成使命，正式将移民工作移交给内务部下设的移民局。

1897—1914 年，西伯利亚的人口从 460 万增加到 770 万（增长67.4%），远东人口从 90 万增加到 160 万（增长 77.8%）。② 人口增长主要依靠移民。1896—1917 年，有 350 万人前往乌拉尔以外地区（不包括草原边区），只有 90 万人返回。③ 从 1900 年起，西伯利亚人口的自然增长率为 1.2%—1.4%，依靠移民则增长率达到 4%。④ 在远东地区，1908 年，总人口增长率为 5.4%，而自然增长率为 1.43%。⑤ 西伯利亚和远东地区人口增长率是全国人口平均增长率的 1.3 倍。但是西伯利亚人口的绝对数量还是很低的，到 1916 年，每平方俄里平均只有 1.7 个人。⑥

西伯利亚大铁路改变了西伯利亚和远东地区人口定居的格局。铁路修建前，人口主要集中在大道和河岸沿线，铁路修建后，人口开始主要在铁

① Временные правила о пособиях от правительства нуждающимся семействам, переселяющимся с установленного разрешения//Сибирские переселения. Выпуск 2. Комитет Сибриской железной дороги как организатор переселений. Сборник документов. Новосибирск. Изд‐во. Сова, 2006. С. 192 - 197; Временные правила о пособиях от правительства нуждающимся семействам, переселяющимся с установленного разрешения//Там же. С. 215-220; Правила о пособиях от правительства переселяющимся в Сибирь（кроме Алтайского округа）и Степное генерал‐губернаторство//Справочные издания Переселенческого управления Министерства внутренних дел. Выпуск Ⅷ. Сборник узаконений и распоряжений о переселении. С. 182-190; Временные правила о пособиях от правительства переселяющимся в Сибирь（кроме Алтайского округа）и Степное генерал‐губернаторство//Россия. Главное управление землеустройства и земледелия. Переселенческое управление. Сборник узаконений и распоряжений о водворении переселенцев и образовании переселенческих участков. СПб.：Тип. Ф. Вайсберга и П. Гершунина, 1907. С. 56-61.

② Вольф М. Б и Мебус Г. А., Статистический справочник по экономической географии СССР и других государств. Л. 1924. С. 27-28.

③ Там же. С. 57.

④ Рогозин Н. Е., Влияние Сибирской железной дороги на экономическое развитие Западной Сибири в начале ⅩⅩ в. Учен. записки（Белорус. ун‐т）, Вып. 16, серия истории. Минск. 1953. С. 173.

⑤ Дальний Восток. Военно‐статистический обзор. Т. 3. СПб., 1911. С. 88.

⑥ Сельское хозяйство России в ⅩⅩ веке. Стат. сб. Под ред. проф. Н. П. Огановского. М., 1923. С. 29.

路干线和支线沿线定居。到 1911 年，阿穆尔河沿岸地区，一半以上的土地直接受即将建成的阿穆尔铁路的影响。① 在乌苏里斯克边疆区，人们不仅开始在兴凯湖草原、肥沃的绥芬河和苏昌河谷定居，还在相对偏僻的哈巴罗夫斯克南部、外苏昌、乌苏里江、苏昌河上游、乌拉赫、达乌比赫地区定居。乌苏里斯克边疆区的定居点开始沿已经建成的铁路干线路基展开，之后支线的移民开始深入到之前难以开发的更远的角落。②

西伯利亚的人口发生了结构性变化。到 1917 年，87% 的城市人口、国内市场农产品的主要消费者集中在铁路沿线。③ 1897 年、1909 年、1914 年，西伯利亚城市人口所占的比例分别为 26.4%、10.4% 和 10%，而农业人口分别为 73.6%、86.9% 和 90.0%；远东地区城市人口的比例为 50.8%、23.2%、29.0%，农业人口的比例为 49.2%、76.8%、71.0%。④ 从以上数据可以看出，西伯利亚、远东地区人口的增长主要在农村。因为西伯利亚的移民主要为农民。人口逐渐从西到托木斯克省集中，然后向东人口集中程度降低，在阿穆尔地区向布拉戈维申斯克（海兰泡）方向集中，而在滨海边疆区几乎所有人口都集中在尼格尔斯克—乌苏里斯克沿线。这些城市是这些地区的产粮中心。⑤ 在外贝加尔地区，主要城市为赤塔和上乌金斯克，西伯利亚地区为伊尔库茨克、克拉斯诺亚尔斯克、新尼古拉耶夫斯克、托木斯克、鄂木斯克、彼得罗巴甫洛夫斯克、库尔干。西伯利亚大铁路在西伯利亚和远东的经济集中中发挥了重要作用。

我们以托木斯克省为例考察西伯利亚大铁路对于该省人口发展的影响。19 世纪末，托木斯克省的定居人口很少。尽管有定居点（从 1882 年

---

① Дальний Восток. Т. 3. С. 203.

② Сильницкий А., Культурное влияние Уссурийской железной дороги на южно - Уссурийский край. Хабаровск, 1901. С. 2 - 3.

③ Воробьев В. В., Формирование городской сети юга Восточной Сибири. Иркутск, 1958. С. 15.

④ Дальний Восток. Т. 3. С. 110 - 111；Сельское хозяйство России в XX веке. С. 29；И. И. Серебренников. Земледельческая Сибири. ⁄ К вопросу о численности сельскохозяйственного населения Сибири. ⁄⁄ По переписи 1897 г. Б. м. и г., С. 2 - 3；Статистический ежегодник России 1914 г. Пг., 1915. С. 53-55.

⑤ Труды Амурской экспедиции（далее ТЭС），вып. Ⅷ. Материалы о положении и нуждах торговли и промышленности на Дальнем Востоке составил уполномоченный Министерства торговли и промышленности А. Н. Митинский. СПб., 1911. С. 155.

的 1104904 人到 1896 年的 1610987 人①），人口密度的增长也非常缓慢，从 1867 年的 1.03 增长到 1896 年的 2.13。② 1896 年，定居人口较多的县有：巴尔瑙尔（584035 人）、比斯克（337079 人）、托木斯克（277283 人）、兹梅伊诺戈尔斯克（242823 人）。但这里的人口密度为每平方俄里 3—5 人。托木斯克县的人口密度最小，因为境内有一个没有人定居的纳雷姆边区。③ 随着车里雅宾斯克—新尼古拉耶夫斯克和新尼古拉耶夫斯克—克拉斯诺亚尔斯克路段在 1896 年投入运行，支线泰加林—托木斯克—切列莫什尼基在 1898 年投入运行，托木斯克省的人口数量显著增加。根据 1897 年第一次全国人口普查，托木斯克省的人口数量为 1927900 人。④《托木斯克省 1898 年概览》显示，至 1899 年 1 月 1 日，全省的人口增加了 453530 人，为 2064517 人，同时，仅自然增长 47466 人，其余为因国家公务或私人业务来到这里的人（20077 人），以及流放人员（5115 人）和移民。⑤

下列数据说明了西伯利亚大铁路在托木斯克人口增长中的作用。在 3845 个 1896 年在托木斯克省定居的家庭中，3210 个家庭坐火车和乘船到来，其余的乘坐自己的畜力车或步行到来。⑥ 1899 年，西伯利亚的移民总数为 223981 人，其中经铁路到来 220672 人，根据我们的计算，占 98.5%。⑦ 接下来的几年，一直维持这种趋势。根据移民管理局的数据，1910 年上半年，有 244528 人去了乌拉尔以外地区，集中经铁路去的有 232023 人，占 95%。⑧

铁路把欧俄地区的农民带到西西伯利亚南部。根据各种数据得出，西

① Обзоры Томской губерни. 1882–1896 .

② Рашин А. Г. , Население России за 100 лет. М. , 1956. С. 77–79.

③ Нарымский край（материалы статистико - экономического исследования 1910 – 1911, собранные и разработанные под руководством и редакцией В. Я. Нагнибеда）. Томск. , 1927. С. 4.

④ Первая всеобщая перепись Российской империи. 1897. Т. 79. С. 5.

⑤ Обзор Томской губерни за 1898 г. Томск. , 1899. С. 1–2.

⑥ ГАТО. Ф. 234. Оп. 1. Д. 280. Л. 171–172об.

⑦ Соболев М. Н. , Экономическое значение Сибирской железной дороги.//Известия Императорского Томского университета. Кн. 8. Томск. , 1901. С. 20.

⑧ Подсчитано по : Вестник путей сообщения. 1910 г. № 28.

伯利亚大铁路运输旅客的数量：1895 年 315679 人（其中移民 107267 人），1896 年 649000 人（其中移民 232000 人），1897 年 353203 人（其中移民 122393 人），1898 年 1261860 人（其中移民 256960 人），1899 年 1293672 人（其中移民 220672 人），1900 年 1516000 人（其中移民 256000 人）。[1] 这些统计数据证明 6 年间西伯利亚大铁路的客流量增加了 3.8 倍。铁路运输的移民数量不断增加。但在旅客运输数量整体增加的背景下，移民旅客的比例是降低的。如，据统计，移民旅客在旅客总数中所占的比例，1895 年为 34%，1896 年为 36%，1897 年为 35%，1898 年为 20%，1899 年为 17%，1900 年则低于 17%。[2]

接下来几年，托木斯克省人口数据如下：1903 年为 2348222 人，1904 年为 2397561 人，1905 年为 2414458 人，1906 年为 2553423 人，1907 年为 2855326 人，1908 年为 3100940 人，1909 年为 3453985 人，1910 年为 3673746 人，1911 年为 3850666 人，1912 年为 4011424 人。[3] 因此，10 年间（1903—1912 年）全省人口增加 1663202 人，同时，根据《托木斯克省 1912 年概览》的数据，增长主要来自移民。[4] 统计数据显示，铁路修建前及建成后，都有移民奔赴托木斯克省。但值得指出，在 14 年间，铁路建成前（1882—1896 年）托木斯克省人口增长 40%，从铁路开通运行到 П. А. 斯托雷平移民政策开始施行的 9 年间（1897—1905 年），人口增加了 32%，П. А. 斯托雷平改革到 1917 年的 9 年间（1907 年 1 月 1 日—1916 年），人口又增加了 44%。由此可以得出，西伯利亚大铁路积极推动了移民进程。

西伯利亚大铁路对托木斯克省居民点的发展也产生重大影响。经过托木斯克省的路段大约 1000 俄里。[5] 根据 1859 年、1893 年和 1911 年《托

① Сибирь под влиянием рельсого пути. СПб., 1902. С. 26; Соболев М. Н., Экономическое значение Сибирской железной дороги. //Известия Императорского Томского университета. Кн. 8. Томск., 1901. С. 21.

② Вечер Е. В., Влияние Транссибирской железнодорожной магистрали на развитие Томской губерни в конце XIX-начале XX. Дис... канд. ист. наук. М.: РГБ. 2005. С. 35.

③ Обзор Томской губерни. 1903-1912. Томск., 1904-1913.

④ Обзор Томской губерни. 1912 г. Томск., 1913. С. 5.

⑤ ГАТО. Ф. 215. Оп. 1. Д. 448. Л. 194.

木斯克省居民点名录》统计，上述年份，托木斯克省居民点的数量显著增长。1859 年，该省的居民点数量为 2399 个，其中 686 个在托木斯克区（占 28.6%），居民点数量居第二位的是巴尔瑙尔区，有 581 个（占 24.2%），紧随其后的是库兹涅茨克区，有 403 个（占 16.8%），比斯克区有 322 个（占 13.4%），马林斯克区有 123 个（占 5.1%）。1859 年，全省有 1738 个村，273 个异族人居住的帐篷，206 个镇，23 个哥萨克大村落，159 个其他类型的居民点，即新村、阿乌尔（高加索、中亚等地的山村）、西伯利亚当地的一些村落等。①

1859—1893 年，托木斯克居民点的数量增加了 818 个，是原来的 1.3 倍，为 3217 个。到 20 世纪初，根据居民点的数量托木斯克省的各区居民点情况如下：第一位的是巴尔瑙尔区（682 个居民点，或占总数的 21.1%），其后是比斯克区（673 个居民点，或占总数的 20.9%），库兹涅茨克区（672 个居民点，或占总数的 20.8%），托木斯克区（589 个居民点，或占总数的 18.3%），卡因斯克区（399 个居民点，或占总数的 12.4%），马林斯克区（202 个居民点，或占总数的 6.2%）。1893 年，全省有 394 个镇，与 1859 年相比，增加了 91.3%。与 1859 年相比，村的数量是原来的 1.1 倍，但在居民点总数中所占的比例下降了 12.9%。异族人居住的帐篷有 525 个。出现了市镇等新型居民点。② 托木斯克省居民点数量增加的原因是改革后大规模的移民运动。巴尔瑙尔（与 1859 年相比，居民点的数量从第二位跃居第一位）、比斯克（从第四位上升到第二位）、库兹涅茨克（保持第三位）、托木斯克（从第一位后退到第四位）比较优越的农业条件吸引人前来定居。

1893—1911 年，托木斯克省居民点的数量又增加了 1753 个（即增加 54.5%），达 4970 个。各县居民点的数量对比仍有变化。其中 1377 个（占 27.7%）在托木斯克县，1053 个（占 21.2%）在巴尔瑙尔县，738 个（占 14.8%）在卡因斯克县，571 个（占 11.5%）在库兹涅茨克县，433 个（占 8.7%）在比斯克县，424 个（占 8.5%）在马林斯克县，374 个

---

① 根据 Томская губерния：Список населенных мест по сведениям 1859 г. СПб., 1868. Т. 60. 计算的结果。

② 根据 Список населенных мест Томской губернии за 1893 г. Томск., 1893. 计算的结果。

（占 7.5％）在新成立不久的兹梅伊诺戈尔斯克县。① 大型居民点——镇的数量是 1893 年的 1.8 倍，是 1859 年的 3.5 倍。村在居民点总数中的比重下降，市镇的比例上升。到 1911 年，全省已经有 518 个移民市镇，占全省市镇总数的 42.6％。这一时期，两个新的因素——开通运行的西伯利亚大铁路和 П. А. 斯托雷平移民政策对全省居民点数量的增加均产生了立竿见影的效果。很难对这两种因素的影响进行单独研究，而应进行综合考察。不能简单地认为，随着西伯利亚大铁路的修建，移民只在铁路沿线人烟稀少地区建立新的居民点，他们也在老居民点定居。

位于铁路沿线的镇子——别尔库里、伊日莫尔斯克、伊塔特、图塔利斯卡亚、苏斯洛沃——数量迅速增加。通常，如果大铁路经过镇子，那么距离镇子几俄里的地方就有车站和与车站同名的站前居民点。例如，别尔库里车站距离别尔库里镇 12 俄里。博格托尔车站距离博格托尔镇 6 俄里。② 伊塔特、苏斯洛沃等车站也是这样。③ 伊日莫尔斯克车站出现在马林斯克县的伊日莫尔斯克镇附近。在车站辖下形成了一个由临近村落农民和买卖人组成的不大市镇。图塔利斯卡亚车站出现在波洛莫什诺耶镇附近。

博格托尔是铁路对经过的老居民点产生影响的典型例子。博格托尔车站位于 1893 年建立的同名市镇 6 俄里处。博格托尔镇精明的农民在车站旁率先建起了住房，他们及时估计到修建大铁路带来的所有利益——这里需要大量食品和饲料。5 年后，到 1899 年，博格托尔站居住着约 2000 人。著名的美国胜家公司在这里开展了自己的业务。站前市镇人口的增长不仅仅依靠周边村子的农民，主要还是依靠来自欧俄的工人。大量从事铁路运输、机务、维修服务的工人集中在博格托尔。这里有 6 个台位带锻造车间的机车库、上水和贮水房、14 座铁路员工住房。附近有移民点。到 1912 年，西伯利亚大铁路修建复线时，博格托尔站的人口已经超过 7000 人。④ 鞑靼斯克的

① Подсчитано по: Список населенных мест Томской губерни за 1911 г. Томск. , 1911.

② Путеводитель по Сибирской железной дороге. СПб. , 1900. С. 149.

③ Окладников А. П. , Кузьмина З. В. , Банников В. В. , Карпенко З. Г. , История Кузбасса. Кемерово, 1967. С. 152.

④ Никитин А. А. , Транссиб: эпоха в истории народов//Стальное звено Транссиба. 100 лет Красноярской железной дороги. Красноярск, 1998. С. 36.

发展历程也类似。1911 年 1 月 27 日，大臣会议批准了改造博格托尔车站（位于马林斯克县）和鞑靼斯克车站（位于卡因斯克县）辖下的市镇为非县城（小城镇）的决议。①

马林斯克于 18 世纪建于基亚河畔，当时叫基亚镇，1856 年获得县城的地位，为纪念亚历山大二世的皇后，1857 年改名为马林斯克。② 这些地方以采金闻名。1893 年，西伯利亚大铁路贯穿马林斯克。许多手工淘金者充实了铁路建设者的队伍。1897—1900 年，马林斯克的人口从 1.3 万人增加到 1.68 万人。③ 城市收入为 2.5 万卢布，贸易周转额达 100 万卢布。车站区每年货物（主要为粮食、大麻纤维、奶油和麻子油、木材）流通 35 万普特。④ 经过马林斯克的西伯利亚大铁路的铺设成为这个城市快速发展的决定性因素，在 50 年间（1860—1910 年）马林斯克人口增加了 3.5 倍。⑤ 车站及所有附属建筑均分布在距城市半俄里的地方。车站建有旅店、机车库，有 20 个露天站台和 10 个室内仓库。这里还有长期的列车停车场、机车加油车。随着大铁路的修建，收购周边地区出产的粮食并出口，成为一项重要的货运业务。

许多居民点是在大铁路修建过程中建立起来的。例如，佳任斯基镇是在 1894 年作为铁路建设工人居住的一个小市镇出现的。⑥ 在佳任车站周围迅速建起了市镇。1911 年，这里已经有 212 个农户，有 1659 个居民，有中等技术学校、邮政分局、市场、几个面包房、粮店。每年从佳任车站发运 20 万普特粮食、松子以及其他货物。⑦ 在修建西伯利亚大铁路的过程中，在托木斯克省还出现了泰加、安热斯克、苏詹斯克、斯拉夫哥罗德（位于巴尔瑙尔县）、托普基、尤尔加等车站。有大型机车库的铁路枢纽

---

① ПСЗРИ. Собр-е 3-е. Т. XXXI. Отделение 1. 1911. СПб. , 1914. Ст. 34686.
② Шабалин В. М. , Тайны имени земли Кузнецкой. Кемерово, 1994. С. 106.
③ Никитин А. А. , Транссиб: эпоха в истории народов//Стальное звено Транссиба. 100 лет Красноярской железной дороги. С. 34.
④ Путеводитель по Великой Сибирской магистрали. СПб. , 1900. С. 181.
⑤ Никитин А. А. , Транссиб: эпоха в истории народов//Стальное звено Транссиба. 100 лет Красноярской железной дороги. С. 34.
⑥ Журавлев Б. , Из истории района и районного центра. //Призыв. 1996. 23 июля; Путеводитель по великой Сибирской магистрали. СПб. , 1900. С. 155.
⑦ Там же. С. 155.

成为像鞑靼斯克、泰加、博格托尔这类新兴城市增加的基础。世纪之交，尤其是 20 世纪初，铁路成为城市形成的显著因素。

第三节　铁路促进商品性农业的发展

俄国是传统农业国。农民在俄国人口结构中、农业在俄国经济结构中都占绝对优势。在传统农业区，农民除了种粮食、蔬菜、牧草，饲养牲畜，还从事一些小手工业。铁路的出现，极大地促进了商品流通与全国统一市场的形成和发展。农产品的商品化程度不断提高，农业技术也得到改良。农产品的种植结构、牲畜的饲养结构以及这些产品的加工都随着铁路的建设和运输的发展而发生重大变化。

一　铁路沿线农产品加工业迅速崛起

我们先以东南铁路公司为例，该公司铁路主要经过俄国黑土地区，居民主要从事农业和畜牧业。工业仅限于小手工业：熟羊皮、大车运输、箍桶、擀毡、制鞋。农业的绝对重要性决定了东南铁路经过地区工业的性质。随着铁路的修建，不仅出现了铁路修配厂，在沃罗涅日、奥廖尔、别尔哥罗德、鲍里索格列宾斯克以及其他城市出现了农产品加工企业。农产品加工企业的类型主要是磨粉、榨油和制糖。这一地区，大型的面粉企业有 97 家，产量为 7800 万普特，占全国面粉总产量（4.55 亿普特）的 17%。经东南铁路运输的面粉，占各类交通方式运输粮食总量的 22%。东南铁路经过地区面粉产量为 79161 普特，经铁路运出的面粉为 27444 普特，即超过 1/3 的面粉经铁路运输。[①]

除面粉加工业外，榨油业在该地区的发展和繁荣中发挥着重要作用。1917 年前，东南铁路的植物油的运输数量在俄国居第二位，仅次于弗拉季高加索铁路。在 20 世纪第一个十年，从该地区运出的油脂为 3270 万普特，占从所有铁路发货量的 22%。榨油业出现在 19 世纪下半叶，起初发

---

① Мухина Н. Е. , История создания Юго – Всеточной железной дороги и ее роль в экономическом развитии центрального черноземья（1865 – 1913）. Дисс. на соискание учебной степени кандидата исторических наук. С. 70.

展缓慢，19 世纪 90 年代和 20 世纪初快速发展，不仅出现了许多新的榨油厂，也出现了新的榨油业中心。榨油业的主要中心是鲍里索格列宾斯克，有 11 家榨油厂；其次为阿列克谢耶夫卡，有 5 家榨油厂；再次为毕柳奇，这里有 4 家榨油厂。1870—1910 年，东南铁路经过地区植物油的产量从 17.8 万普特增加到 645.2 万普特，增加了 35 倍多。其中 500 万普特是葵花子油，145.2 万普特为其他油脂。[①]

葵花子经铁路被从产地运到榨油厂。葵花子的运输量逐年增加，在 1893—1913 年的 20 年中，运输量翻了一倍多（见表 6-8）。

表 6-8　油料种子运输情况

时间段	运输量（千普特）	不同时间段运输量的比例关系（%）
1893—1895 年	4331	100
1902—1904 年	8450	197
1911—1913 年	11531	266

这些数据显示油料作物的运输量逐年稳定增长。榨油业中心成为植物油发货的大站。1912—1913 年东南铁路植物油发货量情况如表 6-9 所示。

表 6-9　1912—1913 年东南铁路植物油发货量情况

车站	1912 年运输量（万普特）	1913 年运输量（万普特）
阿列克谢耶夫卡	44.8	62.1
沃罗涅日	36.5	34.9
鲍里索格列宾斯克	32.2	32.0
布图尔利诺夫卡	33.0	31.7
奥斯特罗格斯克	22.1	19.2
瓦卢伊基	27.6	31.8
米列罗沃	27.0	22.9

资料来源：Кульжинский С. Н.，Краткий экономический очерк района Юго - Восточных железных дорог. Воронеж，1924. С. 44.

---

① Мухина Н. Е.，История создания Юго - Восточной железной дороги и ее роль в экономическом развитии центрального черноземья（1865 - 1913）. Дисс. на соискание учебной степени кандидата исторических наук. С. 71.

根据所发送的植物油数量，巴拉绍夫铁路居第一位，发送了 2398000 普特，占植物油发货量的 51%，科兹洛夫—沃罗涅日—罗斯托夫铁路居第二位，为发货总量的 26%，发货量最少的是东顿涅茨克铁路，为 15000 普特。榨油业的发展与铁路密不可分。所有榨油厂无一例外位于铁路线上或与之相距不远。

在中心黑土地区制糖业占据重要位置。该地区最早的制糖企业出现在 19 世纪 30 年代。东南铁路经过地区共有 11 家制糖厂，分别位于沃罗涅日、坦波夫和奥廖尔省。在制糖业发展中铁路运输发挥了重要作用。有了铁路，甜菜种植园与工厂的距离可以扩展到 200 俄里，而畜力运输的话，种植园距工厂不应超过 20 俄里。铁路不仅扩大了制糖业的活动范围，也使一些新地区加入到制糖业的发展。

20 世纪初，东南铁路沿线地区糖的产量增加了 2.9 倍，从 50 万普特增加到 193 万普特。拉莫、格里巴诺夫卡、摩尔多瓦、莫斯科—科兹洛夫—沃罗涅日铁路上的卡斯托尔斯克是重要的甜菜收货站。1911—1913 年，东南铁路年均运输糖 1580 万普特，比前三年（1908—1910 年）年均增加 200 万普特，比 1905—1907 年年均增加 500 万普特。[1] 1893—1913 年东南铁路沿线地区共运进 3180 万普特糖，运出 1940 万普特。[2]

东南铁路经过地区的畜产品加工以肉类和禽类加工为主。东南铁路沿线地区 3/4 以上的肉类用于出口，1913 年达到 137.9 万普特。[3] 该地区一些省份有发达的禽类加工业，1913 年从东南铁路各站发出的加工禽类 53.4 万普特（在各铁路中居首位），蛋和蛋黄 207.9 万普特（居第二位）。以奥斯特罗格斯克为例，每年从该市运出的鸡蛋、鸡肉以及牛油达 40000 普特。[4] 东南铁路的鸡蛋运输主要集中在发货上。1913 年，发送的鸡蛋有 207.9 万普特，占运输总量的 79%，运抵 7000 普特，过境 55.7 万普特，

---

① ГАВО. Ф. И-20, Оп. 1, Д. 491, Д. 47.

② Мухина Н. Е., История создания Юго - Восточной железной дороги и ее роль в экономическом развитии центрального черноземья（1865 - 1913）. Дисс. на соискание учебной степени кандидата исторических наук. Воронеж，С. 83.

③ Там же. С. 85.

④ ГАВО. Ф. И-21, Оп. 1, Д. 778, Л. 8.

总量为 264.3 万普特。[①] 1893—1913 年，鸡蛋的发货量增加了 8.7 倍。鸡蛋主要销往英国、德国、奥地利。它们主要是通过铁路运往波罗的海港口或西部边境火车站。大型的发货站有谢布里亚克沃（发送了 14.6 万普特）、叶列茨（发送了 12.2 万普特）、卡拉奇斯洛博达（发送了 11 万普特）、捷尔布内（发送了 10.6 万普特）站。总共有 40 多个发货量超过 10000 普特的站点。[②] 从莫斯科—基辅—沃罗涅日、弗拉季高加索、叶卡捷琳娜、梁赞—乌拉尔铁路运输的鸡蛋也从这里过境，相应地向这些方向发货。

二　铁路对农业生产布局和结构产生重大影响

铁路在稳定食品价格、为食品进入销售市场开辟路径的同时，也消除了各个地区的经济壁垒。同时，歉收造成的后果也得到缓和。我们以西伯利亚大铁路为例，谈谈铁路对农业生产布局和结构的影响。

西伯利亚大铁路影响了农业种植结构的变化。西伯利亚西部地区大部分经营性农场在农作物生产即商品粮种植上实现了专业化。比如，1910—1912 年，在阿克莫林斯克州农业企业主的农场中，播种比例从农场总面积的 6% 提高到 10%。[③] 在 Ф. Ф. 施通普夫的农场中，1900—1912 年，播种面积增加了 13.7 倍（从 92 俄亩增加到 1350 俄亩），1912 年，播种面积已经占到所有土地的 20.9%（农场面积 6465 俄亩，播种面积 1350 俄亩）。在 А. П. 波德列夫斯基的农场中，播种面积占农场总面积的 12%（600 俄亩）。在 Н. С. 尼古连科的农场中，播种面积占 8.7%（572 俄亩）。在 В. Р. 施泰因戈尔的农场中，播种面积占 7%（1217 俄亩）。[④] 播

① Кульжинский С. Н. , Краткий экономический очерк района Юго-Восточных железных дорог. Воронеж，1924. С. 65.

② Мухина Н. Е. , История создания Юго - Всточной железной дороги и ее роль в экономическом развитии центрального черноземья（1865 - 1913）. Дисс. на соискание учебной степени кандидата исторических наук. Воронеж，С. 86.

③ Кротт И. И. , Влияние Сибирской железной дороги на процесс формирования и развития сельскохозяйственного предпринимательства в конце XIX - первой четверти XX в.//Сборник материалов Международной научной конференции Железные дороги и процесс социальной модернизации России в XIX - первой половине XX в. Тамбов，2012. С. 64.

④ Там же. С 64.

种面积增加的同时，播种品种也随着国际市场的需求而调整。1901—1905
年、1911—1915 年、1917 年，春小麦所占的比例分别为 36.5%、45.3%、
48.1%；燕麦所占的比例分别为 26.3%、29.5%、30%；过冬黑麦所占的
比例分别为 15.1%、10.9%、8.3%；春黑麦所占的比例分别为 11%、
4.9%、4.2%；大麦所占的比例分别为 3.2%、3.6%、3.3%；其他作物所
占的比例分别为 7.9%、5.8%、6.1%。因此，主要商品粮所占的比例从
1901—1905 年的 92.1% 增加到 1917 年的 93.9%，其中春小麦从 36.5% 增
加到 48.1%。[①] 利用有利的市场行情，农民尽力开垦更多土地，种植用于
销售的小麦和燕麦。在西伯利亚西部地区多数企业主的农场中使用了经过
改良的休耕制度，休耕和种草交替。在一些农场实行三区轮作甚至四区轮
作制。农业企业主注重施肥，促进了粮食的高产和稳产。

　　西伯利亚大铁路修建后，该地区的农业技术装备也在不断改善。尤其
是欧俄地区的农业资本家移民到西伯利亚，不仅带来了资金，也把先进的
种植技术和工具引进西伯利亚。1898—1901 年，引进的器物重量为 220 万
普特，1902—1905 年为 110 万普特，1906—1909 年为 1690 万普特，1910 年
为 490 万普特，1911 年为 650 万普特，1912 年为 350 万普特。1898—1912
年，大铁路沿线引进的技术装备总值为 2.087 亿卢布：其中约 80% 运往西伯
利亚西部地区，67% 是由国外的私营公司供货。[②] 1912 年，在阿克莫林斯
克州的鄂木斯克县有 3 台 44100 瓦烧煤油的拖拉机，在 Ф. Ф. 施通普夫、
Г. И. 施瓦尔茨和 Я. И. 施瓦尔茨兄弟、И. Ф. 罗波切夫的农场里投入使
用。另一台拖拉机放在鄂木斯克市农业仓库的办事处，供移民翻耕使用。
还有两台拖拉机在 Я. И. 罗马年科、C. E. 奥斯特里亚宁的农场里使用。[③]

　　农业机械在农场的总投资中占据较大的份额。根据对 Я. И. 罗马年科
农场的调研数据，在农场建设、购买牲畜和工具的 93700 卢布总成本中，
有 35000 卢布（占比 37.4%）用于购买各种农业工具——多铧犁、环形

①　Сельское хозяйство России в XX веке. С. 16.

②　Вестник финансов. 1912. № 23. С. 505；№ 46. С. 294-295；Шиша А.，Роль иностранного
　　капитала в экономической жизни Сибири. Новониколаевск.，1922. С. 17-19.

③　Кротт И. И.，Влияние Сибирской железной дороги на процесс формирования и
　　развития сельскохозяйственного предпринимательства в конце XIX - первой четверти XX
　　в. С. 66.

压平机、耙、播种机、气锤、筛分机等。[①] 在 Г. И. 施瓦尔茨，Я. И. 施
瓦尔茨兄弟农场 5.5 万卢布的总资产中，农业技术装备所占的比例为
36.4%，为 2 万卢布。[②] 在 М. А. 列普斯基的农场中，现代工具和机器在
资产中所占的比例为 24%（1.31 万卢布，总资产 5.44 万卢布）。[③] 因此，
多数农场都对现代农业技术进行了大手笔的投入。而当时农民的农庄，主
要的"动力"仍然是马，主要的"机械"是工人的双手。

种植结构、耕作制度以及技术设备的优化改良，极大地促进了西伯利
亚地区农作物产量的提高。1901—1917 年，10 种主要作物的收成增加了
32.2%，其中春小麦增加了 60%（到 1916 年），燕麦增加了 40%，无疑，
这证明了耕作的集约化程度正在加大。把 1901—1905 年 5 年间和 1911—
1915 年 5 年间所有作物（草和小作物除外）的总收成进行对比可以发现，
粮食产量从 1.74 亿普特增加到 2.37 亿普特，其中春小麦从 5680 万普特
增加到 1.094 亿普特，燕麦（1913 年）从 4210 万普特增加到 9100 万普
特，过冬黑麦从 2420 万普特增加到 2460 万普特。[④]

19 世纪末，西伯利亚地区各少数民族处于游牧、半游牧和农业消费
阶段。向商品—货币和资本主义过渡时，产生了人均耕地面积和牲畜头数
急剧减少、西伯利亚畜牧业的物质条件下降的情况。这主要是由于当地畜
牧生产技术落后，牲畜的繁殖率低，不能转向种草和单栏饲养的集约化生
产。由于交通不便，畜产品难以进入更大的销售市场，从事畜牧业的收入
低于种植业的收入。大量进入西伯利亚地区的欧俄移民，主要从事粮食种
植业，当地的游牧、半游牧和定居民族开始体验到"人多地少"的窘境。
这些都迫使当地人减少养殖的牲畜数量，加入垦荒种粮的行列。从 1887
年至 1897 年，伊尔库茨克布里亚特人的土地减少了一半以上，播种面积
减少了 34%，牧草播种面积减少了 60%，牲畜总头数减少了 7.6%。1897
年至 1917 年，外贝加尔的布里亚特人和埃文基人的土地减少了 36%，牲

① ГУ ИсА. Ф. 67. Оп. 2. Д. 2576. Л. 16 об. –20 об.

② ГУ ИсА. Ф. 67. Оп. 2. Д. 2092. Л. 74，78；Д. 2659. Л. 2–4，22–25 об. Данные на 1911 г.

③ Там же. Оп. 2. Д. 2098. Л. 18–22об.

④ Данные о железнодорожных перевозках хлебных грузов, сборе хлебов в России,
вывозе их за границу, ценах на разные хлеба и фрахтах на хлебные грузы. СПб.,
1909. С. 29–42.

畜总头数减少了 10%。① 20 世纪初，随着铁路的建成，该地区的牲畜总头数增加了 72%，其中草原边疆区增加了 98%，西伯利亚增加了 61%，外贝加尔增加了 27%，远东增加了 100%。② 在大铁路的影响范围内，土地开垦力度加大，小麦挤走了绵羊，农民挤走了牧人。另外，奶油业得到发展，畜牧业的商品化程度提高。

西伯利亚和远东地区的养羊业和肉奶畜牧业集中在西伯利亚大铁路的影响地带。大铁路为这一地区开辟了国际市场，是西伯利亚乳制品销售的可靠保障。新的市场环境激励西伯利亚农民改善畜牧业。牲畜种类的构成也发生了变化。在牲畜总量中，牛所占的比重大幅增加。在养牛和养羊业的基础上，发展成乳畜业和肉畜业。养猪业成为榨油业的副业（用榨油的下脚料养猪）。政府组织了一些牛的展会，试验示范饲养方法，举办奶牛竞赛，建设示范牲畜棚、配种站，进行牛犊示范喂养展示，培育良种猪，组织动物饲养方面的座谈会、读书会等。牧草种植改良受到更多关注。大铁路直接影响地区的作物栽培和牧草种植成绩。托博尔斯克省农作物的播种面积在 1906—1910 年这四年比 1901—1905 年这四年增加了 7.1%，托木斯克省增加了 44%，阿克莫林斯克省增加了 24.8%；在牧草种植方面，托博尔斯克、托木斯克、阿克莫林斯克省相应增加了 0.3%、19.2%、2.2%。③ 同时，还进行了畜种改良，细毛绵羊得到推广。

乳制品加工业先在库尔干县、托博尔斯克省发展起来后（大约从 1894 年起），乳制品制造业在托博尔斯克省的依希姆县、秋卡林斯克县、雅鲁托洛夫斯克县和塔尔斯克县迅速普及，后来，普及到大铁路另一侧托木斯克省的彼得罗巴甫洛夫斯克县、阿克莫林斯克州、卡因斯克、比斯克、巴尔瑙尔、马林斯克、兹梅伊诺戈尔斯克、托木斯克县以及诺里尔斯克边疆区。接下来，乳制品制造业扩展到叶尼塞省的米努辛斯克县，从 1910 年起，扩展到外贝加尔，一直到它的东部县（阿钦斯

---

① Борзунов В. Ф., История создания транссибирской железнодорожной магистрали XIX - начала XX вв. Дисс. на соискание ученой степени доктора исторических наук. Томск., 1972. С. 1743.

② Там же. С. 1744.

③ Вестник финансов. 1913. № 4. С. 151; Памятная книжка Томской губерни на 1915 г. С. 12–15.

克、涅尔琴斯克和赤塔县），包括额尔古纳河边境的一些村子，最终涵盖了乌苏里斯克边疆区（斯巴斯克村、尼格尔斯克－乌苏里斯克村等），扩展到亚库特。①

在较短的时间内，乳制品厂的网络遍布西伯利亚。从1897年至1913年，托博尔斯克和托木斯克省乳制品厂的数量从51家（其中10个为生产合作社）增加到3936家（其中1853家为生产合作社），是原来的77倍。② 这一时期，乳制品的出口数量从4.8万普特增加到550万普特，即几乎是原来的115倍。战争年代，国家专营、乳制品结算延迟、产品持续低价降低了农民对发展乳制品制造业的兴趣，1917年，乳制品出口量减少到350万普特。1909—1913年，西伯利亚在世界乳制品出口中所占的份额超过16%，在俄国乳制品出口中占61.3%。③ 西伯利亚的乳制品制造业在短时间内赶上了欧俄的北方、西北、中心、南部、西南、波列斯克、普利韦斯林等乳制品制造中心。П. А. 斯托雷平在1910年承认，"西伯利亚的乳制品出口不仅仅具有地方性意义。我国乳制品出口增长建立在西伯利亚乳品加工业发展的基础上。西伯利亚乳制品加工业换来的黄金是整个西伯利亚采金业产量的两倍多"。④ 据交通部评估，20世纪初，西伯利亚农业的总产值几乎达3亿卢布，其中6700万卢布是乳制品加工业贡献的。⑤

第四节　铁路推动俄国工业化

工业革命中蒸汽机的发明和普及为铁路发展奠定动力基础，冶炼技术不断改进和生铁、钢产量稳定增长为铁路发展提供必需条件，机器制造和

---

① Головачев П. М.，Экономическая география Сибири. М.，1914. C. 108 - 109；Вестник финансов. 1914. № 49，C. 319.

② Борзунов В. Ф.，История создания транссибирской железнодорожной магистрали XIX - начала XX вв. C. 1748–1749.

③ Борзунов В. Ф.，История создания транссибирской железнодорожной магистрали XIX - начала XX вв. C. 1749.

④ Записка Столыпина. C. 110–111.

⑤ НКПС. Центральный отдел по сооружению железных дорог. Экономические изыскания железнодорожных выходов из Сибири. Экономические записки к проекту Сибирской сверхмагистрали. Ч. II. Б. м.，1926. C. 636.

煤炭、石油等能源工业发展为铁路发展创造了必要条件。同样，铁路业带动了社会经济的发展，是刺激工业资本增长、向大机器工业转变的重要因素。19世纪下半期俄国大规模修建铁路，促使俄国冶金业和运输机器制造业迅速崛起，促进了燃料工业的跳跃式发展。

一　促进冶金工业崛起

1861年农奴制改革推动了俄国铁路业的发展，铁路建设规模迅速扩大。这场交通运输革命是刺激工业资本增长、向大机器工业转变的重要因素。俄国资本主义生产发展显示出资本主义手工工场向机械化工厂改变的趋势，总体而言，无论是在行业部门还是在地域规模上，这种进步都极不平衡，这在冶金工业发展中表现得尤其突出。

在改革后最初几十年里，成为俄国经济主要潜能的重工业企业面临的主要困境仍是生产萧条和技术落后。该时期仅有2%的股份资本投向重工业，这无疑证明了这一关键经济部门技术的落后。俄国主要的矿山冶金基地——供给全国72%金属的乌拉尔冶金业，在改革后最初几十年里处于周期性的危机中。它无力满足发展中的经济对金属的需求。铁路供货问题尤其尖锐。在国内外军事政治风云变幻之际，对外国设备供应的依赖令俄国铁路建设危机四伏。这种危机在克里米亚战争时期尤为突出，由于外国供应商不能及时供货，当时在建的彼得堡—华沙铁路建设被迫中断。1863年，俄国政界提出在乌拉尔矿山工厂组织本国轨道生产的问题。在125个冶金工厂中，只有 П. П. 杰米多夫后人开办的彼尔姆省下萨尔金工厂和维亚茨省国营的卡马－沃特金斯基工厂2家企业有能力组织小规模的钢轨轧制。

杰米多夫工厂取得以高出进口价1倍的价格，10年内向国家供应铁轨的优惠订单后，提出必须把附近两个面积最大的国营林场转给它作组织轨道生产的条件之一。杰米多夫工厂管理者认为，工厂生产能力弱与燃料供应受限制有关。附近国营林场可以提供新木材燃料，这是工厂实现轨道生产目标的唯一方法。杰米多夫工厂管理部门提出的这些要求直观地证明了俄国冶金技术严重落后于其他资本主义强国，至19世纪70年代末，在乌拉尔地区冷或微热鼓风高炉仍然居主导地位，冶炼钢铁的燃料几乎

100%为木炭。1875 年，乌拉尔冶金工厂的轨道产量仅占全国产量的 16%。①

用木炭燃料轧制出的铁轨强度低、脆度大，且易磨损，每年都需要更换。只有使用矿物燃料才能解决这些问题。但是在当时极其落后的情况下，从根本上改变乌拉尔冶金工厂的技术是不可能的，因为乌拉尔的矿业巨头们"不是把自己的统治建立在资本与竞争上，而是建立在垄断和自己的所有权上"，② 对乌拉尔工人的残酷剥削，也阻碍了乌拉尔矿业技术的进步。缺少现代交通、封闭、远离俄国中心工业区加剧了乌拉尔冶金业的落后。乌拉尔与国家中部地区的联系靠每年一次的沿河流的原始"流送"。因此，在 19 世纪下半叶乌拉尔矿山冶金业技术革命迟迟没有发生。

由于国内冶金、燃料企业发展薄弱，钢铁产量低、质量差，所以实际上很多铁路轨道、机车、车厢都从国外进口。即使在俄国的冶金中心，1875—1878 年乌拉尔矿山工厂的铁路建设也是靠从国外进口铁路设备。在这条路上铺设的铁轨 70%以上（210 万普特）来自英国和比利时，54%的机车来自英国，50%的旅客车厢来自比利时。③

从 19 世纪 60 年代起，俄国政府受财政危机和政治因素影响，曾试图在国内组织铁路设备生产，但收效甚微。比如 1866 年亚历山大二世曾批准了大臣委员会的决定，为减少外汇流失，所有国内铁路订购"全部在国内完成"。④ 但是在这个命令颁布一个月之后，交通部迫于实际需求的压力，不得不在国外订购约 100 万普特英国产铁轨，用以满足尼古拉耶夫铁路维修的需求。⑤ 从 1868 年起交通部开始集中管理政府铁路订单，政府与各类人士和工厂签订轨道、机车、车厢订购合同，用铁路基金为企业提供贷款等。因此，在 1868—1874 年工业上升期，国家订货支付的国内

① Соловьева А. М., Железнодорожный транспорт России во второй половине XIX в. C. 126.
② 《列宁全集》第 3 卷，人民出版社，1984，第 445 页。
③ Мильсан Е. М., Первая железнодорожная магистраль Урала в 70 - 90 - х годах XIX в. C. 226.
④ Кислинский Н. А., Наша железнодорожная политика по документам архива Комитета министров. T. IV. C. 228.
⑤ Соловьева А. М., Железнодорожный транспорт России во второй половине XIX в. C. 129.

铁路设备生产货币总额为 2110 万卢布，其中组织铁轨生产支付 670 万卢布，[①] 19 世纪 70 年代中期建立了 8 家轨道铸造厂。

但是政府在铁路建设热时期所采取的一些措施都是临时性的，没有从根本上解决冶金基地技术进步的问题，从而造成冶金企业依赖进口金属的畸形发展。比如在生产规模最大的彼得堡普吉洛夫铸造厂，主要依赖无关税进口废铁和生铁加工轨道。据官方统计，1857—1875 年普吉洛夫厂的轨道总产量为 2350 万普特，抑或超过了俄国国内轨道总产量的 50%。同时，普吉洛夫厂生产的轨道 85% 是用进口金属制造，只有 15% 是以俄国产废旧铁轨制成。[②] 1875 年俄国只有两个使用矿物燃料的冶炼炉，它们的产量仅占俄国金属总产量的 2.4%，至 70 年代中期，在俄国内部解决钢轨生产问题变得越来越迫切。

19 世纪 60 年代下半期，随着铁路在南部地区的发展，俄国尝试在南部地区发展冶金和燃料工业。英国资本家在尤左沃建立起新罗西斯克煤炭、冶铁和轨道生产公司。政府给予这家企业长期无息贷款和生产补贴。这种前所未有的优惠，也造成这家企业从一开始就具有垄断性质，很长时间使它免于任何竞争，也避免其他任何人加入俄国南部生铁铸造或钢铁冶炼行列。[③] 但是新罗西斯克冶金厂刚开始时的产量微不足道，1875 年工厂只生产出 36.26 万普特铁轨。[④] 从 1880 年才开始生产钢轨。总之，在 19 世纪 70 年代俄国冶金业年均轨道产量只有 300 万普特，仅能满足俄国铁路网对轨道需求的约 20%。建设和维修所需的大部分轨道不断从国外进口。1869—1873 年这一段铁路建设上升期，外国铁轨进口总量超过 5000 万普特，平均每年进口 1000 万普特。[⑤]

1877 年起俄国政府开始实施保护性关税政策，强化对重工业产品特别是交通机器制造业产品的关税保护，严格限制无关税进口轨道。为刺激轨道生产，根据国家铁路订单，设立按普特计算的高额奖励。与进口产品总

① Соловьева А. М., Железнодорожный транспорт России во второй половине ⅩⅨ в. С. 129.

② Там же. С. 131.

③ Бовыкин В. И., Зарождение финансового капитала. С. 85.

④ Соловьева А. М., Железнодорожный транспорт России во второй половине ⅩⅨ в. С. 133.

⑤ Там же. С. 134.

值相比，受关税保护的俄国轨道生产企业和交通机器制造企业的产品总值增长了32%。交通部集中分配私营铁路公司的铁路订单，国库予以资金支持。交通部制定出一个刺激国内钢铁冶炼生产增长的新制度，提高价格和发放奖金是长期订单的基础，每生产一普特钢轨发放15—20戈比奖金，在12年内逐渐减少。第一份钢轨订单的价格为2卢布31戈比/普特（1876—1877年进口钢轨的价格为1.7—1.95卢布/普特，含45戈比关税）①。

为完成国家的钢轨生产订单，金属冶炼厂千方百计从政府搞到无关税进口外国废钢铁的许可，每普特交货价格为56戈比，而同一时期，废钢的国内价格是它的2倍还多，达1.65卢布/普特。这些工厂还享受政府奖励，这又与政府在1876年所采取的刺激本国钢轨生产增长计划背道而驰。在这种矛盾体系下，俄国的钢轨生产根本不能满足铁路建设的需求，截至1879年1月1日，俄国铁路上铺设的所有钢轨几乎都来自英、德、法和比利时等国。

俄国政府为刺激钢轨生产，允许冶金企业用进口金属、煤炭和设备翻新钢轨的这种自相矛盾的政策体系，引起俄国铁厂主的极度不满，为稳固自己在国内市场的优势地位，他们要求提供关税保护。同时，政府当权官僚对此也批评不断。他们担心由于国内经济发展潜力弱，在国际舞台上会引起军事政治和财政金融纠葛。在这种情势下，为弄清国产钢铁不能满足铁路轨道需求的原因及寻求解决办法，交通部铁路司在1880年3月召开了铸铁和钢轨厂代表大会。在会上成立了5个分委员会，乌拉尔、南部、中部、波兰和北部地区分列其中。

会上工业资产阶级一致决定立即对民族冶金工业进行关税保护，尽快取消无关税进口外国金属。多数与会代表要求取消铁路设备国家订单制度，因为它剥夺了国内工业广泛自由发展的机会，导致一部分有特权的工厂形成垄断。为组建国内铁矿基地，代表大会决定，必须建设经济铁路网，其中包括在乌拉尔修建把矿业企业同乌拉尔山东坡和西坡的铁、煤产区联系起来的支线铁路，把乌拉尔矿山工厂铁路的终点站——叶卡捷琳堡

---

① Верховский В. М. , Исторический очерк разных отраслей железнодорожного дела и развития финансово‐экономической стороны железных дорог в России по 1897 г. включительно. СПб. , 1901. С. 27.

同下诺夫哥罗德和乌法连接起来，以消除这一矿产边疆区交通上的隔绝状态；在俄国南部立即着手修建克里沃罗日、马里乌波尔铁路与连接尤左沃冶金厂和这家企业的铁矿的窄轨铁路；在俄国中部建设 400 俄里的利西昌斯克铁路，以加强顿涅茨克煤炭向中心工业区的运输能力。波兰炼铁厂工厂主提出尽快修建伊万哥罗德—东布罗沃铁路，包含连接煤炭产区和铁矿的通往奥斯特罗维茨与科柳什金的支线。

实际上，大会决议收效不大。1880—1882 年俄国所需金属的 57% 以上仍从国外进口，为此每年要流失 7000 万金卢布。[1] 19 世纪 80 年代初，俄国冶金企业生产能力能满足国内市场轨道需求的 70%。1883 年经济危机加剧，俄国铁路建设急剧缩减，冶金工厂生产能力甚至超过铁路轨道需求量。

19 世纪 80 年代初，俄国钢轨生产集中在 8 个大型冶金企业中，中部地区、彼得堡和波兰金属加工企业仍在轨道的生产中占优势地位。它们联合成垄断企业，形成"轨道工厂联盟"。俄国政府实际上成为重工业第一大垄断集团公司的参与者，[2] 认为该垄断组织在限制轨道产量方面作用巨大，需要根据市场需求来调节轨道的生产。因为在政府仓库中积压着大量未使用、政府已经付款的铁路订货。政府制定了轨道需求 5 年定额，确定每年的总需求为 828 万普特。铸钢厂年均生产定额为 628 万普特，200 万普特钢轨从国库储备中启用。[3] 轨道工厂联盟迎合政府的要求，采取压缩生产的方针，工厂年产降到最低水平。工厂生产能力被压缩 20% 以上，受影响最严重的亚历山大工厂，轨道生产被压缩了 94%。[4]

俄国本土冶金企业主强烈要求对生铁实行关税保护。迫于冶金企业主的压力和 1883 年经济危机，俄国政府采取措施重新制定关税法。1884 年，财政大臣 Н. Ф. 本格提出的对外国所产金属实行高关税的呈文得到国务会议和沙皇的批准。这个新关税体系对多数进口的外国商品征收关税，首先是重工业产品，关税高达价值的 33%，而对铁路设备和机车车辆征

[1]　Соловьева А. М.，Железнодорожный транспорт России во второй половине XIX в. С. 213.

[2]　Бовыкин В. И.，Зарождение финансового капитала в России. С. 101.

[3]　Соловьева А. М.，Железнодорожный транспорт России во второй половине XIX в. С. 215.

[4]　Бовыкин В. И.，Зарождение финансового капитала в России. С. 101.

收高达100%甚至更高的关税。① 随着关税保护政策的实施，轨道工厂联盟解散。叶卡捷琳娜铁路建设、与顿巴斯煤炭产地相连的克里沃罗日新铁矿基地的建立为俄国资本主义黑色冶金业的发展提供了保障。

1881—1884年修建的克里沃罗日（叶卡捷琳娜）国营铁路是推动俄国南部矿业新区发展的重要因素。这条铁路在短期内即成为俄国南部地区最重要的工业运输通道之一。它连接克里沃罗日地区和顿巴斯，为这一地区重工业的发展创造了条件，克里沃罗日地区铁矿业迅速发展起来。顿巴斯成为俄国最主要的钢铁基地。在克里沃罗日铁路开通前，这里只有一个萨克撒干铁矿，年产量为150万普特铁矿石。1900年铁矿数量已达75个，总开采量为1.82亿普特，占俄国铁矿开采总量的49.5%。②

在19世纪90年代经济上升期，因技术改造、收购一些私营铁路（尼基托夫卡—罗斯托夫、库尔斯克—哈尔科夫—亚速、顿涅茨克矿山铁路的亚希诺沃塔亚—马里乌波尔段、洛佐瓦亚—塞瓦斯托波尔铁路的西涅尔尼科沃—下第聂伯洛夫斯克段）和修建一些新的支线，叶卡捷琳娜铁路的运营长度增加了1.8倍，达1300多俄里。南方矿业区铁路网的建立是刺激该地区重工业增长的重要因素。冶金业增长尤其明显。铁路大亨 П. П. 古柏宁在1873年建立的布良斯克轨道轧制和机械厂在10年中资本增长了9倍，光是股东红利就达到200万卢布，工人也从600人增加到4000人，1873—1883年工厂平均盈利率达到135%，1879年高达262%。③ 这家公司靠近布良斯克杰斯纳河的别日茨轨道轧制厂是俄国最大的冶金企业，国内1/3的钢轨都产于此。巨大的资本积累使布良斯克公司有能力在1885年开始在位于第聂伯河右岸靠近叶卡捷琳诺斯拉夫城建立起亚历山大现代化冶金厂。所有机器设备和冶金设备都是从布良斯克公司通过水路运到建设工地的。亚历山大冶金厂是个冶金企业综合体，拥有现代化高炉、焦炭炉、马丁炼钢炉、熔炉、中心电站，19世纪90年代年产达1150万普特生铁。为保证原料供应，工厂在克里沃罗日租赁了5个铁矿。90年代初，亚历山大冶金厂与克里沃罗日和顿涅茨克公司协商，成立了克里沃罗日地

① Лященко П. И.，История народного хозяйства，Т. Ⅱ. С. 192.

② Соловьева А. М.，Промышленная революция в России в ⅩⅨ в. С. 213.

③ Там же. С. 213.

区三个最大的公司和最富有的铁矿主联合经营的垄断公司。工厂里有5700名工人，拥有600多人的技术学校。先进技术装备的集约生产、国家的大订单以及对劳动的残酷剥削保证了这家企业在俄国南方冶金业中独占鳌头。[①] 在俄国南部地区，另一家大型冶金垄断企业第聂伯冶金厂于1889年建成，这家垄断企业卖掉了之前在波兰的铸钢厂，把工人和设备迁至俄国南部，引进西欧的先进冶金技术和组织形式，至19世纪90年代中期该工厂年均生铁和钢的产量分别为950万普特和1050万普特。[②] 1889—1896年，这家企业的股息高达127%，短时期内就收回了股份资本。[③] 最早在俄国南部地区建立起来的新罗西斯克冶金厂的生产能力也得到极大提高。1890—1900年，新罗西斯克冶金厂金属产量增长了147.8%。[④]

钢轨生产规模的不断扩大与集中为南方冶金企业形成垄断创造了条件。在1890年危机时期这些企业形成"轨道工厂联盟"，成为新的销售垄断集团。这个垄断公司在19世纪90年代初集中了俄国钢轨生产的63%—74%。[⑤] 由于它在国内的垄断地位，轨道的价格比进口轨道高出1倍多。由于竞争激烈，垄断公司于1895年初解散。

19世纪90年代初铁路建设的扩展带动了钢轨生产的增长。1889—1892年共生产钢轨3780万普特，三大公司中的南方公司产量占76%，乌拉尔公司占17%，普吉洛夫公司占7%。[⑥] 在一些重要的铁路线上都铺设了大型现代化冶金企业生产的重轨，政府仓库中储存的过时的、不符合铁路不断改进的技术条件的钢轨被铺设在支线和让车线上。

大规模铁路建设显著拓宽了俄国重工业产品的销售市场，铁路也是冶金业最大的消费群体之一。1895—1899年俄国钢铁总产量分别为0.806

---

① Металлургические заводы Юга России. Харьков, 1923.

② Брандт Б. Ф., Иностранные капиталы. Их влияние на экономическое развитие страны. Ч. Ⅱ. СПб., 1899. С. 55.

③ Соловьева А. М., Промышленная революция в России в ⅩⅨ в. С. 216.

④ Там же. С. 220.

⑤ Бовыкин В. И., Зарождение финансового капитала в России. С. 117-118.

⑥ Гиндин И. Ф., Государственный банк и экономическая политика царского правительства. (1861-1892 годы). М., 1960. С. 264.

亿、0.924 亿、1.061 亿、1.283 亿和 1.477 亿普特，而铁路修建使用的
国产钢铁所占的比例分别为 58.6%、60.5%、58.4%、53.8%和 64.9%，[①]
具体数据见表 6-10。

表 6-10　19 世纪 90 年代经济上升期俄国铁路对钢铁的需求

单位：百万普特，%

年份	新铁路建设	制造机车车辆	为现有铁路修建复线和会让线	轨道和机车车辆维修	总计	俄国钢铁生产总量	铁路需求所占比例
1895	16.542	6.955	7.7	16	47.197	80.6	58.6
1896	21.4	9.028	8.4	17.1	55.928	92.4	60.5
1897	26.108	8.546	9.681	17.6	61.935	106.1	58.4
1898	35.071	9.4	5.5	19	68.971	128.3	53.8
1899	53.84	10	10	22	95.84	147.7	64.9

资料来源：Радциг А. А.，Железодетальная промышленность всего света. Производство，потребление，цены. СПб.，1900. С. 66-67；Сборник статистических сведений о горнозаводской промышленности России за 1895-1900 . СПб.，1896-1902.

　　财政大臣 С. Ю. 维特所倡导的关税保护政策，在 19 世纪 90 年代俄国
重工业的快速发展中发挥了重要作用。俄国重工业的主导部门在很大程度
上为"国营"市场服务。如 1896—1900 年国营市场订单消耗了俄国冶金
产品的 45%—50%。[②] 尤其是铁路产品国营市场在 90 年代得到广泛发展。
政府保护关税政策的一个重要组成部分就是把铁路订单集中交给国内生产
企业。钢轨、机车车辆、铁路设备的国家订单在俄国南部重工业企业快速
发展中发挥着首要作用。仅西伯利亚大铁路钢轨订单一项就承包了俄国所
有轨道铸造厂产量的 1/20。南方五大轨道企业组成的杰米多夫公司和乌
拉尔两大企业组成的博格斯洛夫斯基公司就控制着轨道和固定件的所有订
单。这 7 家工厂取得了 1800 万普特的轨道订单，占订单总量的 76%，金

①　Соловьева А. М.，Железнодорожный транспорт России во второй половине ⅩⅨ в. С. 276.

②　Гиндин И. Ф.，Политика царского правительства в отношении промышленных монополий // Об особенностях империализма в России. М.，1963. С. 120.

额达 3100 万卢布（占 78.5%）。① 因此，作为铁路的主要原料供应行业之一，冶金业在 19 世纪下半叶得到快速发展，虽然俄国冶金产品瑕疵较大，生产技术落后，但俄国政府实施的关税保护政策成为冶金企业快速发展的保护伞。

二　运输机器制造业勃兴

铁路是一个庞大的经济部门，它的建设、发展与冶金、机器制造、燃料等行业息息相关。铁路出现后俄国运输机器制造业应运而生。机车和车厢制造是运输机器制造业中最重要的部分。在第一次铁路建设热潮时期，俄国机车和车厢制造业迅速发展。

俄国机车车厢制造业先行者是彼得堡的亚历山大机械厂，它被沙皇政府租给美国企业家长期掌管，从 19 世纪 60 年代起，企业遭遇严重的危机。在美国承租商经营管理的 24 年间，这里没有进行机车和车厢部件的生产，只是对进口材料制造的机车和车厢进行装配和维修。由于国家订单终止，该工厂于 1864 年关闭。1868 年亚历山大机械厂与尼古拉耶夫铁路一起被卖给俄国铁路总公司，开始重新生产货车车厢，并对俄国铁路总公司的机车车辆进行维修。19 世纪 60 年代，私营铁路完全依靠从国外进口机车车辆。

为刺激本国机器制造业的发展，俄国政府采取了一系列激励措施。早在 1861 年，就允许俄国机器制造企业无关税进口设备和材料。在建设国营的莫斯科—库尔斯克铁路时，交通大臣 П. П. 梅利尼科夫曾尝试吸引俄国资产阶级向项目供货，但成效不佳，只成立了几家车厢制造企业，业务范围仅为装配和维修进口材料制造的车厢。车厢所有部件都是从国外进口。19 世纪 70 年代中期，由于国家订单终止，莫斯科几乎所有车厢制造企业都倒闭了。为满足铁路对机车和车厢大修的需要，在一些铁路上建立了修配总厂、机车库和回程机车库。至 19 世纪 80 年代初，俄国总共有 30 个铁路修配总厂，工人总数超过 3.5 万人。②

---

① Борзунов В. Ф., История создания Транссибирской железнодорожной магистрали XIX - начале XX в. Автореферат докт. Дисс. М., 1972. С. 21.

② Материалы по статистике путей сообщения. вып. 4–5. М., 1922. С. 136–137.

　　为建立运输机器制造企业产品的强大市场，从 1868 年起俄国政府对机车车辆实行新的增量关税。政府把提供国产机车车辆作为必要条件纳入在建的私营铁路承租合同中。19 世纪 60 年代末，以国家订单为基础，在彼得堡涅夫斯基造船和机械厂、卡卢加省马尔采夫斯基厂、维亚茨省矿务局的卡马-沃特金斯基厂下面组建了机车制造分厂。彼得堡老亚历山大工厂也恢复机车生产，至 19 世纪 70 年代，俄国有 5 家机车制造厂。1869—1880 年共造出 1957 辆机车。这一时期俄国国产机车类型多样，数量少，质量差。俄国铁路机车无论从数量还是质量上都远远落后于欧洲。铁路与机车的比例为 3.82：1，即 3.82 俄里铁路有 1 台机车，而同一时期，比利时的比例为 2.06：1，英国为 2.22：1。①

　　19 世纪 80 年代初经济危机时期，俄国铁路建设规模急剧缩减导致俄国运输机器制造厂的生产能力超过铁路对机车的需求。大量产品积压在国家仓库。1884 年政府的储备达到 480 台机车，价值 1400 万卢布；6000 节旅客和货运车厢，总值 860 万卢布。② 为消除库存，政府采取定额生产和限产措施，一些运输机械制造企业在这一时期处于破产的边缘，原来靠国家订单生存的最大的机车厂涅夫斯基机车厂，不得不停止机车生产；而原来仅靠给私营铁路供货的克罗缅斯克厂在竞争中获胜，奠定了自己在行业中的垄断地位。1888—1889 年该厂总产量增加了 30%—35%，股东利润在三年内增加了 3 倍多，从 11.3 万卢布增加到 48.8 万卢布。③

　　这一时期俄国机车车辆生产急剧缩减是资本主义生产危机的结果，并不是机车产量真正过剩，而是多数机车制造企业急需采取措施加强生产。因为俄国铁路机车比低，很多铁路机车数量不足，一些大型铁路急需加强自己的机车配备。Э.Т. 巴拉诺夫伯爵领导的俄国铁路业研究委员会在调查中发现，在总长度为 729 俄里的乌拉尔矿山铁路上只有 61 台机车（或每俄里铁路只有 0.08 台机车），委员会建议将机车数量增加 1 倍，并要求

---

①　Соловьева А. М., Железнодорожный транспорт России во второй половине ХІХ в. С. 142.

②　Там же. С. 219.

③　Там же. С. 220.

洛佐瓦亚—塞瓦斯托波尔铁路增加 154 台新机车和 2500 节货运车厢。[①]

19 世纪 90 年代是俄国经济上升期，也是俄国铁路建设的第二次热潮期。该时期俄国运输机器制造业获得迅速发展。1891 年起机车制造业中的垄断被打破，80 年代机车制造集中在克罗缅斯克机车厂一家，90 年代中期机车制造在俄国的 8 个大型机器制造企业展开，其中哈尔科夫和卢甘斯克厂是专业化的机车厂。19 世纪 90 年代 66% 的机车产量集中在克罗缅斯克（占 25.2%）、布良斯克（占 21.8%）和普吉洛夫（占 18.9%）三家工厂。[②] 该时期俄国国内机车制造业几乎完全满足俄国铁路运输对机车迅速增长的需求，进口机车仅占 16%。90 年代初，俄国有 11 家国营机车厂和 47 家机车修配厂。位于叶卡捷琳诺斯拉夫的叶卡捷琳娜铁路公司的修配总厂规模最大，工人数量达 2200 人。叶卡捷琳诺斯拉夫机车修配厂年产量为建造和修理机车 200 台，煤水车 200 台。修配厂配备现代化的机器设备，厂内铁路长度就达 45 俄里。[③]

西伯利亚大铁路是 19 世纪末至 20 世纪初最大的铁路工程，也是机车车辆最大的消费者。该铁路机车车辆订单集中在几个企业，如布良斯克和普吉洛夫厂的机车和车厢订单总额为 800 万卢布，克罗缅斯克厂为 540 万卢布，马利佐夫厂为 340 万卢布，俄罗斯比利时合资工厂为 320 万卢布，涅夫斯基厂为 290 万卢布，索尔莫夫斯基厂为 110 万卢布。[④] 对铁路设施产品的奖励制度仍然存在。西伯利亚大铁路每辆机车平均补贴 3000 卢布。至 1900 年，给运输机器制造厂的奖励金额已超过 180 万卢布。[⑤] 小部分大型企业高额利润得到保证，这些企业占据西伯利亚大铁路产品千百万订单的 3/4 以上。

---

① Соловьева А. М.，Железнодорожный транспорт России во второй половине XIX в. С. 220–221.

② Ильинский Д. П.，Иваницкий В. П.，Очерк истории русской паворозостроительной и вагоностроительной промышленности. М.，1929. С. 79，90.

③ Пушин В. М.，Главные мастерские железных дорог. М. –Л.，1927.

④ Борзунов В. Ф.，К вопросу об экономическом значении Сибирской железной дороги в конце XIX–начале XX в.//Вопросы истории Сибири и Дальнего Востока. Новосибирск.，1961. С. 101.

⑤ Соловьева А. М.，Железнодорожный транспорт России во второй половине XIX в. С. 283.

在发展国产车厢方面，19 世纪 70 年代取得了显著成效。在 19 世纪 60 年代末至 70 年代初铁路热时期，俄国国营 14 个车厢制造厂和 7 个铁路修配厂建造货车车厢。国家铁路订单对这一时期车厢制造业的发展起到极大的促进作用。1865—1880 年俄国车厢制造厂共制造出 71663 节货车车厢、1867 节客车车厢。大部分货车车厢（1.25 万节左右）由克罗缅斯克厂制造，整个货车车厢产量的 3/4 集中在克罗缅斯克、俄罗斯—波罗的海、马尔采夫斯基、普吉洛夫等 6 个主要机器制造厂。① 19 世纪 70 年代，俄国车厢制造企业之间的竞争导致一些依赖进口原料进行生产的企业解散。这也与 70 年代政府要求新的国家订单要使用国产材料有关。70 年代后半期车厢制造集中于 7 家工厂，其中里加的俄罗斯—波罗的海厂、彼得堡的萨姆松厂是专业车厢制造企业，其余 5 家车厢制造是辅业。

19 世纪 80 年代初，俄国车厢制造业遭遇和轨道、机车制造业同样的生产危机，库存增加，产量降低。1882 年初，政府货运车厢的库存达 7000 节，而国内每年的需求仅为 2000 节。1883 年，别日茨的布良斯克冶金厂，在减少轨道生产后，开始制造旅客和货运车厢。布良斯克公司经理，即铁路大亨 П. И. 古柏宁与一些大型私营铁路公司的关系保证了车厢的强劲销售。这引起克罗缅斯克机械厂等老车厢制造企业的不安，它每年可生产 1200 节货运车厢，约占工厂总产量的 35%。② 克罗缅斯克厂被迫在 80 年代初大量缩减货运车厢生产，致力于制造标准旅客车厢。

1884 年在克罗缅斯克厂倡导下，克罗缅斯克、索尔莫夫斯基、马尔采夫斯基、普吉洛夫和布良斯克厂组成"大俄罗斯车厢制造厂联盟"垄断组织，以保证车厢产品的稳定销售及缩减国内车厢生产。垄断联盟请求政府把最近 5 年的国家订单都给它们，保证每年销售 4000 节车厢。垄断者的请求引起联盟外两个大型车厢制造厂——里加的俄罗斯—波罗的海厂和彼得堡的萨姆松厂的强烈反对。尽管联盟最终没有拿到专属的国家订单，但是它手中集中了大部分私营铁路订单。工厂货运车厢的年均产量几

① Соловьева А. М., Железнодорожный транспорт России во второй половине XIX в. С. 142.

② Там же. С. 221.

乎缩减了一半，19 世纪 80 年代下半期从 6900 节降到 3500 节，旅客车厢减少了 2/3 还多。[1] 1890 年初，该垄断组织改组为"车厢辛迪加"，华沙车厢制造厂取代了索尔莫夫斯基厂。[2]

19 世纪 90 年代铁路建设迅猛增长也带动了车厢制造业的发展。车厢制造主要集中在 15 个工厂中，其中有 8 家是 90 年代中期出现的专业化工厂，但是大多数车厢产量还是集中在 7 个老式综合工厂里。如 19 世纪 90 年代后半期，普吉洛夫厂每年出产 2500 节货运车厢，索尔莫夫斯基厂生产 1700 节，克罗缅斯克厂生产 1400 节，布良斯克厂生产 1500 节。1899 年货运车厢的总产量达到最大值，货运和客运车厢的产量分别为 25900 节和 934 节。许多铁路公司车厢修配厂也建造车厢。20 世纪初俄国有 11 家专业化国营车厢修配总厂（别洛夫、里加、科韦利、罗斯拉夫利、华沙、下第聂伯夫斯克、科列缅丘克、新罗西斯克、坦波夫、普鲁什库夫和叶卡捷琳堡车厢修配总厂），此外在 47 个机车车厢修配总厂也建造和维修车厢。俄国车厢制造业完全满足了国内对车厢不断增长的需求。1890—1899 年车厢进口急剧缩减，年均只有 235 节，包括专业化的客运车厢和城市马拉有轨车的车厢。[3]

三　燃料工业崛起

俄国的传统燃料为劈柴。所以在俄国铁路发展初期，列车主要燃料也为劈柴。随着铁路在南方的建设，顿涅茨克地区的煤炭生产迅速扩大，并通过铁路流通到国内外市场。外里海铁路的建设促进了巴库石油工业的发展。铁路燃料也逐渐从劈柴过渡到煤炭和石油，铁路成为矿物燃料的最大消费者。

兴修铁路促进了煤炭工业的繁荣。19 世纪 60—70 年代，由于在俄国南方开展大规模的铁路建设，顿涅茨克地区的煤炭生产开始增长。1863

① Ильинский Д. П., Иваницкий В. П., Очерк истории русской паворозостроительной и вагоностроительной промышленности. С. 66.

② Бовыкин В. И., Зарождение финансового капитала в России. С. 128-129.

③ Кислинский Н. А., Наша железнодорожная политика по документам архива Комитета министров. Т. IV. С. 294.

年建成俄国第一条长度为 66 俄里的格鲁舍夫斯克矿山铁路，它将无烟煤运到顿河上的阿克萨码头，从这里再将燃料通过水路运到南方工业城市。铁路开通后，这条线路上的煤炭运输量不断增长，1863—1865 年煤炭运输量增加了 2.5 倍，无烟煤运输量从 170 万普特/年增加到 600 万普特/年。① 1868 年建成的格鲁舍夫斯克—罗斯托夫支线，将格鲁舍夫斯克无烟煤的运输扩大到顿河和亚速海地区的销售市场，煤炭的开采量几乎增加了 1 倍，1870 年达到 1150 万普特。1869—1871 年，库尔斯克—哈尔科夫—亚速铁路和科兹洛夫—沃罗涅日—罗斯托夫铁路的开通使顿涅茨克煤田东部的广大区域与俄国主铁路网连接起来，扩大了煤炭销售市场。铁路在这一地区的运行加快了大型露天煤矿的建设，如年生产能力为 400 万—600 万普特的格尔逊煤矿和年产 700 万普特的卢琴格夫斯克煤矿。②

1878—1879 年顿涅茨克铁路修建完成后，顿涅茨克煤田煤炭销售市场开始急剧扩大，产量大幅提高。1880 年，南俄有 112 个煤矿，338 个矿井，出产的煤炭年产量达 8600 万普特，占俄国煤炭总产量的 42.5%。1870—1880 年南俄煤炭和无烟煤的开采量增加了 4.5 倍，年产量从 1550 万普特增加到 8600 万普特。③ 中部工业区对煤炭需求的增长促进了 19 世纪 70 年代莫斯科附近地区煤田的发展，1880 年该地区有 14 家年产量达 2000 万普特的煤矿。大部分煤矿集中在里亚日斯克—维亚济马铁路沿线地区。

1884 年，与哈尔科夫—尼古拉耶夫铁路交叉的叶卡捷琳娜铁路建成，它把顿涅茨克煤田同克里沃罗日地区的铁矿连接起来，促进了该地区以顿涅茨克煤炭和焦炭为燃料的重工业的发展。1882 年建成的康斯坦丁铁路支线，将煤炭运到亚速海的马里乌波尔港口，促进了顿涅茨克煤炭的出口，也使顿涅茨克煤炭有机会供应到黑海的敖德萨，而在铁路开通之前，这里主要使用从英国进口的煤炭。

在 19 世纪 90 年代经济上升期，顿涅茨克煤田煤炭工业发展迅速。该时期建了 92 个大型矿井，是过去 30 年建立的矿井总数的 3 倍多。新矿井

①　Соловьева А. М., Железнодорожный транспорт России во второй половине XIX в. С. 143.
②　Там же. С. 143.
③　Там же. С. 143.

的产量占这一时期顿涅茨克煤田煤炭总产量的 80%。[①] 顿巴斯煤炭公司铺
设了私营铁路专线，配备了机车车辆。20 世纪初这里有 458 俄里私营铁
路专线和 105 台机车。[②]

　　铁路成为煤炭的主要消费者。铁路兴建之初，劈柴和煤炭是铁路列车
的主要燃料，煤炭多依赖进口。随着铁路在俄国南部矿区的修建，顿巴斯
煤炭产量不断提高，铁路对国产煤炭的需求量也不断增长。1874 年和
1879 年铁路煤炭需求量占顿涅茨克煤田石煤开采总量的 32% 和 62%，[③]
是顿涅茨克煤炭的最主要消费者。铁路建设热潮引起顿巴斯煤炭开采热
潮，顿巴斯煤炭产量迅速提高，1855—1859 年、1860—1864 年、1865—
1869 年、1870—1874 年和 1875—1879 年年均开采量分别为 400 万、733
万、1083 万、2901 万、6087 万普特。[④] 1875—1878 年、1896—1900 年和
1900—1908 年铁路部门煤炭需求量分别占顿涅茨克煤田总产量的 63%、
27%和 31.9%。[⑤] 1860—1900 年铁路煤炭需求量增长了 38 倍，从 1860 年
的 1708 万普特增至 1900 年的 6.7 亿普特。[⑥] 19 世纪 80 年代，由于石油
的产量激增，石油产区附近的很多铁路选择石油做燃料，但铁路对煤炭
的需求量仍逐年增加。不同地区铁路燃料结构差异较大，南俄地区铁路
燃料一直以煤炭为主，除冶金业外，铁路是南俄煤炭的最大消费者，因
此，铁路的发展直接促进了南俄煤炭工业的繁荣。

---

① Соловьева А. М., Железнодорожный транспорт России во второй половине XIX
　в. С. 284.

② Там же. С. 284.

③ Братченко Б. Ф., История угледобычи в России. М., ФГУП. Производственно-издательский
　комбинат ВИНИТИ, 2003. С. 133.

④ Менделеев Д. И., Сочинение XI. М., Изд-во акадимии СССР, 1949. С. 15；Бакулев Г. Д.，
　Черная металлургия Юга России. М., Изд-во Гос. Техники, 1953. С. 112；Тихонов Б. В.，
　Каменноугольная промышленность и черная металлургия России во второй половине XIX
　в. М., Наука, 1988. С. 36；Фомин П. И., Горная и горнозаводская промышленность Юга
　России. Том I. С. 168, 173, 180；Струмилин С. Г., Черная металлургия в России и в
　СССР. С. 81.

⑤ Братченко Б. Ф., История угледобычи в России. С. 129, 147, 166；Соловьева А. М.，
　Железнодорожный транспорт России во второй половине XIX в. С. 211；Фомин П. И.，
　Горная и горнозаводская промышленность Юга России. Том II. С. 12.

⑥ Баканов С. А., Угольная промышленность Урала：жизненный цикл отрасли от зарождения
　до упадка. С. 44.

铁路是西伯利亚煤炭生产增长的直接动力。从表6-11中可以看出西伯利亚地区煤炭产量的变化。

表6-11 1864—1914年西伯利亚地区煤炭的开采量

单位：百万普特，%

地区	1864年	1874年	1884年	1894年	1904年	1914年
西伯利亚西部	0.4	1.0	2.1	1.4	18.8	53.0
西伯利亚东部	0.2	0.2	0.4	1.1	41.2	88.4
西伯利亚合计	0.6	1.2	2.5	2.5	60.0	141.4
在全国所占比例	2.5	1.5	1.0	0.5	5.0	6.5
全国合计	24.4	78.8	239.9	534.9	1197.1	2176.5

资料来源：Общий обзор главных отраслей горной и горнозаводской промышленности. Пг. 1915. C. 231–232.

在西伯利亚大铁路修建前，当地煤炭的开采规模不大（每年不超过200万普特）。当时，煤炭的开采仅为满足当地需求和阿尔泰地区的工业活动需要。19世纪60—70年代，博恰特矿场的存在是为了古里耶夫斯基工厂获得高炉用焦炭。此外，也在古里秋津矿场采煤。由于远离建成的铁路线，这些开采活动没有任何起色。但在建的西伯利亚大铁路的需求就使煤炭开采量增加了23倍（1894—1904年），而运营期又增加了1.3倍。在20年间（1894—1914年），在煤炭开采的增长速度上，西伯利亚地区超过了高加索、莫斯科周边地区、乌拉尔、东布罗夫煤田和顿巴斯，跃居俄国第一位。[1]但在开采的绝对量上，到1914年，西伯利亚地区位于顿巴斯和东布罗夫地区之后，居于全国第三位；1894年时，西伯利亚地区的煤炭开采量占全国第五位。在20年间，西伯利亚的煤炭开采量超过了莫斯科周边地区（1900年）和乌拉尔地区（到1902年）。

煤炭消费增加的同时，1915年前，西伯利亚大铁路主要使用木材燃料，这在很大程度上造成铁路附近森林消失。仅1913年，西伯利亚大铁路就消耗了525240立方俄丈劈柴，主要用来给机车引火以及车站、住宅

---

[1] Фиттингоф С. К., Перспективы угольной промышленности в Западной Сибири. // Доклад, прочитанный на собрании Общества Сибирских инженеров, 9 марта 1915 г. Томск, 1915. C. 2, 9.

和车厢供暖。换算成煤炭的话，其花费要比使用煤炭高 1 倍。① 西伯利亚铁路局铁路沿线的原始森林被严重破坏，木材严重不足造成工业增长停滞。铁路局斥巨资从泰加林向草原地区单向运输劈柴。② 1904—1905 年日俄战争迫使铁路大规模使用矿物燃料。

　　西伯利亚大铁路开始增加苏詹斯克和切列姆霍沃煤田产煤炭的消费。1914 年，西伯利亚西部地区煤炭开采总量的 38.5%（4040 万普特）出自西伯利亚铁路局管理的安热斯克国营煤矿。托木斯克县的米赫尔松煤矿也出产大量煤炭。开采的大部分煤炭用于满足铁路需求。在阿莫林斯克州，卡拉干达矿场的煤（达 500 万普特）用来满足斯巴斯克炼铜厂的需求。西伯利亚东部地区的煤炭开采集中在伊尔库茨克省（切列姆霍沃），总量超过 3500 万普特（占西伯利亚东部地区总量的 45%）；乌苏里斯克边疆区（国营的苏城矿场）开采量达 3000 万普特；外贝加尔褐煤开采量达2300 万普特。③

　　第一次世界大战前，库兹巴斯受到了更多关注，由于缺乏便利的交通和充足的资金，其发展长期受到制约。1912 年末，成立了库兹涅茨克煤炭股份公司，1914 年时，该公司已完成勘探和准备工作，煤炭开采量约300 万普特。公司修建了连接大铁路干线的支线铁路，从格里邱金诺站到西西伯利亚铁路的尤尔加会让线。④

　　采煤业的发展，对工业、冶金（焦炭）、农业、医学、航运和军工行业都产生了巨大的推动力。在工业落后、航运不发达的西伯利亚，铁路成为煤炭的主要消费者。西伯利亚工业经济的成功发展，拓宽了煤炭的消费范围，但 1917 年之前，铁路仍是煤炭的主要消费者。1911 年，西伯利亚开采的煤炭的 25% 被城市和工业企业消费，而 75% 用于铁路运营。同一时期，在顿巴斯，铁路消费占 22%，航运和其他消费占 78%（其中冶金

① Фиттингоф С. К., Перспективы угольной промышленности в Западной Сибири. // Доклад, прочитанный на собрании Общества Сибирских инженеров, 9 марта 1915 г. С. 7.

② Фиттингоф С. К., Перспективы угольной промышленности в Западной Сибири. С. 5.

③ Борзунов В. Ф., История создания Транссибирской железнодорожной магистрали XIX - начале XX в. С. 1707.

④ Общий обзор. С. 270.

用占 17%，航运用占 3%，糖厂用占 5%，其他消费占 30%）。[①]

兴修铁路推动了石油工业的发展。19 世纪 70 年代俄国政府废除了石油包销制并取消了石油消费税。80 年代中期外资不断流入这个新兴工业部门，俄国石油工业开始迅速发展。19 世纪 80 年代俄国石油开采量增加了 10 倍多，从 2150 万普特增加到 2.43 亿普特。[②] 巴库地区石油生产迅速扩大与俄国工业重点部门对石油燃料需求的迅猛增长有关。发热值高、使用方便、价格便宜使石油成为蒸汽机最重要的燃料。巴库是主要的铁路枢纽之一，有 2 条干线从这里穿过，巴库—巴统、巴库—彼得罗夫斯克总长度约 1000 俄里。便捷的铁路运输一方面加快了巴库地区石油产品的流通；另一方面，铁路也成为石油的巨大消费者。

从 1883 年起铁路开始将石油用作燃料，先从外高加索铁路，然后到格里亚季—察里津线路。1888 年，莫斯科—梁赞铁路、科兹洛夫—萨拉托夫铁路、弗拉季高加索铁路转向使用石油燃料。铁路是石油燃料坚挺而巨大的市场。"诺贝尔兄弟"石油公司从铁路改革一开始就通过与铁路公司签订燃油长期供货合同来加强自己的垄断地位。1892 年国内消耗的 1.1 亿普特石油中，铁路消耗占 22%。[③]

19 世纪 90 年代末，石油在铁路燃料中占据重要位置。1882 年铁路部门的重油使用量只有 13 万普特，1883 年激增至 172 万普特，1885 年铁路部门的石油产品需求量增加至 500 万普特，1890 年其需求量增长至 1800 万普特，1897 年达 7200 万普特，19 世纪末俄国铁路部门已广泛将重油作为燃料，1880—1900 年铁路重油消耗量从 11 万普特增至 1 亿普特，增长了 900 多倍，铁路石油燃料消耗量占比已达 40%。[④] 1898—1902 年铁路年

① Фиттингоф С. К., Перспективы угольной промышленности в Западной Сибири. С. 4.

② Соловьева А. М., Железнодорожный транспорт России во второй половине XIX в. С. 208.

③ Соловьева А. М., Железнодорожный транспорт России во второй половине XIX в. С. 208.

④ 张广翔：《19 世纪 60—90 年代俄国石油工业发展及其影响》，《吉林大学社会科学学报》2012 年第 6 期，第 121 页；张广翔：《19 世纪至 20 世纪初俄国的交通运输与经济发展》，《社会科学战线》2014 年第 12 期，第 238 页；Самедов В. А., Нефть и экономика России（80 - 90 - е годы XIX в.）. С. 32 - 33；Ахундов В. Ю., Монополистический капитал в дореволюционной бакинской нефтяной промышленности. М., 1959. С. 9.

均石油产品消耗量为 9640 万普特，其中以梁赞—乌拉尔、弗拉基米尔—高加索、高加索和东南铁路石油需求量最高，占铁路石油燃料消耗量的 50%。[1]

一些铁路公司看到石油工业的巨大利润，也加入这个行业，除仓储、运输石油外，还开展石油开采、贸易等业务，加入与石油大亨的竞争中。如 1884 年格里亚季—察里津铁路公司董事会的大亨们组建了石油股份公司，后来这家公司成长为大型的石油工业公司，手里掌握石油产品的开采、运输、储藏和贸易等业务。[2] 在 19 世纪 90 年代形成的 8 大私营铁路垄断公司中，大部分都有石油业务。如弗拉季高加索铁路公司有 5 条输油管道和容量为 500 万普特的石油仓库的石油码头。[3] 1894 年别斯兰—彼得罗夫斯克铁路建成和彼得罗夫斯克港口装备完成后，开辟出一个巴库石油运往黑海的出口。同时，这条线路的建设对北高加索地区石油工业的发展产生了巨大的推动力。弗拉季高加索铁路公司在格罗兹尼石油产区集中展开石油生产活动。弗拉季高加索铁路垄断公司成为最大的石油出口商之一。19 世纪 90 年代该公司建成一整套石油管道、储油池网络，建立了输油舰队，并在格罗兹尼市建成了自己的炼油厂。[4] 梁赞—乌拉尔铁路公司在 90 年代末与石油垄断组织"诺贝尔兄弟"公司签订了关于在莫斯科—巴维列茨铁路的莫斯科站供应油罐车和建立石油仓库的协议。[5] 90 年代初，莫斯科—温道—雷宾斯克铁路公司扩大了自己在铁路区的工业活动范围。为了大量运输石油，董事会与"诺贝尔兄弟"公司密切接触。雷宾斯克成为伏尔加河上游地区最大的煤油和重油仓储点之一。在 90 年代经济上升期，集中在巴库的石油工业发展更为迅速，1893 年俄国石油开采

① Лисичкин С. М., Очерки по истории развития отечественной нефтяной промышленности. С. 250.

② Монополистический капитал в нефтяной промышленности России. 1883 – 1914. Документы и материалы. Отв. ред. Гефтер М. Я. М. -Л., 1961. С. 64, 293, 370.

③ Куприянова Л. В., Новороссийский порт и Владикавказская железная дорога в пореформенный период. //Исторические записки. Т. 78. М., 1963. С. 297.

④ Журавлев В. В., Общество Владикавказской железной дороги и развитие нефтепромышленности на Северном Кавказе. //Ученые записки МГПИ им. Ленина. М., 1964. № 211.

⑤ Соловьева А. М., Железнодорожный транспорт России во второй половине XIX в. С. 241.

总量为 0.58 亿吨，到 1901 年达 1.16 亿吨，增长了 1 倍。①

19 世纪 90 年代俄国铁路是石油燃料最大的消费者。铁路石油燃料消费从 1890 年的 1800 万普特增加到 1900 年的 1.08 亿普特，增加了 5 倍。在石油消费总体平衡表中，铁路所占份额在 19 世纪 90 年代末达 35%—40%。在铁路燃料需求中石油占 34%，煤炭占 40%，劈柴为 26%。在外高加索、弗拉季高加索和中亚铁路上，石油是绝对主要的燃料，所占比例高达 75%—89%。②

第五节　铁路对俄国的军事战略作用

军事战略功能是铁路的又一重大职能。俄国修建铁路的初衷即能在开战时迅速集结军队。在本书所研究时期，俄国共经历克里米亚战争（第九次俄土战争，1853—1856 年）、第十次俄土战争（1877—1888 年）、日俄战争（1904—1905 年）和第一次世界大战（1914—1918 年）四次大的战争。在克里米亚战争前，俄国的铁路建设刚刚起步，由于国库资金严重不足和政府内部保守势力强大，铁路建设缓慢，国内铁路长度不足 1000 俄里。战争的失利暴露了俄国经济上的衰弱和对战争的准备不足。其中道路不畅不能及时补充给养和兵力是一个重要的不利因素。因此，1857 年俄国政府痛下决心，大力吸引外资兴修铁路。俄土战争时期，正是俄国第一次铁路建设热时期，由于政府对私营铁路公司的大力扶持，俄国在欧俄建立起以莫斯科为中心的铁路网。19 世纪 70 年代，军事大臣 Д. А. 米留金开始建立西部加强区，在维斯瓦建立要塞，首先建立的是保证俄国军队动员集结的密集的铁路网。19 世纪 80—90 年代，俄国在西部的波列西耶和普利韦斯林边疆区展开大规模军事战略铁路建设，到 90 年代初，俄国西部边境建成的战略铁路达 3000 俄里。20 世纪初沙皇政府花费 6.28 亿卢布用于建立西部巩固区，其中 3.1 亿卢布或军费支出总额的 50% 用于战略铁路的建设，这还不

① Кафенгауз Л. Б., Эволюция промышленного производства России（последняя треть ⅩⅨ-30-е. ⅩⅩ века）. М., Изд-во. Эпифания, 1994. C. 28.

② Соловьева А. М., Железнодорожный транспорт России во второй половине ⅩⅨ в. C. 285.

算在机车车辆上的花销。[1] 与此同时，俄国政府还在中亚、西伯利亚远东地区大修铁路。至 1914 年，俄国的铁路网长度约 6.4 万俄里。

俄国铁路分布极不均衡，欧俄铁路网密度最大，尤其是波兰各省。北方、西伯利亚、远东和中亚通过单线铁路与俄国的中心地区保持联系，而俄国的很多地区完全没有铁路。与欧洲其他国家相比，俄国单位面积铁路的占有量处于劣势。第一次世界大战前夕，即使是铁路密度最大的欧俄地区，铁路的占有量也仅为德国的 1/11、奥匈的 1/7。[2] 俄国铁路网中复线铁路仅占 27%，而欧洲国家铁路网中复线铁路所占比例为 39%—56%。[3] 在萧条时期，俄国铁路网总体尚能应付运输需要，而在战前的经济上升期，俄国现有铁路的生产能力、机车和车厢的保障、新铁路的建设则落后于国民经济发展的整体速度，更落后于欧洲强国。俄国西部边境仅有 13 条线路，18 条轨道，而德国、奥匈和罗马尼亚则有 32 条线路 36 条轨道。俄国铁路的调动需要 5—9 天，为此需要向西部铁路调遣 1192 台机车、1546 节旅客等级车厢和 5.4 万节货运车厢。俄国铁路一昼夜能向西部边境发出 211 列列车，而敌方能发出 530 列列车。[4]

第一次世界大战前夕，鉴于俄国铁路的上述劣势和敌人的优势，俄国军事部与法国盟友千方百计地加强俄国西部铁路的运输能力，以加快军事动员。

1913 年末至 1914 年初，军事部制订了发展和加强战略铁路的具体动员计划。[5] 这个计划规定，增加机车总数 2000 台，同时在 5 年内增加商业运输机车 3000 台。军事部需要自动制动的车辆设备。计划建设新铁路4790 俄里，铺设复线 2879 俄里，将 5549 俄里铁路最重要路段的生产能力提高到最大限度[6]，将一些窄轨铁路改成宽轨，以及一些加强高加索、

---

[1] Зайончковский А. М., Подготовка России к мировой войне. М., 1926. С. 5-7.

[2] Ушаков К., Подготовка военных сообщений к Мировой войне. М., Госиздат, 1928. С. 14.

[3] Сидоров А. Л., Железнодорожный транспорт России в первой мировой войне и обострение экономического кризиса в стране.//Исторические записки. М., Изд. Академия наук СССР, 1948 (6). С. 5.

[4] Ушаков К., Подготовка военных сообщений к Мировой войне. С. 15.

[5] Там же. С. 187-193, приложения 7 и 8.

[6] 在某些路段通行能力达到 16 对列车/昼夜，其他路段达到 35 对军列/昼夜。

中亚和远东铁路通行能力的措施。

上述措施已经远远超出了单纯的军事利益范畴。这些措施的实施需要整个国家的干预、巨额的资金以及严格的监督。为此，俄国政府向法国谋求举债。法国政府同意在未来 5 年担保俄国每年在巴黎金融市场拿到 4 亿—5 亿法郎，用于与铁路建设计划有关的需求。这样，在 5 年内用于战略铁路建设的投资应为 7.5 亿—9 亿卢布。① 法国的条件是立即着手与法国司令总部协商在俄国西部边境修建战略铁路的问题，大幅扩充和平时期俄国军队的数量。

第一次世界大战是各帝国主义国家为重新瓜分世界和争夺全球霸权而爆发的一场世界级帝国主义战争，它给人类造成了深重的灾难。俄国作为主要参战国之一，虽然对战争的爆发早有预感，但整体上准备不足，运输矛盾尤其突出，运输条件难以满足战时运输需求，军事部门和交通部门还在运输的优先权上争论不休。为此，俄国政府采取了一系列措施，着力解决运输矛盾，尤其是铁路运力问题。尽管效果不尽如人意，但铁路在第一次世界大战的运输环节中还是起到了关键作用。

铁路保障军队、工业设备、难民撤离西部地区。战争使铁路工作发生了根本变化。据官方统计，战前军事部领导下的铁路有 2.2 万俄里，占整个铁路网的 33%。到 1915 年 1 月 1 日，前线铁路增加到 2.46 万俄里。前线铁路有 16.6 万节车厢（占总数的 33%），取代了战前的 11.9 万节车厢；有 7000 台机车（占总数的 35%），取代了战前的 5700 台机车。② 因此，后方铁路网被压缩，机车和车厢的数量也明显减少。

动员是战争时期对铁路交通的初次检验，在此期间，几乎停止了所有商业运输和普通旅客运输。应该说，这次铁路动员还是比较有序的，军队和货物运输按照进度表进行，仅动用 8 条铁路就超额完成动员任务。动员期间，大部分机车和货运车厢被用于军事运输。到 1914 年 9 月 1 日，50% 的一、二等车厢和 15% 的三、四等车厢被用于军事运输。动员令发布的第 8 天，21 条

---

① Сидоров А. Л. , Железнодорожный транспорт России в первой мировой войне и обострение экономического кризиса в стране. С. 16.

② Там же. С. 18. 到 1915 年 1 月 1 日，俄国军队占领了 4000 俄里奥地利铁路和 100 俄里德国铁路。德国占领了波兰境内约 1500 俄里俄国铁路。

铁路达到了最大运输量；到第 12 天，32 条铁路达到最大运输量。[1] 军事部对铁路的备战工作非常满意，备战过程中，铁路运送了 3500 多列军列。[2]

1915 年夏天因战局变化，铁路面临着严峻的考验。居民和工业设施开始从波兰、波罗的海沿岸和西部边境区撤离，同时，军队也撤出波兰，已经运来的大量给养和军需物资也被撤离。

列车从前线运来搬迁的工业设备、军用物资和撤下的伤兵，返回时装满草料和增援部队。在伊万哥罗德要塞进行疏散时，铁路紧急将军队撤退到诺沃格奥尔吉耶夫斯克和奥索维茨。当军队向格罗德诺—别罗斯托克和布列斯特—利托夫斯克—科韦利撤退时，奥索维茨和格罗德诺要塞要进行疏散。铁路出色地完成了以上路线的撤退运输任务，将要塞所有贵重物资运往莫斯科铁路枢纽。[3]

基辅方面，加利奇、普利韦斯林和华沙—维也纳铁路承担撤退工作，将难民、政府机关、食品从前线地区运出。仅是在罗文斯克一段，就调用 20000 节车厢，运输难民动用了 35000 节车厢。[4]

里加—奥廖尔铁路接纳了 7000 节载重车厢和 50 万难民。此外，在该铁路范围内运输了 35000 节车厢货物和 30 万难民。西北铁路接收了 62400 节装载货物和难民的车厢，43300 节在该铁路范围内卸空。此外，在该铁路范围内输送了 1600 节车厢货物和 750 节车厢难民。仅 1915 年 7—9 月，莫斯科—温道—雷宾斯克铁路就接纳了 32803 节运载难民和货物的车厢。亚历山德罗夫斯克铁路接纳了 32240 节运载难民和货物的车厢，其中 1/3 左右（11360 节车厢）在铁路各站点被卸载，而其余难民直达莫斯科和明斯克。莫斯科—喀山铁路远离疏散区，但是疏散浪潮还是波及它。8 月 1 日—9 月 25 日，该铁路接纳了 7882 节装载难民和货物的车厢。将近一半的车厢在该铁路的各站点被卸载，而其他车厢则继续直行。被疏散的货物

---

[1]　Сидоров А. Л., Железнодорожный транспорт России в первой мировой войне и обострение экономического кризиса в стране. C. 19.

[2]　Ронжин. Железные дороги в военное время（по опыту мировой войны）. Белград, 1929. C. 17.

[3]　Данилов Н. А., Экономика и подготовка к войне. 1926. C. 167−168.

[4]　Сидоров А. Л., Железнодорожный транспорт России в первой мировой войне и обострение экономического кризиса в стране. C. 25.

迫使铁路公司董事会暂时中止所有站点上的商业运输。波列斯克铁路在一个半月内共发出 5500 节运送难民的车厢和 80000 节货运车厢。12 万节车厢直达。从布列斯特、巴拉诺维奇、维尔诺、莫洛杰奇诺发出的货物，都经波列斯特铁路运输，每天经过这里的列车有 80 列，而铁路的通行能力仅为 40 列。在此期间，有 6200 多节货运车厢进入叶卡捷琳娜铁路。铁路输送了大量从华沙和里加运出的工厂设备，此外，铁路还运输了 20 万难民。① 很难对 1915 年夏天铁路所承担的撤退工作进行完全准确的统计。在撤退的两个月时间里，被设备和难民占用的车厢达 11.5 万节。②

由于疏散和军队撤退，铁路网里程明显减少，铁路技术状况恶化。关于敌人占领俄国铁路，致其铁路网里程减少的说法不一。前线铁路负责人会议数据显示，1915 年秋，敌人占领了俄国境内 11000 俄里主要铁路和加利奇境内 3000 俄里铁路。而交通大臣给大臣委员会的报告中说明，俄国铁路网减少了 6000 俄里。③ 前一个数据指的是铁路网的全部损失情况，而交通部的数据指的是新建铁路和后方铁路的损失。尽管统计口径不一致，但疏散和军队撤退造成俄国铁路网的损失是巨大的。不仅如此，被占领的铁路网回归俄国之后，遭到了严重破坏。轨道损坏 15%—50%，道岔损坏 50%—60%，而在某些铁路损失达 75%—100%；所有铁路的信号灯、电报线、水泵房完全被破坏。④

撤退工作是对铁路的一次艰巨考验。前线铁路被占领，莫斯科—哈尔科夫一线以东的铁路都受到冲击，实际上俄国整个铁路网都遭受重创。为满足撤退的需要，抽调了大量机车和车厢，铁路正常运输受到极大的影响。但铁路克服各种困难，顺利完成了军队、工业设备和难民的撤离工作，保证了俄国军队、财产和人民的安全。

铁路保障了后方的生产、供应。战争改变了铁路的物流方向，增加了货物的行车里程，加重了部分路段的负担。由南向北、西北运输煤炭和金

---

① Сидоров А. Л., Железнодорожный транспорт России в первой мировой войне и обострение экономического кризиса в стране. С. 25-26.

② Там же. С. 26.

③ Там же. С. 28.

④ Там же. С. 28.

属的线路，通往莫斯科、彼得堡、波罗的海沿岸中心工业区的线路以及运送粮草和美国、日本进口商品的西伯利亚大铁路三个方向上的运输对战争进程具有非常重要的意义。此外，阿尔汉格尔斯克与中心地区之间的铁路也非常重要。因为随着波罗的海和黑海港口的关闭，俄国与国外的商业交通只剩下经过阿尔汉格尔斯克和符拉迪沃斯托克（海参崴）的海路。通过这两个站点，进口物资被输送至中心地区。

由于大量机车、车厢被前线铁路征用，后方铁路的运输受到极大影响，大量货物被积压。到1915年1月1日，阿尔汉格尔斯克积压了2000万普特煤炭、400万普特其他货物和3000辆军用汽车。[1] 与阿尔汉格尔斯克铁路相连的阿尔汉格尔斯克—沃洛格达铁路是窄轨铁路，运输能力差也是造成积压的原因之一。为此，需要马上增加机车、车厢数量，对窄轨铁路进行改造。1916年，随着阿尔汉格尔斯克—沃洛格达铁路的改造完成，铁路的运输能力得到提高，24小时的运输能力提高到300节车厢；6月1日，达到400节车厢；8月提高到520节；从10月1日之后，铁路的运输能力提高到600节车厢。[2]

战争加重了后方铁路的运输负担。1915年，尽管铁路网里程减少了6000俄里，但是运输负担仍比1914年增加了10%。1916年3月，以俄里计的车厢行车总里程增加了32%。运输负担最重的尼古拉耶夫、库尔斯克、北方铁路以及其他铁路的运输负担，1916年比1914年增加了45%—60%，有时候甚至增加135%。[3] 战争期间货运的年度增长超过了战前，亚洲部分则增长了2—3倍。

早在战争爆发之初，俄国就从后方向前线铁路额外调拨了600台机车和1.75万节车厢，在被占领期间，又额外调拨了200台机车和4000节车厢；最后，到1915年8月，前线铁路扣留了约35000节货运车厢和600台机车。俄国铁路机车和车厢总数的一半左右都在前线铁路：有8000台

---

[1]　Краткий очерк деятельности русских железных дорог во вторую отечественную войну. Ч. II. C. 46-48.

[2]　Сидоров А. Л. , Железнодорожный транспорт России в первой мировой войне и обострение экономического кризиса в стране. C. 32.

[3]　Там же. C. 33.

机车和 21.8 万节车厢。① 后方铁路的大量工作, 不得不在机车、车厢减少的情况下进行。这对铁路机车车辆的组织和集约使用提出了更高的要求。大量货物从后方运往前线, 每天运量达 150—170 列火车。1916 年末至 1917 年初, 每天发往野战铁路管理局的车厢达 4500—6000 节。光是军需物资每天就占用 2000—3000 节车厢。②

大量物资从后方运往前线。主要包括军队卫生救护物资、军需物资、炮弹和军事工程物资、各机构组织的物资、铁路燃料、私人物资以及人员和马匹的给养。据统计, 从 1916 年 6 月, 后方铁路向前线运送的物资总量为 6667 节车厢, 1917 年 8 月降到最低, 为 3698 节车厢。同时, 后方驻防部队也需要给养和其他物资, 这些都是靠牺牲后方铁路实现的。③ 战争期间, 旅客运输量也明显增加。1916 年比 1913 年增加了 48%, 其中前线旅客运输量增加了 20%。④ 交通部证实, 一些后方铁路运输量比战前增加: 尼古拉耶夫铁路增加 60%, 西伯利亚铁路增加 40%, 在阿尔汉格尔斯克线路增加 200%, 莫斯科—库尔斯克铁路增加 45%。与 1913 年相比, 1916 年后方铁路的运输能力提高 48%, 前线铁路提高 100%。与 1915 年相比, 运输日均增长 29%, 车厢的行车里程增长 14%, 从顿巴斯运出的燃料增长 13%, 石油产品的运输增长 47%。从阿尔汉格尔斯克 (增长 128%) 和符拉迪沃斯托克 (海参崴) (增长 62%) 运出的货物增幅明显。⑤ 1916 年作战区扩大到罗马尼亚, 大量肉类和草料需要运往前线。这极大增加了车厢的行车里程, 1916 年秋天, 铁路运输了军队所需粮食的 50%。大量燃料和金属也被源源不断地运往前线。这也导致 1916 年底后

---

① Шмуккер М. М., Очерки финансов и экономики железнодорожного транспорта России за 1913-1922. (в связи с общими экономическими явлениями жизни страны). М., НКПС, 1923. C. 73.

② Сидоров А. Л., Железнодорожный транспорт России в первой мировой войне и обострение экономического кризиса в стране. C. 33.

③ Там же. C. 34.

④ Шмуккер М. М., Очерки финансов и экономики железнодорожного транспорта России за 1913-1922. (в связи с общими экономическими явлениями жизни страны). C. 49-53.

⑤ Шмуккер М. М., Очерки финансов и экономики железнодорожного транспорта России за 1913-1922. (в связи с общими экономическими явлениями жизни страны). C. 34-35.

方铁路陷入危机。铁路管理局和工业企业之间争斗不断。铁路难以完成工业企业的运输任务。以南方冶金和燃料工业区为例，如果 1913 年完成的矿物运输量为需求的 95.6% 的话，那么 1915 年仅完成了 72.2%，而顿涅茨克煤炭的运输量仅为 70.8%。[①] 这说明，近 1/4 的货物或近 1/3 的燃料没有被运走，后方的工业企业和居民生活因为物资供应不上而遭遇危机。

为了提高前线和后方铁路的运输能力，政府从战争一开始就采取了系列措施，并取得明显效果。

从战争爆发到 1915 年夏，库尔斯克—莫斯科铁路的通行能力明显加强，从每天 800 节车厢增加到 1200 节车厢。从顿巴斯出发向北和向西的其他路段也得到了强化。兹韦列沃—科兹洛夫—莫斯科路段的通行能力增加了 250 节车厢，抑或增长了 33%；库皮扬斯克—瓦卢斯基—叶列茨—兰堡路段增加了 250 节车厢（增长 85%）；利戈夫—布良斯克—维捷布斯克路段增加了 200 节车厢（增长 42%）；维捷布斯克—彼得格勒路段增加了 200 节车厢（增长 51%）；莫斯科—彼得格勒路段每天增加了 250 节车厢。[②] 由于采取了措施，每天可以从顿涅茨克煤田向北运出 3900 节车厢煤炭，取代了原来的 2830 节车厢/每天。[③]

在西伯利亚大铁路，首先加强了经叶卡捷琳堡—维亚特卡铁路和车里雅宾斯克—塞兹兰—巴特拉齐铁路南部出口的通行能力。到 1915 年 6 月 1 日，叶卡捷琳堡—维亚特卡路段每天的通行能力从 232 节车厢提高到 348 节，维亚特卡—沃洛格达路段从 234 节提高到 390 节，沃洛格达—季霍温路段从 336 节提高到 416 节，沃洛格达—雅罗斯拉夫尔路段从 296 节提高到 407 节，季霍温—奥布霍沃路段从 588 节提高到 756 节。[④] 由于采取上述措施，从边疆地区向中心地区的物流每天增加了 1500 节车厢，或增加了 43%。在战争第一年，前线铁路建成 643 俄里复线和新铁路，这一

---

① Перевозка южных горнозаводских грузов за время войны. П., 1917. С. 7, 19.

② Отчет о деятельности Особого совещания по перевозке. 1916. С. 30-33.

③ Краткий очерк деятельности русских железных дорог во вторую отечественную войну. Ч. Ⅱ. С. 130-131.

④ Краткий очерк деятельности русских железных дорог во вторую отечественную войну. Ч. Ⅱ. С. 51.

时期，后方铁路仅建成 315 俄里复线。① 政府允许后方铁路在一年之内
（1915 年 9 月—1916 年 9 月）动用 5.2 亿卢布完成加强铁路通行能力的任
务。3700 万卢布用于新线路，其中布伊—丹尼洛夫铁路是最大的工程；
1.25 亿卢布用于加强铁路的运输能力，39 个路段在完善后通行能力超过
了 9000 节车厢/每天，与之前相比提高了 70%。其中 2500 万卢布用于加
强莫斯科和彼得格勒铁路枢纽。在国外订购 1300 台大功率机车和 35000
节货运车厢，耗资 2.36 亿卢布。② 从 1915 年 10 月到 1917 年 10 月的两年
间，共建成 3290 俄里新铁路，铺设 1195 俄里复线，在建工程 3500 俄里。
1500 多俄里铁路从国外窄轨改成宽轨，但是 755 俄里建成的铁路被放弃
或被敌人占领，850 俄里在建铁路留在了敌占区。③ 政府所采取的措施极
大地加强了顿巴斯和西伯利亚大铁路的通行能力，部分铁路线的通行能力
提高了 30%—40%。

　　与此同时，政府加强铁路的调度协调。粮食、燃料和军事运输成为铁
路运输的优先项。粮食运输计划受到重视。当然这个计划不是全国性的，
它只涵盖了前线的需求以及一小部分城市和中心地区工人的需求，而对大
部分后方粮食的供给则采取自动调节的态度。

　　在燃料供应方面，制订了燃料供应的分配计划和运输计划，将燃料消
费者分成三个等级，优先满足国防企业舰队和铁路的需求。从 1916 年开
始，军事物资，国防企业所需的各种金属、轨道、燃料（煤炭、石油）、
棉花，首都、北方和西北地区所需的粮食按计划运输。

　　尽管时局不利，战乱、政治经济危机加剧、物价飞涨、劳动力不足，
但交通部和中央军事委员会还是在制订新铁路建设计划上做了很多工作。
这些计划主要涉及战争、大规模军事订单和军工生产问题。早在 1914 年，
交通部就开始做一些小型的国外订单。战争爆发后，2000 多套道岔和 30
万普特轨道的小型订单交给了美国。1915 年 3 月和 4 月，大臣委员会决

---

① Краткий очерк деятельности русских железных дорог во вторую отечественную
войну. Ч. Ⅱ. С. 55–57.

② Краткий очерк деятельности русских железных дорог во вторую отечественную
войну. Ч. Ⅱ. С. 156–161.

③ Сидоров А. Л. , Железнодорожный транспорт России в первой мировой войне и
обострение экономического кризиса в стране. С. 39.

定在国外订购 17700 节大载重量车厢和 40000 节普通车厢。之后，在 1915
年 6 月，决定额外订购 35000 节载重量为 1200 普特的车厢。但美国供货
缓慢，一年之后，第一批订货尚有 5000 节车厢没有到货，35000 节车厢
的订单尚无着落。截至 1916 年 3 月 15 日，成功在美国订购的只有 13160
节大型车厢和 400 台机车。[①]

交通大臣 А. Ф. 特列波夫和财政大臣 П. Л. 巴尔克为谋求国外借款和
铁路订单，与英国政府进行了各种谈判，但都没有结果。最终两位大臣不
得不向美国求援。征得尼古拉二世的同意后，特列波夫没有等到外汇问题
解决就先把 1080 万普特钢轨订单给了美国，截至 1915 年 7 月 1 日，又把
这个订单增加到 2650 万普特。[②] 由于英国盟友拒绝贷款给俄国，所以巴
尔克迟迟未能筹集到支付铁路订单的资金。直到 1916 年 10 月，他才与美
国签订了贷款协议。1916 年 8 月，交通部从比利时政府购买了 80 台旧机
车。1916 年 9 月把 27 台新机车和 26 台旧机车订单转给了日本。[③] 财政大
臣和交通大臣为了贷款和铁路国外订单的问题一直在英国、美国、法国之
间斡旋。到 1917 年 2 月 12 日前，交通部取得相当于 3.623 亿卢布的英国
贷款，其中 1.12 亿卢布支付了货款。[④] 二月革命后才付给美国大铁路订
单的货款。

小　结

铁路是推动俄国现代化的巨大力量。它对俄国具有重大的经济和战略
意义。铁路发展在提高产品运输速度，扩大全俄市场的范围、规模和容量
的同时，提高了俄国农产品的商品率，促进了商品性农业的发展，扩大了
农产品的消费市场。随着铁路的修建，俄国人口的流动性得到极大提升，
铁路成为移民和城市化的重要因素。铁路对工业产生重要影响，直接带动

---

①　Сидоров А. Л., Железнодорожный транспорт России в первой мировой войне и
обострение экономического кризиса в стране. С. 58.

②　Сидоров А. Л., Железнодорожный транспорт России в первой мировой войне и
обострение экономического кризиса в стране. С. 60.

③　Там же. С. 61.

④　Там же. С. 61.

了冶金业和机器制造业的发展，随着铁路建设规模的逐步扩大，俄国冶金业和机器制造业飞速发展；铁路促进了燃料工业的发展，在将煤炭和石油等燃料运向国内外市场的同时，其本身也是巨大的燃料消费部门，因此铁路对燃料工业发展居功甚伟。

铁路发挥着重要的军事战略职能。在铁路发展的几十年中，俄国经历过四次大的战争。随着铁路网的不断扩大、运输能力的不断增强，俄国铁路的军事战略功能也在不断增强，这在第一次世界大战中表现得尤其突出。尽管与敌方相比，无论在铁路数量、里程、机车车厢的数量上还是铁路的通行能力上俄国都处于劣势，但俄国政府采取了积极的措施，前线和后方铁路为保障军队的动员、前线的供给、工业设备和居民撤出被占领区、疏散军事要塞和后方供应做出了积极的努力。第一次世界大战的实质是帝国主义不同利益集团为重新瓜分世界和争夺世界霸权而进行的一场世界级战争。由于国内爆发革命，俄国被迫中途退出世界大战。战争的性质不能掩盖铁路在国家战略安全中的重要作用。

结　语

　　在 19 世纪至 20 世纪初的历史语境下，没有铁路的工业化和现代化是不可想象的。从 1836 年到 1917 年，尤其是在农奴制改革后，俄国经历了 19 世纪 60 年代中期到 70 年代中期、90 年代两次大的铁路建设热潮；进入 20 世纪，在渡过了世界性经济危机后，从 1909 年到 1914 年，又经历了一次经济上升期，形成一次小的铁路建设热潮。俄国境内铁路里程近 7 万俄里，铁路长度仅次于美国，形成了四通八达的铁路网。铁路网的建立，标志着俄国的资本主义进入了全新阶段。铁路是俄国工业化的大动脉，是沙皇政府号令全国的现代化工具。

　　铁路网打破了俄国封建自然经济的封闭孤立状态，促进了全国统一市场的形成，为资本主义市场经济取代封建宗法制经济提供了物质前提。铁路网使俄国农业生产商品化和市场化速度加快，它把产粮区、产棉区和其他原材料产区同国内加工工业中心及波罗的海、黑海、里海、亚速海等的港口连接起来，便于粮食、棉花、食用油、乳制品、畜产品等的加工和出口。铁路网的建立，促进了人口的流动，对移民运动起到了积极的推动作用。铁路沿线出现很多新的居民点，人口数量不断增加，一些居民点逐渐发展成为市镇，至 20 世纪初，铁路成为推动俄国城市化的重要因素之一。而且，铁路使城市的功能更加复合化，使其不再是单纯的政治中心，而是物资集散地、工业制造中心和人员流动中心。随着铁路建设规模的逐步扩大，俄国冶金业、机器制造业、燃料工业快速发展，在将钢铁、煤炭和石油运向国内外市场的同时，铁路本身也是巨大的消费者。

　　铁路建设周期长，资金回报率高，资金投入额度大。政府在铁路建设和运营资金的筹措中发挥了重要作用。俄国政府通过提供收益担保等方式，大量吸引国内外资金。在本书所研究时期，俄国成立了大量铁路股份公司，这种现代化的企业组织形式更适应商品经济的发展和社会化大生产。在俄国铁路发展过程中，外资发挥了重要作用，1861—1917 年，在俄国铁路建设投资总额中，外资占 75%。与此同时，俄国政府也为此背上巨额债务。俄国资本通过与外资的合作，参与国际市场。金融合作使俄国取得了进入国际金融市场进行融资的途径。俄国金融业外资的参与度很高。19 世纪 90 年代，俄国银行积极参股铁路公司，通过合并私营铁路公司、取得国营铁路的长期租赁权以及新建线路等手段，实现了企业规模的扩大，并不断拓宽自己的商业活动范围，最终形成 8 大铁路垄断集团。

铁路促进了以数学-物理为基础的应用学科的发展。彼得堡交通工程兵团学院和莫斯科交通工程师学院为俄国培养了近 7000 名工程师，各铁路都建有自己的技工学校，社会各阶层和铁路职工的子女都有机会就读。至 1917 年，俄国铁路员工达 100 万人，铁路工人是俄国工业无产阶级的重要组成部分，也是一支重要的革命力量。俄国政府为稳定职工队伍，缓和阶级矛盾，采取了一系列社会保障措施，包括为职工及其家属设立养老基金、提供医疗救治和补贴等。在社会保障方面，铁路行业走在俄国工业行业的前列。

铁路也是俄国进行殖民扩张的工具。俄国在克里米亚战争失利后，将扩张的重点和侵略的矛头对准了中亚和远东地区。19 世纪中期，俄国加紧了征服中亚的步伐。1864 年夏，俄国进攻浩罕汗国；1865 年 6 月，攻占塔什干；1866 年夏，塔什干被并入俄国版图；1876 年 3 月，浩罕汗国被宣布为俄国的费尔干纳省。1868 年 6 月，撒马尔罕被并入俄国版图，布哈拉成为俄国的保护国。1873 年 8 月，希瓦汗国割让了阿姆河以北领土，从此沦为俄国的附庸。在外里海土库曼方向，俄国也没有停止扩张的脚步。1880 年 5 月，俄国占领阿哈尔-帖克绿洲，在该地设立外里海省。1884 年，俄国扩张到阿富汗西北边界的彭狄绿洲。为了长期统治该地区，俄国斥巨资在占领区修建铁路。例如，在第一次阿哈尔-帖克绿洲远征后，就着手修建外里海铁路（1880 年）。在铁路修建期间，希瓦和布哈拉发生了起义，为了争夺中亚市场，俄国与英国的矛盾也使战争一触即发，因此，外里海铁路从米哈伊尔湾逐渐延伸到撒马尔罕和布哈拉（1889 年）。这条铁路是沿着俄国与伊朗、阿富汗和印度的边境修建的，能保证及时调动军队。最初，这条在沙漠地带修建的铁路仅有军事战略意义，但随着中亚棉花种植业的发展，这条铁路具有了非常重要的经济意义。外里海铁路的修建，对俄国在土库曼地区的扩张发挥了重要作用。而塔什干铁路，则是俄国在中亚扩张的重要工具。1899 年，俄国决定修建从奥伦堡到塔什干的铁路。这条铁路经过俄国突厥斯坦中心地区，具有重要的经济意义。中亚地区的廉价粮食、棉花、水果、蔬菜和畜牧产品源源不断地进入欧俄市场，而木材、石油、煤油、铁、糖、纺织品大量进入中亚。但塔什干的输出入贸易额相差巨大。1909 年，从北方输入塔什干的货物为 600 万普特，从这里输出的商品为 400 万普特。输入贸易额为 4700 万卢布，而输出交易额仅为 250 万卢布。① 这说明，中亚已沦为俄国资本主义工业化的原料基地。

在远东地区，西伯利亚大铁路成了俄国对中国进行殖民扩张的工具。俄国最早的西伯利亚大铁路修建计划都是在俄国境内，即便有人提出在中国境内进行勘察，也没有偏离俄国边境太远。但是随着中国在中日甲午战争中的失利，俄国利用清王朝的困境，将原来那些"微不足道"的想法，立即发展成了从赤塔到符拉迪沃斯托克（海参崴）全程笔直的铁路主张。② 1895 年 4 月，俄国联合法国、德国干涉日本割占中国辽东半岛，争夺侵华权益。成立华俄道胜银行，提出建造穿越中国东北地区的铁路以便连接伊尔库茨克和符拉迪沃斯托克（海参崴）的方案。1896 年 6 月，通过与清政府签订《中俄密约》，俄国攫取了在中国黑龙江、吉林地方接筑铁路以达海参崴，以及无论平时还是战时都可利用该铁路运送军队和军需品的特权。1898 年，俄国又通过《旅大租地条约》《续订旅大租地条约》等，迫使清政府同意将铁路修筑到旅顺、大连以及营口和鸭绿江，俄国还获得了铁路沿线的采矿权和工商权。西伯利亚大铁路中东铁路段实际上是俄国与日本等帝国主义国家争霸中国东北、对中国实行和平侵略并进行资本输出的产物。

俄国铁路建设虽然成就显著，但也存在诸多问题。俄国铁路分布不均衡，铁路网集中在欧俄，偏远地区铁路网密度低。这和俄国人口、经济中

---

① Горюнов Ю. А., Воздействие ташкентской железной дороги на экономическую жизнь Оренбуржья первой трети XX века. Диссертация на соискание ученной степени кандидата исторических наук. С. 151.

② 〔苏〕鲍里斯·罗曼诺夫：《俄国在满洲（1892—1906 年）》，陶文钊、李金秋、姚宝珠译，商务印书馆，1980，第 79 页。

心都集中在欧俄有关，且偏远地区多为后来殖民扩张得来的领土，人口密度小、经济发展慢、与中心地区距离遥远。俄国铁路的建设成本高，质量却不尽如人意。俄国政府为鼓励国内外私人资本投资铁路业，出台了一系列鼓励政策，包括无偿划拨土地、免关税进口铁路建设材料和设备、担保投资收益、协助铁路公司在国内外发行债券、划拨专项铁路基金、在运价改革时给予运费补贴、在收购时给予优惠补偿、支持垄断等。但俄国铁路业在发展之初就存在投机现象，铁路企业主不用过多关注建设和经营就可获得高额创立利润，与政府高官勾结，更有机会获得额外补偿，所以俄国铁路存在建设质量差、通行能力弱、经营亏损等现象，俄国政府为此也付出高昂代价，债台高筑。管理混乱、政令不统一的问题也一直困扰俄国铁路业。

附　录

附录一　1900 年末俄国铁路(不含芬兰)

序号	铁路名称	里程 (俄里)	资本总额 (千卢布)	每俄里费用 (千卢布)
	1. 国营铁路(欧俄地区)			
1	波罗的海和普斯科夫—里加铁路	946	87812.7	92.8
2	巴斯坤恰克铁路	72	4321.5	60.0
3	叶卡捷琳娜铁路	1320	126667.2	96.0
4	外高加索铁路	1343	193025.6	143.7
5	库尔斯克—哈尔科夫—塞瓦斯托波尔铁路	1575	192796.6	122.4
6	利巴瓦—罗缅斯克铁路	1268	105647.2	83.3
7	莫斯科—布列斯特铁路	1034	126798.4	122.6
8	莫斯科—库尔斯克和莫斯科—下诺夫哥罗德、穆罗姆铁路	1096	237062.8	216.3
9	莫斯科—雅罗斯拉夫尔—阿尔汉格尔斯克铁路	1813	136340.8	75.2
10	尼古拉耶夫铁路	932	294301	315.8
11	彼尔姆铁路	2054	143908.5	70.1
12	波列斯克铁路	1432	65963.9	46.1
13	普利韦斯林铁路(含伊万哥罗德—东布罗沃铁路)	1697	138813.2	81.8
14	里加—奥廖尔铁路(含里加—图库姆铁路)	1195	162866.4	136.3
15	萨马拉—兹拉托乌斯特铁路(含奥伦堡铁路)	1555	112046	72.1
16	彼得堡—华沙铁路	1442	244859.4	169.8
17	塞兹兰—维亚济马铁路	1310	115055.9	87.8
18	哈尔科夫—尼古拉耶夫铁路	1208	100321.1	83.0
19	西南铁路	3695	387776.4	104.9

续表

序号	铁路名称	里程（俄里）	资本总额（千卢布）	每俄里费用（千卢布）
	国营铁路（亚洲地区）			
20	外贝加尔铁路	1097	69738.4	63.6
21	西伯利亚大铁路	3137	150070.9	47.8
22	中亚铁路	2071	105998	51.2
23	乌苏里斯克铁路	812	44688	55.0
	国营铁路合计	34104	3346879.9	98.1
	2. 一般私营铁路			
1	华沙—维也纳铁路	703	84797.2	120.6
2	弗拉季高加索铁路	2126	208710.1	98.2
3	罗津工厂铁路	26	5076.5	195.3
4	莫斯科—温道—雷宾斯克铁路	1906	125252.9	65.7
5	莫斯科—喀山铁路	1673	146035.5	87.3
6	莫斯科—基辅—沃罗涅日铁路	2327	163525.9	70.3
7	梁赞—乌拉尔铁路	3609	322698.6	89.4
8	东南铁路	3902	367323.3	94.1
	一般私营铁路合计	16272	1423420	87.5
	3. 地方私营铁路（窄轨铁路）			
1	伊利诺夫铁路	58	1306.8	22.5
2	利巴瓦—加森波茨铁路	46	1251.9	27.2
3	莫斯科支线铁路公司（梁赞—图拉）	85	1543.4	18.2
4	奥列霍夫支线铁路	38	1634.1	43.0
5	第一支线铁路公司			
	a. 别尔季切夫—日托米尔	50		17.8
	b. 瓦尔克—别尔诺夫—菲林	160	9288.8	15.9
	c. 鲁德尼查—奥利维奥波尔	190		20.6
	d. 斯韦涅齐亚尼—别列兹维格	119		15.4
6	彼得堡—谢斯特洛列茨滨海铁路	35	4029.8	115.1
	地方私营铁路合计	781	19054.8	24.4
	俄国铁路网总计	51157	4789354.7	93.6

资料来源：Статистический сборник Министерства путей сообщения за 1900 г. Вып. 69. СПб., 1902.

附录二　1900 年欧俄（不含芬兰）、奥匈、德国、法国、英国、美国铁路经营情况对比数据

数据名称	欧俄	奥匈	德国	法国	英国和爱尔兰	美国
经营长度（俄里）	41462	33168	46154	35402	32978	290567
其中双轨和三轨铁路（俄里）	9451	3392	16865	14659	18352	21239
机车总数（截至 1900 年）（台）	11161	8055	18986	10261	21195	37663
每俄里铁路机车数量（台）	0.27	0.24	0.41	0.29	0.64	0.13
旅客和邮政车厢总数（节）	13531	17600	40583	27904	47433	34713
每俄里铁路旅客车厢数量（节）	0.33	0.53	0.88	0.79	1.44	0.12
货运车厢总数（节）	276389	177767	415911	277888	727784	1416125
每俄里铁路货运车厢数量（节）	6.67	5.36	9.01	7.85	22.07	4.87
建设资本年度费用总额（百万卢布）	179.3	142.7	246.7	259.9	378.9	1024.9
每俄里铁路年度费用（卢布）	4324	4302	5345	7341	11489	3527
纯收益与建设资本的比例关系	4.5	3.8	5.7	4.2	3.4	4.4
每俄里铁路建设成本（千卢布）	101.7	107.6	133.6	173.7	337.3	79.5
铁路员工总数（千人）	504	291	534	269	534	1018
每俄里铁路员工人数	12.3	8.8	11.7	7.6	16.3	3.5
一名铁路员工的平均工资（卢布）	325	433	600	无信息	无信息	1098

资料来源：Статистический сборник Министерства путей сообщения за 1900 г. Вып. 69. С. LXXVI .

附录三　1904—1913 年俄国铁路运输密度

1904 年	1905 年	1906 年	1907 年	1908 年	1909 年	1910 年	1911 年	1912 年	1913 年
38.755	34.587	38.059	40.442	40.874	45.334	47.232	50.239	58.253	62.359

注：运输密度，即以百万为单位计算的普特俄里数，以及每俄里铁路上运输货物的普特数都在持续增长，截至 1914 年 1 月 1 日，俄国铁路的运输密度已经超过西欧某些国家。

附录四　其他国家铁路运输的密度

年份	法国	奥匈	德国	美国	俄国
1905	27.4	28.9	50.3	47.6	34.6
1906	28.9	30.4	53.7	53.8	38.1
1907	30.9	32.3	56.2	57.6	41.4
1908	31.8	32.6	53.9	52.2	40.9
1909	32.8	32.8	56.1	51.6	45.3
1910	33.7	33.1	58.7	59.2	47.2

附录五　　1905—1913年俄国铁路总收入

年份	总收入（千卢布）			总支出（千卢布）			纯利润（千卢布）		
	总数	国营	私营	总数	国营	私营	总数	国营	私营
1905	711844	509533	202311	549928	413069	136859	161916	96464	65452
1906	787825	570411	217414	648222	485784	162438	139603	84627	54976
1907	823455	592853	230602	668220	494567	173653	155235	98286	56949
1908	823310	586050	237260	662175	491807	170368	161135	94243	66892
1909	896734	624389	272345	653415	478038	175377	243319	146351	96968
1910	961960	664517	297443	643894	468064	175830	318066	196453	121613
1911	1005238	708105	297133	664045	497309	166736	341193	210796	130397
1912	1071712	776292	295420	619827	457424	162403	451885	318868	133017
1913	1159645	829081	330564	686502	501410	185092	473143	327671	145472

附录六　　1904—1913年俄国铁路经营系数

年份	经营系数					
	整个铁路网		国营铁路			私营铁路
	欧俄	整体	整体	欧俄	亚俄	
1904	65.39	72.56	72.48	—	—	62.19
1905	68.52	74.56	76.50	68.93	142.96	67.64
1906	73.64	82.48	86.08	73.16	167.59	74.71

续表

年份	经营系数					
	整个铁路网		国营铁路			私营铁路
	欧俄	整体	整体	欧俄	亚俄	
1907	76.14	81.70	83.42	76.45	126.12	75.30
1908	76.14	80.76	83.92	78.12	118.31	71.92
1909	69.06	73.18	76.56	71.38	108.70	64.48
1910	63.66	67.19	70.44	66.01	96.63	59.11
1911	59.32	—	60.72	56.86	82.89	56.61
1912	57.82	—	59.26	56.13	78.04	54.40
1913	59.07	—	—	57.66	82.15	54.64

注：1. 经营系数，即总支出与总收入的百分比。

2. 1904—1910 年的经营系数取自交通部的统计汇编，1911—1913 年系数取自铁路管理局的经营数据，某些数据在这些出处不全。

3. 1913 年国营铁路系数的恶化不明显，这主要是因为改善员工状况的支出（900 万卢布）明显增加，以及所有建筑材料和劳动力价格的普遍上涨。

附录七　1904—1910 年世界主要国家铁路经营系数

年份	欧俄	法国	英国	奥匈	德国	美国
1905	68.52	52	62	62	62	66
1906	73.64	53	62	62	64	66
1907	76.14	56	63	67	68	68
1908	76.14	58	64	72	73	70
1909	70.12	59	62	76	70	66
1910	64.21	60	62	75	67	66

附录八　截至 1913 年俄国在其他国家中所处的地位

国家	人口（百万）	有价证券金额（10 亿卢布）	人均有价证券金额（卢布）	铁路长度（千公里）	煤炭开采量（百万吨）	生铁产量（百万吨）	钢产量（百万吨）	机器制造产值（百万卢布）	外贸流通额（百万卢布）
美国	96.5	50.2	520.2	401.9	517.00	31.46	31.80	3116.5	8204
德国	66.9	35.62	532.4	63.4	190.10	16.76	17.15	1288.0	9664
英国	45.9	53.25	1160.1	38.1	292.00	10.42	7.79	736.9	11244

国家	人口（百万）	有价证券金额（10亿卢布）	人均有价证券金额（卢布）	铁路长度（千公里）	煤炭开采量（百万吨）	生铁产量（百万吨）	钢产量（百万吨）	机器制造产值（百万卢布）	外贸流通额（百万卢布）
法国	39.8	41.25	1036.4	40.8	17.80	5.21	4.69	120.9	5740
奥匈	50.5	9.00	178.2	44.7	44.7	0.80	2.68	211.6	
欧俄	136.2	—	85.0	—	33.28	—		216.0	—
俄国	169.4	11.62	68.6	71.9	35.90	4.64	4.25	218.5	2894
意大利	35.6	5.25	147.5	17.6	0.7	0.43	0.93	80.5	2308
西班牙	20.3	2.81	138.4	14.4	4.0	0.42	0.24	—	867
日本	55.1	4.5	81.7	11.4	21.30	0.24	0.25	21.6	1312
印度	316.0	—	—	53.9	16.40	0.20	0.06		4020

附录九　1809—1917 年俄国交通总管和交通大臣列表

1. 奥尔登堡的格奥尔基·格施泰因（彼得·弗里德里希·格奥尔格）亲王（1809—1812 年），特维尔、诺夫哥罗德、雅罗斯拉夫尔省省长，交通和公共建筑管理总局局长

2. 德沃朗·弗朗茨·巴甫洛维奇（1812—1818 年），交通和公共建筑管理总局局长

3. 贝坦库尔·奥古斯丁·奥古斯丁诺维奇（1819—1822 年），中将，彼得堡交通工程兵团学院首任监察官，交通和公共建筑管理总局局长

4. 符腾堡的亚历山大·弗里德里希亲王（1822—1833 年），1811 年起任白俄罗斯省省长，交通和公共建筑管理总局局长

5. 托尔·卡尔·费奥多罗维奇伯爵（1833—1842 年），交通和公共建筑管理总局局长

6. 克莱恩·米歇尔·彼得·安德烈耶维奇伯爵（1842—1855 年），交通和公共建筑管理总局局长

7. 切夫金·康斯坦丁·弗拉基米罗维奇（1855—1862 年），侍从将官，交通和公共建筑管理总局局长

8. 梅利尼科夫·帕维尔·彼得罗维奇（1862—1869 年），交通工程

师，教授，彼得堡科学院荣誉院士，交通和公共建筑管理总局局长
（1862—1865 年），交通大臣（1865—1869 年）

9. 博布林斯基·弗拉基米尔·阿列克谢耶维奇伯爵（1869—1871
年），少将，交通大臣

10. 博布林斯基·阿列克谢·帕夫洛维奇伯爵（1871—1874 年），中
将，交通大臣

11. 波西耶特·康斯坦丁·尼古拉耶维奇（1874—1888 年），海军上
将，侍从将官，交通大臣

12. 保克尔·格尔曼·叶戈罗维奇（1888—1889 年），中将，工程
师，教授，交通大臣

13. 鸠别涅特·阿道夫·雅科夫列维奇（1889—1892 年），二等文
官，交通大臣

14. 维特·谢尔盖·尤利耶维奇（1892 年 2 月 15 日—1892 年 8 月 30
日），二等文官，交通大臣

15. 克里沃舍因·阿波罗·康斯坦丁诺维奇（1892—1894 年），宫廷
内臣，交通大臣

16. 希尔科夫·米哈伊尔·伊万诺维奇公爵（1895—1905 年），二等
文官，交通大臣

17. 聂梅沙耶夫·克拉夫季·谢苗诺维奇（1905—1906 年），交通工
程师，交通大臣

18. 沙夫豪森-舍恩贝格-埃克-绍夫斯　尼古拉·康斯坦丁诺维奇
（1906—1909 年），中将，交通大臣

19. 鲁赫洛夫·谢尔盖·瓦西里耶维奇（1909—1915 年），二等文
官，交通大臣

20. 特列波夫·亚历山大·费奥多罗维奇（1915—1916 年），交通
大臣

21. 沃伊诺夫斯基-克里格尔·爱德华·布罗尼斯拉沃维奇（1916 年
12 月 28 日—1917 年 2 月 28 日），交通工程师，交通大臣

22. 涅克拉索夫·尼古拉·维萨里奥诺维奇（1917 年 3 月 2 日—1917
年 7 月 4 日），交通工程师，托木斯克工业大学教授，交通大臣

23. 塔赫塔梅舍夫·格奥尔基·斯捷潘诺维奇（1917 年 7 月 11 日—1917 年 7 月 24 日），交通工程师，交通大臣

24. 尤列涅夫·彼得·彼得罗维奇（1917 年 7 月 25 日—1917 年 8 月 31 日），交通大臣

25. 利韦罗夫斯基·亚历山大·瓦西里耶维奇（1917 年 8 月 31 日—1917 年 10 月 25 日），交通工程师，交通大臣

参考文献

一　中文文献

（一）专著

中文专著

白胜洁：《棉花、石油与钢铁：俄国工业垄断研究（1861—1917）》，社会科学文献出版社，2022。

曹维安：《俄国史新论——影响俄国历史发展的基本问题》，中国社会科学出版社，2002。

曹维安、郭响宏：《俄国史新论：从基辅罗斯、莫斯科罗斯到彼得堡罗斯》，科学出版社，2016。

陈晓律：《世界各国工业化模式》，南京出版社，1998。

邓沛勇：《俄国工业化研究（1861—1917）》，社会科学文献出版社，2020。

邓沛勇：《俄国经济史（1700—1917）》，社会科学文献出版社，2020。

邓沛勇：《俄国能源工业研究（1861—1917）》，科学出版社，2019。

樊亢、宋则行主编《外国经济史（近代　现代）》，人民出版社，1980。

梁红刚：《俄国罗曼诺夫王朝税收史（1613—1917）》，社会科学文献出版社，2022。

刘祖熙：《改革和革命——俄国现代化研究（1861—1917）》，北京大学出版社，2001。

陆南泉：《革命前俄国经济简析》，首都师范大学出版社，2010。

钱乘旦、杨豫、陈晓律：《世界现代化进程》，南京大学出版社，1997。

孙成木、刘祖熙、李建主编《俄国通史简编》，人民出版社，1986。

陶慧芬：《俄国近代改革史》，中国社会科学出版社，2007。

王晓菊：《俄国东部移民开发问题研究》，中国社会科学出版社，2003。

王云龙、刘长江等：《世界现代化历程·俄罗斯东欧卷》，江苏人民出版社，2015。

王云龙：《现代化的特殊性道路》，商务印书馆，2004。

姚海、刘长江：《当代俄国——弱者的自我否定与超越》，贵州人民出版社，2000。

张广翔：《18—19 世纪俄国城市化研究》，吉林人民出版社，2006。

张建华：《俄国史》，人民出版社，2004。

张建华：《激荡百年的俄罗斯——20 世纪俄国史读本》，人民出版社，2010。

左凤荣：《俄罗斯：走向新型现代化之路》，商务印书馆，2014。

中文译著

〔俄〕鲍里斯·尼古拉耶维奇·米罗诺夫：《俄国社会史》，张广翔等译，山东大学出版社，2006。

〔俄〕鲍维金·瓦列里·伊万诺维奇、彼得罗夫·尤里·亚历山大罗维奇：《俄罗斯帝国商业银行》，张广翔、王昱睿译，社会科学文献出版社，2018。

〔俄〕鲍维金·瓦列里·伊万诺维奇：《第一次世界大战前夕的俄国金融资本》，张广翔、刘真颜译，社会科学文献出版社，2022。

〔俄〕鲍维金·瓦列里·伊万诺维奇：《俄国金融资本的起源》，张广翔、高笑译，社会科学文献出版社，2021。

〔俄〕斯维特兰娜·弗拉基米罗夫娜·沃龙科娃：《20 世纪初俄国工业简史》，王学礼译，社会科学文献出版社，2017。

〔俄〕M. 图甘-巴拉诺夫斯基：《19 世纪俄国工厂发展史》，张广翔、邓沛勇译，社会科学文献出版社，2017。

〔俄〕瓦·奥·克柳切夫斯基：《俄国史教程》第 5 卷，刘祖熙等译，商务印书馆，2018。

〔俄〕瓦·奥·克柳切夫斯基：《俄国史教程》第 4 卷，张咏白等译，商务印书馆，2018。

〔俄〕扎哈洛夫·维克多·尼古拉耶维奇、彼得罗夫·尤里·亚历山德罗维奇、萨茨洛·米哈伊尔·卡尔内里耶维奇：《俄国税收史（9—20世纪初）》，张广翔、梁红刚译，社会科学文献出版社，2021。

〔苏〕安·米·潘克拉托娃主编《苏联通史》，山东大学翻译组译，生活·读书·新知三联书店，1980。

〔苏〕B. T. 琼图洛夫等编《苏联经济史》，郑彪等译，吉林大学出版社，1988。

〔苏〕鲍里斯·罗曼诺夫：《俄国在满洲（1892—1906年）》，陶文钊、李金秋、姚宝珠译，商务印书馆，1980。

〔苏〕波克罗夫斯基：《俄国历史概要》，贝璋衡、叶林、葆煦译，生活·读书·新知三联书店，1978。

〔苏〕梁士琴科：《苏联国民经济史》第2卷，李延栋等译，人民出版社，1954。

〔苏〕梁士琴科：《苏联国民经济史》第1卷，中国人民大学编译室译，人民出版社，1959。

〔苏〕尼·德·康德拉季耶夫：《战争和革命时期的俄国粮食市场》，张广翔、钟建平译，社会科学文献出版社，2017。

〔苏〕诺索夫主编《苏联简史》第1卷，武汉大学外文系译，生活·读书·新知三联书店，1977。

苏联科学院经济研究所编《苏联社会主义经济史》第1卷，复旦大学经济系和外文系俄语教研组部分教员译，生活·读书·新知三联书店，1979。

〔美〕理查德·派普斯：《旧制度下的俄国》，郝葵译，民主与建设出版社，2023。

〔美〕尼古拉·梁赞诺夫斯基、马克·斯坦伯格：《俄罗斯史》，杨烨、卿文辉主译，上海人民出版社，2007。

〔美〕斯塔夫里阿诺斯：《全球通史》，吴象婴等译，北京大学出版社，2006。

〔美〕沃尔特·G. 莫斯：《俄国史（1855—1996）》，张冰译，海南出版社，2008。

〔美〕西里尔·E.布莱克等:《日本和俄国的现代化》,周师铭等译,商务印书馆,1984。

〔英〕多米尼克·利芬:《走向火焰:帝国、战争与沙皇俄国的终结》,苏然、王橙译,社会科学文献出版社,2020。

(二) 论文

白述礼:《试论近代俄国铁路网的发展》,《世界历史》1993年第1期。

B.Л.斯捷潘诺夫:《19世纪末20世纪初俄国私有铁路的财政监督措施》,张广翔、逯红梅译,《江汉论坛》2013年第3期。

曹维安:《俄国农奴制的形成及其特点》,《陕西师范大学学报》(哲学社会科学版)2000年第4期。

陈秋杰:《西伯利亚大铁路对俄国东部地区经济社会的影响》,《西伯利亚研究》,2010年第2期。

陈秋杰:《西伯利亚大铁路对俄国东部地区开发的意义》,《西伯利亚研究》2011年第2期。

陈秋杰:《西伯利亚大铁路修建及其对俄国东北地区农业发展的影响》,《历史教学》2009年第20期。

陈秋杰:《西伯利亚大铁路修建中的外国因素》,《西伯利亚研究》2011年第6期。

陈秋杰:《西伯利亚大铁路修建中的主要问题及应对措施》,《西伯利亚研究》2012年第1期。

陈秋杰:《西伯利亚大铁路修建中机车供应状况述评》,《西伯利亚研究》2013年第5期。

董小川:《俄国的外国资本问题》,《东北师范大学学报》(哲学社会科学版)1989年第3期。

姜振寰、郑世先、陈朴:《中东铁路的缘起与沿革》,《哈尔滨工业大学学报》(社会科学版)2011年第1期。

李宝仁:《从近代俄国铁路史看铁路建设在国家工业化进程中的地位和作用》,《铁道经济研究》2008年第2期。

刘爽：《19世纪末俄国的工业高涨与外国资本》，《社会科学战线》1996年第4期。

逯红梅：《1836—1914年俄国铁路建设资金的保障研究》，《长春师范大学学报》2023年第6期。

马蔚云：《俄国的远东政策与西伯利亚大铁路的修筑》，《俄罗斯学刊》2012年第4期。

尼·米·阿尔辛季耶夫、季·弗·多连克：《关于俄罗斯现代化的若干问题》，张广翔译，《吉林大学社会科学学报》2008年第6期。

孙成木：《试探十九世纪中叶后俄国资本主义迅速发展的原因》，《世界历史》1987年第1期。

陶惠芬：《俄国工业革命中的对外经济关系》，《世界历史》1994年第3期。

王茜：《论俄国资本主义时期的农业经济》，《西伯利亚研究》2002年第6期。

王晓菊：《论帝俄晚期的西伯利亚开发》，《东北亚学刊》2019年第4期。

徐景学：《俄罗斯吸收外国资本的历史与现状》，《学习与探索》1995年第5期。

杨翠红：《俄国工业化早期进程解析》，《贵州社会科学》2013年第9期。

张广翔、白胜洁：《论19世纪末20世纪初俄国的工业垄断》，《江汉论坛》2015年第5期。

张广翔、白胜洁：《论19世纪末20世纪初俄国的石油工业垄断》，《求是学刊》2014年第3期。

张广翔、白胜洁：《19世纪末20世纪初俄国工业垄断资本与国家》，《求是学刊》2015年第5期。

张广翔、邓沛勇：《论19世纪末20世纪初俄国石油市场》，《河南师范大学学报》（哲学社会科学版）2016年第3期。

张广翔、邓沛勇：《19世纪下半期至20世纪初俄国煤炭工业的发展》，《史学月刊》2016年第3期。

张广翔：《俄国封建晚期城市化缓慢的间接原因》，《世界历史》2003年第 6 期。

张广翔：《俄国封建晚期城市化缓慢的直接原因》，《世界历史》2002年第 6 期。

张广翔：《俄国 1861 年改革新论》，《社会科学战线》1996 年第 4 期。

张广翔：《俄国农民外出打工与城市化进程》，《吉林大学社会科学学报》2006 年第 6 期。

张广翔、范璐祎：《19 世纪上半期欧俄河运、商品流通和经济发展》，《俄罗斯中亚东欧研究》2012 年第 2 期。

张广翔、范璐祎：《18 世纪下半期至 19 世纪初欧俄水运与经济发展——以伏尔加河—卡马河水路为个案》，《贵州社会科学》2012 年第 4 期。

张广翔、梁红刚：《19 世纪俄国保护关税政策问题》，《史学集刊》2015 年第 3 期。

张广翔、梁红刚：《19 世纪下半期俄国工商业税改刍议》，《俄罗斯中亚东欧研究》2015 年第 1 期。

张广翔、逯红梅：《论 19 世纪俄国两次铁路修建热潮及其对经济发展的影响》，《江汉论坛》2016 年第 12 期。

张广翔、逯红梅：《19 世纪下半期俄国私有铁路建设及政府的相关政策》，《贵州社会科学》2016 年第 6 期。

张广翔：《1861 年改革后俄国国家资本主义的几个问题》，《东北亚论坛》1995 年第 2 期。

张广翔：《19 世纪俄国工业革命的发端——俄国工业化道路研究之二》，《吉林大学社会科学学报》1995 年第 2 期。

张广翔：《19 世纪俄国工业革命的前提——俄国工业化道路研究之一》，《吉林大学社会科学学报》1994 年第 3 期。

张广翔：《19 世纪俄国工业革命的特点——俄国工业化道路研究之三》，《吉林大学社会科学学报》1996 年第 2 期。

张广翔：《19 世纪俄国工业革命的影响》，《吉林大学社会科学学报》1993 年第 2 期。

张广翔：《19世纪俄国政府工商业政策基本趋势》，《西伯利亚研究》2000年第4期。

张广翔：《19世纪末俄国城市化的若干特征》，《吉林大学社会科学学报》2008年第6期。

张广翔：《19世纪末20世纪初俄国引进外资及其作用问题》，《外国问题研究》1988年第3期。

张广翔：《19世纪60—90年代俄国石油工业发展及其影响》，《吉林大学社科科学学报》2012年第6期。

张广翔：《19世纪—20世纪初俄国税制与经济增长》，《吉林大学社会科学学报》2004年第3期。

张广翔：《19世纪至20世纪初俄国的交通运输与经济发展》，《社会科学战线》2014年第12期。

张广翔：《外国资本与俄国工业化》，《历史研究》1995年第6期。

张广翔：《亚历山大二世改革与俄国现代化》，《吉林大学社会科学学报》2000年第1期。

张建华：《略论俄国历史上的现代化进程》，《齐齐哈尔师范学院学报》（哲学社会科学版）1992年第5期。

张建华：《亚历山大二世和农奴制改革》，《俄罗斯文艺》2001年第1期。

赵士国：《俄国近代资本主义的困窘》，《史学月刊》1991年第6期。

赵士国：《近代晚期俄国改革述论》，《湖南师范大学社会科学学报》2004年第2期。

钟建平：《19—20世纪初俄国粮食运输问题研究》，《俄罗斯东欧中亚研究》2014年第3期。

白胜洁：《19世纪末20世纪初俄国的工业垄断研究——以石油、冶金和纺织工业部门为例》，博士学位论文，吉林大学，2015。

陈秋杰：《西伯利亚大铁路修建及其影响研究（1917年前）》，博士学位论文，东北师范大学，2011。

邓沛勇：《19世纪下半期至20世纪初俄国能源工业研究——以石油和煤炭工业为例》，博士学位论文，吉林大学，2016。

黄亚丽：《维特经济政策研究》，博士学位论文，吉林大学，2008。

李旭：《1861—1914 年俄国债券市场》，博士学位论文，吉林大学，2016。

梁红刚：《1861—1914 年俄国工商业政策研究》，博士学位论文，吉林大学，2015。

刘玮：《1860—1917 年的俄国金融业与国家经济发展》，博士学位论文，吉林大学，2011。

裴然：《1881—1917 年俄国财政研究》，博士学位论文，吉林大学，2010。

王瑛：《李鸿章与晚清条约研究》，博士学位论文，湖南师范大学，2010。

钟建平：《俄国国内粮食市场研究（1861—1914）》，博士学位论文，吉林大学，2015。

二　外文部分

（一）史料

Альбом исполнительных чертежей 1901 – 1905. Северная часть Оренбург-Ташкентской железной дороги с ветвью к илецким соляным промыслам. СПб., 1906.

Большая энциклопедия. Т. 18. Под ред. С. Н. Южакова. СПб., Просвещение. 1904.

Великий путь, Виды Сибири и ее железных дорог. Красноярск, М. Б. Аксельрод и Ко. 1916.

Железнодорожный транспорт в 1913 г.: Статистические материалы. М., Изд-ие Бюро правлений Ж. Д., 1925.

Записка Мельников «Поездка на Волгу» опубликована Крутиковым в журн.//Красный Архив. 1937. № 4-5（89-90）.

Изыскания по переустройству Средне-Сбирской железной дороги Ачинск-Иркутск: Пояснительная записка к окончательному проекту.

СПб. , МПС. 1904.

Кислинский Н. А. , Наша железнодорожная политика по документам архива Кабинета министров. СПб. , Издание Канцелярии Комитета министров. 1902.

Краткий очерк развития нашей железнодорожной сети. За дестилетие 1904 - 1913. СПб. , Типография Редакции период, изданий Министерства финансов. 1914.

Краткий очерк развития сети общества Московско - Казанской железной дороги. М. , Тип. Т-во. А. И. Мамонтова. 1913.

К вопросу о Сибирской железной дороги. Муромско-Казанская линия. Записка профессора Н. А. Осокина. Казань. Тип. В. М. Ключиникова. 1884.

Кругобайкальская железная дорога, Альбом типовых и исполнительных чертежей: 1900-1905. СПб. , МСП. 1907.

Материалы по статистике путей сообщения. вып. 4-5. М. , Пролет. 1922.

Министерство финансов 1802 - 1902. Ч. 1 и Ч. 2. СПб. , Экспедиция заготовление государственных бумаг. 1902.

Монополистический капитал в нефтяной промышленности России. 1883-1914. Сб. Документов и материалов. Изд-во Академии наук СССР, М. -Л. , 1961.

Народное хозяйство в 1913 году. Петроград. , Типография Редакции период, изданий Министерства финансов. 1914.

Начало первой русской революции январь - март 1905 г. М. , Изд-во АН СССР, 1955.

НКПС. Цетральный отдел по сооружению железных дорог. Экономические изыскания железнодорожных выходов из Сибири. Экономические записки к проекту Сибирской сверхмагистрали. Ч. II. Б. м. , 1926.

Общее соглашение между русскими железными дорогами о взаимном пользовании товарными вагонами. СПб. , 147 - й Общий конвенционный съезд. 1916.

Отчёт по эксплуатации Ташкентской железной дороги за 1913

год. Оренбург. , Т-во скоропечатни А. А. Левинсон. 1914.

Первые железые дороги в России//Красый архив. М. , 1936. № 3.

Полное собрание законов Российской империй. Собрание 3-е, 1897 г. № 14027, Т. ; 1899 г. № 17219. СПб. , 1900.

Полное собрание законов Ⅲ. Т. ⅩⅩⅤ, ⅩⅩⅥ, ⅩⅩⅧ, ⅩⅩⅩ, ⅩⅩⅩⅡ.

Рабочее движение в России в ⅩⅨ веке: Сборник документов и материалов. М. , Госполитиздат. 1950.

Сборник государственных знаний. Т. Ⅳ. СПб. , Издание Д. Е. Кожанчикова. 1877.

Сборник очерков по г. Москве. М. , Городская типография. 1897.

Сборник статистических сведений о России. Кн. 1. СПб. , Тип. Ⅱ Отделения Собственной Е. И. В. Канцелярии. 1902.

Собрание узаконений и распоряжений правительства 1888 г. № 56.

Собрание узаконений и распоряжений правительства 1893 г. № 128.

Собрание узаконений и распоряжений правительства 1894 г. № 133.

Собрание узаконений и распоряжений правительства 1903 г. № 88.

Справочная книжка по Оренбургской губернии на 1884 г. Оренбург, Тип. Д. Х. Мазина. 1984.

Стальная магистраль Нечерноземья. Горький, Волго-Вятский изд-во. 1983.

Статистический сборник Министерства путей за 1891 г. СПб. , Типо-литография Т-ва И. Н. Кушнерев и Ко. 1893.

Столетие Военного министерства. Главное инженерное управление. Исторический очерк. Под ред. Генерал-майор Фабрициуса. Ч. 1. СПб. , Тип. П. Ф. Пантелеева. 1902.

Труды Комиссии Императорского русского технического общества по вопросу о Сибирской железной дороги. СПб. , МПС. 1891.

Циркуляр управления железных дорог 28 мая 1898 г.

Циркуляр управления железных дорог 10 декабря 1901 г.

Циркуляр управления железных дорог 27 октября 1908 г.

РГИА Ф. 219, 229, 268, 273, 990, 1157, 1263, 1276.

ЦГИА СССР Ф. 207, 268, 626.

ЦГАОР СССР Ф. 551, 567.

ЦГАМ Ф. 355.

（二）专著

Андреев В. В., Московско-Казанская железная дорога на рубеже XIX-XX веков. М., Изд-во Политех. Университета. 2010.

Ахундов В. Ю., Монополистический капитал в дореволюционной бакинской нефтяной промышленности. М., СОЦЭКГИЗ. 1959.

Бакулев Г. Д., Черная металлургия Юга России. М., Изд-во Гос. Техники. 1953.

Баканов С. А., Угольная промышленность Урала: жизненный цикл отрасли от зарождения до упадка. Челябинск., Изд-во ООО «Энциклопедия», 2012.

Бовыкин В. И., Французские банки в России. Конец XIX- начало XX в. М., Изд-во РОССПЭН. 1999.

Бовыкин В. И., Зарождение финансового капитала. М., Изд-во Московского университета. 1967.

Бовыкин В. И., Иностранное предпринимательство и заграничные инвестиции в России. М., РОССПЭН, 1997.

Бовыкин В. И., Формирование финансового капитала в России конец XIX в. - 1908 г. М., Наука, 1984.

Бовыкин В. И., Гавлин М. Л., Епифанова Л. М., Калмыков С. В., Куприянова Л. В., Петров Ю. А., Поткина И. В., Слепнев И. Н., Ульянова Г. Н., Шацилло М. К., История предпринимательства в России. Книга вторая. М., РОССПЭН. 2000.

Братченко Б. Ф., История угледобычи в России. М., ФГУП. Производственно-издательский комбинат ВИНИТИ, 2003.

Валуев П. Н., Дневник министра внутренних дел. М., Изд-во

Академии наук СССР. 1961.

Верховский В. М., Исторический очерк разных отраслей железнодорожного дела и развития финансово-экономической стороны железных дорог в России по 1897 г. включительно. СПб., Тип. Изданий Министерства путей сообщения. 1901.

Виргинский В. С., Возникновение железных дорог в России до начала 40-х годов ⅩⅨ века. М., Государственное транспортное железнодорожное изд-во. 1949.

Виргинский В. С., История техники железнодорожного транспорта. М., Трансжелдориздат. 1938.

Витте С. Ю., Избранные воспоминания. М., Мысль, 1991.

Витте С. Ю., Принципы железнодорожных тарифов по перевозке грузов. СПб., Тип. И. Н. Кушнерева и Ко. 1910.

Витчевский В. В., Торговая, томоженная и промышленная политика России со времен Петра Великого до наших дней. СПб., Изд-во Д. А. Казицын и Ю. Д. Филипов. 1909.

Воронин М. И., Воронина М. М., Павел Петрович Мельников 1804-1880. Ленинград, Наука. 1977.

Гиндин И. Ф., Государственный банк и экономическая политика царского правительства. (1861-1892 годы). М., Изд-во Госфиниздат. 1960.

Гончаренко Л. Н., Города Среднего и Нижнего Полволжья во второй половине ⅩⅨ века (Социально-экономическое исследование). Чебаксары. 1994.

Горбунов А. А., Политика развития железнодорожного транспорта в ⅩⅨ-начале ⅩⅩ вв.: компаративно-ретроспективный анализ отечественного опыта. М., Изд-во МИИТ. 2012.

Гудкова О. В., Строительство северной железной дороги и её роль в развитии северного региона (1858-1917). Вологда, Изд-во Древности Севера, 2002.

Давыдов М. А., Очерки аграрной истории России в конце XIX — начале XX вв. М., Изд-во РГГУ. 2003.

Данилевский В. Е., Русская техника. Л., Ленинградское газетно-журнальское и кнжное издательство. 1948.

Данилевский В. Е., Черепановы М. Е., Нижний Тагил. Свердловск, Областное государственное изд-во. 1945.

Дельвиг А. И., Полвека русской жизни. Воспоминания А. И. 1820-1870. Т. 2. М. -Л., Academia. 1930.

Дельвиг А. И., Мои воспоминания. Т. 4. М., Издание Императорского Московского и Румянцовского музея. 1913.

Денисов А. Е., Государственные займы Российской империи 1798-1917 годов. М., Изд-во Информполиграф. 2005.

Долгоруков П. В., Петербургские очерки. 1860-1867. М., Изд-во Север. 1934.

Донгаров А. Г., Иностранный капитал в России и СССР. М., Изд-во Международные отношения. 1990.

Дружнин Н. М., Избранные труды. Социально-экономическая история. М., Наука. 1987.

Дулов А. В., Географеческая среда и история России Конец XV — середина XIX вв. М., Изд-во Наук. 1983.

Дякин В. С., Германские капиталы в России. Л., Наука, 1971.

Епифанова Л. М., Экономическая история России с древнейших времен до 1917 г. Энциклопедия в 2 томах. М., Изд-во РОССПЭН. 2009.

Зайончковский А. М., Подготовка России к мировой войне. М., Государственное военное изд-во. 1926.

Залужная Д. В., Транссибирская магистраль: (её прошлое и настоящее). ИС. Очерк. М., Мысль, 1980.

Загорский К. Я., Экономика транспорта. М. - Л., Изд. Госиздат, 1930.

Ильинский Д. П., Иваницкий В. П., Очерк истории русской

паворозостроительной и вагоностроительной промышленности. М., Изд-во Транспечать. 1929.

Ионичев Н. П., Иностранный капитал в экономике России（XVIII - начало XX в.）. М., МГУП. 2002.

Истомина Э. Г., Водный транспорт России в дореформенный период. М., Наука. 1991.

Караев Г. Н., Возникновение службы военных сообщений на железных дорогах России（1851-1878）. М., Воениздат. 1949.

Кафенгауз Л. Б., Эволюция промышленного производства России （последняя треть XIX-30-е. XX века）. М., Эпифания. 1994.

Крейнин А. В., Развитие системы железнодорожных грузовых тарифов и их регулирование в России（1837-2007）. М., Издательский дом Международного университета в Москве. 2010.

Лившиц Р. С., Размещение промышленности в дореволюционной России. М., Академия Наук СССР. 1955.

Лисичкин С. М., Очерки по истории развития отечественной нефтяной промышленности. М. -Л., Изд-во Гостоптехиздат. 1954.

Ляндау Л. Г., Иностранный капитал в дореволюционной России и в СССР. М. -Л., Государственное изд-во. 1925.

Лященко П. И., История народного хозяйство СССР, Т. II. М., Изд-во Госполитиздат. 1952.

Мартынов С. Д., Государство и экономика. Система Витте. СПб., Наука. 2002.

Марухин В. Ф., История речного судоходства в России（XIX век, волжский бассейн）. М., Орехово -Зуево ОЗПИ. 1996.

Мигулин П. П., Наша новейшая железнодорожная политика и железнодорожные займы. 1893-1902. Харьков, Печатное дело. 1903.

Мигулин П. П., К вопросу о частном железнодорожном строитель-стве. СПб., Нев. Типо-лит. 1910.

Мигулин П. П., Русский государственный кредит（1769 - 1899）.

Т. I. Харьков, Печатное дело. 1899.

Милютин Д. А., Дневник Милютина Д. А. 1873 - 1875. Т. 1. М., Государственная ордена Ленина библиотека СССР им. В. И. Ленина. 1947.

Мокршицкий Е. И., История вагонного парка железных дорог СССР. М., Трансжелдориздат. 1946.

Наниташвили Н. Л., Экспансия иностранного капитала в Закавказье (конец XIX-начало XX вв.). Тбилиси, 1988.

Оль П. В. Иностранные капиталы в народном хозяйстве Довоенной России. Л., Изд-во академии СССР. 1925.

Пушин В. М., Главные мастерские железных дорог. М - Л., Государственное изд-во. 1927.

Пыляев М. И., Старый Петербург. М., Изд-во ИКПА. 1991.

Рашин А. Г., Формирование промышленного пролетариата в России. М., Госоцэкономиздат. 1940.

Рашин А. Г., Формирование рабочего класса в России. М., Соцэкгиз. 1958.

Романов Б. А., Россиия в Манчжурии. Л., Издание Ленинградского Восточного института им. А. С. Енукидзе. 1928.

Сагратян А. Т., История железных дорог Закавказья 1850 - 1921. Ереван. Айастан. 1970.

Самедов В. А., Нефть и экономика России (80-90-е годы XIX в.). Баку, Элм. 1988.

Сигов С. П., Очерки по истории горнозаводской промышленности Урала. Свердловск, Сведрдлгиз. 1936.

Соболев М. Н., Таможенная политика России во второй половине XIX века. М., Российская политическая энциклопедия. 2012.

Соловьева А. М., Железнодорожный транспорт России во второй половине XIX в. М., Наука. 1975.

Соловьев С. М., История России с древнейших времен. Книга IX. М., Соцэкгиз. 1963.

Соловьева А. М., Промышленная революция в России в XIX в. М., Наука. 1990.

Степанов В. Л., Бунге Н. Х. : Судьба реформатора. М., РОССПЭН. 1998.

Сотников Е. А., Железные дороги из XIX в XXI век. М., Транспорт. 1993.

Струмилин С. Г., Черная металлургия в России и СССР. Технический процесс за 300 лет. М. –Л., Академия наук СССР. 1935.

Струмилин С. Г., Статистико – экономические очерки. М., Госстатиздат. 1958.

Тихонов Б. В., Каменноугольная промышленность и черная металлургия России во второй половине XIX в. М., Наука. 1988.

Уродков С. А., Петербурго – Московская железная дорога. История строительства (1842–1851). Л., Изд-во Ленинградский университет. 1951.

Ушаков К., Подготовка военных сообщений России к мировой войне. М– Л., Государственное изд-во. 1928.

Халин А. А., Система путей сообщения нижегородского поволжья и ее роль в социально-экономическом развитим региона (30–90. XIX в.). Новгород, Изд – во Волго – Вятской академии государственной службы. 2011.

Хромов П. А., Экономическое развитие России в XIX–XX веках. М., Государственное изд-во политической литературы. 1950.

Хромов П. А., Экономика России периода промышленного капитализма. М., Высшая школа. 1963.

Фадеев Г. М., История железнодорожного транспорта России. Т. 1. 1836–1917. СПб. –М., Изд-во Иван Федоров. 1994.

Фомин П. И., Горная и горнозаводская промышленность Юга России. Т. II. Харьков, Тип. Б. Бенгис. 1915.

Шадур Л. А., Развитие отечественного вагонного парка, М., Транспорт. 1988.

Шепелев Л. Е., Царизм и буржуазия во второй половине XIX в.

Проблемы торгово-промышленной политики. Л., Наука. Ленинг-радское отделение. 1981.

Зензинов Н. А., От Петербурго-Московской до Байкало-Амурской магистрали. М., Трпнспорт. 1986.

Корелин А. П., Степанов С. А., С. Ю. Витте—финансист, политик, дипломат. М., Терра-книжный клуб. 1998.

Мительман М., Глебов Б., Ульянский А., История Путиловского завода（1789-1917）. М.-Л., Гос. соц.-экон. изд-во. 1939.

Блиох И. С., Влияние железных дорог на экономическое сосотяние России. Т. V. СПб., Тип. М. О. Вольфа. 1878.

Житков С. М., Пути сообщения и финансы в истекшее столетие: 1798-1898. СПб., Тип. Ю. Н. Эрлих. 1899.

Тимофеев П. Т., Развитие железнодорожного транспорта в Чуваши. Чебоксары. Чувашигосиздат. 1958.

Чупров А. И., Железнодорожное хозяйство. Т. 1 и 2. М., Тип. Императ. Моск. университетета. 1910.

Теребов В. Н., 4% облигационные займы Общества Московско-Ярославско-Архангельской железной дороги（1895-1899）. Саранск, Изд-во Красный Октябрь. 1998.

Гулишамбаров С., Итоги торговли и промышленности в царствование императора Николая I. СПб., Тип. В. Киршбаума. 1896.

Dmutryskyn, *A History of Russia*, Prentice-Hall, 1977.

Vernadsky, *A Source Book for Russian History*, Vol. 2, Yale, 1972.

（三）论文

Альфред Дж., Рибер. Железные дороги и экономическое развитие: истоки системы рейтерна.//Страницы российской истории, проблемы, события, люди. Сборник статей в честь Бориса Васильевича Ананьича. СПб., 2003.

Андреев В. В., Московско-Казанская железная дорога в конце XIX-начале XX вв. : модернизационный фактор в экономическом развитии региона. Диссертация на соискание ученой степени кандитата исторических наук. Чебоксары. 2007.

Бовыкин В. И. , Сорокин А. К. , Петров Ю. А. , Журавлев В. В. , Эволюция хозяйства и развитие капиталистического предпринимательства на путях перехода России к рыночной экономике// Предпринимательство и предприниматели России от истоков до начала XX века. М. , РОССПЭН, 1997.

Бовыкин В. И. , Иностранное предпринимательство в России// История предпринимательства в России. М. , РОССПЭН. 2002.

Борзунов В. Ф. , К вопросу об экономическом значении Сибирской железной дороги в конце XIX – начале XX в. //Вопросы истории Сибири и Дальнего Востока. Новосибирск, 1961.

Борзунов В. Ф. , История создания Транссибирской железнодорожной магистрали XIX – начале XX в. Дисс. на соискание ученой степени доктора исторических наук. М. , 1972.

Виргинский В. С. , Железнодорожный вопрос в России до 1835 года. //Исторические записки. М. , Изд – во Академии СССР. 1948 (25).

Гиндин И. Ф. , Политика царского правительства в отношении промышленных монополий. //Об особенностях империализма в России. М. , 1963.

Горюнов Ю. А. , Воздействие ташкентской железной дороги на экономическую жизнь оренбуржья. Диссертация на соискание ученой степени кандидата исторических наук. Оренбург, 2010.

Довыдов М. А. , Погубернские перевозки всех вообще товаров по русским железным дорогам в 1913 г. (к вопросу о транспортном кризисе в годы Первой мировой войны) //Сборник материалов Международной научной конференции Железные дороги и процесс социальной модернизации России в XIX–первой половине XX в. Тамбов, 2012.

Ермаков К. А. , Строительство Московско – курской железной

дороги（к 100-летию сооружения）. //Сборник трудов Ленинградского института инженеров железнодорожного транспорта им. акад. В. И. Образцова. вып. 273. Л. , 1968.

Журавлев В. В. , Общество Владикавказской железной дороги и развитие нефтепромышленности на Северном Кавказе. //Ученые записки МГПИ им. Ленина. М. , 1964. № 211.

Исаев Г. С. , Роль текстильной промышленности в генезисе и развитии капитализма в России. 1760-1860. Диссертация на соискание ученной степени доктора исторических наук. М. , 1974.

Кислинский Н. А. , Начало железного строительства в России. // Английская набережная 4. Ежегодник. СПб. , Изд. Лики России, 2001.

Кообар Г. А. , Сервисная деятельность на Сибирской железной дороге в 1900-1913 : качество и культура обслуживания. Диссертация на соискание ученой степени кандитата исторических наук. Омск. 2006.

Корбин М. В. , Роль армии в строительстве и эксплуатации полесских железных дорог (вторая половина XIX в.). //Железные дороги и процесс социальной модернизации России в XIX-первой половине XX в. Сборник материалов Международной научной конференции. Тамбов. , 2012.

Кротт И. И. , Влияние Сибирской железной дороги на процесс формирования и развития сельскохозяйственного предпринимательства в конце XIX-первой четверти XX в. //Сборник материалов Международной научной конференции Железные дороги и процесс социальной модернизации России в XIX-первой половине XX в. Тамбов. , 2012.

Куприянова Л. В. , Новороссийский порт и Владикавказская железная дорога в пореформенный период. //Исторические записки. Т. 78. М. , 1963.

Лизунов П. В. , Главное общество российских железных дорог: первый опыт частной инициативы в русском железнодорожном деле. // Сборник материалов Международной научной конференции Железные дороги и процесс социальной модернизации России в XIX - первой половине XX в. Тамбов，2012.

Мельников П. П.，Сведения о русских железных дорогах.// Красный архив. М.，1940. № 2（99）. С. 141-142.

Мухина Н. Е.，История создания Юго-Восточной железной дороги и ее роль в экономическом развитии цетрального черноземья（1865-1913）. Диссертация на соискание ученой степени кандитата исторических наук. Воронеж，2007.

Мясоедов Б. А.，Александр Чупров. Многогранность характера и офимигранность ума.//Экономическое наследие. 2004. № 2.

Погребинский А. П.，Строительство железных дорог в пореформенной России и финансовая политика царизма（60-90-е годы XIX в.）.//Исторические записки. Под ред. А. Л. Сидрова. М.，изд-во. АН СССР. 1954（47）.

Левин В. И.，Социальная политика Министерства путей сообщения 1881-1914. Дис. на соискание ученной степени кандитата исторических наук. СПб.，2003.

Петров А. Ю.，Государственное регулирование импорта промышленных машин в Росиию，середина XIX в. - 1914 г.//Экономическая история. Ежегодник 2011/2012. М.，2012.

Рожкова М. К.，К вопрому о значении ярмарок во внутренней торговле дореформенной России（первая половина XIX в.）// Исторические записки. М.，Изд-во Академии СССР. 1955（4）.

Сидров А. Л.，Железнодорожный транспорт России в 1-й мировой войне и обострение экономического кризиса в стране.//Исторические записки. Под ред. Грекова Б. А. М.，Изда-во Академии СССР. 1948（26）.

Степанов В. Л.，Контрольно-финансовые мероприятия на частных железных дорогах России（конец XIX - начало XX в.）.//Экономическая история. Ежегодник 2004. М.，РОССПЭП. 2004.

Соловьева А. М.，Из истории выкупа часных железных дорог в

России в конце XIX в. //Исторические записки. М. , 1968 （82）.

Целиков С. А. , Строительство и эксплуатация Самаро-Златоустовской железной дороги и ее влияние на развитие экономики Самарской, Оренбургской, Уфимской губерний （ вторая половина XIX - 1917 г. ）. Диссертация на соискание ученой степени кандитата исторических наук. Самара, 2006;

Хобта А. В. , История строительства кругобайкальской железной дороги 1887 - 1915. Диссертация на соискание ученой степени кандитата исторических наук. Иркутск, 2005.

Чернов П. Н. , К истории строительства железной дороги Ташкент - Оренбург. //Известия Узбекского филиала Географического общества СССР. Т. 2. Ташкент, 1956.

Фурсенко А. А. , Первый нефтяной экспортный синдикат в России 1893 - 1897. //Монополии и иностранный капитал в России. М - Л. , 1962.